Contraste insuffisant

NF Z 43-120-14

12
Dube — esc

R218938

RÉPERTOIRE

DE LA

LITTÉRATURE

ANCIENNE ET MODERNE.

IMPRIMERIE DE E. POCHARD,
RUE DU POT-DE-FER, N° 14, A PARIS.

RÉPERTOIRE
DE LA
LITTÉRATURE
ANCIENNE ET MODERNE,

CONTENANT :

1° LE LYCÉE DE LA HARPE, LES ÉLÉMENS DE LITTÉRATURE DE MARMONTEL, UN CHOIX D'ARTICLES LITTÉRAIRES DE ROLLIN, VOLTAIRE, BATTEUX, etc.;

2° DES NOTICES BIOGRAPHIQUES SUR LES PRINCIPAUX AUTEURS ANCIENS ET MODERNES, AVEC DES JUGEMENS PAR NOS MEILLEURS CRITIQUES, TELS QUE :

D'*Alembert, Batteux, Bernardin de Saint-Pierre, Blair, Boileau, Chénier, Delille, Diderot, Dussault, Fénelon, Fontanes, Ginguené, La Bruyère, La Fontaine, Marmontel, Maury, Montaigne, Montesquieu, Palissot, Rollin, J.-B. Rousseau, J.-J. Rousseau, Thomas, Vauvenargues, Voltaire, etc.;*

Et MM. *Amar, Andrieux, Auger, Burnouf, Buttura, Chateaubriand, Duviquet, Feletz, Gaillard, Le Clerc, Lemercier, Patin, Villemain, etc.;*

3° DES MORCEAUX CHOISIS AVEC DES NOTES

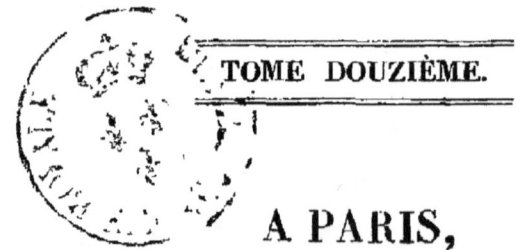

TOME DOUZIÈME.

A PARIS,
CHEZ CASTEL DE COURVAL, LIBRAIRE-ÉDITEUR,
RUE DE RICHELIEU, N° 87;
ET BOULLAND ET Cie, PALAIS ROYAL, GALERIES DE BOIS, N° 254.

M DCCC XXV.

RÉPERTOIRE

DE LA

LITTÉRATURE

ANCIENNE ET MODERNE.

Du BELLAY (Joachim) né vers 1524, à Liré, bourg à huit lieues d'Angers, fut abandonné dès l'enfance aux soins d'un frère qui ne lui donna qu'une éducation fort négligée. A peine affranchi de la tutelle de ce frère, il fut lui-même chargé de celle d'un neveu qui mourut jeune, et dont les biens embarrassés lui donnèrent à suivre des procès longs et difficiles. Les travaux et les soucis qu'ils lui causèrent altérèrent sa santé; mais il dut aux loisirs d'une maladie de deux ans, l'avantage de faire connaissance avec les auteurs de l'antiquité et ceux de notre nation. Enflammé par cette lecture, il sentit se développer en lui le germe du talent poétique. Ses premiers essais eurent assez de mérite pour fixer l'attention de François Ier et celle de sa sœur Marguerite, reine de Navarre. La facilité et la grace de sa poésie, le firent surnommer l'*Ovide* de son siècle.

Le cardinal Jean Du Bellay, son parent, qui s'était retiré à Rome, après la mort de François Ier, l'appela dans cette ville, où il fit un séjour de trois ans. De retour en France, on lui supposa des torts dans sa conduite et même dans ses écrits : ces tracasseries qui indisposèrent le cardinal contre lui, portèrent un nouveau coup à sa santé, qui était restée très faible, et il mourut d'apoplexie, le 1er janvier 1560, âgé d'environ trente-six ans, au moment où son parent, revenu de ses préventions, allait se démettre en sa faveur de l'archevêché de Bordeaux ; il n'était encore que chanoine de Notre-Dame.

Ses poésies qui ont été imprimées en 1568, lui ont fait une réputation. Elles consistent en sonnets, odes, chansons, imitations du latin. Il y a plus de naturel que dans celles de Ronsard et des autres poètes de la même époque ; plusieurs de ses sonnets sur les antiquités de Rome, peuvent encore être lus avec plaisir. Il en fit cent-quinze à la louange de sa maîtresse *Viole* dont il changea le nom en celui d'*Olive*, qui en est l'anagramme. Il publia aussi des *Poésies latines ;* mais elles sont bien inférieures à ses vers français. Son ouvrage intitulé : *Défense et illustration de la langue française*, ne manque ni d'érudition ni d'une sorte d'éloquence. Il fut imprimé à Paris en 1549, in-8°. Les poésies françaises de Du Bellay ont été recueillies par G. Aubert de Poitiers, qui en a donné une édition en 1573, deux vol. in-8°. Il en existe encore deux autres, Rouen, 1592-97, in-12. Ses *poésies* latines ont été publiées sous le titre de *Xenia et alia carmina*, 1569, in-4°.

Le P. Niceron donne le détail des différentes pièces qui composent ces recueils.

AUGER.

DU CERCEAU (JEAN-ANTOINE) poète français, né à Paris le 12 novembre 1670, fut admis à dix-sept ans chez les jésuites. Ses premiers essais littéraires furent des poèmes latins, qu'il publia en 1695 et 1696 : *Papiliones*, *Gallinæ* et *Balthazar*. En 1705 il fit paraître un recueil de ses *poésies latines*, qui a été réimprimé en 1724, et où se trouve un petit drame intitulé, *Filius prodigus*. Ce recueil ne manque pas de mérite, et l'on peut dire que Du Cerceau a été mieux inspiré par la langue de Virgile que par celle de Corneille.

Toute la vie de ce jésuite a été remplie par ses ouvrages, fruits d'une imagination inconstante et fougueuse, et qui sont bien près de la médiocrité. Imitateur de Marot, il est resté bien inférieur à son modèle.

Son théâtre français, recueilli en 3 volumes in-12, Paris, 1807, renferme une traduction en vers libres de son *Filius prodigus* ; *les Incommodités de la grandeur*, *l'École des pères*, *Ésope au collège*, *les Cousins*, comédie, et *le Destin du nouveau siècle*, intermède dont Campra avait fait la musique. Les comédies suivantes : *Euloge ou le Danger des richesses; le Point d'honneur*, *le Riche imaginaire*, *la Défaite du solécisme*, et *le Philosophe à la mode*, n'ont jamais été imprimées, mais elles ont été représentées plusieurs fois dans les collèges des jésuites, ainsi que ses autres pièces.

Sa meilleure comédie : *les Incommodités de la grandeur*, dont il a peut-être emprunté le sujet au *Roi de Cocagne* de Legrand, fut jouée au Louvre devant Louis XV.

Le recueil de ses *Poésies françaises* consistant en épîtres, fables, contes, épigrammes, a été souvent imprimé. Sa dernière édition est de 1785, Paris, 2 vol. in-12. On y remarque le joli conte de *la Nouvelle Ève*. « On trouve dans ses poésies françaises, dit
« Voltaire, qui sont du genre médiocre, quelques
« vers naïfs et heureux. Il a mêlé à la langue épurée
« de son siècle, le langage marotique, qui énerve
« la poésie par sa malheureuse facilité, et qui gâte
« la langue de nos jours par des mots et des tours
« surannés. » (*Siècle de Louis XIV.*)

Le père Du Cerceau a encore laissé de nombreux ouvrages en prose, dont voici les principaux : *Réflexions sur la poésie française*, Paris 1742, 2 vol. in-12; *les Vies de Socrate et de Platon*, dans *les Vies des anciens philosophes* attribuées à Fénelon; l'*Histoire de Thamas Kouli-Kan, sophi de Perse*, Amsterdam 1741, 2 vol. in-12; la *Conjuration de Rienzi*, achevée par le père Brumoy, Paris, 1733, in-12.

Pour le détail de ses autres ouvrages, on peut consulter le dictionnaire de Moréri, 1759.

Il périt d'une mort tragique, le 4 juillet 1730, au château du duc d'Estrées, situé à Véret près de Tours. Le jeune prince de Conti, dont il était précepteur, le tua, par imprudence, d'un coup de fusil.

JUGEMENT.

Je ne suis point surpris que les *Poésies* du P. Du Cerceau n'aient pu soutenir le jour de l'impression : non qu'elles ne soient pleines d'esprit et de traits fort gracieux, mais par une certaine abondance malheureuse et ordinaire aux esprits qui ne savent ni choisir ni se borner. Un auteur discret, et qui veut ménager ses lecteurs, est obligé de sacrifier souvent de bonnes choses; et il doit regarder son ouvrage comme un festin auquel ses convives ne peuvent plus prendre plaisir dès que leur appétit est rassasié. Le P. Du Cerceau n'a point songé au précepte d'Horace, *luxuriantia compescet.* J'ai entendu trois ou quatre de ses pièces chez madame sa sœur, que je voyais souvent au Palais-Royal, et il m'a toujours paru qu'on pouvait dire de lui ce qui a été dit d'Ovide, qu'il aurait pu atteindre au premier rang, *si ingenio suo temperare, quam indulgere maluisset.* (*Quintilien*, X.)

J. B. Rousseau, *Lettre à M. Brossette.*

MORCEAUX CHOISIS.

I. La nouvelle Ève

Pain dérobé réveille l'appétit.
A tout péché, la loi qui l'interdit,
Est un attrait, est une rocambole.
D'aller vers là, de revenir ici,

Est-il permis, quand on le peut ainsi,
On s'en soucie autant que d'une obole :
. . . .
Nous y courons, et notre cœur y vole.
D'Ève en cela nous sommes tous enfants ;
Ne la traitons point trop en criminelle ;
Elle eut grand tort, je ne l'excuse point ;
De là nous vient la tache originelle :
Mais tel lui fait son procès sur ce point
Qui dans sa place aurait fait tout comme elle.

Ainsi parlait certain époux un jour
A sa moitié, qui contre notre mère
Murmurait fort, était fort en colère
De nous avoir joué le vilain tour
Dont vint, hélas ! toute notre misère.
Ah ! disait-elle, avoir précipité
Et son époux et sa postérité
Dans tant de maux ! Pourquoi ? Le tout en somme
A l'appétit d'une insipide pomme.
Notre mère Ève avait bien mauvais goût !
Bon ou mauvais, le fruit ne fut la cause,
Dit le mari, du mal qui gâta tout,
Mais bien la loi qui défendait la chose :
Cette défense en fit tout le ragoût.
Qu'ainsi ne soit, poursuivit-il, je gage
Que qui voudrait vous interdire ici,
Chose d'ailleurs dont vous n'auriez souci,
Je dis bien plus, qui vous ferait dommage,
Vous en seriez aussitôt à la rage.
Moi ! dit la dame. Oui, vous ! dit le mari ;
Vous le feriez sans faute, je le jure,
Et je suis prêt d'en faire le pari.
Elle y consent, accepte la gageure :

DU CERCEAU.

Somme d'écus, et grosse, à ce qu'on dit,
Fut stipulée entre eux deux à crédit.

Je ne veux point, dit l'époux débonnaire,
Vous commander chose pénible à faire ;
Voici le fait : quand vous allez au bain,
La mare à gauche est sur votre passage ;
Si vous pouvez, en faisant le chemin,
Un mois durant en tout être assez sage
Pour ne plonger au bord du marécage
Les deux pieds nus, je vous quitte le gain :
Mais en passant prenez garde au naufrage,
Car vous paîrez le pari haut la main.

Or, cette mare était, à le bien dire,
Un vrai bourbier, égout de basse-cour ;
Pour l'éviter on eût fait un grand tour.
De ce défi l'on se met fort à rire :
La dame y tope, et de grand appétit.
C'était marché donné, sans contredit ;
Autant valait argent dans la cassette.
On met déjà la gageure à profit ;
On songe à faire et telle et telle emplette ;
Nouveaux bijoux viendront sur sa toilette
Et sur le tout un magnifique habit.

On s'en va donc au bain à l'ordinaire,
Non sans lorgner la mare en tapinois :
Dans un début c'en était assez faire :
On s'en tint là pour la première fois.
Allant, venant, bientôt on s'accoutume
A l'eau verdâtre, à la fange, à l'écume :
Avec le temps on s'accoutume à tout.
On fit bien pis ; enfin l'on y prit goût.
L'esprit de l'homme est une étrange pièce ;

Et, quand je dis de l'homme, à cet égard
La femme est là comprise sous l'espèce
Pour les deux tiers au moins et demi-quart.
Le fait présent rend la chose notoire.
La bonne dame alla se figurer
Certain plaisir, si l'on en croit l'histoire,
A s'arrêter dans une eau sale et noire,
Et le défi commença d'opérer.
L'eau de son bain, encor que claire et nette,
Lui semblait fade au prix de celle-là ;
Peut-être aussi le diable s'en mêla.
Quoi qu'il en soit la dame fut discrète,
Et n'en dit rien d'abord à Janneton
Qui la suivait : c'était sa chambrière,
Et, qui pis est, confidente, dit-on,
D'une humeur souple et très fine ouvrière ;
Elle entendait la dame à demi-ton,
Avait d'ailleurs l'âme si complaisante,
Que dans cent ans ou plus, que je ne mente,
A sa maîtresse elle n'aurait dit non.
Mais c'est assez parler de la suivante ;
A la signore il nous faut revenir.

A chaque instant la passion s'augmente ;
Dans son harnois on a peine a tenir ;
La mare était toujours plus attrayante.
Pour résister il fallait faire effort ;
On s'approchait toujours plus près du bord :
Ce n'était plus le bain, c'était la mare
Que l'on cherchait par un ragoût bizarre.
Là s'ébattait maint petit caneton :
On les montrait du doigt à Janneton ;
On leur portait envie ; et si la dame
Eût pu contre eux troquer honnêtement,

Elle eût voulu, dans le fond de son âme,
Devenir cane, au moins pour un moment.

Mais bien souvent l'occasion prochaine
Beaucoup plus loin que l'on ne veut nous mène.
La dame un jour sur le bord s'arrêtant,
Dans un accès subit et violent,
Vint à tirer un pied hors de la mule,
Et de la plante en effleura l'étang.
La bonne dame en resta là pourtant,
Et le remit aussitôt par scrupule,
Non que son cœur ne fût bien combattu ;
Mais il est bon d'avoir de la vertu.

Or, le mari, par certaine ouverture,
Guettait sa femme, observait son allure,
Riait sous cape, et comptait par ses doigts,
Qu'elle n'irait jamais au bout du mois.
Il comptait bien, remarque la chronique ;
Deux tiers n'étaient passés à beaucoup près,
Qu'arrive enfin, enfin le jour critique.
Le traître époux, qui voyait les progrès,
A sa moitié voulut donner le change,
Dit qu'il allait mettre ordre à la vendange,
Puis faire un tour pour revenir au frais.
Il sort des champs, et quelque temps après
Par le dehors rabat chez sa fermière ;
Là se tient clos, et se met aux aguets :
Bientôt il voit et dame et chambrière
Allant au bain : l'on fait pause au marais ;
On le contemple, on s'en arrache à peine,
Comme du bord d'une claire fontaine ;
En soupirant l'on s'en arrache enfin,
Et vers l'étuve on poursuit son chemin.

Mais dans le bain un feu secret consume ;
On en sortit plus tôt que de coutume,
L'esprit rêveur, l'air inquiet, chagrin ;
On se tourmente, et l'on chicane en vain ;
La passion presse, le cœur chancelle,
Et la vertu ne bat plus que d'une aile.

C'est trop souffrir; non, Janneton, vois-tu,
Dit la maîtresse en annonçant l'antienne,
Il n'est défi ni gageure qui tienne,
Je ne m'en mets en peine d'un fétu ;
Je te le dis tout net et le déclare,
J'ai résolu d'essayer de la mare.
Dis sur cela tout ce que tu voudras,
Que l'on le sache ou ne le sache pas,
Ce m'est tout un ; il irait de ma vie,
Que je voudrais en passer mon envie.

Vraiment, Madame, est-ce donc si grand cas ?
Dit Janneton; pourquoi tant de mystère ?
Je m'en doutais ; vous êtes bonne aussi
De vous troubler et prendre du souci !
Vous le voulez; eh bien, il faut le faire.
Premièrement, monsieur n'est pas ici ;
Qui vous verra? Personne, je vous jure.
Quitte, après tout, à perdre la gageure :
Le grand malheur ! En mourrez-vous de faim ?
Contentement passe richesse enfin.
Mais non, si bien nous ourdirons la trame,
Que vous aurez le plaisir et le gain.
Va, Janneton, tu vaux trop, dit la dame ;
Ne mettons pas le plaisir à demain.
Sur ce propos on s'ajuste, on s'agence,
Et vers la mare on marche en diligence,

A beaux pieds nus et pantoufles en main.
La dame allait la première, et bon train,
Et Janneton faisait l'arrière-garde.
Chemin faisant, on observe avec soin
S'il n'est pas là de mouchard qui regarde :
Nul ne paraît, et monsieur est bien loin.
Les pieds brûlaient : d'abord on en hasarde
Un dans le lac pour sonder le terrain ;
On le retire, et l'autre prend sa place,
Que tout de même on retire soudain :
Pour faire court, après quelque grimace,
Tous deux de suite on vous les plonge à plein.

Durant cela, l'époux, ne vous déplaise,
De son réduit voyait le tout à l'aise,
Et se savait très bon gré dans le cœur
De n'avoir pas mis à plus forte épreuve
Une vertu si fragile et si neuve :
Il en pouvait arriver du malheur.
Il en frémit, et sur cette pensée,
Croyant l'affaire assez avant poussée,
Sort vers la dame avec un ris moqueur.
Un revenant eût fait moins de frayeur.
Et vite, et vite, on se sauve, on détale :
Mais à pieds nus on ne court pas si fort ;
Le mari joint la dame dans la salle :
« Eh bien ! dit-il dans le premier abord,
« Que pensez-vous de la pomme fatale ?
« Ève à présent a-t-elle si grand tort ? »

II. Le Rat et le Raton.

Un vieux Rat, au lit de la mort,
A son fils, qui pleurait et se lamentait fort,

Pour testament tint ce langage :
« Je te laisse, mon fils, assez ample héritage ;
    « De noix, de fromage et raisin
    « Tu trouveras plein magasin.
« Jouis de mes travaux : si tu veux être sage,
« Quand tu vivrais cent ans, encore davantage,
    « Tu n'en verras jamais la fin.
    « Mais prends garde à la friandise !
    « C'est un écueil : les lardons gras
    « Presque toujours sont de la mort-aux-rats.
    « Fuis, n'en approche en nulle guise,
    « Sinon, je te le prophétise,
    « Pauvre Raton, tu périras.
    « Le ciel te garde et t'en préserve ! »
    Disant ces mots il l'embrassa,
Et dans le même instant le bon homme passa.

Le fils, maître des biens qu'avait mis en réserve
Son cher papa défunt, d'abord s'en engraissa ;
Mais tôt après, trouvant la chère trop bourgeoise,
De fromage et de noix enfin il se lassa.
Voilà donc mon galant qui s'écarte et qui croise
    Sur tous les lieux des environs,
Croque morceaux de lard ; et les trouve fort bons.
« Parbleu, se disait-il, mon bon homme de père,
« Avec ses rogatons, faisait bien maigre chère !
    « Vivent la guerre et les lardons !
    Advint qu'un jour dans une souricière
    Il découvrit, en battant le pays,
        Morceau de lard des plus exquis.
« Bon, dit-il, tu viendras dans notre gibecière. »
Le trou lui fut pourtant suspect, et lui fit peur.
    J'ai même lu dans un fort bon auteur,
        Qu'il recula quatre pas en arrière.

Mais le lardon, comme un fatal aimant,
Le forçait, l'attirait à lui si doucement,
Qu'après bien des façons le pauvret s'en approche,
Et, le flairant de près, il porte enfin les dents :
   La bascule se décroche,
  Et, tombant, l'enferme dedans.
  Le voilà pris : que va-t-il faire ?
  Il en mourut, à ce qu'on dit.
  Le papa l'avait bien prédit.

Avis, prédictions qui ne servent de guère :
Quel fils ne se croit pas plus sage que son père !

———

DUCHÉ DE VANCY (Joseph-François) naquit à Paris le 29 octobre 1668, d'un gentilhomme ordinaire de la chambre du roi. Son père lui donna une éducation soignée ; mais ce fut tout l'héritage qu'il lui laissa. Duché trouva des ressources dans son talent poétique. Quelques uns de ses vers étant tombés entre les mains de madame de Maintenon, elle désira qu'il fît des hymnes et des cantiques sacrés pour ses élèves de Saint-Cyr, et le recommanda vivement à M. de Pontchartrain, secrétaire d'état. Voltaire, dans le *Siècle de Louis XIV*, rapporte que ce ministre le prenant pour un homme considérable, alla lui rendre visite, et que Duché, homme alors très obscur, voyant entrer chez lui un secrétaire d'état crut qu'on allait le conduire à la Bastille ; mais il fut bientôt rassuré par les politesses du ministre, et consentit avec joie à un travail qui devait le conduire à la fortune. Il composa pour la maison de Saint-Cyr, à

l'exemple de Racine, mais non pas tout-à-fait avec le même succès, trois tragédies tirée de l'Écriture-Sainte, *Jonathas*, *Absalon*, et *Débora* : les deux premières ne furent jouées sur le théâtre Français qu'après sa mort, arrivée le 14 décembre 1704. Duché ne se borna point aux sujets sacrés : il en traita de profanes pour l'opéra, où il donna *les Fêtes galantes*, *les Amours de Momus*, *Théagène et Chariclée*, *Céphale et Procris*, *Sylla et Iphigénie en Tauride*. « Ce dernier opéra, dit Voltaire, est son der-
« nier ouvrage. Il est dans le grand goût, et quoique
« ce ne soit qu'un opéra, il retrace une grande idée
« de ce que les tragédies grecques avaient de meil-
« leur. »

Duché est encore auteur d'un recueil de *Lettres édifiantes* et de *Poésies sacrées*, composées pour Saint-Cyr. Collet en a donné une nouvelle édition augmentée, Paris, 1767, in-12. En 1698, Duché publia, sans se faire connaître, les *Préceptes de Phocilide, traduits du grec, avec des remarques et des pensées, et des peintures critiques à l'imitation de cet auteur*, Paris, in-12. Duché avait autant de douceur dans le caractère, que d'agrément dans l'esprit : il était très lié avec J. B. Rousseau, et tous deux faisaient le charme des sociétés qu'ils fréquentaient, sur-tout Duché qui possédait, à un degré peu commun le talent de la déclamation. Il était valet-de-chambre du roi, et membre de l'Académie des inscriptions et belles-lettres.

AUGER.

JUGEMENT.

Nous n'avons que trois tragédies de Duché. *Débora* et *Jonathas* ne valent rien du tout : il était même difficile que ces sujets, empruntés de l'Écriture, fussent propres au théâtre. Ils sont fondés sur des mystères de religion trop au-dessus des idées naturelles. L'histoire de Jonathas, condamné à mourir pour avoir mangé un peu de miel, a dans la Bible un sens très respectable; mais elle est déplacée sur la scène. L'auteur a été plus heureux dans *Absalon*. C'est un ouvrage de mérite et supérieur, par l'ensemble et le style, à tout ce qu'a fait Campistron. Ce n'est pas qu'il n'y ait beaucoup à reprendre : des allées et venues trop multipliées, deux rôles de remplissage, celui de la reine, femme de David, et de Thamar, fille d'Absalon : un cinquième acte où David n'agit point et laisse Joab vaincre pour lui; un récit de la mort d'Absalon, qui fait languir le dénouement : voilà les reproches qu'on peut faire à l'auteur. Ils sont compensés par des beautés réelles : la marche des quatre premiers actes est bien entendue, et le trouble et le péril croissent de scène en scène : les principaux caractères sont bien tracés. David est plus père que roi; mais la tendresse paternelle porte avec elle son excuse, et de plus, les remords d'Absalon justifient celle de David. Ce jeune prince n'est point représenté dans la pièce comme un méchant et un pervers; il n'en veut ni à la vie ni à la couronne de son père; il l'aime et le respecte; mais sa fierté ne peut supporter que

Joab, ministre et général d'armée, abuse de son crédit pour le rendre suspect à son père, et faire désigner Adonias pour successeur de David. Les artifices et les séductions d'Achitophel ont aigri et irrité cet âme impétueuse : c'est Achitophel qui est le vrai coupable, et dont l'ambition se sert habilement des passions du fils pour le porter à la révolte contre son père, et les perdre l'un par l'autre. Mais le rôle le mieux fait et le plus théâtral, c'est celui de Tharès, femme d'Absalon : unie à son époux par l'amour le plus tendre, elle est venue, avec sa fille Thamar, le trouver dans le camp de David; elle se sert de l'empire qu'elle a sur lui pour lui arracher l'aveu des complots qu'il a formés. Amasa, l'instrument et le complice des projets d'Achitophel, a fait révolter les Hébreux, et forcé David de sortir de Jérusalem. Ce roi, suivi de ce qui lui reste de fidèles sujets, est campé sous les murs de Manhaïm. Amasa s'avance contre lui avec une armée de rebelles. Cependant Absalon et Achitophel, dont les projets sont encore ignorés du roi, sont demeurés près de lui, mais ils n'attendent que la nuit pour faire éclater leur intelligence avec ses ennemis. Au signal convenu, tous deux doivent se joindre aux troupes d'Amasa; et Séba, commandant de la tribu d'Éphraïm, doit la faire soulever. Absalon est violemment combattu par de trop justes remords, qu'il ne dissimule pas même à Achitophel; mais cet adroit scélérat l'a su engager si avant, qu'il ne peut reculer sans se perdre, et l'idée de voir son frère Adonias assuré de la succession au trône l'emporte sur ses remords et sur les reproches et les prières de son épouse. Tharès qui ne peut ni accuser son mari, ni laisser David exposé au danger qui le menace, est dans une situation d'autant plus cruelle, qu'étant fille de Saül, ancien ennemi du roi, elle est suspecte à la reine, et soupçonnée de favoriser secrètement la révolte. Elle prend un parti héroïque, le seul qu'elle croit capable d'enchaîner les résolutions et les démarches d'Absalon. Mais pour bien juger cette scène, il faut l'entendre, malgré ce qui reste à désirer du côté de la versification.

DAVID.

Je vous cherche, Absalon : notre péril augmente.
Nos insolents vainqueurs préviennent notre attente.
Zamri m'avait flatté que, lents à s'avancer,
Au-delà du Jourdain ils craignaient de passer.
Il s'est trompé ; leur nombre a redoublé leur rage ;
Ils viennent achever leur sacrilège ouvrage.
Mais loin d'être saisis d'une indigne terreur,
Apprêtons-nous, mon fils, à punir leur fureur.
Nous combattrons au nom du maître de la terre,
Du dieu qui devant lui fait marcher le tonnerre,
Pour qui tous les mortels qu'embrasse l'univers
Sont comme la poussière éparse dans les airs.
Je ne vous dirai point, et mon cœur ne peut croire
Ce que l'on a semé pour ternir votre gloire.
Amasa veut ravir le sceptre de son roi ;
Mais que mon propre fils soit armé contre moi !
. . . .

THARÈS.

Et moi, je crois, seigneur, ne devoir point vous taire
Que ces bruits sont peut-être un avis salutaire.

DUCIIÉ.

Je sais, je vois quel est le cœur de mon époux,
Mais sait-on s'il n'est point de traître parmi nous ?
Sait-on si dans ce camp quelque secret coupable
N'a point, pour se cacher, divulgué cette fable ?
M'en croirez-vous, seigneur ? qu'un serment solennel
Fasse trembler ici quiconque est criminel !
Le ciel, votre péril, ma gloire intéressée,
De ce juste projet m'inspire la pensée.
Attestez l'Éternel qu'avant la fin du jour,
Si des traîtres cachés, par un juste retour,
N'obtiennent le pardon accordé pour leurs crimes,
Leurs femmes, leurs enfants en seront les victimes ;
Que dans le même instant qu'ils seront découverts,
Leurs parents dévoués à cent tourments divers,
Déchirés par le fer, au feu livrés en proie,
*Payeront** tous les maux que le ciel vous envoie.

ABSALON, *à part.*

Juste Dieu ! que fait-elle ?

CISAÏ, *à David.*

Oui, l'on n'en peut douter,
Seigneur, quelque perfide est tout près d'éclater.
On vous trahit : je sais par des avis fidèles,
Que vos desseins secrets sont connus des rebelles.

David prononce le serment, et Tharès reprend aussitôt :

Achevez donc, seigneur, Joab vous est fidèle.
Ennemi d'Absalon, et pour vous plein de zèle,
Lui seul me paraît propre à remplir mes desseins :
Souffrez que je me mette en ôtage en ses mains.

* C'est une faute de mesure : *paieront* n'est que de deux syllabes.

ABSALON, *à part.*

Ciel !

DAVID, *à Tharès.*

Vous !

THARÈS.

Il faut, seigneur, que mon exemple étonne,
Et montre qu'il n'est point de pardon pour personne.

DAVID.

Votre vertu suffit pour répondre de vous.
Accompagnez la reine et suivez votre époux.

THARÈS.

Non, seigneur, souscrivez à ce que je désire,
Ma gloire le demande, et le ciel me l'inspire.
Accordez cette grace à mes désirs pressants.

DAVID.

Puisque vous le voulez, Madame, j'y consens.
Toi, qui du haut des cieux à nos conseils présides,
Qui confonds d'un regard les complots des perfides,
Dieu juste ! venge-moi, punis mes ennemis.
Souviens-toi du bonheur à ma race promis.
Si quelque traître ici se cache pour me nuire,
Lève-toi, que ton bras s'arme pour le détruire;
Que, se livrant lui-même à son funeste sort,
Ce jour puisse éclairer ma vengeance et sa mort!
Venez mon fils : le ciel que notre malheur touche,
Accomplira les vœux qu'il a mis dans ma bouche.
Joab marche, guidé par le Dieu des combats.

On emmène Tharès. Toute cette scène se passe aux yeux d'Absalon : elle me paraît théâtrale et heureusement imaginée.

Cependant l'habileté d'Achitophel fait échouer

toutes les mesures de Tharès. Sachant combien Absalon est aimé des Hébreux, il fait publier parmi les rebelles que le prince veut joindre sa cause à la leur, et défendre ses droits au trône qu'Adonias veut lui ravir. Au nom d'Absalon, toute l'armée le proclame roi. Séba, secondé de la tribu d'Éphraïm, s'engage à enlever Tharès des mains de Joab; et Absalon, instruit que David veut le faire arrêter, passe enfin dans le camp ennemi. Sa révolte est déclarée, et la conspiration d'Achitophel reste encore inconnue. David continue à se fier à lui et à Séba; il veut même changer sa garde et se mettre entre les mains de Séba et de la tribu d'Éphraïm, qu'il regarde comme ses plus fidèles soutiens, tant l'adroit Achitophel a su l'aveugler. Mais Tharès lui ouvre les yeux en lui remettant un billet de Séba, qui promet de l'enlever, ainsi que Thamar sa fille, et de les conduire au camp d'Absalon. Elle soutient son caractère, et s'offre elle-même à la vengeance de David; mais déterminé à tout tenter pour ramener au devoir un fils coupable, et n'imputant ses égaremens qu'au seul Achitophel, dont les perfidies sont découvertes, et qui vient de se retirer auprès d'Absalon, il envoie un de ses plus fidèles serviteurs, Cisaï, proposer à son fils une entrevue. Absalon y consent, malgré les efforts d'Achitophel pour l'en détourner : il ne peut se résoudre à refuser d'entendre son père. Il apprend de Cisaï que l'armée de David demande la mort de Tharès et de sa fille, et que le roi seul s'y oppose; qu'il fait garder Tharès et lui renvoie la jeune Thamar; mais Cisaï lui déclare, en présence d'Achitophel, que, s'il suit les conseils de ce traître, Tharès est morte, et que rien ne peut la sauver.

On voit que la pièce marche, et que l'intrigue se noue de plus en plus. L'entrevue de David et de son fils me semble faite pour achever le succès de l'ouvrage. Cette scène est belle et pathétique, et ce quatrième acte peut faire pardonner la faiblesse du cinquième. L'audacieux Achitophel est auprès d'Absalon lorsque le roi paraît, et la scène commence par un très beau mouvement : Absalon, confus et troublé, s'écrie à l'aspect de son père :

Juste Ciel! c'est David que je vois!

DAVID.

Oui, c'est moi, c'est celui que ta fureur menace.
Tu frémis! soutiens mieux ton orgueilleuse audace.
Le trouble où je te vois fait honte à ton grand cœur,
Et la crainte sied mal sur le front d'un vainqueur.

ABSALON.

Seigneur...

DAVID.

Quitte un respect qui n'est que dans ta bouche,
Et t'apprête à répondre à tout ce qui me touche.
Mais quand ton bras impie est levé contre moi,
M'est-il permis d'attendre un service de toi?

ABSALON.

Votre puissance ici, seigneur, est absolue.

DAVID.

Chasse donc ce perfide, odieux à ma vue,
Ce monstre dont l'aspect empoisonne ces lieux.

ACHITOPHEL.

Je puis...

ABSALON.

Obéissez ; ôtez-vous de ses yeux.

Ce moment est d'un effet sûr au théâtre. On y verra toujours avec plaisir cette humiliation exemplaire qui suit le crime jusqu'au milieu de ses succès. La manière dont Absalon traite Achitophel commence déjà à le reconcilier avec le spectateur, et prépare son repentir qui terminera la scène. Je crois d'autant plus à propos de la faire connaître, que les pièces qu'on ne joue pas sont peu lues, et peut-être sera-t-on étonné que cet ouvrage ne soit pas plus connu.

DAVID.

Enfin nous voilà seuls : je puis jouir sans peine
Du funeste plaisir de confondre ta haine,
T'inspirer de toi-même une équitable horreur,
Et voir au moins ta honte égaler ta fureur ;
Car enfin je connais tes complots homicides.
Te voilà dans le rang de ces fameux perfides
Dont les crimes font seuls la honteuse splendeur,
Et qui sur leurs forfaits bâtissent leur grandeur.
Mais je veux bien suspendre une juste colère.
Quelle lâche fureur t'arme contre ton père?
Ose, si tu le peux, me reprocher ici
Que j'ai forcé ta haine à me poursuivre ainsi ;
Ou, si dans ton esprit tant de bontés passées
A force d'attentats ne sont point effacées,
Daigne plutôt, perfide, en rappeler le cours.
Tu m'as toujours haï, je t'ai chéri toujours.
Je cherchais à tirer un favorable augure

De ces dons séducteurs dont t'orna la nature ;
En vain ton naturel altier, audacieux,
Combattait dans mon cœur le plaisir de mes yeux ;
Mon amour l'emportait, je sentais ma faiblesse ;
Que n'a point fait pour toi cette indigne tendresse !
Je t'ai vu, sans respect ni des lois ni du sang,
D'Ammon mon successeur oser percer le flanc,
Moins pour venger l'honneur d'une sœur éperdue,
Que pour perdre un rival qui te blessait la vue.
Israël de ce coup fut long-temps consterné :
Je devais t'en punir, je te l'ai pardonné.
J'ai fait plus : satisfait qu'un exil nécessaire
Eût expié trois ans le meurtre de ton frère,
Mes ordres à ma cour ont fait hâter tes pas ;
Ton père désarmé t'a reçu dans ses bras.
Que dis-je ? chargé d'ans et couvert de la gloire
D'avoir à mes projets asservi la victoire,
Tranquille et jouissant du sort le plus heureux,
J'allais pour successeur te nommer aux Hébreux ;
Et dans le même temps, secondé d'un rebelle,
Tu répands en tous lieux ta fureur criminelle.
Ce que n'ont pu jamais les fiers Amorrhéens,
Le superbe Amalec, les vaillants Hévéens,
Tu le fais en un jour : ta fureur me *surmonte :*
Je fuis, je traîne ici ma douleur et ma honte ;
Et sans voir que sur toi rejaillit mon affront,
D'une indigne rougeur tu me couvres le front.
Ne crois pas cependant qu'oubliant ton offense,
Je ne puisse et ne veuille en prendre la vengeance.
Mais parle : qui te porte à cette extrémité ?
Que t'ai-je fait, ingrat, pour être ainsi traité ?

ABSALON.

Seigneur, si du devoir j'ai franchi les limites,

Si je suis criminel autant que vous le dites,
Imputez mes forfaits à mes seuls ennemis :
Accusez-en Joab, lui seul a tout commis :
C'est lui dont la fureur, dont la haine couverte,
Trame depuis long-temps le dessein de ma perte.
Je sais tout ce qu'il peut sur vous, dans votre cour.
J'ai craint, je l'avoûrai......

DAVID.

Faible et honteux détour !
Cesse de m'accuser de la lâche injustice
De suivre d'un sujet la haine ou le caprice.
Donne d'autres couleurs à ta rébellion ;
Excuse-toi plutôt sur ton ambition ;
Dis que ton cœur jaloux a tremblé que ton père
Ne mît le sceptre aux mains d'Adonias ton frère.
A quoi ton lâche orgueil n'a-t-il pas eu recours !
Tu veux me détrôner, tu veux trancher mes jours.

ABSALON.

Trancher vos jours, moi ! Ciel !

DAVID.

Oui, tu le veux, perfide !
Oses-tu me nier ton dessein parricide ?
Ces gardes, ces soldats, qui, comblant tes souhaits,
Devaient dès cette nuit couronner tes forfaits,
Qui déposaient mon sceptre en ta main sanguinaire,
Traître ! le pouvaient-ils sans la mort de ton père ?
Tiens, prends, lis.

ABSALON, *après avoir lu.*

Je demeure interdit et sans voix.

DAVID.

Je sais tes attentats, fils ingrat, tu le vois.

Si le ciel n'eût pris soin de veiller sur ma vie,
Ta rage de mon sang allait être assouvie.
Mais parle, à ce dessein qui pouvait t'animer?
Ton cœur, sans en frémir, a-t-il pu le former?
En peux-tu rappeler l'idée épouvantable,
Sans qu'un remords vengeur te déchire et t'accable?
Moi-même en te parlant, saisi d'un juste effroi,
Mon trouble et ma douleur m'emportent loin de moi.
Grand Dieu! voilà ce fils qu'aveugle en mes demandes
Ont obtenu de toi mes vœux et mes offrandes!
Je le vois: tu punis mes désirs indiscrets.
Eh bien! Dieu d'Israël, accomplis tes décrets:
Consens-tu qu'à son gré sa rage se déploie?
Veux-tu que dans mon sang ce perfide se noie?
J'y souscris. Oui, barbare, accomplis ton dessein,
Aux dernières horreurs ose enhardir ta main.
Si ta mère, en ces murs, éplorée, expirante,
Si le trépas certain d'une épouse innocente,
Ne peuvent t'inspirer ni pitié ni terreur,
Ou plutôt si le ciel se sert de ta fureur,
Ministre criminel de ses justes vengeances,
Remplis-les, par ma mort couronne tes offenses;
Viens, frappe!

ABSALON.

Juste ciel!

DAVID

Tu trembles? Que crains-tu?
Tu foules à tes pieds les lois et la vertu;
Tu forces dans ton cœur la nature à se taire.
Qui peut te retenir? Frappe, dis-je.

ABSALON.

Ah! mon père!

DAVID.

Ton père ! oublie un nom qui ne t'est plus permis.
Je ne te connais plus : va, tu n'es plus mon fils.

ABSALON.

Un moment, sans courroux, seigneur, daignez m'entendre :
Je ne puis ni ne veux chercher à me défendre.
Il est vrai, mon orgueil a fait mes attentats ;
J'ai craint de voir régner mon frère Adonias.
Contre le fier Joab j'ai suivi ma colère :
Mais si je puis encore être cru de mon père,
S'il peut m'être permis d'attester l'Éternel,
Voilà ce qui peut seul me rendre criminel :
Jouet d'un séducteur qu'à présent je déteste,
Le traître Achitophel a conduit tout le reste.
Je sais qu'après les maux que je viens de causer
Une fatale erreur ne saurait m'excuser.
J'ai tout fait : vengez-vous, punissez un coupable,
Ou plutôt sauvez-moi du remords qui m'accable.
Quelques affreux que soient vos justes châtiments,
Ils n'égaleront point l'horreur de mes tourments.

DAVID.

Ainsi le ciel commence à te rendre justice :
Ton crime fit ta joie, il fera ton supplice.
Heureux si ton remords, sincère, fructueux,
Produisait en ton âme un retour vertueux !
Mais ne cherches-tu point à tromper ma clémence ?
Et ta bouche et ton cœur sont-ils d'intelligence ?

ABSALON.

Dans le funeste état, seigneur, où je me voi,
Mes serments peuvent-ils vous répondre de moi ?
En moi la vérité doit vous sembler douteuse,

Quel affront, juste Dieu! pour une âme orgueilleuse!
De quel opprobre affreux viens-je de me couvrir!
Je l'ai trop mérité pour ne le pas souffrir.
Oui, seigneur, n'en croyez ni ma fierté rendue,
Ni ma honte à vos yeux sur mon front répandue,
Ni les pleurs que je verse à vos sacrés genoux :
Punissez un ingrat, suivez votre courroux.

DAVID.

Lève-toi.

ABSALON.

Qu'allez-vous ordonner de ma vie?

DAVID.

Es-tu prêt à mourir?

ABSALON.

Contentez votre envie.

DAVID.

Mon envie! ah! cruel! dis plutôt mon devoir.
Je devrais te punir; je ne puis le vouloir.
Que dis-je? A quelque excès qu'ait monté ton audace,
Mon sang s'émeut pour toi, ton repentir l'efface.
Mes pleurs, que vainement je voudrais retenir,
T'annoncent le pardon que tu vas obtenir.
C'en est fait, ma tendresse étouffe ma colère;
Sois mon fils, Absalon, et je serai ton père.
Je te pardonne tout : je vois qu'un séducteur
D'un horrible complot a seul été l'auteur.
Le perfide a séduit ta crédule jeunesse.
Redonne-moi ton cœur, je te rends ma tendresse.
Ton heureux repentir me fait tout oublier :
C'est à toi désormais à me justifier.

J'avoue qu'il y a bien des négligences, et même

quelques fautes dans la versification; mais le ton général de la scène est vrai, naturel, touchant; au théâtre elle ferait verser des larmes. C'est pourtant cet ouvrage qu'on n'y a pas vu depuis quarante ans, et on y redonne, on y tolère, on y applaudit tous les jours de misérables rapsodies qui sont le scandale des lettres, du bon sens et du bon goût.

De nouveaux artifices d'Achitophel rendent cette réconciliation inutile : il fait courir le bruit, dans l'armée des rebelles, que David veut enlever Absalon. Le combat s'engage : Joab est vainqueur, et le prince meurt, comme dans l'*Écriture*, frappé d'un trait parti de la main de Joab, et qui atteint le le malheureux Absalon arrêté aux branches d'un arbre par sa chevelure. Je crois qu'avec quelques retranchements, la pièce pourrait être remise et avoir du succès : elle est du petit nombre de celles où il n'y a point d'intrigue amoureuse, et c'est encore un mérite de plus.

Le style de Duché est plus incorrect que celui de Campistron; mais il est plus animé et plus soutenu. Au reste, ou y remarque plus souvent encore le désir d'imiter les tournures, les mouvements, la marche des scènes de Racine. Celle où Tharès veut détourner Absalon de ses projets criminels est calquée sur la conversation de Burrhus avec Néron : on y retrouve des vers d'emprunt presque tout entiers, des hémistiches frappants, tels que celui-ci : *Non, il ne vous hait pas*, qui fait toujours tant d'effet dans la bouche de Burrhus. Mais ces passages si simples ne sont beaux que par la manière de les placer, et les auteurs qui se les approprient ne peuvent pas s'emparer du talent d'un autre comme de ses vers.

L'*Iphigénie en Tauride* de Duché n'est pas sans mérite ; cet opéra a été repris de nos jours avec succès, et Guymond de Latouche en a emprunté deux de ses plus belles scènes. Mais l'amour de Thoas pour Électre, et celui d'Électre pour Pylade, altèrent et affadissent tout le reste de l'ouvrage, dont ces deux scènes sont les seules qui soient dans le sujet.

La Harpe, *Cours de Littérature*.

DUCIS (Jean-François), l'un de nos meilleurs poètes tragiques, naquit le 23 août 1733 à Versailles, où son père, originaire de Savoie, faisait le commerce de lingerie. Il termina avec quelque succès au collège de cette ville d'assez faibles études qu'il avait commencées à onze ans dans un petit pensionnat à Clamart.

Parvenu à l'âge où le choix d'un état devient indispensable, Ducis ne se sentait aucune vocation déterminée ; son père voyait avec peine qu'il n'était pas disposé à partager ses travaux. Ducis de son côté craignait de lui être à charge, et cette crainte lui fit concevoir un projet bizarre. Il résolut avec un de ses camarades nommé Vallier de faire chaque mois deux pèlerinages d'une semaine dans les environs de Versailles. Les deux amis se mettaient en route dans un équipage rustique ; un large habit gris, un chapeau rond, des souliers ferrés, c'était leur uniforme ; un bâton, c'était leur arme défensive; pas d'argent dans la bourse, c'était la règle de leur association. D'abord ils demandèrent asyle dans les presbytères; bientôt on le leur offrit avec empressement. Ils ne l'acceptaient que pour deux jours dans chaque village, et payaient l'hospitalité en sonnant les cloches et en servant la messe. Les curés qu'ils charmaient par un aimable enjouement, ne les voyaient qu'à regret quitter leur gîte. Quand nos joyeux pèlerins rentraient à Versailles, ils avaient soin d'arriver à la nuit, pour favoriser leur incognito, et le spectacle des marionnettes en plein vent, sur la place du Château, faisait l'amusement obligé de la soirée.

Ce genre de vie dura plusieurs années pendant lesquelles Ducis traduisit en vers quelques satires de Juvénal, traductions que Vallier condamna au feu. Enfin il se décida en 1756 à suivre en qualité de sécrétaire le maréchal de Belle-Isle dans son inspection des places fortes du royaume. Cette inspection dura six mois, et, l'année suivante, le maréchal, devenu ministre de la guerre, le plaça dans ses bureaux comme expéditionnaire aux appointements de deux mille livres, occupation bien fastidieuse pour une tête si ardente : mais il fallait qu'il obéît à son père. Au bout de huit jours, cet emploi lui devint tellement insupportable qu'il en serait tombé malade, s'il eût été forcé de continuer à le remplir. Le ministre touché de son chagrin lui rendit la liberté, et lui conserva ses appointements, faveur insigne dont il jouit jusqu'à la révolution.

Voilà donc Ducis riche au superflu, et jouissant du plaisir de partager son temps entre sa famille et la littérature; assidu le matin aux sermons du père Neuville, et le soir aux tragédies de Corneille. Le Dante et Shakspeare furent les aliments de son génie. Sa muse se nourrissait de leurs sublimes fureurs, et songeait à les naturaliser sur la scène française. Il avait plus de trente ans lorsqu'il fit jouer sa tragédie d'*Amélise*, faible essai qui fut à peine remarqué et qu'il ne jugea pas digne d'être imprimé dans la collection de ses œuvres. Les neuf autres tragédies qui la suivirent, la firent complètement oublier. *Hamlet* dont il emprunta le sujet à Shakspeare révéla le talent de notre poëte qui semblait créer en imitant. Cette tragédie obtint un succès d'enthousiasme (1769). Le rôle principal poliment refusé par Lekain qui croyait les barbaries de la pièce anglaise capables de révolter les spectateurs français, fut joué par Molé d'une manière admirable.

En 1771, il publia un petit poème en quatre chants, intitulé le *Banquet de l'amitié*, dédié à M. de Roquelaure évêque de Senlis. Ce poème inaperçu ne sera sans doute jamais réimprimé; il est peu digne de la plume de Ducis, quoique digne de son cœur. Parurent ensuite ses tragédies de *Roméo et Juliette* et d'*OEdipe chez Admète* (1775). A cette époque il eut la douleur de voir mourir jeune encore, sa première femme, petite-nièce de Bourdaloue. Il trouva quelques soulagements à sa douleur dans la bienveillance de Monsieur, comte de Provence, qui se l'attacha en qualité de secrétaire, et l'emmena à la cour de Sardaigne, où le roi Victor Amédée III lui fit un accueil très distingué.

Ducis possédait déjà des titres au fauteuil académique. Il y parvint sans intrigue, à la mort de Voltaire. « Messieurs, dit-il à ses nouveaux confrères, il « est des hommes auxquels on succède et qu'on ne « remplace pas. — Lorsque je fus nommé, disait-il « à ses amis, pour succéder à M. de Voltaire, les « quatre pieds de mon fauteuil entrèrent dans l'es-« tomac de ce pauvre M. Dorat, dont les préten-« tions m'avaient un moment barré le chemin, et « qui, j'en conviens, était bien plus aimable que moi, « et avait dix fois plus d'esprit. » On a prétendu que son discours de réception avait été refait en entier par Thomas; mais M. Campenon, dans ses *Mémoires sur Ducis*, a prouvé la fausseté de cette assertion.

Sa tragédie du *Roi Léar* obtint en 1783 un succès prodigieux qu'il attribuait à l'acteur Brizard. Il fut moins heureux dans celle de *Macbeth* que Thomas appelait un *Traité du remords*. Représentée le 13 janvier 1784, elle provoqua des murmures d'horreur. Ducis y fit des changements, et Talma acheva de la réconcilier avec le public.

Sur la fin du printemps de 1785, des affaires de famille appelèrent Ducis à Chambéry, et il visita, le 4 juin, la Grande-Chartreuse fondée dans les Alpes au XIe siècle par saint Bruno. Comme il traversait en voiture les montagnes qui conduisent au village des Échelles, les chevaux effrayés prirent le mors aux dents. Pour éviter une mort certaine au milieu des précipices, Ducis s'élance hors de la voiture, et tombe tout meurtri sur un amas de rochers. Évanoui, baigné dans son sang, il fut recueilli par une femme et un vieillard qui le transportèrent au prochain village. Mais l'amitié fidèle vola à son secours. L'estimable auteur de *la Pétréide*, Thomas accourut, le fit transporter chez lui à Oullins, près de Lyon, et la guérison de Ducis fut bientôt son ouvrage.

La muse de Ducis se reposait depuis six ans lorsque *Jean-sans-Terre* parut, d'abord en cinq actes puis en trois. C'est le moins bon de ses ouvrages. *Othello* vengea *Jean-Sans-terre* par un brillant succès. Si *Macbeth* est un *Traité du remords*, suivant Thomas, *Othello* peut être considéré comme un *Traité de la Jalousie*.

Les travaux littéraires de Ducis s'interrompirent au milieu des agitations politiques. Ducis frémit des excès de la licence. « Que me parles-tu, écrivait-il « à Vallier, de m'occuper à faire des tragédies? la « tragédie court les rues (propos également attribué « à Lemierre). Je donnerais la moitié de ce qui me « reste à vivre, pour passer l'autre dans quelque « coin du monde où la liberté ne fût pas une furie « sanglante. »

Nommé député pour un an au conseil des anciens en avril 1798, il refusa à cause de *son incapacité pour les affaires*.

Au retour de l'expédition d'Italie, Ducis eut des relations assez fréquentes avec le général Bonaparte. Un jour qu'il dînait chez lui, ainsi que Legouvé, à la Malmaison, Bonaparte, devenu premier consul,

développait fastueusement, devant ses convives, les projets qu'il voulait réaliser pour le bonheur de la France.... — « Et *après cela*, dit doucement le vieil-
« lard ? Après cela, reprit Bonaparte un peu étonné,
« après cela, bonhomme Ducis, si vous êtes con-
« tent, vous me nommerez juge-de-paix dans un
« village. »

Malgré les instances de ses amis, il refusa en l'an VIII de siéger au sénat. « Il vaut mieux, disait-il, porter
« des haillons que des chaînes. » Madame de Boufflers dit à ce sujet : « je le reconnais bien là, c'est
« un vrai Romain. — Pas du temps des empereurs, » reprit finement le chevalier de Boufflers. Ducis refusa aussi en 1803 la croix de la légion-d'honneur.

Tant qu'il avait cru Bonaparte le protecteur de la liberté, il l'avait aimé ; mais il le détesta dès qu'il en devint l'oppresseur. Et quand le consul s'empara du souverain pouvoir, le *vieux Romain* fit contre le couronnement une virulente *satire*, qu'il condamna toutefois au mystère le plus profond. La prudence lui en imposait la loi, et d'ailleurs Ducis ne devait-il pas quelques égards à celui qui ne se lassait point de lui offrir ses impériales faveurs. La conviction plus forte que la reconnaissance avait pu étouffer le souvenir des anciennes relations; mais à la chute de Napoléon, Ducis obligea le dépositaire de sa sanglante philippique (M. Campenon) à la tenir secrète, tant que lui et le prisonnier de Saint-Hélène vivraient ; condition qui a été exactement remplie.

Ducis s'exila à Versailles, qui devint son Parnasse, et contracta un second hymen. Une tragédie toute d'invention *Abufar* ou *la Famille arabe*, prouva que son génie septuagénaire n'éprouvait pas les atteintes de la vieillesse : elle obtint un triomphe complet. Ici se termine la carrière dramatique de Ducis ; car on n'ose pas compter au nombre de ses ouvrages, la tragédie de *Phédor et Uladamir* ou *la Famille de Sibérie*, que le parterre traita avec une rigueur offensante pour un poète à qui il avait dû tant de jouissances. Ducis méritait certainement plus d'égards.

En revenant de la première représentation de cette tragédie, le bon vieillard disait tranquillement à un de ses neveux : « Que veux-tu, mon ami ? « il vaut mieux avoir fait une méchante pièce qu'une « mauvaise action. » Il la supprima de son théâtre, en disant : « Laissons-la dormir dans le même caveau « qu'*Amélise*. »

Les poésies légères de Ducis ajoutent un nouvel éclat à sa couronne poétique. Il croyait y avoir écrit les mémoires de sa vie. On y trouve quelques négligences ; mais par combien de traits heureux ne sont-elles pas effacées. Outre l'*Épître à l'amitié*, on y remarque une *Épître au célèbre Vien*, où Ducis passe en revue les chefs-d'œuvre de nos peintres modernes : ses vers *à mon petit logis*, *à mon petit parterre*, *à mon petit potager*, *à mon caveau*, *à mon petit bois*, *à mon petit ruisseau*, sont empreints d'un charme inexprimable. Mais ce petit domaine n'existait que dans ses illusions ; Ducis, qui ne possédait pas un pouce de terre, l'avait créé d'un trait de plume, et racontait plaisamment qu'un bon provincial lui avait écrit pour lui demander la place de régisseur.

En 1812, Ducis voulut faire imprimer le recueil de ses œuvres. Croirait-on qu'il eut de la peine à trouver un libraire éditeur? on lui offrit enfin la modique somme de 6,000 francs qu'il promit spontanément de rendre, si l'ouvrage ne se vendait pas. Quel désintéressement et quelle modestie tout ensemble!

La goutte, la cécité, la pauvreté même asssiégèrent sa vieillesse, sans pouvoir détruire la sérénité de sa belle âme. Il luttait avec courage contre les ravages du temps. Condamné à survivre aux objets de sa tendresse, il cherchait encore dans la poésie l'allègement de ses douleurs. « Ma sœur, écrivait il, à madame de La Grange, en lui dédiant son recueil,

Ma sœur, conçois-tu bien ce qu'est la poésie?
C'est le nectar, c'est l'ambroisie,
C'est la saveur des fruits, le doux esprit des fleurs,
C'est l'arc-en-ciel et ses couleurs,
C'est une ivresse, un charme! en un mot c'est la vie!»

Ducis fut présenté à Louis XVIII quelques jours après son arrivée à Paris (en mai 1814.) Le roi reconnut son ancien secrétaire, et lui cita ces vers de la tragédie d'*Œdipe chez Admète* :

Oui tu seras toujours, chez la race nouvelle,
De l'amour filial le plus parfait modèle.
Tant qu'il existera des pères malheureux,
Ton nom consolateur sera sacré pour eux.

Il reçut de la munificence royale la croix de la légion-d'honneur et une pension de 6,000 francs.

Dans le printemps de 1815, Ducis, veuf de sa seconde femme, était venu chercher un asyle chez M. Georges Ducis son neveu, dont la famille, tantôt à Versailles, tantôt à Paris, ne cessa d'environner le respectable vieillard et d'embellir ses derniers instants. Il mourut à Versailles le 30 mars 1817 : sa mort fit verser des larmes sincères, et laissa un grand vide à l'Académie, où M. de Sèze lui a succédé.

Ses concitoyens ont fait frapper en son honneur une médaille qui porte pour légende un de ses vers :

« L'accord d'un beau génie et d'un beau caractère. ».

Personne n'a su mieux que Ducis se peindre en ses écrits. Voici l'épitaphe qu'il se fit en 1813 :

Jean-François supporta la vie avec douceur,
Ne fut rien, resta lui ; ce fut là tout son rôle :
Chantant encor l'amour et l'amitié sa sœur,
Il mourut frère ermite et poète du saule.

On l'a comparé pour l'extérieur au *Paysan du Danube*. Thomas l'appelait le *Bridaine de la tragédie* ; il ressemblait aussi par les traits du visage à ce véhément missionnaire.

Ducis fut un *bonhomme*, il se plaisait à le répépéter. Mais il n'avait pas cette apathique et froide bonhomie de La Fontaine : son cœur était ouvert aux plus douces émotions. Ennemi de l'ambition, il se riait des courtisans, et disait : « Quand je vois les « hommes s'agenouiller stupidement pour adorer le

« veau d'or, il me prend des envies de me sauver dans
« la lune, d'en ouvrir la fenêtre et de cracher sur
« le genre humain. »

Son petit logis qu'il nommait sa *Thébaïde*, était situé à Versailles, rue de Satori, au troisième étage; l'ameublement offrait de singuliers contrastes. « Au « chevet de son lit de serge verte, dit la *Biographie* « *des contemporains*, était un Christ et un bénitier; « au pied une vierge et mademoiselle Clairon. Dans « sa chambre était pêle-mêle les portraits de Talma, « du curé de sa paroisse, du Dante, d'un vieux gou- « verneur des pages qu'il croyait aimer, et de ma- « dame de La Vallière dont il était plus amoureux « que Louis XIV lui-même. Ajoutez à cela des dessins « faits d'après ses tragédies, les sept sacrements du « Poussin, le buste de Lemercier, et celui de Guil- « laume Shakspeare. »

Les *OEuvres de Ducis* ont été imprimées à Paris en 1818, 6 vol. in-18, et 3 vol. in-8°, par les soins de M. Campenon de l'Académie française. C'est à lui que nous devons encore un *Essai de Mémoires sur la vie, le caractère et les écrits de Ducis*, Paris, Didot 1824, 1 vol. in-8°. On y trouve plusieurs pièces iné- dites, entre autres, le poème satirique sur *le couronnement de Napoléon*.

JUGEMENTS.

I.

Le succès d'*Hamlet* le fit connaître, il y a déjà quarante années : le succès de *Roméo et Juliette* attira sur lui l'attention publique, et le théâtre retentissait encore des applaudissements donnés aux scènes fameuses d'*OEdipe chez Admète*, quand M. Ducis obtint l'honneur mémorable de remplacer Voltaire à l'Académie française. On doit comprendre dans la même époque *le Roi Léar* et *Macbeth*, qui suivirent immédiatement *OEdipe*. *Othello*, la cinquième tragédie que M. Ducis ait imitée de Shakspeare, appartient à l'époque actuelle. Cette pièce a paru sur la scène avec deux catastrophes différentes. Il faut en convenir, le dénoument heureux que M. Ducis a cru devoir préférer, paraît contraire au ton général de l'ouvrage, et plus encore au caractère d'Othello. D'un autre côté, premier dénouement semblait trop dur. On ne s'accoutumait pas à voir le jaloux Othello tuer Hédelmone, après une longue explication. Ce n'est pas ainsi qu'Orosmane, dans l'accès de sa jalousie, immole une amante adorée; et Voltaire, en adoptant la catastrophe de la pièce anglaise, s'était bien gardé d'en imiter les incidents, la couleur et l'exécution. Mais *Zaïre* est le plus intéressant des chefs-d'œuvre. En laissant cette belle tragédie à la place élevée qu'elle occupe, soyons justes pour l'ouvrage de M. Ducis. La terreur y est fortement soutenue; on y trouve des scènes profondes, des effets nouveaux, d'énergiques détails; on remarque surtout les beaux vers où la sombre tyrannie du gouvernement de Venise est peinte avec une vérité si effrayante. En composant la tragédie d'*Abufar*, M. Ducis n'a suivi d'autre guide que son imagination, et son imagination l'a bien conduit. Quelle fidélité dans le tableau des mœurs arabes ! quelle chaleur impétueuse dans la passion de Pharan ! combien Saléma est touchante ! quel intérêt dans les situations ! quelle brillante originalité dans le style ! Là, plus richement que partout ailleurs, M. Ducis a déployé l'étendue de son talent poétique. Trois de ses anciens ouvrages ont reparu sur la scène avec des changements considérables, *OEdipe*, *Macbeth* et *Hamlet*. OEdipe n'est plus chez Admète : il est à Colonne, ainsi que dans la pièce de Sophocle, et la double action a disparu. Peut-être l'unité n'est-elle pas encore assez complète; Thésée peut-être est trop occupé de son jeune fils Hippolyte, que le spectateur ne voit point, et l'idée de refaire, dans un songe, tout le récit de Théramène ne paraît pas des plus heureuses. Mais le public a vivement senti comme autrefois les beautés répandues en foule dans les rôles d'OEdipe, d'Antigone et de Polynice, et ces beautés sont du premier ordre. Il en est d'égales dans *Macbeth :* le rôle principal en est rempli; le rôle de Frédégonde en offre aussi beaucoup, et l'auteur l'a enrichi, durant l'époque actuelle, de cette terrible scène de somnambulisme qu'il n'avait osé tenter autrefois. Le rôle intéressant du jeune Malcolme est également nouveau dans la pièce, et nous croyons qu'elle est aujourd'hui, dans son ensemble, la meilleure tragédie de M. Ducis. Malgré les changements, *Hamlet* pourrait essuyer plus de reproches. L'amour du héros pour Ophélie est tiède et dépourvu d'effet ; son délire est plus sombre qu'imposant, et l'on est en droit de trouver un peu monotone une frénésie qui dure quatre actes; mais on ne doit qu'admirer lorsqu'on entend le prince danois, tenant en main l'urne funèbre où sont renfermées les cendres de son père, interroger une mère criminelle. Voilà un dialogue pathétique, des traits de maître, une scène vraiment supérieure, et il faut bien qu'elle le soit, puisque, malgré l'identité des situations, elle n'est point éclipsée par la superbe scène de Sémiramis et de Ninias. Il est donc juste de reconnaître en M. Ducis un des plus grands talents qui nous restent. Il serait possible de désirer qu'il fût plus régulier dans ses plans; mais ses plans sont toujours animés par d'énergiques peintures et de vigoureux détails. S'il imite souvent les compositions étrangères, aux beautés qu'il emprunte, il ajoute des beautés égales. Imiter ainsi, c'est inventer. Aucun poète n'a mieux approfondi les sentiments de la nature; chez aucun la tendresse filiale ne parle de plus près au cœur d'un père: il fait couler de vertueuses larmes; il fait jouer avec force le ressort puissant de la terreur, et dans la partie essentielle de la tragédie, dans l'art d'émouvoir, c'est un véritable modèle, que le siècle qui commence et qui se félicite de le posséder encore, présente à la postérité.

M. J. Chénier, *Tableau de la Littérature française*.

II.

Il est assez difficile d'assigner d'une manière précise, le rang que M. Ducis doit occuper parmi les poètes tragiques de notre nation. Le mettra-t-on à côté de ces hommes de génie, qu'une admiration prolongée à placés au premier ordre de nos tragiques, et qui nous ont laissé leurs écrits pour règles? L'irrégularité de ses compositions et l'inégalité de son style s'y opposent. Le placera-t-on parmi ces hommes de talent qui forment le second rang de nos auteurs tragiques? Quelque honorable que soit une telle place, les beautés fortes, les traits profonds, les éclairs de génie qu'on admire dans la plupart de ses pièces, autorisent peut-être à regarder cette place comme au-dessous de lui. Lorsque M. Ducis est beau, il est rare qu'il le soit à demi. Il ne sait point être médiocre. Il faut que ses vers blessent le goût, ou qu'ils pénètrent bien avant dans le cœur. Souvent même, en outrageant les règles, il a le secret de saisir fortement l'imagination. Je ne sais si je me trompe, mais il me semble que, dans les belles parties de ses compositions, un tel homme est quelque chose de plus qu'un poète du second ordre.

Shakspeare, écrivant à une époque où la civilisation, encore incomplète dans les mœurs, commençait à peine dans les lettres, devait nécessairement tomber dans de grands défauts. Aux écarts où l'entraînaient l'ignorance et le mauvais goût de son temps, se joignirent encore les égarements d'une imagination audacieuse et désordonnée. Né avec un génie d'une trempe particulière, il eût été, à toutes les époques, et dans tous les pays, un écrivain singulièrement original; il dut l'être sur-tout au

XVIe siècle, et au milieu d'un peuple qui ne s'occupait guère alors que de controverses et d'argumentations scolastiques. Ni l'exemple, ni l'éducation n'adoucirent ce qu'il y avait d'âpre et de sauvage dans cette nature forte et élevée. Cette liberté le jeta souvent hors des routes du beau. Il fut souvent outré, ridicule, absurde même; mais quand il eut à peindre des passions violentes ou profondes, dont peut-être il trouvait le modèle dans son âme, alors il fut vrai, pathétique, terrible, quelquefois sublime. Enfin, il fut supérieur à son siècle, et c'est ainsi qu'il mérita d'être placé au rang des hommes qui ont le plus honoré l'Angleterre par leurs écrits.

M. Ducis, écrivant deux siècles environ après Shakspeare, et au sein de la nation la plus fidèle aux règles imposées par la nature et le goût, M. Ducis ne pouvait tomber dans les mêmes erreurs que le tragique anglais; mais son imagination avait trop de rapport avec celle de Shakspeare, pour qu'il pût éviter tous ses défauts. Doué de l'esprit le plus fier et le plus indépendant, il était conduit par ces dispositions mêmes à chercher des effets d'un genre nouveau. L'extraordinaire, le bizarre, n'étaient pas sans attraits pour lui. La vigueur, l'élévation et la sensibilité, qui formaient les traits principaux de son imagination et de son caractère, ne pouvaient manquer de se reproduire dans ses ouvrages; mais comme son organisation morale était en tout singulièrement forte et prononcée, il était difficile qu'il n'outrât pas souvent ces qualités, et que les défauts qui en sont voisins, la rudesse et l'exagération, ne s'y mêlassent pas.

L'éducation et l'étude des bons modèles auraient pu, jusqu'à un certain point, le sauver de cet écueil, et donner à son talent des formes plus pures et plus régulières. Mais son éducation ne fut pas dirigée vers ce but. Elle fut simple et austère, beaucoup plus qu'élégante et polie.

De tous les auteurs tragiques, Shakspeare étant celui qui avait le plus d'analogie avec le caractère de son esprit, ce fut aussi celui pour lequel il éprouva le plus de sympathie.

Frappé des beautés neuves et originales, qui brillent dans l'Eschyle anglais, vivement ému de ce pathétique naïf et sombre qui lui est particulier, il se sentit comme entraîné à l'imitation de cet étrange modèle; il entreprit d'ajouter aux richesses de notre scène ce qu'il y a de moins brut parmi les richesses de la scène anglaise. L'entreprise était des plus difficiles. Comment réduire des œuvres gigantesques aux sages proportions exigées par notre code dramatique? Comment assujettir des conceptions, à plus d'un égard monstrueuses, aux règles et aux convenances si rigoureusement observées parmi nous? Enfin comment reproduire devant des spectateurs français des situations, des évènements si horribles, que l'excessive délicatesse de nos mœurs semblait ne pouvoir les supporter, tout au plus, que dans un récit?

Tant d'obstacles ne purent le décourager. Je ne dirai point qu'il les ait entièrement vaincus; mais il n'a reculé devant aucune difficulté, il en a surmonté plusieurs; et c'est assez pour sa gloire.

Sans doute, en comparant ses tragédies à celles de Racine et de Voltaire, on s'étonnera des irrégularités de la contexture, de la singulière hardiesse de plusieurs scènes et de quelques dénouements, de la hardiesse non moins bizarre de beaucoup de détails. Mais comparez ces mêmes tragédies à celles qui en ont fourni le fond, vous aurez plus d'une occasion d'admirer l'art du poète français. Vous reconnaîtrez qu'il a su éviter beaucoup d'écueils, corriger un grand nombre de vices d'action, substituer des beautés achevées à des germes presque imperceptibles de beautés, et dégager, avec un rare bonheur, un grand nombre de traits sublimes du grossier limon où ils étaient comme perdus et ensevelis.

Shakspeare excelle dans la peinture des affections du sang, dans l'expression des douleurs et des joies domestiques. C'est en cela sur-tout qu'il semblait ne pouvoir être égalé. Eh bien! je ne crains pas de dire que, sous ce rapport, M. Ducis ne lui est point inférieur. Je ne sais même s'il n'a point porté plus loin encore que son modèle ce beau genre de pathétique. Non seulement il a rendu avec une vérité parfaite la plupart des morceaux où s'exhale la douleur paternelle, où s'épanche la douleur filiale, où s'indigne et se soulève la nature outragée; mais, ces morceaux remarquables, il les a développés et embellis; il y a mêlé des sentiments, des traits, des couleurs qui lui appartiennent; il a fait quelquefois le ressort principal de ce qui, dans Shakspeare, n'est qu'un moyen secondaire; et c'est ainsi qu'il a trouvé le secret d'être presque toujours attachant, et souvent original, dans l'imitation d'un modèle aussi défectueux.

Parmi les neuf tragédies qui composent le théâtre de M. Ducis, il y en a qui n'ont eu que peu de succès à la scène, et que l'épreuve de la lecture n'a pas complètement réhabilitées dans l'opinion des hommes de goût; mais il n'y en a aucune où l'homme supérieur ne se révèle par quelques points. Prenons pour exemple la moins heureuse de toutes, *Jean Sans-terre*, qu'il fit jouer d'abord en cinq actes, qu'il réduisit ensuite en trois, et qui ne réussit, ni dans sa première, ni dans sa seconde dimension. Le spectacle d'un malheureux enfant détenu durant tout le cours de la pièce dans une prison, et à qui son oncle, le roi Jean d'Angleterre, fait brûler les yeux avec un fer rouge, dans le dessein de le rendre inhabile au trône où les droits de sa naissance l'appellent; un pareil spectacle ne pouvait produire sur le public qu'une impression d'horreur, et cette impression, quoique affaiblie par l'absence de toute illusion théâtrale, se fait encore péniblement sentir à la lecture. Mais, dans cette ténébreuse horreur des cachots et des supplices, à travers tous les vices du sujet et toutes les scènes atroces qu'ils amènent, M. Ducis est parvenu à jeter çà et là quelques traits de son génie.

On se tromperait en s'imaginant que M. Ducis n'apercevait pas les défauts comme les qualités de son talent. Sans doute il avait la conscience de sa force; il était impossible qu'il ne sentît pas bouillonner incessamment ce fond de tragique que la nature avait placé dans son âme, et comme caché dans ses entrailles. Mais aussi, il ne voyait que trop que, pour y donner l'essor, il fallait que son cœur fût séduit et son imagination dominée par quelque sujet où *l'extraordinaire* se joignît au pathétique.

A ce vice dans le choix de ses sujets se mêlaient plusieurs défauts d'exécution. Après Shakspeare, Corneille était celui de nos grands tragiques qui excitait le plus vivement son admiration. Ses beautés mâles, ses traits profonds, l'énergique fierté de ses pinceaux, l'éclat de ses inspirations, justifiaient assez cet enthousiasme de M. Ducis. Mais cet enthousiasme même égarait son jugement. On eût dit qu'il aimait dans Corneille jusqu'au manque d'ordonnance qui dépare quelques unes de ses tragédies, jusqu'à cette rouille qui est attachée à ses meilleures compositions; et, sans songer que Corneille créait la scène française, et qu'il n'est pas donné à un seul de tout faire; sans s'apercevoir que cette incorrection du style n'est là que comme une date qui marque l'époque où ce grand homme écrivait, peut-être s'en faisait-il comme une excuse, comme un titre pour justifier la négligence et quelquefois la rudesse de son style. Dominé par cette admiration presque exclusive pour Shakspeare et Corneille, il ne sentait pas assez vivement le génie de Racine, dont les grandes beautés semblaient se cacher à ses yeux sous des formes plus élégantes, et sous une pureté de langage qu'il est impossible d'étudier sans découragement.

.Ce n'est point sans quelque peine qu'on le voit ailleurs s'imaginer que, même dans les sujets doux et tendres, il lui faut *pour le soutenir de l'extraordinaire dans les situations.* Comment les belles scènes d'*OEdipe chez Admète*, où il eut le bonheur d'égaler, et peut-être de surpasser Sophocle, son modèle, ne l'avaient-elles pas éclairé à cet égard ? Comment le succès éclatant de ces beautés simples et naturelles ne lui avait-il point appris que l'*extraordinaire* n'est pas toujours une source d'intérêt ; que les situations les moins compliquées peuvent être les plus fécondes ; et que le plus sûr moyen de remuer les âmes, au théâtre, est l'alliance du pathétique dans le langage avec le naturel dans la situation ?

Si M. Ducis n'avait composé ni *Hamlet*, ni *Roméo*, ni *OEdipe chez Admète*, ni les autres tragédies qui ont illustré son nom, le succès des poésies dont se compose le troisième volume de ses œuvres, eût été beaucoup plus éclatant, et à ce titre seul il eût pu être considéré comme un poète aussi varié que naturel, aussi énergique que tendre et passionné. Mais ses tragédies sont la partie dominante de sa gloire. Ses autres titres littéraires sont venus se confondre et se perdre, pour ainsi dire, dans l'éclat de ses succès dramatiques ; et, malgré le talent très original qui distingue ses épîtres et ses poésies légères, il était tout simple qu'on ne les considérât que comme les jeux d'un esprit aimable et un peu rêveur, comme les amusements d'un vieillard solitaire; car ce n'est en effet qu'à l'âge d'environ soixante ans qu'il sentit se développer en lui sa plus grande aptitude pour ce genre de poésie. Ce n'est qu'à l'âge où l'imagination s'affaiblit souvent chez les autres hommes qu'il découvrit, et sut mettre en œuvre toutes les ressources de la sienne pour un genre de poésies étranger au théâtre. Il n'imita personne dans ce genre : Boileau, qu'il appelle *son exemple et son maître* *, n'y fut assurément pas son modèle. Il n'en étudia, n'en consulta aucun, pour composer ses épîtres. Il n'avait plus alors devant les yeux ce grand fantôme de Shakspeare, qui peut sans doute égarer le goût et fasciner le jugement, mais qui, du moins, nourrit et enflamme l'imagination : enfin, dans ce genre de composition, il est plus *lui-même* que partout ailleurs, et sous ce rapport du moins, cette partie de ses ouvrages mérite de fixer un moment notre attention.

Ce qui me frappe avant tout, c'est la prodigieuse diversité des sentiments, des idées, des couleurs, des images que le poète emploie, toujours sans effort comme sans prétention. La grace chez lui succède à l'énergie, la naïveté à la profondeur, l'éclat à la simplicité. Plus d'une fois, en le lisant, j'ai cru lire Corneille dans ses poésies légères; souvent aussi, j'aurais cru lire Horace, si la philosophie chrétienne qui domine chez M. Ducis ne venait détruire l'idée d'un rapprochement complet. Ailleurs ses vers ont

* Épître à M. Andrieux.

quelque chose de la prose de Bossuet : quand il aborde ces formidables sujets de *mort*, de *néant*, d'*éternité*, c'est presque le même ton, le même mouvement; et ce qui fortifie l'illusion, c'est qu'il cache alors, comme à dessein, l'élévation des idées sous la familiarité des paroles. Plus rarement, quelques traits jetés au hasard rappellent l'âcreté mordante de Juvénal, ou la sombre profondeur de Tacite. Souvent enfin les souvenirs de son enfance et de son jeune âge le ramènent vers les images, ou plutôt vers les chimères de la vie pastorale ; et, si je ne me trompe, il s'exhale alors de ses vers un parfum d'antiquité, qui nous fait un moment songer aux poètes bucoliques de l'ancienne Rome.

N'hésitons point à aborder tout de suite le côté défectueux du talent de M. Ducis, dans celles de ses productions qui n'appartiennent point au théâtre. Convenons que plusieurs de ses épîtres manquent d'ordre; que le but qu'il s'y propose n'est pas toujours indiqué nettement; que, lorsqu'il l'est, le poète s'en écarte quelquefois par des digressions qui l'égarent; que le fil qui lie ses idées n'est pas toujours aperçu; qu'il se rompt souvent sous sa main, sans qu'il prenne la peine de le renouer. Avouons, comme il le disait lui-même avec tant de bonne foi, que quand il prend la plume *il ne sait pas tous les chemins par où il doit passer;* qu'il y a des landes à traverser pour arriver aux endroits qui enlèvent le plus vivement nos suffrages; que c'est presque toujours ce talent inégal qui s'élève et tombe pour se relever et retomber encore; enfin qu'il ne consultait guère que cette *poétique de la nature* dont nous avons déja parlé, et qui paraît n'avoir d'autre effet que de livrer celui qu'elle inspire aux mouvements de son instinct et aux caprices de son imagination.

CAMPENON, *Essai de Mémoires sur Ducis*.

III.

Le dix-huitième siècle, en finissant, s'étonna de voir tout-à-coup sortir de la foule un écrivain dont il ignorait le nom, et qui sut obtenir une prompte célébrité sans intrigues et sans cabale. Par une singularité plus remarquable encore, cet écrivain était religieux, et pourtant il se destinait au théâtre. Je sais que la piété de Corneille et de Racine était égale à leur génie; mais de tous les exemples laissés par ces deux grands hommes, celui-là peut-être était le plus oublié.

La nature destinait M. Ducis à peindre les passions fortes. Ce caractère s'annonça par le modèle dont il fit choix. Le génie de Shakspeare se rendit le maître du sien.

On dit que sur d'âpres montagnes et dans des forêts sauvages, il était autrefois des antres magiques, où le trépied, s'agitant de lui-même, communiquait aux prêtres des dieux un enthousiasme involontaire. C'était, si j'ose m'exprimer ainsi, sur le trépied de Shakspeare que M. Ducis recevait l'inspiration tragique. Là, du fond d'un nuage sombre, il voyait apparaître des figures gigantesques. Il essayait de les réduire à des proportions régulières. Il créait en imitant. La scène de l'urne, dans son tragédie d'*Hamlet*, n'est-elle pas une création absolument originale? Jamais, depuis Corneille, le dialogue n'eut plus de force et de véhémence. Dans *Roméo et Juliette*, il associa les couleurs du Dante à celles de Shakspeare. Le poète anglais et le poète italien méritaient d'être rapprochés : ils ont plus d'une analogie. Ils ont brillé l'un et l'autre au milieu d'un siècle barbare, et le temps n'a point effacé la profonde impression qu'ils ont dû faire autrefois sur leurs contemporains. L'énergie de tous les deux se trouve dans le poète français.

M. Ducis quitta pourtant une fois ces modèles hasardeux, dont l'audace peut élever le génie, mais dont les bizarres conceptions peuvent égarer aussi le goût et le jugement. Il trouva dans Sophocle des beautés aussi mâles et plus soutenues, des beautés de tous les pays et de tous les temps, qui ne parurent point étrangères sur un théâtre illustré par l'auteur de *Phèdre*, et par celui de *Mérope*. En passant de Shakspeare à Sophocle, et du ciel de l'Angleterre à celui de la Grèce, la gloire de M. Ducis s'accrut d'un nouvel éclat. Jamais elle n'avait été si pure et moins contestée. Quand il fit paraître son *OEdipe*, un grand critique[*], qu'on n'accusera point d'indulgence, s'exprimait ainsi sur cet ouvrage. « *Le pathétique sombre et profond du rôle d'OEdipe, la sensibilité douce et attendrissante de sa fille Antigone, des vers sublimes, d'une simplicité touchante et énergique, des vers de situation dignes de nos grands maîtres, voilà ce qui doit racheter quelques défauts.*

[*] M. de La Harpe.

Il y a peu d'exemples de ce degré de chaleur et d'énergie. »

Mais les noirs fantômes de la tragédie anglaise s'emparèrent encore de M. Ducis. Il imita tour à tour *Léar*, *Othello*, *Jean Sans-terre*, et *Macbeth*. Dans cette dernière tragédie, il exprima quelquefois avec une effrayante vérité les remords qui suivent un grand attentat. Cependant son âme pure n'avait point dû connaître les remords. Il est donc vrai que l'instinct des grands poètes devine ce qu'ils ne savent pas !

Après avoir tracé tant de scènes terribles, où son génie lutta plus d'une fois avec avantage contre celui de Shakspeare, il voulut se délasser dans de plus douces peintures. Une dernière composition dramatique, qu'il ne doit qu'à lui-même, *Abufar*, est le tableau des mœurs arabes. La simplicité de ces mœurs antiques convenait à ses pinceaux : les habitudes de sa vie l'appelaient vers le repos domestique, et sous la tente patriarcale, plutôt que dans les cours et dans les palais des rois.

Les terreurs de la tragédie ne le poursuivaient pas toujours : il aimait la campagne ; il s'y réfugia sur-tout au moment des discordes civiles. Là, se livrant tout entier aux plus douces rêveries, il oubliait les crimes des hommes. Il confiait, dans des vers échappés de son âme, ses plus secrets sentiments à l'oreille de l'amitié, ou faisait entendre au fond de la retraite le chant naïf et mélancolique de la muse pastorale.

La famille de M. Ducis était originaire des montagnes de la Savoie. Il aimait à rappeler cette origine. Si pour juger le caractère de ses ouvrages, on eût dit, en sa présence, que son génie n'était pas sans quelque rapport avec les formes irrégulières de ces hautes montagnes, où se rencontrent tour à tour les aspects les plus terribles, et les sites les plus touchants, quoique un peu sauvages, il aurait souri peut-être à cette comparaison.

DE FONTANES, *Réponse à* M. *De Sèze.*

MORCEAUX CHOISIS.

I. Monologue d'Hamlet.

Quoi! ce vil Claudius a donc eu la constance
De voir son propre crime avec indifférence,
Sans remords, sans terreur, comme un crime étranger!
Son cœur n'a pu gémir, son front n'a pu changer!
S'ils étaient innocents!... Non, l'ombre de mon père,
Exprès pour m'égarer n'a point percé la terre.
Si mon esprit pourtant n'eût cru, n'eût adopté
Qu'un mensonge effrayant par lui-même enfanté!
Si mes sens m'abusaient! si cette main fumante
Offrait au ciel le sang d'une mère innocente!...

Je ne sais que résoudre, immobile et troublé...
C'est trop souffrir long-temps de mon doute accablé,
C'est trop souffrir la vie et le poids qui me tue.
Eh! qu'offre donc la mort à mon âme abattue?
Un asyle assuré, le plus doux des chemins,
Qui conduit au repos les malheureux humains.
Mourons! que craindre encor quand on a cessé d'être!
La mort, c'est le sommeil... C'est le réveil peut-être.
Peut-être... Ah! c'est ce mot qui glace épouvanté

L'homme au bord du cercueil par le doute arrêté;
Devant ce vaste abîme il se jette en arrière,
Ressaisit l'existence, et s'attache à la terre.
Dans nos troubles pressants qui peut nous avertir
Des secrets de ce monde où tout va s'engloutir?
Sans l'effroi qu'il inspire, et la terreur sacrée
Qui défend son passage, et siège à son entrée,
Combien de malheureux iraient, dans le tombeau,
De leurs longues douleurs déposer le fardeau!
Ah! que ce port souvent est vu d'un œil d'envie
Par le faible agité sur les flots de la vie!
Mais il craint dans ses maux, au-delà du trépas,
Des maux plus grands encore, et qu'il ne connaît pas.
Redoutable avenir, tu glaces mon courage!
Va, laisse à ma douleur achever son ouvrage.
Hamlet, act. IV, sc. 1.

II. Les visions de Macbeth.

C'était l'heure fatale où le jour qui s'enfuit
Appelle avec effroi les erreurs de la nuit,
L'heure où souvent trompés nos esprits s'épouvantent.
Près d'un chêne enflammé devant moi se présentent
Trois femmes. Quel aspect! non l'œil humain jamais
Ne vit d'air plus affreux, de plus difformes traits.
Leur front sauvage et dur, flétri par la vieillesse,
Exprimait par degrés leur féroce allégresse.
Dans les flancs entr'ouverts d'un enfant égorgé,
Pour consulter le sort, leur bras s'était plongé.
Ces trois spectres sanglants, courbés sur leur victime,
Y cherchaient et l'indice et l'espoir d'un grand crime;
Et ce grand crime enfin se montrant à leurs yeux,
Par un chant sacrilège ils rendaient grace aux dieux.
Étonné, je m'avance. « Existez-vous, leur dis-je,

« Ou bien ne m'offrez-vous qu'un effrayant prestige? »
Par des mots inconnus, ces êtres monstrueux
S'appelaient tour à tour, s'applaudissaient entre eux,
S'approchaient, me montraient avec un ris farouche;
Leur doigt mystérieux se posait sur leur bouche.
Je leur parle, et dans l'ombre ils s'échappent soudain,
L'un avec un poignard, l'autre un sceptre à la main,
L'autre d'un long serpent serrait le corps livide;
Tous trois vers ce palais ont pris un vol rapide;
Et tous trois dans les airs, en fuyant loin de moi,
M'ont laissé pour adieu ces mots : « Tu seras roi[*]. »
. . . . Ma langue s'est glacée.
Un exécrable espoir entrait dans ma pensée.
Si loin du trône encor, comment y parvenir?
Je n'osais sans trembler regarder l'avenir.
Enfin, dans mes exploits, dans ma propre innocence,
Ma timide vertu trouvait quelque assurance.
Je cherchais dans moi-même un secret défenseur,
Et déjà du repos je goûtais la douceur :
A l'instant j'ai senti, sous ma main dégouttante,
Un corps meurtri, du sang, une chair palpitante,
C'était moi, dans la nuit, sur un lit ténébreux,
Qui perçais à grands coups un vieillard malheureux.
Macbeth, act. II, sc. 6.

---

[*] Il faut voir Talma s'essayer à rendre quelque chose de vulgaire et de bizarre dans l'accent des sorcières, et conserver cependant dans cette imitation toute la dignité que notre théâtre exige. La voix basse et mystérieuse de l'acteur en prononçant ces vers, la manière dont il place son doigt sur sa bouche comme la statue du silence, son regard qui s'altère pour exprimer un souvenir repoussant; tout est combiné pour peindre un merveilleux nouveau sur notre théâtre, et dont aucune tradition antérieure ne peut donner l'idée. Madame de Staël, *De l'Allemagne*.

III. L'Amitié.

Noble et tendre amitié, je te chante en mes vers :
Du poids de tant de maux semés dans l'univers,
Par tes soins consolants, c'est toi qui nous soulages.
Trésor de tous les lieux, bonheur de tous les âges,
Le ciel te fit pour l'homme, et tes charmes touchants
Sont nos derniers plaisirs, sont nos premiers penchants.
Qui de nous, lorsque l'âme, encor naïve et pure,
Commence à s'émouvoir, et s'ouvre à la nature,
N'a pas senti d'abord, par un instinct heureux,
Le besoin enchanteur, ce besoin d'être deux,
De dire à son ami ses plaisirs et ses peines ?

D'un zéphyr indulgent si les douces haleines
Ont conduit mon vaisseau sur des bords enchantés,
Sur ce théâtre heureux de mes prospérités,
Brillant d'un vain éclat, et vivant pour moi-même,
Sans épancher mon cœur, sans un ami qui m'aime,
Porterai-je moi seul, de mon ennui chargé,
Tout le poids d'un bonheur qui n'est point partagé ?
Qu'un ami sur mes bords soit jeté par l'orage,
Ciel ! avec quel transport je l'embrasse au rivage !
Moi-même entre ses bras si le flot m'a jeté,
Je ris de mon naufrage et du flot irrité.

Oui, contre deux amis la fortune est sans armes ;
Ce nom répare tout : sais-je, grace à ses charmes,
Si je donne ou j'accepte ? Il efface à jamais
Ce mot de bienfaiteur, et ce mot de bienfaits.

Si, dans l'été brûlant d'une vive jeunesse,
Je saisis du plaisir la coupe enchanteresse,
Je veux, le front ouvert, de la feinte ennemi,

Voir briller mon bonheur dans les yeux d'un ami.
D'un ami ! ce nom seul me charme et me rassure.
C'est avec mon ami que ma raison s'épure,
Que je cherche la paix, des conseils, un appui :
Je me soutiens, m'éclaire, et me calme avec lui.
Dans des pièges trompeurs si ma vertu sommeille,
J'embrasse, en le suivant, sa vertu qui m'éveille.
Dans le champ varié de nos doux entretiens,
Son esprit est à moi, ses trésors sont les miens.
Je sens, dans mon ardeur, par les siennes pressées,
Naître, accourir en foule, et jaillir mes pensées.
Mon discours s'attendrit d'un charme intéressant,
Et s'anime à sa voix du geste et de l'accent.
Épître à l'Amitié.

IV. L'Homme.

Étonnant abrégé de la nature entière,
Il unit la paresse avec l'ambition,
La douceur de l'agneau, la fureur du lion,
L'astuce du renard, le cœur du chien fidèle ;
Tantôt hibou caché, tantôt vive hirondelle :
Par mille vents divers c'est un roseau battu.
Il cherche, il fuit, reprend, quitte encor la vertu.
Il est tout, et n'est rien. Quel poids fixe et tranquille
Pourra donc affermir ce sol vague et mobile ?
La raison, la raison. Par des flots entraîné,
Notre esquif sur les mers par elle est gouverné.
Oui, l'homme a beau s'en plaindre, il ne peut s'en défaire ;
Il revient, malgré lui, sous son joug salutaire.
Mais il monte plus haut. Né vrai, religieux,
Il élève et son âme et ses mains vers les cieux.
Faible, il craint sa faiblesse, et son encens honore
La force et l'équité dans le Dieu qu'il implore :

Il y cherche un asyle. Il pense, il sent de loin
Que dans ce monde injuste il en aura besoin.
Aussi, dès son enfance, un mouvement sublime
L'instruit de ses destins, lui fait haïr le crime;
Lui dit, malgré l'éclat de tant d'astres divers,
Qu'il existe en lui-même un plus noble univers;
Un temple, un sanctuaire où, dans une âme pure,
Resplendit mieux qu'au ciel l'auteur de la nature.
Par un coupable excès frémit-il emporté,
Il sent d'abord pour frein la gênante équité,
L'Éternel lui remit et sa palme et sa foudre;
Et s'il sait s'accuser, il sait se faire absoudre.
Frappé de sa sagesse, il en voit un rayon
Percer dans le grand plan que traça son crayon.

Epître à M. Odogharty de La Tour.

DUCLOS (CHARLES-PINEAU), célèbre prosateur français, naquit vers 1704, à Dinan en Bretagne, d'un fabricant de chapeaux, et fit ses études à Paris.

Il débuta dans le monde littéraire par deux jolis romans, *la Baronne de Luz*, et *les Confessions du comte de****. Son conte *d'Acajou et Zirphile* eut une origine bizarre. Dans l'épître au public, il déclare qu'un recueil d'estampes, faites pour un livre inédit, lui a suggéré l'idée d'en deviner le sujet. Il paraît que ces estampes avaient été gravées dans le format in-4° pour *l'Infante jaune* du comte de Tessin, gouverneur du prince royal de Suède.

La plume de Duclos ne tarda pas à s'exercer sur des sujets plus élevés. *L'Histoire de Louis XI* lui valut la place d'historiographe de France, vacante

par la retraite de Voltaire en Prusse. Son style épigrammatique fut vivement critiqué, mais on rendit justice à son impartialité. Les pièces justificatives dont cette *Histoire* est accompagnée, sont le résultat des plus savantes recherches, et forment une collection précieuse d'antiquités nationales. Le chancelier d'Aguesseau disait : « C'est un ouvrage com-
« posé d'aujourd'hui avec l'érudition d'hier. »

Les réflexions malignes, les épigrammes, les saillies qu'il sema dans *les Mémoires secrets des règnes de Louis XIV et de Louis XV*, étaient à leur place, et désarmèrent la censure de ceux qui lui avaient reproché d'écrire l'histoire en badinant. Ces mémoires n'ont été imprimés que depuis la révolution.

Les Considérations sur les mœurs que Louis XV appelait l'ouvrage d'un honnête homme, sont le chef-d'œuvre de Duclos et le mettent au rang des premiers moralistes. Ses *Mémoires pour servir à l'histoire du* XVIIIe *siècle*, qu'il a donnés comme le complément des *Considérations sur les mœurs*, ne sont qu'un roman dans le genre des *Confessions du comte de* ***, mais on y reconnaît la touche d'un peintre habile et d'un bon écrivain.

Duclos fut reçu, en 1739, à l'Académie des inscriptions et belles-lettres, et en 1747, à l'Académie française, qui le choisit pour son secrétaire perpétuel à la mort de Mirabeau. Ces dignités lui imposèrent de nombreux travaux qu'il sut faire tourner à sa gloire. Il composa des *Mémoires* remarquables *sur les Druides, les langues celtique et française, les épreuves par le duel et les éléments, les jeux scé-*

niques, *l'action et la déclamation théâtrales des anciens*. Il fut chargé de la nouvelle édition du *Dictionnaire français* publiée en 1762, et fit des *Remarques* très lumineuses sur *la Grammaire générale et raisonnée de Port-Royal*.

En 1766, obligé de voyager en Italie pour des motifs politiques, il fit une relation de son voyage qui n'a été imprimée qu'après sa mort arrivée, à Paris, le 26 mars 1772.

Dinan, sa ville natale, l'avait choisi pour maire en 1744, quoiqu'il n'y résidât pas. Député du tiers aux états de Bretagne, il se concilia à un si haut degré l'estime de ses concitoyens, qu'ils demandèrent et obtinrent pour lui, des lettres de noblesse.

Duclos était brusque et impérieux, sur-tout lorsqu'il s'agissait de défendre les prérogatives et l'honneur de sa compagnie. Il repoussait de toutes ses forces les intrigues des grands seigneurs ennemis de l'égalité académique, et de ces écrivains médiocres et rampants qui veulent usurper la place du mérite.

Bougainville voulait être de l'Académie et sollicitait vivement Duclos, lui disant qu'atteint d'une maladie qui le minait, il n'occuperait pas long-temps le fauteuil. Duclos eut la cruauté de lui répondre « que ce n'était point à l'Académie française « à donner l'extrême-onction. »

« Voulez-vous, disait-il à Jean-Jacques Rousseau, « voulez-vous qu'on vous lise? Ne pensez ni ne par- « lez comme la tourbe. Il vaudrait mieux dire qu'il « fait nuit en plein midi, que d'aller nous vanter les

« charmes d'un beau jour. Mon ami, du singulier,
« du singulier, c'est par là qu'on fait fortune dans
« tous les genres. Vous le voyez, je ne m'habille
« jamais comme la multitude : ma perruque a-t-elle
« le costume reçu? Non, et par là je suis remarqué.
« Quand j'entre au spectacle, on demande quel est
« cet original? et l'on répond de suite : C'est M. Du-
« clos. Ordinairement on acquiert la faveur des sots
« grands en les enfumant d'encens ; moi, je me
« les suis asservis en les accablant des plus dures im-
« politesses, et dans tout cela, j'insinue d'adroites
« flagorneries. Revenons donc à ce que vous avez des-
« sein de donner au public. Soyez toujours d'un avis
« contraire à l'opinion accréditée, et l'on ne criera
« point à la singularité sans crier à la merveille. »

Duclos disait avec plus de raison : « Il y a peu
« d'hommes assez sages pour regarder la noblesse
« comme un avantage et non pas comme un mérite;
« pour se borner à en jouir sans en tirer vanité. —
« L'orgueil est le premier des tyrans ou des conso-
« lateurs. — La modestie est le seul éclat qu'il soit
« permis d'ajouter à la gloire.— On refuse durement
« le nécessaire, on accorde aisément le superflu,
« on offre les services, on refuse les secours. »

Il avait la manie de soutenir qu'on ne doit écrire
qu'en prose, parce qu'il avait échoué dans la poésie.
Un jour, au foyer de la comédie, on lui lut des
vers assez mauvais qu'il trouva excellents. « Diable,
« dit-il, ces vers là ont tout le feu de la prose ! » Ce
singulier jugement fut accueilli d'un grand éclat de
rire, et inspira une épigramme à Robbé.

Les œuvres complètes de Duclos ont été recueillies par Desessart en 10 vol. in-8°, Paris, 1806. Cette édition renferme un fragment de *Mémoires sur la vie de Duclos*, écrits par lui-même.

Les libraires Janet et Cotelle en ont donné une seconde édition en 9 vol. in-8°. Elle est précédée d'une notice historique et littéraire par M. Auger, de l'Académie française.

JUGEMENTS.

I.

Dans le petit nombre des bons livres de morale, on a distingué les *Considérations sur les Mœurs de ce siècle*, que nous devons à un académicien qui, en d'autres genres, a laissé différents morceaux plus ou moins estimés. Peu d'hommes étaient nés avec plus d'esprit que Duclos, non-seulement de celui que l'on met dans un livre, mais de celui dont on se fait honneur dans la société. Ce rapport de la conversation avec les écrits, d'autant plus remarqué dans quelques écrivains célèbres, qu'on le cherchait vainement dans quelques autres, était frappant dans Duclos. Son entretien ressemblait à son style : une précision tranchante, des saillies fréquentes, une tournure travaillée mais piquante; des phrases arrangées comme pour être retenues; en un mot, ce qu'on appelle du trait: voilà ce qui lui donnait, dans ses écrits et dans le monde, une physionomie particulière. Porté dès sa jeunesse dans la bonne compagnie, il sut à la fois en goûter les agréments en homme de plaisir, observer en homme de sens, et en tirer parti pour sa fortune, malgré une certaine dureté dans le ton et dans les manières, qui n'excluait pas la bonté, et malgré une franchise brusque qui ne déplaisait pas trop, parce qu'il en faisait profession, et qu'on s'accoutume volontiers dans le monde à vous prendre pour tel que vous vous donnez. On lui reprochait, il est vrai, de manquer de politesse, mais on le lui pardonnait. Soit habitude, soit dessein, il gardait ce ton de brusquerie même dans la louange, et l'on peut juger qu'elle n'y perdait pas. Il avait d'ailleurs un fond de droiture qui le rendait incapable de plier son opinion ni sa liberté à aucun intérêt ni à aucune politique; et cependant ce ne fut point un obstacle à son avancement, parce qu'il n'offensa jamais l'amour-propre des gens de lettres, et qu'il sut intéresser en sa faveur celui des gens en place. Il cultiva l'amitié de ses protecteurs avec une suite et une solidité qui étaient dans son caractère, et dont on lui savait d'autant plus de gré, que le brillant de son esprit semblait y donner plus de valeur; car, pendant un certain temps, la vogue de ses premiers ouvrages et le crédit de ses sociétés l'avaient mis tellement à la mode, qu'il passait pour le plus bel esprit de Paris, quoique Fontenelle vécût encore, et que Voltaire fût dans toute sa force. Mais Fontenelle était si vieux, qu'on le regardait comme un homme de l'autre siècle, et l'on ne voulait pas encore que Voltaire fût l'homme du sien, quoiqu'il le fût déjà par son génie, et que depuis il ne l'ait été que trop par la contagion de ses erreurs.

Duclos, perdant depuis les avantages de la jeunesse, qui ne lui avaient pas été inutiles, et devenu à peu près oisif dans sa maturité, vit sa réputation fort surpassée par quelques écrivains qui lui étaient en effet fort supérieurs; mais il eut un avantage assez rare, celui de garder beaucoup de considération en perdant beaucoup de renommée; c'est que, quoiqu'on l'eût mis d'abord au-dessus de ce qu'il valait, il y avait un mérite réel, et dans sa personne, et dans ses ouvrages, et qu'il eut un assez bon esprit pour échapper à la faiblesse trop commune de passer dans le parti de l'envie quand on voit la gloire s'éloigner. Il eut de plus le mérite de soutenir, dans toutes les occasions, la dignité de l'homme de lettres et de l'académicien; aussi fut-il généralement estimé de ses confrères, même de ceux qui ne le goûtaient pas. Les services qu'il rendit à la province où il était né, lorsqu'il fut nommé par la ville de Dinan, député du Tiers aux états de Bretagne, lui méritèrent la reconnaissance de ses compatriotes et des lettres de noblesse qu'il n'avait pas sollicitées. Mais on ignore assez communément qu'on l'eût fait noble, et tout le monde sait qu'il a fait un bon livre.

Ce livre, souvent réimprimé, et du nombre de ceux que tout le monde a lus, est d'autant plus estimable, que l'auteur s'y est refusé la ressource facile et attrayante de ces portraits satiriques qui remplissent les ouvrages composés sur les mœurs.

Ces portraits peuvent être dessinés et coloriés avec plus ou moins de succès; mais il y en a toujours un certain, celui d'une satire où il ne manque qu'un nom que le lecteur ne manque guère de suppléer. Duclos, quoique d'une vivacité quelquefois caustique dans la conversation, et qui même ressemblait à l'humeur, n'avait point l'esprit porté à la satire : il n'est ni amer comme La Bruyère, ni dur et triste comme La Rochefoucauld. On voit qu'en écrivant sur la morale, il évita de répéter la manière d'aucun moraliste. Il ne songea, ni à composer des caractères, où il entre presque toujours un peu de charge et de fantaisie, ni à réduire toutes ses pensées en maximes. Il voulut faire un précis de la connaissance du monde, et paraît l'avoir vu d'un coup d'œil rapide et perçant. Il est rare qu'on ait rassemblé plus d'idées justes et réfléchies, et ingénieusement encadrées. Son ouvrage est plein de mots saillants, qui sont des leçons utiles. C'est partout un style concis et serré, dont l'effet ne tient ni à l'imagination ni au sentiment, mais au choix et à la quantité de termes énergiques, et quelquefois singuliers, qui forment sa phrase, et qui tous sont des pensées. Il en résulte un peu de sécheresse; mais il a en revanche une plénitude et une force de sens qui plaît beaucoup à la raison.

Au reste, l'auteur s'étant proposé de peindre particulièrement les mœurs de la capitale et de la cour à l'époque où il vivait, on conçoit que ses modèles, soumis à la mobilité de la mode, et même à l'empire des évènements publics, ont pu varier depuis, et lui-même le prévoit et l'annonce. Mais les tableaux de cette espèce n'en sont pas moins utiles: la comparaison qu'on en peut faire d'un temps à un autre est une instruction, quand même elle serait la seule; et ce n'est pas la seule chez lui.

Nous pouvons voir, par exemple, pour ce qui regarde le nôtre, combien, sous plus d'un rapport, les choses étaient déjà changées lors de la mort de l'auteur en 1772, et dans l'espace d'environ quarante ans écoulés entre son ouvrage et sa mort. « Quelle opposition de mœurs, dit-il, ne remarque- « t-on pas entre la capitale et les provinces ? Il y en « a autant que d'un peuple à un autre. Ceux qui « vivent à cent lieues de la capitale en sont à un « siècle pour les façons de penser et d'agir. »

Quiconque a voyagé dans la France, depuis 1760 jusqu'en 1780, a pu voir que cette différence était devenue presque insensible dans les grandes villes, qui sont ici les seuls objets de la comparaison. La communication de la capitale aux provinces, infiniment plus fréquente qu'autrefois par l'extrême facilité du transport et l'activité du commerce; la multiplication des spectacles dans toutes les villes peuplées, et leur permanence dans les plus considérables; la circulation des écrits répandus partout par les spéculations mercantiles; la foule des journaux de toute espèce parcourant sans cesse la France; toutes ces choses, qui tendent à donner à l'opinion un ton à peu près uniforme, toutes ces causes réunies avaient à peu près fondu l'esprit français dans un même moule au moment de la révolution; et cette espèce d'uniformité, plus naturelle aux Français qu'à tout autre peuple, est un grand moyen pour le mal comme pour le bien.

Toutes les classes de la société qui avaient reçu quelque éducation étaient à peu près les mêmes à Paris et dans les provinces : mêmes usages et mêmes manières ; et cet attribut particulier à la capitale et à la cour, l'urbanité du langage et l'aisance des formes sociales se retrouvaient dans la bonne compagnie des provinces comme dans celle de Paris, si l'on excepte la nuance particulière au séjour de la cour, qui était tellement locale, que les mêmes hommes n'étaient pas tout-à-fait les mêmes à Versailles et à Paris.

Duclos parle beaucoup de ces sociétés de médisance, où naquit ce qu'on nomme le *persiflage*, mot qui est de ce siècle, et qui date à peu près du temps où Duclos composait ses *Considérations*, et Gresset son *Méchant*. Duclos a peint la sorte d'empire qu'usurpaient, dans un certain monde, ces petites conspirations de méchanceté, ces cercles frivoles et impérieux qui se croyaient exclusivement des distributeurs du ridicule. Il les traite avec le mépris qu'ils méritaient, et qu'il eût voulu, comme Gresset, substituer à la peur très sotte qu'on avait d'eux. Mais depuis cette espèce abjecte, qu'avaient accréditée quelques *grands noms déshonorés* *, disparut à peu près de la bonne compagnie, et ne se trouva plus que dans la classe subal-

---

* Vers de Desmahis.

terne de quelques hommes perdus de réputation, soit dans les lettres, soit dans la société ; et ce qui avait été quelque temps un air et un *bon ton* ne fut plus qu'un métier mercenaire de quelques valets de librairie, qui se vantaient expressément d'être *détestés*, comme s'il n'y avait pas une sorte d'aversion qui s'accorde fort bien avec le mépris.

Au reste, un changement que Duclos ni personne n'aurait pu prévoir, c'est qu'il n'y a plus même de trace, au moment où j'écris*, de cet empire du ridicule dont la France, et spécialement Paris, semblait devoir être à jamais le siège. C'est un des effets de cette révolution, dont l'essence est de changer tout ce qui existait, tant qu'elle existera. On ne trouverait peut-être pas dans toute la France un seul homme pour qui le ridicule puisse être aujourd'hui quelque chose, et ce mot n'est plus qu'une abstraction. A combien de faits et d'idées doit tenir un changement si imprévu chez les Français ! Je les abandonne aux réflexions du lecteur, et me borne à observer, pour le moment, qu'il n'y a plus de ridicule là où il n'y a plus d'honneur, qu'il n'y a plus d'honneur là où il n'y a plus d'opinion, et plus d'opinion là où la servitude est au point d'imposer, sur tous les objets, ou un même langage, ou le silence absolu, sous peine de la vie. Rien n'empêche d'étendre ce texte ; mais c'est, en trois mots, un des résumés les plus doux *de la liberté française*.

* 1799 (avant le 18 brumaire an 8).

Peut-être aujourd'hui remarquerait-on plus qu'autrefois ces paroles du livre de Duclos : « Je « ne sais si j'ai trop bonne opinion de mon siècle ; « mais il me semble qu'il y a *une certaine fermen-* « *tation de raison universelle* qui tend à se dévelop- « per, qu'on laissera peut-être se dissiper, et dont « on pourrait assurer, diriger et hâter les progrès « par une éducation bien entendue. »

Je ne serais pas surpris qu'on donnât à ce passage, comme on a fait de bien d'autres, l'air d'une prophétie relative à la révolution. Ce serait se tromper beaucoup, et sur l'auteur, et sur le caractère de son ouvrage, et sur le sien propre ; et en quelque sens qu'on voulût en faire un prophète, il ne mérite à cet égard ni reproche ni éloge. L'observation de l'auteur était juste, et il avait bien vu ; mais ce qu'il dit ici ne rentre que dans ses vues générales sur l'éducation, qu'il eût voulu rendre plus virile et plus patriotique, à raison de cette tendance des esprits qui commençaient à se porter beaucoup plus que jamais vers les objets d'économie politique. Il eût voulu qu'on s'occupât, plus qu'on ne faisait, de former non-seulement des hommes instruits, mais des citoyens éclairés et affectionnés à leur patrie. Son vœu (et ce vœu était très sage : on pourra, par la suite, s'en souvenir d'autant plus, qu'il a été plus oublié), son vœu était que l'on s'attachât assidument à inspirer aux jeunes gens l'amour du pays où ils étaient nés, et du gouvernement sous lequel ils avaient à vivre, et que, pour leur apprendre à l'aimer, on le leur fît bien connaître.

Ce vœu était dans son âme, et ce n'était nullement celui d'un esclave, ni même d'un courtisan; c'était celui d'un citoyen sage, d'un bon Français. Je l'ai connu, et ceux qui l'ont connu comme moi savent que, quoique franc Breton, fort ennemi du despotisme ministériel, fort ami de La Chalotais, il n'était nullement frondeur du gouvernement monarchique. Personne n'eut un esprit moins *révolutionnaire*, dans le sens même où ce mot ne signifierait qu'amateur de nouveautés: il aurait beaucoup plus penché vers le goût des anciens usages, qu'il avait rapporté de son pays natal et de son éducation. Le caractère de son esprit était d'ailleurs la mesure en tout, et rien n'est plus loin de l'inquiétude novatrice. On n'ignore pas que la turbulente activité des encyclopédistes était insupportable à un homme qui évitait avec autant de soin que lui tout ce qui pouvait ressembler à un parti, tout ce qui pouvait donner de l'ombrage. Il avait poussé la circonspection jusqu'à ne vouloir pas que l'on sût qu'il avait entendu la lecture de l'*Émile*: c'est un fait que Rousseau lui-même nous apprend dans ses mémoires. Cette sagesse de conduite, malgré la liberté quelquefois affectée de ses discours, avait inspiré une telle confiance au gouvernement, qu'on ne craignit pas de s'adresser à lui, et de se servir de ses anciennes liaisons avec son compatriote La Chalotais, pour tempérer les fougues, tout au moins indiscrètes, de ce pétulant parlementaire, et ouvrir la voie à l'indulgence que l'on voulait avoir pour lui. Ce fut l'objet d'un voyage que Duclos fit en Bretagne, qui eut peu de succès, dont on parla beaucoup alors, et dont lui-même ne parla jamais.

Il n'eut avec Voltaire qu'une correspondance académique, rare, froide et de pure politesse. Ils ne s'aimaient pas, et ne pouvaient pas s'aimer; mais on ne cita jamais contre Voltaire un seul mot de Duclos, et les bons mots ne lui coûtaient pas. Voltaire, dans les derniers temps, le rechercha pour influer sur l'Académie; mais le secrétaire se tint dans sa réserve habituelle et décidée.

Il ne voyait point Diderot, et ne voyait guère d'Alembert qu'à l'Académie, quoiqu'il goûtât beaucoup plus la personne et l'esprit de ce dernier: mais il ne voulait pas que ceux qui avaient dès lors pris une affiche en s'appelant les philosophes fussent pour lui autre chose que des confrères en littérature: c'était là qu'il bornait ses liaisons avec eux. L'ingénieux écrivain qui les mit sur la scène, se servit, pour comprendre Duclos avec eux, du premier mot des *Considérations*: *J'ai vécu*. Je crois qu'il eut tort de plus d'une manière. *J'ai vécu* ne commence pas mal un livre sur les mœurs. Il n'est point permis, en bonne morale, de personnaliser la satire théâtrale à l'égard d'un auteur vivant, et Duclos n'avait rien de commun avec les philosophes.

Il ne dissimula pas même, dans ses dernières années, combien il était choqué de leurs indiscrétions, de leurs violences, de leurs excès; enfin, de ce qu'il nommait très bien *leur fanatisme*, car Duclos parlait français. Il se peut qu'il ne fût pas croyant; mais il était si révolté de leur manière d'être impies, qu'il répéta plusieurs fois ce mot qui a été répété après lui : *Ils en feront tant qu'ils me feront aller à confesse.* Ce n'était pas pour cela qu'il fallait y aller : mais il est très vrai que rien ne ramène plus à la vérité que les travers et les ridicules de ses ennemis; et mettant même la révolution à part, l'on pourra désormais montrer à la jeunesse bien des philosophes de cette trempe, comme les Spartiates montraient à leurs enfants l'ivresse des Ilotes pour leur inspirer la tempérance. . . . . . .

Porté de bonne heure dans la meilleure compagnie, en même temps qu'il en goûtait les agréments en homme d'esprit, Duclos l'observait en homme de talent. Celui de dessiner des caractères était alors fort à la mode, sur-tout dans la société de madame de T*** et de M. le comte de F***. La manière d'écrire de Duclos se prêtait merveilleusement à ce genre; aussi *les Confessions du comte de**** ne sont-elles qu'une galerie de portraits tous supérieurement tracés. Ce mérite, qui est à peu près le seul des *Confessions*, suffit alors pour leur procurer un grand succès, d'autant plus que quiconque trace des caractères est sûr qu'on y mettra des noms, et la malignité ajoute à la vogue. Aujourd'hui ce roman, demeuré comme un ouvrage ingénieux et agréable, n'est pas mis au rang des premières productions de ce genre, parce qu'après tout, ce n'est qu'un récit d'intrigues qui n'ont entre elles aucune liaison, et qu'il manque d'imagination et d'intérêt:

Cette suite de portraits fut pourtant regardée comme une singularité heureuse. *La Baronne de Luz* en avait offert une autre, une femme qui succombe toujours et qui n'a jamais tort. Il semblait que celle-là dût faire encore plus de fortune, mais on n'y vit que des aventures un peu forcées. Le livre ne parut qu'un jeu d'esprit, une espèce de gageure; et l'auteur avait oublié que les faiblesses doivent être non-seulement excusables, mais intéressantes.

Acajou n'était encore qu'une gageure. Il s'agissait de remplir les sujets de quelques estampes bizarres dont on ignorait le dessein. Duclos en vint à bout; car de quoi ne vient-on pas à bout avec la *féerie?* Au reste, cette petite brochure a fourni au théâtre Italien l'opéra comique d'*Acajou*, que l'on voit encore avec plaisir.

On engagea Duclos à écrire l'histoire : il composa celle de Louis XI; mais un bon peintre de portrait souvent n'est pas propre à faire un tableau. Duclos n'avait, dans le style, ni noblesse, ni éloquence. La vie de Louis XI est écrite avec une sécheresse rebutante. On vit que cette main qui avait tracé quelques figures de roman et quelques grotesques, n'était pas faite pour manier les pinceaux de l'histoire.

Il était encore moins fait pour ceux de la poésie; et nous ne parlerons point de son opéra des *Caractères de la folie*, qu'il vit pourtant reprendre dans ses dernières années, et qu'il avait fait apparemment pour montrer qu'un homme d'esprit peut faire de tout. On sait qu'il n'aimait pas les vers; que Fontenelle, Marivaux et lui étaient à la tête d'une secte qui avait conspiré contre la poésie, sous prétexte que les vers n'étaient bons qu'à gâter la pensée. Cette remarque est parfaitement vraie pour les mauvais vers : mais le contraire est précisément l'éloge des bons, qui non-seulement ne gâtent point la pensée, mais l'embellissent et la fortifient. Quand ils voulaient louer des vers, ils disaient : *Cela est beau comme de la prose*. Ce propos, comme tant d'autres, est ridicule d'un côté, et vrai de l'autre. Des vers bien faits ont toute l'exactitude et toute la justesse de la prose, en y joignant l'expression et l'harmonie poétique.

L'ouvrage qui a fait le plus d'honneur à la mémoire de Duclos, c'est sans doute celui qu'on a imprimé tant de fois, les *Considérations sur les mœurs* : le monde y est vu d'un coup d'œil rapide et perçant. Il est rare qu'on ait rassemblé un plus grand nombre d'idées justes et fines dans des cadres plus ingénieux. Ce livre, semé de leçons utiles et de mots saillants, peut être regardé comme le supplément de l'expérience, s'il peut y en avoir un.

Le hasard a fait faire une observation dont qui que ce soit peut-être ne se serait jamais douté; c'est que dans ce livre, qui traite des mœurs, le mot de *femme* n'est pas même prononcé: on le dit à l'auteur, qui en fut surpris; mais dans les *Mémoires pour servir à l'Histoire du XVIIIe siècle*, qui sont en quelque façon la seconde partie de ses *Considérations*, il a bien dédommagé les femmes; elles sont l'objet continuel du livre. L'auteur crut apparemment que cette moitié du genre humain, qui peut-être vaut mieux que l'autre, méritait qu'il en traitât à part.

On a reproché à Duclos une certaine dureté extérieure qui ne nuisait en rien à la bonté de son caractère. Il faisait profession d'une franchise brusque qui ne déplaisait point, et dont il conservait le ton même dans les politesses et les louanges, qui n'y perdaient pas. Il était d'une droiture inflexible, incapable de sacrifier son opinion ni sa liberté à aucun intérêt ni à aucune politique. Personne n'a soutenu plus noblement, dans toutes les occasions, la dignité de l'homme de lettres et de l'académicien : il était généralement estimé de ses confrères, même de ceux qui ne l'aimaient pas. La fortune qu'il a laissée et les lacunes qui s'y rencontrent [*] prouvent qu'il savait amasser et répandre.

La place d'historiographe ne fut pas pour lui un titre oiseux; il a écrit l'histoire du dernier règne [**], remise, après sa mort, dans les dépôts du ministère. Je me souviens d'avoir entendu quelques morceaux de la préface, qui annonçaient le courage de la vérité.

On a retenu plusieurs de ses bons mots, entre autres ce qu'il disait des hommes puissants, qui n'aiment pas les gens de lettres. *Ils nous craignent,*

---

[*] On a trouvé dans ses papiers un compte exact de ses revenus et de sa dépense annuelle. Dans ce calcul se trouva un *déficit* de sommes considérables, qui n'ont pu être employées qu'en bonnes actions.

[**] Le règne de Louis XV.

disait-il, *comme les voleurs craignent les réverbères*.*

LA HARPE, *Cours de Littérature.*

II.

Duclos appartient entièrement à l'école de La Motte et de Fontenelle, c'est-à-dire qu'il fut étranger à toutes les beautés de sentiment et d'imagination. La nature lui avait refusé l'organe nécessaire pour les sentir; et, par une faiblesse trop commune à plusieurs hommes célèbres, il affectait de mépriser les arts dont il ne pouvait connaître le principe et la puissance.

Son livre *sur les Mœurs* est, sans contredit, son premier titre à la postérité. Mais voulez-vous sentir tout ce que ce livre a d'estimable? gardez-vous bien de le lire après La Bruyère, et sur-tout après ce Pascal, auquel nul autre écrivain ne peut être comparé**.

* Et celui-ci : *un tel est un sot; c'est moi qui le dis, c'est lui qui le prouve.* Beaucoup d'autres saillies échappées à son humeur caustique, ont mérité d'être recueillies. D'Alembert disait de lui : « De tous les hommes que je « connais, c'est celui qui a le plus d'esprit, *dans un temps donné.* » Montesquieu lui écrivait : « Je n'ai lu que la moitié de vos *Considérations sur* « *les Mœurs*, mon cher Duclos ; vous avez bien de l'esprit et dites de bien « belles choses. On dira que La Bruyère et vous connaissiez bien votre « siècle ; que vous êtes plus philosophe que lui, et que votre siècle est « plus philosophe que le sien. Quoi qu'il en soit, vous êtes agréable à lire, « et vous faites penser.

« On a, dit M. Dussault, comparé Duclos à La Bruyère ; la distance « est énorme entre ces deux écrivains. Je ne dirai qu'un mot : Duclos avait « peut-être autant d'esprit que La Bruyère; mais La Bruyère avait un grand « talent, et Duclos n'en avait qu'un médiocre. »   F.

** Cet éloge paraîtra peut-être exagéré à ceux qui connaissent Bossuet

Duclos n'a jamais ces expressions pittoresques, ces tours originaux, ces formes dramatiques, ces mouvements variés qui animent les tableaux de La Bruyère. Mais il faut convenir que son jugement est solide; que son style est pur, et que le tour de sa phrase est d'une piquante précision. Si d'autres moralistes l'ont surpassé par l'énergie des peintures et l'importance des résultats, nul ne jeta sur les travers de la société qui l'environnait un coup d'œil plus sûr et plus perçant, et jamais la raison d'un sage ne se montra plus ingénieuse. On trouve presque toujours dans ses pensées de la justesse et de la lumière, au défaut de l'étendue et de la profondeur.

Cet auteur n'a peint malheureusement que l'homme du siècle, et non l'homme de tous les temps : il s'attache aux nuances de la mode bien plus qu'à la nature universelle, qui ne change point. Cette raison seule, indépendamment des richesses du style, donne un prodigieux avantage à Pascal et même à La Bruyère. Aussi je préfère quelques pages de ces grands écrivains, où ils ont éclairé le fond du cœur de l'homme, et l'ont fait voir tout en entier, à cette suite d'observations pleines de finesse

comme moraliste. Il nous semble, en effet, que l'évêque de Meaux, sans avoir jamais la dureté ni l'obscurité qu'on trouve quelquefois dans l'auteur des *Pensées*, a souvent toute sa profondeur. M. de La Harpe regarde Pascal comme « un génie non moins élevé que Descartes, dans la spéculation, et « *non moins* vigoureux que Bossuet, dans le style : » par où l'on voit qu'il ne le *compare* à Bossuet que sous le rapport d'une qualité à laquelle ce dernier écrivain, véritablement incomparable, en réunit tant d'autres. S.

et de vérité, que leur imitateur s'attache à recueillir dans les cercles de Paris, et qui ne sont faites que pour eux.

Déjà même ces observations sont devenues moins intéressantes. Les mœurs, les hommes et les choses ont pris une face toute nouvelle, et l'on sent plus d'une fois que le pinceau de l'auteur n'a point jeté des traits assez profonds pour les rendre ineffaçables. On croit voir entre le style de La Bruyère et de Duclos le même contraste qu'entre les personnages des deux époques où ils vécurent tous deux. Les passions et même les physionomies du siècle de Louis XIV ont quelque chose de vif, de mâle, de grand, d'original. Au contraire, dans l'âge suivant, tout s'efface et s'éteint, les esprits, les caractères et jusqu'aux visages....

Si de tous les ouvrages de Duclos le plus recommandable est celui *sur les Mœurs*, le plus médiocre est l'*Histoire de Louis XI*. Rien dans l'esprit de cet auteur n'était propre au génie de l'histoire qui demande de l'élévation, de l'abondance, de la gravité.

Ses *Mémoires historiques* et son *Voyage en Italie* sont fort supérieurs; c'est qu'il n'est point sorti de son genre dans l'une et l'autre de ces compositions. Il n'écrit que des anecdotes, esquisse les mœurs, indique les ridicules et trace rapidement les portraits de ceux qu'il a connus.

On est étonné, non sans quelque raison, que Duclos, dans son *Voyage en Italie*, n'ait rien dit des chefs-d'œuvre des arts qui couvrent cette belle contrée. Mais comment les eût-il décrits? On sent que son imagination reste froide, et que son âme n'est jamais émue au milieu des plus beaux monuments de l'antiquité. Il est sur les bords du Tibre, ce qu'il était sur les bords de la Seine, un observateur de la société. Il met bien plus d'importance aux intrigues secrètes qui, dans le conclave, précèdent l'élection, qu'à toutes les richesses du Vatican. Il quitte les statues et les tableaux pour s'occuper de l'indolence d'un ministre ou de l'ambition d'un jésuite. Si par hasard Duclos et Winkelmann s'étaient rencontrés à Rome, ils n'auraient pu concevoir mutuellement leur genre de vie. L'ami des arts, Winkelmann se fût à coup sûr indigné contre l'indifférence du bel esprit français. Duclos à son tour eût ri d'un enthousiasme qu'il ne pouvait partager, et peut-être eût-il fait un joli chapitre sur la manie des admirateurs exclusifs de l'antiquité....

Après avoir parlé de ses plus graves écrits, je ne dirai qu'un mot de ceux qui sont plus frivoles. *Les Confessions du comte de* *** passent avec raison pour le meilleur de ses romans. Elles ne renferment pourtant qu'une longue galerie de portraits plus ou moins heureux. Un tel ouvrage, absolument dénué de plan, d'intrigue et d'invention, doit tenir, ce me semble, une place médiocre, même parmi les romans. Il sert pourtant à marquer une époque de notre corruption. Cette multitude de femmes faciles, aussitôt séduites qu'attaquées, rappelle les temps de la régence et ceux qui suivirent. La postérité observera sans doute que les mêmes vices et les mêmes bouleversements dans les finances ont marqué le commencement et la fin de ce siècle ; elle n'oubliera jamais qu'un prince de la maison d'Orléans a commencé la ruine de nos mœurs, qui fut achevée par un de ses descendants.

Au reste, si Duclos ne pouvait s'élever à la majesté de l'histoire, ou pénétrer dans les profondeurs du cœur humain, avec Pascal et La Bruyère, la finesse de son esprit observateur le rendait propre à tous les genres qui pouvaient se passer d'imagination et de sensibilité. L'art du langage lui a de véritables obligations : les aperçus piquants de Duclos firent valoir singulièrement la raison supérieure de Port-Royal, dont il a commenté la *Grammaire*. Il est vrai que son orthographe bizarre et son amour pour les nouveautés contrastent avec les principes de ces maîtres célèbres auxquels il rend d'ailleurs un hommage si mérité ; mais il n'en a pas moins semé, dans ses notes, des principes féconds, et fixé des règles fondamentales qu'on reproduit dans toutes les grammaires nouvelles, sans indiquer leur premier auteur. En un mot, si Duclos est bien au-dessous de La Bruyère, il est dans un autre genre à côté de Lancelot et de Du Marsais.

DE FONTANES.

III.

A le considérer comme écrivain, Duclos se rapproche beaucoup de ses contemporains. Son talent porte un caractère de froideur, d'examen et même de sécheresse. Dans ses histoires et dans son *Voyage en Italie*, ce caractère est un défaut ; mais les *Con-*

sidérations sur les Mœurs étant un ouvrage entièrement conçu dans cet esprit, il en complète l'ensemble : ce n'est pas un livre de morale profonde et générale ; il ne sonde pas dans les replis du cœur de l'homme ; mais il n'est guère possible de mieux connaître et de mieux peindre toutes les nuances de l'esprit de société, de mieux caractériser leurs causes et leurs effets immédiats. C'est un tableau spirituel de l'écorce superficielle dont les habitudes du monde revêtent les hommes. Il règne sur-tout dans cet ouvrage une clarté et une précision remarquables. On conçoit toujours toute la pensée de l'auteur, rarement on peut en contester la vérité. Cet avantage résulte d'un grand talent de définition ; Duclos commence par établir ce que signifient les mots qu'il emploie, ou du moins ce qu'il veut leur faire signifier. Ainsi il fait toujours apercevoir les bornes qu'il impose à ses pensées ; on voit avec évidence jusqu'où s'étend son raisonnement, et on n'est pas tenté d'en nier le résultat. Les discussions viennent ordinairement de ce que l'on n'attache pas le même sens au même mot ; quand on a fait comprendre sa pensée, on trouve peu de contradicteurs. Il ne s'agit que de transporter les autres au point où l'on est placé pour envisager les choses ; alors ils partagent ou du moins conçoivent les mêmes impressions.

DE BARANTE, *De la Littérature française pendant le XVIIIe siècle.*

DUFRÉNOY.

DUFRÉNOY (Madame) née Billet, veuve d'un ancien procureur au Châtelet, s'est acquis une réputation littéraire assez brillante par différents ouvrages, et sur-tout par son recueil d'*Élégies*, qui a été plusieurs fois réimprimé, et qui mérite réellement l'estime dont il jouit chez les gens de lettres. Elle a obtenu plusieurs prix aux jeux Floraux, et son poème de *la Mort de Bayard* a été couronné par l'Académie française, dans sa séance du 5 avril 1815. Madame Dufrénoy est morte à Paris le 8 mars 1825. On a d'elle quelques romans; entre autres, *le Jeune héritier*, ou *les Appartements défendus*, trad. de l'Anglais, 2 vol. in-12, 1800; des *Opuscules poétiques*, 1806, in-12; et ses *Élégies*, suivies de poésies diverses, in-12. 3ᵉ édition, 1813. Madame Dufrénoy a aussi travaillé pour l'instruction de la jeunesse. Elle a publié: *le Tour du monde ou tableau géographique et historique de tous les peuples de la terre*, 6 vol. in-18, 1813; *la Petite ménagère, ou l'éducation maternelle*, 4 vol. in-18, 1815; les *Contes des fées*, de Ch. Perrault, avec une notice sur la vie de l'auteur, 1816, in-18; *Étrennes à ma fille*, 2ᵉ édition, 1816; et *Biographie des jeunes demoiselles*, 1817, 2 vol. in-12.

JUGEMENT.

Les *Élégies* forment la partie la plus considérable des *OEuvres* de madame Dufrénoy : elles sont comme le trait principal de son talent.

L'élégie convient donc d'une manière plus spéciale aux femmes : en effet, tandis que, dans presque tous les autres genres, l'enthousiasme du poète peut naître d'une affection purement artificielle, et, en quelque sorte, fictive, pareille à celle qui, dans la diversité mensongère de leurs rôles, anime et soutient le talent des acteurs; dans l'élégie, il faut que les élans du poète ne soient que les mouvements vrais et réels, que les affections sincères de son âme; il faut qu'il se peigne lui-même dans chacun des traits de son pinceau; il faut qu'il laisse parler son cœur, et qu'aucune voix étrangère ne vienne se mêler à celle qui sort, pour ainsi dire, du fond même de ses entrailles : ce n'est pas l'amour d'un autre qu'il doit représenter; ce ne sont pas les regrets d'un autre qu'il doit exprimer : ce sont les siens propres; ici nulle fiction, nulle supposition; la vérité : la vérité toute seule !

Il faut que le cœur seul parle dans l'élégie ;
(*Art Poét.* ch. II.)

a dit Boileau. Madame Dufrénoy me semble avoir bien observé cette règle de l'*Art Poétique* : aucune affectation ne trahit, dans ses vers, l'ambition de rendre d'autres sentiments que ceux de son propre cœur : je ne doute pas que les passions ne s'enflamment au feu même de la poésie, et qu'une femme sensible ne le devienne plus encore, lorsqu'elle peut confier au langage des Muses les plus chers intérêts de son âme; si j'en crois ses ouvrages, madame Dufrénoy a éprouvé tous les tourments et goûté toutes les délices de la sensibilité : le cœur d'une femme poète n'a point de secrets, quand il s'ouvre et se répand dans l'élégie : il se laisse voir tout entier; il trace, pour ainsi dire, lui-même avec exactitude l'histoire de ses passions, de ses mouvements, et la hardiesse de la poésie se permet ce que n'oserait sûrement pas la timidité de la prose : elle brave même la publicité; elle met la postérité même dans la confidence de ces mystères délicats que le vulgaire prend soin de cacher aux contemporains : *Sapho* a immortalisé le souvenir des troubles passionnés de son âme ardente :

Vivunt commissi calores
Æoliæ fidibus puellæ.

Ce recueil d'élégies forme donc une espèce de petit roman, où se déploient successivement et se démêlent les nuances d'une seule et même passion, avec toutes ses jouissances, toutes ses inquiétudes, avec ses *péripéties* et ses *catastrophes* : le cœur du poète s'est observé sans cesse lui-même, et sans cesse il a éprouvé le besoin de se rendre compte de ses agitations diverses, dont il a, pour ainsi dire, suivi tous les degrés. Avec le don de la poésie, qui est un sens de plus, que de lumières et de flammes n'éclatent pas à la fois dans une âme où l'amour a secoué son flambeau!

L'heureux objet qui fixa le choix et les vœux de l'auteur de ce recueil, était poète lui-même : elle nous l'apprend dans une de ses plus aimables pièces ; elle eut le bonheur de le voir couronner dans une Académie : quelle circonstance pour une amante, et pour une amante éprise elle-même de l'amour de la gloire et de la poésie ! Elle chante ce délicieux moment; elle s'écrie dans son heureuse ivresse :

O transports, ô félicité!
Jour à jamais présent et cher à ma mémoire !
J'ai vu tout un peuple enchanté
Sourire à ta naissante gloire :
J'ai vu les nobles successeurs
Des Despréaux et des Corneilles,
Orner ton jeune front du laurier des neuf sœurs,
Doux prix de tes savantes veilles,
J'ai vu cent beautés, dont l'orgueil
S'indigne d'un vulgaire hommage,
S'offrant en foule à ton passage,
Briguer la faveur d'un coup d'œil.
Que celle qu'il aime est heureuse !
Ce murmure a flatté mon oreille amoureuse ;
Il colore mon front d'une vive rougeur ;
Et mes yeux trahissant mon âme,
Il me semble déjà que chaque spectateur
Est dans le secret de ma flamme ;
Ah ! fuyons promptement ces lieux, etc.

Le reste du morceau est d'une vivacité, d'une chaleur, qui vont toujours en croissant, et qui, vers la fin de la pièce, atteignent le dernier degré de la passion ; mais le cours de cette passion est bientôt troublé par des orages :

Si j'en crois un fâcheux discours,
Ton cœur, facile à l'inconstance,
Trahit mes fidèles amours,
Et se rit de ma confiance :
Unique bonheur de mes jours,
O des amants le plus aimable !
S'il est vrai que tu sois coupable,
Par pitié trompe-moi toujours.

Enfin le nœud tissu par la tendresse est rompu par l'infidélité : l'inconstance du volage amant est annoncée dans une pièce intitulée : *le Changement;* l'auteur y consent que l'amitié succède à l'amour, et termine ainsi ce morceau :

>Je contraindrai mes regards à vous taire
>Tout le plaisir que je sens près de vous ;
>Vous me louerez celle qui vous est chère,
>Sans que mon cœur en paraisse jaloux ;
>Je la verrai sans montrer de colère ;
>J'éviterai de chercher votre main ;
>Je m'armerai d'un maintien plus austère.
>Si je me trouble auprès de vous, soudain
>Je songerai que j'ai cessé de plaire :
>A vos côtés, dans un doux entretien,
>J'étudîrai mes yeux et mon langage ;
>Loin de blâmer votre humeur trop volage,
>Pour excuser votre nouveau lien,
>Je vous dirai qu'un autre amour m'engage ;
>Je le dirai... Mais, vous, n'en croyez rien !

Des cendres d'une passion qui s'éteint, naissent l'expérience et le besoin d'un sentiment plus tranquille et plus sûr : un nouvel *amant* qui se présente est repoussé; une *insensible* qui ne conçoit ni les plaisirs, ni les peines de l'amour, est avertie de les redouter; une *jeune fille*, près de subir sa loi, reçoit les plus sages conseils :

>Crains, Zélime, de les connaître,
>Ces courts plaisirs souvent payés de longs regrets ;
>Garde avec soin ta douce paix ;

> Écarte de ton cœur l'amour si près d'y naître ;
> Ne prête point l'oreille au langage flatteur
>   D'un sexe vain et séducteur,
> Qui, même en l'adorant, aime à trahir le nôtre :
>   Tout amant, Zélime, est trompeur,
> Et, lorsque de l'amour on connaît le bonheur,
>   On n'en veut plus connaître un autre.

Cependant le *besoin d'aimer* renaît dans un cœur qui s'est fait de l'amour une douce habitude ; le *regret* l'accompagne :

> Je ne regrette plus l'amant qui m'a trahie ;
>   Je regrette encor mon amour.

L'auteur est obligé de s'expatrier : *la Nuit d'exil*, *le Retour* sont les sujets de deux de ses *élégies* ; *le Retour* est adressé à un homme de lettres, que son caractère et ses talents rendent digne de cet hommage du talent et de l'amitié : les souvenirs de la révolution se retracent dans quelques-unes des pièces de madame Dufrénoy ; les sentiments de la famille s'y peignent aussi après ceux de l'amour : une de ses *élégies* est consacrée à *sa mère* ; une autre, et c'est la dernière de toutes, à *son fils* ; celle-ci a pour titre *l'Automne* : elle n'est pas exempte de quelques fautes ; il semble que l'auteur soit moins heureusement inspirée par son *automne* que par son printemps :

> J'ai passé la saison aux doux plaisirs prospère :
>   Disparaîtrai-je de la terre,
>   Sans qu'un sourire du destin
>   N'ait charmé ma longue misère ?

La négation est de trop dans ce dernier vers; la grammaire veut tout simplement : *ait* charmé; il se trouve une incorrection d'un autre genre dans les quatre premiers vers de la même pièce :

>   Déjà de sa fraîche corbeille
> Flore *ne* verse plus les prémices *touchants* :
>   L'œillet et la rose vermeille
>   Cessent d'enorgueillir nos champs.

Le mot *prémices* est absolument féminin; il ne reçoit pas les deux genres :

> Toujours la tyrannie a d'*heureuses* prémices,

a dit Racine : il semble même que si l'agréable mot de *prémices* admettait les deux genres, le féminin aurait beaucoup plus de grace, comme dans le pluriel d'*amour*. Je ne relève ces deux fautes, les seules de la même espèce qui se rencontrent dans toutes les *élégies* de madame Dufrénoy, que pour dire avec plus d'autorité que cette dame écrit généralement avec une pureté très remarquable et avec beaucoup de goût.

Je citerai encore la première élégie du recueil; elle en est comme le résumé :

>   Passer ses jours à désirer,
>   Sans trop savoir ce qu'on désire;
>   Au même instant rire et pleurer,
> Sans raison de pleurer, et sans raison de rire ;
>   Redouter le matin, et le soir souhaiter

D'avoir toujours droit de se plaindre;
Craindre, quand on doit se flatter,
Et se flatter, quand on doit craindre;
Adorer, haïr son tourment;
A la fois s'effrayer, se jouer des entraves;
Passer légèrement sur les affaires graves,
Pour traiter un rien gravement;
Se montrer tour à tour dissimulé, sincère,
Timide, audacieux, crédule, méfiant :
Trembler, en tout sacrifiant,
De n'en point encore assez faire;
Soupçonner les amis qu'on devrait estimer;
Être, le jour, la nuit en guerre avec soi-même;
Voilà ce qu'on se plaint de sentir quand on aime,
Et de ne plus sentir, quand on cesse d'aimer.

Il est difficile, quand on est doué d'un talent décidé pour un genre, que ce talent ne se reproduise pas d'une manière plus ou moins saillante dans les différentes espèces de composition où l'on s'exerce. Des cinq *épîtres* de madame Dufrénoy, il en est deux que l'on peut regarder comme de véritables élégies; mais comme on ne doit donner ce nom qu'aux pièces élégiaques dans lesquelles le poète peint ses sentiments propres et particuliers, j'appellerai ces deux *épîtres* des héroïdes : la première, qui est la seconde dans l'ordre du recueil, a pour titre : *Corinne à Oswald*; c'est une inspiration puisée dans la lecture d'un roman célèbre; c'est l'élan d'une âme sensible, électrisée par une imagination ardente; le génie impétueux de madame de Staël a parlé au talent passionné de madame Dufrénoy; l'autre héroïde est intitulée

Une Veuve milanaise à un guerrier français. Le langage de la passion est également vif, énergique et entraînant dans ces deux morceaux; mais ce que j'ai déjà cité des élégies de madame Dufrénoy suffit bien pour prouver que cette dame répand dans son style autant de chaleur qu'elle y met d'élégance et de goût.

Les trois autres pièces répondent très bien à leur titre : ce sont de vraies épîtres. L'éloge des *arts* est le sujet de la première; elle leur est adressée; on peut en être surpris. On n'écrit point ordinairement de lettres, même en vers, aux personnages allégoriques; mais, qu'importe? C'est la manière dont un sujet est traité qui détermine le caractère du genre. L'auteur parcourt ici méthodiquement tout le domaine des arts, et rend successivement un hommage à chacun d'eux : on pense bien que l'art des vers est celui de tous à qui madame Dufrénoy prodigue le plus d'encens; elle exalte la poésie dans un style qui montre qu'elle n'est pas moins digne de la cultiver que de la célébrer.

Plusieurs des *romances* et des *chansons* de madame Dufrénoy ont obtenu tout le succès qu'on peut désirer en ce genre : elles ont été chantées, j'avouerai cependant que dans la *romance* même, qui n'est qu'une branche de la poésie élégiaque, elle est loin de s'élever au degré qu'elle me paraît avoir atteint dans l'élégie : c'est dans ses *élégies* qu'elle se montre réellement supérieure : c'est là qu'elle se trouve, pour ainsi dire, dans toute la possession, dans toute la plénitude de son rare talent; c'est là qu'elle est toujours heureusement inspirée par la sensibilité la plus vraie, par le cœur le plus tendre, par l'âme la plus aimante : elle se place dans cet ordre particulier de composition, à côté des écrivains qui s'y sont le plus distingués; et la renommée du Tibulle français souffrira peut-être que dans la postérité celle de madame Dufrénoy ne s'abaisse pas trop au-dessous d'elle. M. de Parny n'a guère chanté que les brillants triomphes et les douces félicités de l'amour : madame Dufrénoy n'en a soupiré que les chagrins amers et les inconsolables douleurs; et les chances de sa destinée ne furent que trop d'accord avec le caractère de son talent mélancolique : les Muses semblent lui avoir vendu bien cher leurs faveurs; sa vie n'a été que le plus déplorable tissu d'infortunes de tout genre; et nul exemple n'a peut-être mieux prouvé qu'un esprit plein de candeur, qu'une âme pleine de tendresse, et qu'un talent véritable, qui exige, et à qui l'on fait tous les sacrifices, ne sont pas de très sûrs moyens pour arriver au bonheur. Battue par tous les orages du cœur et de la fortune, l'auteur d'un de nos plus agréables recueils de poésies n'a pas même encore trouvé le port tranquille, où le tourment des alarmes fait place, dans un âge plus calme, à la paix des souvenirs; elle a donc bien raison de s'écrier dans une des stances d'une *élégie* qu'elle adresse à *sa lyre* :

> Et, que me sert, amante d'Apollon,
> D'avoir déjà consumé tant de veilles,
> A méditer ses pompeuses merveilles!
> Ai-je attaché quelque gloire à mon nom?

A mes amis en ai-je été plus chère?
Et, quand du sort j'éprouve la rigueur,
Mes vers heureux des maîtres de la terre
Ont-ils fixé le regard protecteur;
S'informe-t-on sous quel toit je respire?
Ta vue ajoute aux peines de mon cœur :
Éloigne-toi de mes yeux, ô ma lyre!

Ce refrain, qui se reproduit à la fin de chaque strophe, donne une grace particulière à cette pièce attendrissante : c'est l'accent d'un cœur pénétré d'une infortune qui n'est que trop réelle.

Dussault, Annales littéraires.

DUFRESNY (Charles RIVIÈRE), poète français, naquit à Paris, en 1648. Son père, valet de garde-robe de Louis XIII, passait pour petit-fils de Henry IV et de la *belle jardinière d'Anet*. On dit même que Dufresny ressemblait à ce prince.

Louis XIV lui donna des preuves nombreuses de sa bienveillance, et se l'attacha en qualité de valet de chambre.

Doué d'un goût naturel pour les beaux-arts, Dufresny s'occupait de peinture, de sculpture, d'architecture et de musique. Il se plaisait à découper des estampes, et à former de leurs fragments une espèce de mosaïque, par des combinaisons souvent très ingénieuses. Il excellait sur-tout à dessiner les jardins, non pas dans le genre symétrique de Le Nôtre, mais dans le genre agreste des Anglais. Ce talent lui valut un brevet de contrôleur des jardins du roi. Louis XIV lui accorda aussi le privilège d'une manufacture de glaces.

Dufresny ne sut pas profiter de ces avantages. Le vin, le jeu et les femmes étaient ligués contre sa fortune. Il abandonna, pour une modique somme, le privilège de cette manufacture, et bientôt le capital fut englouti dans ses prodigalités. Louis XIV en riait; « il y a deux hommes, disait-il, que je n'en-« richirai jamais, Bontemps et Dufresny. »

Un jour qu'il venait de toucher deux mille écus pour un voyage de Paris à Compiègne, par ordre du roi, il décida avec un ami, après une mûre délibération, que chacun d'eux prélèverait sur la somme de quoi s'habiller, et que le surplus serait employé à faire un repas de sibarites, *dont l'histoire parlerait*. Leurs emplètes terminées, ils vont chez un fameux traiteur, à qui ils commandent de tenir prêts, pour le lendemain matin, une grande quantité d'œufs frais, cinquante épaules de veaux, et une centaine de carpes. Le traiteur, étonné les accablait de questions; Dufresny, l'argent à la main, lui dit de ne s'embarrasser de rien. Le lendemain le traiteur qui s'attendait à servir un régiment, les voit arriver seuls. Avec les œufs frais ils font faire un potage au petit-lait; ne prennent des épaules de veaux que la noix, et des carpes que la langue, dont on leur fait un ragoût au coulis de perdrix et d'écrevisses : le reste est distribué aux pauvres.

Quoique grand dissipateur, Dufresny n'était avide ni des faveurs, ni des richesses dont le roi et le ministre le comblaient. Ayant présenté à ce dernier un placet pour le prier *de ne lui plus rien accorder*, le ministre mit un *néant* au bas de la requête, et lui envoya une somme considérable.

Dufresny quitta la cour pour venir se fixer à Paris. Il travailla pour le théâtre Français, et pour le théâtre Italien, et rédigea avec succès, en 1710, le *Mercure galant*.

Quoique toutes ses comédies soient pleines d'esprit et de détails agréables, une seule, *l'Esprit de contradiction*, est restée au théâtre; elle fut jouée d'abord en cinq actes, puis réduite à trois, et enfin en un acte, telle qu'on la représente aujourd'hui. C'est une de nos petites pièces les plus gaies. Les autres comédies de Dufresny les plus remarquables sont: *le Mariage fait et rompu, le double Veuvage, la Réconciliation normande, la Coquette de village, et le Dédit.*

Regnard s'étant approprié le sujet du *Joueur*, que Dufresny traitait en prose, il en résulta une accusation réciproque de plagiat qui brouilla ces deux amis. *Le Joueur* de Regnard fut représenté en septembre 1695, avec beaucoup de succès, et le *Chevalier joueur* de Dufresny, en février 1697; mais il éprouva presque une chute. On fit à ce sujet une épigramme qui se termine ainsi :

>Chacun vola son compagnon:
>Mais quiconque aujourd'hui voit l'un et l'autre ouvrage,
>Dit que Regnard a l'avantage
>D'avoir été le bon larron.

Un matin, la blanchisseuse de Dufresny vint lui

présenter un long mémoire. Le poète n'ayant pas d'argent pour la payer, proposa de changer le mémoire en un contrat de mariage; la proposition fut acceptée. Peu de jours après il se moquait de Pellegrin qui était en linge sale. « Il n'est pas permis à « tout le monde, lui dit le poète provençal, d'épouser « sa blanchisseuse. » Ce trait a donné lieu à une petite comédie intitulée : *le Mariage impromptu*, ou *Charles Rivière Dufresny*, par Deschamps (germinal an 6).

« Avec beaucoup d'esprit et de talent, dit Vol-
« taire (*Siècle de Louis XIV*), Dufresny ne put ja-
« mais rien faire de régulier. On a de lui beaucoup
« de comédies, et il n'y en a guère où l'on ne trouve
« des scènes jolies et singulières. »

Les OEuvres complètes de Dufresny ont été recueillies à Paris, en 1731, 6 vol. in-12. Outre ses comédies, on y trouve *le Puits de la Vérité*, histoire gauloise, des *Nouvelles historiques*, diverses *poésies*, et les *Amusements sérieux et comiques*.

M. Auger a publié, en 1810, les *OEuvres choisies de Dufresny*, avec une notice sur sa vie, Paris, Didot, 2 vol. in-18. Les *Amusements* eurent un grand succès, et furent traduits en anglais (1719). Son *Siamois* a été imité par Montesquieu dans les *Lettres persannes*.

C. F. P.

JUGEMENTS.

Dufresny, qui fut lié long-temps avec Regnard, se brouilla avec lui à l'occasion du *Joueur*, dont il prétendit, avec assez de vraisemblance, que le sujet lui avait été dérobé; mais quand il donna son *Chevalier joueur*, il prouva que les sujets sont en effet à ceux qui savent le mieux les traiter. La comédie de Regnard eut la plus complète réussite, et l'ouvrage de Dufresny échoua entièrement. En général, il fut aussi malheureux au théâtre que Regnard y fut bien traité. La plupart de ses pièces moururent en naissant, et celles mêmes qui lui ont fait une juste réputation n'eurent qu'un succès médiocre. *Le Chevalier joueur*, *la Noce interrompue*, *la Joueuse*, *la Malade sans maladie*, *le Faux honnête homme*, *le Jaloux honteux*, tombèrent dans leur nouveauté, et ne se sont pas relevées, quoique dans toutes ces pièces il y ait des choses très ingénieuses. C'est-là sur-tout ce qui le distingue : il pétille d'esprit, et cet esprit est absolument original. Mais comme cet esprit est toujours le sien, il arrive que tous ses personnages, même ses paysans, n'en ont point d'autre; et le vrai talent dramatique consiste au contraire à se cacher pour ne laisser voir que les personnages. Cela n'empêche pas que Dufresny ne mérite une place distinguée. *L'Esprit de contradiction*, *le Double veuvage*, *le Mariage fait et rompu*, les trois plus jolies pièces qu'il nous ait laissées, sont d'une composition agréable et piquante, et d'un dialogue vif et saillant. Ses intrigues sont toujours un peu forcées, excepté celle de *l'Esprit de contradiction*; aussi n'a-t-il qu'un acte. Ses rôles, dont la conception est la plus comique, sont la femme contrariante dans la pièce que je viens de citer, la veuve du *Double veuvage*, la coquette de village dans la pièce de ce nom, le président et la présidente du *Mariage fait et rompu*, le Gascon Glacignac dans la même pièce, le meilleur de tous les Gascons que l'on ait mis sur la scène, et le Falaise de la *Réconciliation normande*. Il a peint dans cette pièce des originaux particuliers aux pays de la chicane et de la plaidoirie, la science approfondie des procès, et les haines domestiques et invétérées qu'ils produisent. Le tableau est énergique, mais d'une couleur monotone et un peu rembrunie : il y a des situations neuves et très artistement combinées ; mais l'intrigue est pénible, et les derniers actes languissent par la répétition des mêmes moyens employés dans les premiers. La prose de Dufresny est en général meilleure que ses vers, quoiqu'il en ait de très heureux, et même des morceaux entiers plein de verve et d'originalité : tel est entre autres celui où il fait l'éloge de la haine dans *la Réconciliation normande*. Mais sa versification est souvent dure à force de viser à la précision : son dialogue, à force de vouloir être serré, est souvent haché en monosyllabes, et devient un cliquetis fatiguant. Son expression n'est pas toujours juste ; mais elle est quelquefois singulièrement heureuse, par exemple, dans ces vers, où il parle d'un plaideur de profession :

> Il achetait sous main de petits procillons
> Qu'il savait élever, nourrir de procédures ;
> Il les empâtait bien, et de ces nourritures
> Il en faisait de bons et gros procès du Mans.

Certainement l'idée d'engraisser des procès comme

des chapons est une bonne fortune dans le style comique.

Le Dédit est la seule pièce où Dufresny ait été imitateur. La principale scène, où les deux sœurs se demandent pardon toutes deux et se mettent à genoux l'une devant l'autre, est une copie de la scène des deux vieillards dans le *Dépit amoureux* de Molière; et le fond de l'intrigue est un déguisement de valet comme il y en a dans vingt autres pièces *.

La Harpe, *Cours de Littérature.*

II.

Dufresny était né avec une aptitude singulière à presque tous les arts, et pourtant n'a rien laissé de fini en aucun genre. Son *Siamois à Paris*, qui a pu donner à Montesquieu l'heureuse idée de ses *Lettres Persannes*, ne prouve pas moins que son théâtre la finesse et la sagacité avec lesquels il observait les hommes.

Il associa, dans quelques pièces, ses talents à ceux de Regnard; mais ils se divisèrent ensuite, et se disputèrent même l'excellente comédie du *Joueur*. Dufresny a fait voir, par d'autres comédies, qu'il était digne en effet de partager la gloire de son rival.

Son vers est moins facile, mais son style est plus pur que celui de Regnard. On trouve dans toutes ses pièces des scènes heureuses, et même des traits d'un génie vraiment appelé au genre comique; mais

---

* Voyez le parallèle de Destouches et de Dufresny, par d'Alembert, t. I, p. 211 de notre *Répertoire*. F.

il a moins de gaieté que de finesse. On peut croire qu'il eût mérité une réputation encore plus distinguée, si le goût de la dissipation et des plaisirs n'eût étouffé en lui l'amour du travail. *L'Esprit de contradiction* passe pour le plus régulier de ses ouvrages : c'est une bagatelle charmante, à laquelle le temps n'a rien fait perdre de sa grace. Les comédiens ont grand tort de négliger, comme ils le font, le théâtre de Dufresny. Il ne joue plus ni *le Double veuvage*, ni *la Réconciliation normande*, ni *le Mariage fait et rompu*; et l'on ne se souvient pas de leur avoir vu remettre *le Faux sincère*, dont le principal personnage ressemble à tant de monde, qui réussit dans sa nouveauté, et qui, avec de légères corrections, enrichirait la scène d'un caractère de plus. Enfin, ils négligent aussi *le Jaloux honteux de l'être*; pièce très piquante, que Collé avait pris la peine de corriger, et qu'il regardait comme une des meilleures de l'auteur.

PALISSOT, *Mémoires sur la Littérature*.

DUGUET (JACQUES-JOSEPH), naquit à Montbrison, petite ville du Forez près de Lyon, le 9 décembre 1649. Il était fils de Claude Duguet, avocat du roi au présidial de Montbrison.

On se plaît ordinairement à rechercher dans l'enfance de ceux qui ont acquis une grande célébrité, quelques indices de cette supériorité à laquelle ils doivent s'élever un jour; le jeune Duguet, sans être devenu un écrivain du premier ordre, donna aussi les marques d'un talent précoce. Il faisait ses humanités au collège de Montbrison, dirigé par les oratoriens, lorsque le hasard fit tomber entre ses mains un exemplaire de l'*Astrée* de d'Urfé. Ce roman qu'on ne lit plus guère, et que pourtant La Fontaine lisait beaucoup, plut tellement au jeune homme, qu'il prit la résolution d'en composer un dans le même genre. Les aventures particulières qui avaient occupé la ville de Montbrison devaient lui fournir son sujet. Le projet fut exécuté et avec succès, au point que le jeune auteur voulut faire lecture de son ouvrage à sa mère. Cette dame, qui avait de grands principes de religion, écouta attentivement une partie de cette lecture; mais, pour toute réponse, au lieu des compliments qu'il attendait déjà sans doute, elle dit à son fils d'un air affligé : « Vous seriez bien malheureux si vous faisiez un « si mauvais usage des talents que Dieu vous a « donnés; » et la lecture en resta là.

Cette remontrance fut profitable à Duguet. Dès qu'il fut seul, il jeta au feu son écrit, et se livra tout entier à des études sérieuses. Il fit son cours de philosophie avec un succès qui étonna ses maîtres, et qui les détermina sans doute à faire leurs efforts pour attacher à leur congrégation un sujet qui promettait de lui faire honneur. Duguet obtint de son père la permission d'y entrer.

A la fin de l'année 1671, il fut choisi pour faire le cours de philosophie à Troyes. Son humilité réclama vainement contre cette distinction, il fallut se soumettre aux supérieurs, et leur confiance fut justifiée par le jeune professeur. Il passait les nuits, occupé à écrire les cahiers qu'il dictait le lendemain, et on assure que son travail ne se ressentait en rien de cette précipitation.

Il retourna à Paris en 1674, et un an après, il fut nommé diacre. L'évêque de Troyes voulut l'attacher à son diocèse, mais les supérieurs de l'Oratoire s'y opposèrent, et après l'avoir envoyé à Aubervilliers, ils le fixèrent à Saint-Magloire, où il fut ordonné prêtre en 1677, et où il professa la théologie scolastique.

Par suite des querelles qui divisèrent les théologiens d'alors, il quitta la congrégation en 1684, et se retira à Bruxelles auprès du célèbre Arnauld, avec qui il était fort lié. Sa santé ne lui permit pas d'y demeurer long-temps. En 1685, il alla à Strasbourg qui appartenait à la France depuis quelques années. Le gouverneur de la ville engagea Duguet à faire des conférences publiques pour la conversion des luthériens, et ces conférences produisirent, dit-on, d'heureux résultats. De retour à Paris, il vécut plusieurs années dans une grande retraite; mais en 1690, le président de Menars le sollicita si vivement d'accepter un logement dans sa maison, que Duguet accepta, et vint demeurer chez ce magistrat au mois de juillet de la même année. Il y resta après la mort du président, et ne fut obligé de s'en absenter qu'une seule fois pour éviter les sollicitations du père Michel Tellier, qui le pressait de répondre à une dissertation théologique faite à l'occasion de la bulle qui condamna les réflexions du

P. Quesnel sur le *Nouveau Testament*. Duguet, qui considérait cette commission comme un piège, se retira, pour l'éviter, auprès de l'abbé de Tamied, en Piémont. Ce voyage donna naissance au livre *De l'Institution d'un prince*, qui fait aujourd'hui le premier titre de son auteur. Voici à quelle occasion il fut composé. Le duc de Savoie, désirant posséder un ouvrage qui retraçât au prince son fils aîné, destiné par les alliés au trône d'Espagne, les devoirs et les vertus des princes, s'en entretint avec don Arsène Jougla, abbé de Tamied, et le chargea de trouver quelqu'un qui fût capable de remplir ses vues. L'abbé était embarrassé sur le choix, lorsque Duguet, son ami, arriva à Tamied. Dès ce moment il n'hésita plus, et proposa Duguet au prince. Celui-ci, après plusieurs conversations, agréa ce choix, et l'affaire fut conclue. Duguet commença son travail dans l'abbaye même, mais il n'acheva les deux premières parties qu'à son retour à Paris, après la mort de Louis XIV. Il les envoya au duc de Savoie par un nommé Blondin, domestique du célèbre Rollin. C'est par Rollin lui-même que l'on sait cette circonstance, qui dément l'assertion contenue dans la préface de l'édition in-4°. Cette préface dit que le duc de Savoie ignora d'abord que ce traité venait de Duguet. Le reste de l'ouvrage fut fait à Paris, et ne fut point envoyé au duc.

Les dernières années de la vie de Duguet furent fort agitées. Il fut obligé souvent de changer de demeure et même de pays, sans que l'égalité de son humeur s'en altérât. Il habitait Paris lorsque la mort vint le frapper le 25 octobre 1733. Il fut enterré dans l'église de Saint-Médard, et son corps déposé auprès de celui de Nicole.

Les ouvrages de Duguet sont très nombreux; mais le seul qui soit recherché des gens de lettres, est le livre *De l'Institution d'un prince*. Entre autres éditions, on distingue celle de Londres, 1740, 4 vol. in-12. Elle est enrichie de la vie de l'auteur par l'abbé Goujet.

DE BROTONNE.

JUGEMENT.

Duguet, écrivain de l'école de Port-Royal, et qui soutint pour elle de longs combats dont on ne parle plus, est digne de se reproduire aux regards de la postérité, par le mérite et l'importance du sujet qu'il a traité sous le titre d'*Institution d'un prince*, livre composé pour le fils aîné du duc de Savoie, Victor-Amédée. Il est vrai que ce qui concerne la religion et le clergé occupe trop de place dans cet ouvrage : de quatre volumes, les deux derniers y sont entièrement consacrés; et Fénelon, dans une *Direction de conscience*, en dit cent fois moins sur les matières ecclésiastiques que Duguet dans un traité de l'art de gouverner. C'est que le premier, comme tous les esprits supérieurs, se restreint à l'essentiel, s'oublie lui-même pour son sujet, et ne prétend pas qu'un souverain en sache autant qu'un évêque ou un docteur; l'autre, au contraire, abonde avec complaisance dans ce qui a été l'objet de ses études, et ne songe pas que, pour bien instruire, il ne faut pas dire tout ce qu'on sait, mais seulement ce qui convient à ceux qu'on instruit. Cependant, en laissant de côté ces deux volumes, qui pour un prince auraient pu être réduits à dix pages, on trouve dans les deux premiers, quoiqu'ils soient encore trop diffus, beaucoup d'ordre et de clarté, un fond d'instruction solide, des principes sages et des moyens très judicieusement présentés pour garantir un souverain de tous les pièges qui l'environnent, pour trouver la vérité et des amis, écarter le mensonge et éviter l'injustice. Le plan de conduite et de gouvernement qu'il trace est certainement très bon à suivre; mais aussi celui qu'il a suivi lui-même dans son livre lui ménageait de grands secours. Il en a fait une espèce de recueil des plus beaux préceptes de sagesse et des traits les plus heureux des anciens philosophes qui ont écrit pour former de bons princes, ou pour les louer, de Tacite, de Sénèque, de Pline, et des meilleurs historiens du siècle d'Auguste ou du moyen âge. Personne n'a plus mis à contribution l'antiquité, mais personne n'a mis plus de bonne foi dans ses emprunts. Il cite régulièrement en note tout ce qu'il traduit dans son texte; et son érudition et sa candeur font un honneur égal aux bonnes études qu'il avait faites, et aux maîtres qui les avaient dirigées. Son style a plus de force et d'intérêt que celui de Nicole, quoiqu'on puisse désirer qu'au talent de fondre habilement l'esprit des anciens dans son ouvrage, il eût joint celui de s'exprimer comme eux, avec cette imagination qui anime tout.

Il est du moins animé d'un sincère amour de la vertu et du bien public : il déteste toute flatterie, et n'oublie rien pour mettre le prince en garde contre elle, et faire tomber toutes les sortes de masques dont elle se couvre. On pourra juger de la sévérité de ses maximes par ce morceau, qui aurait un peu embarrassé les prédicateurs qui se font panégyristes. « Un prince doit défendre en
« public comme en secret tout ce qui est excessif,
« et regarder comme excessif tout ce qui blesse la
« vérité. Un discours flatteur, prononcé dans une
« cérémonie, doit être interrompu par lui, si celui
« qui le fait n'a pas profité des avis, qu'on lui a fait
« donner, de n'y rien mêler que de sage et de rai-
« sonnable. Une action de cet éclat est sue dans tout
« le royaume; elle ferme la bouche à tous ceux qui
« croiraient avoir de l'esprit en disant de belles
« paroles, sans se mettre en peine qu'elles fussent
« vraies; elle met en honneur le prince, comme en-
« nemi déclaré du mensonge; elle apprend à tous
« ses sujets que le moyen de lui plaire est d'aimer,
« comme lui, la vérité..... » Et ailleurs : « Les ins-
« criptions qu'on gravera sur le marbre ou sur l'ai-
« rain seront condamnées par le prince, et chan-
« gées par son ordre, si elles ne sont simples et
« sincères. C'est un mal plus grand de perpétuer
« la flatterie par des monuments durables, que de
« la souffrir dans des discours qui ne laissent point
« de vestiges. C'est rendre le scandale comme éter-
« nel, et apprendre à la postérité à mépriser la vé-
« rité, que de lui laisser de si mauvais exemples.

« Les hommes s'y accoutument; mais l'indignation
« de Dieu ne passe point, et une statue avec un
« titre insolent est une espèce d'idole qui lui rend
« odieux le lieu où elle est érigée, et le peuple qui
« n'en gémit pas. »

Jusqu'ici ce n'est que le langage d'une raison ferme et sévère; mais voici le rigorisme outré, qui tombe dans la petitesse et la puérilité. « Il aura
« sur-tout une extrême indignation contre toutes
« ces vaines fictions où les noms des anciennes di-
« vinités lui seront attribués aussi bien que leur
« prétendu pouvoir sur la terre ou sur la mer, sur
« la guerre ou sur la paix. Il n'y a rien, d'un côté,
« de si froid que ces chimères, et de l'autre, de
« plus impie ni de plus scandaleux. Je sais que les
« noms de Mars, de Neptune et de Jupiter, sont
« des noms vides de sens; mais ce sont des noms
« qui ont servi au démon pour tromper les hommes,
« et pour se faire rendre par eux les honneurs di-
« vins. C'est donc faire injure au prince que de le
« mettre à la place de cet usurpateur; et le prince
« se déshonore en consentant à cette impiété. Ce-
« pendant les théâtres en retentissent, la musique
« s'exerce sur ces indignes fictions, les peuples
« s'infectent de cette espèce d'idolatrie, et les châ-
« timents pleuvent en foule du ciel sur une nation
« qui s'est fait un jeu d'un si grand mal. »

Ce sont des passages dans ce goût qui ont contribué à décréditer de bons auteurs. Comment concevoir dans un auteur, qui d'ailleurs écrit en homme de sens, une si bizarre proscription et une colère si déplacée! Voltaire a pu dire des modernes en plaisantant :

> Ils sont chrétiens à la messe,
> Ils sont païens à l'opéra.

Mais, en bonne foi, Duguet a-t-il pu penser que l'on fût idolâtre pour donner le nom de Mars à un guerrier, ou de Vénus à une belle femme? Comment n'a-t-il pas voulu voir que ces dénominations n'étaient que des figures de style, une sorte de métaphore, et que Mars signifiait la vaillance personnifiée; Jupiter, la puissance; Minerve, la sagesse; etc.? A-t-il cru que quelqu'un fût assez sot pour se croire une de ces divinités antiques, que les plus raisonnables des païens ne regardaient eux-mêmes que comme des emblèmes et des symboles? Et qu'est-ce que le *démon* a de commun avec ce langage figuré et de convention? Boileau, qui était dévot, mais dévot sensé, s'est moqué, dans son *Art poétique*, des rigoristes de son temps, qui avaient manifesté le même scrupule que Duguet. Tout le monde sait ces vers, mais ce sont les vers que tout le monde sait qu'il faut toujours citer, parce qu'ils font toujours plaisir. Le morceau où il explique les avantages du système mythologique est un des chefs-d'œuvre de sa plume.

> ..... Chaque vertu devient une divinité;
> Minerve est la prudence, et Vénus la beauté.
> Ce n'est plus la vapeur qui produit le tonnerre;
> C'est Jupiter armé pour effrayer la terre.

Un orage terrible aux yeux des matelots,
C'est Neptune en courroux qui gourmande les flots.
Écho n'est plus un son qui dans l'air retentisse;
C'est une nymphe en pleurs qui se plaint de Narcisse.
Ainsi, dans cet amas de nobles fictions,
Le poète s'égaie en mille inventions,
Orne, élève, embellit, agrandit toutes choses,
Et trouve sous sa main des fleurs toujours écloses.
Qu'Énée et ses vaisseaux, par le vent écartés,
Soient aux bords africains par l'orage emportés,
Ce n'est qu'une aventure ordinaire et commune,
Qu'un coup peu surprenant des traits de la fortune.
Mais que Junon, constante en son aversion,
Poursuive sur les flots les restes d'Ilion;
Qu'Éole, en sa faveur les chassant d'Italie,
Ouvre aux vents mutinés les prisons d'Éolie;
Que Neptune en courroux, s'élevant sur la mer,
D'un mot calme les flots, mette la paix dans l'air,
Délivre les vaisseaux, des syrtes les arrache;
C'est là ce qui surprend, frappe, saisit, attache.
Sans tous ces ornements, le vers tombe en langueur;
La poésie est morte, ou rampe sans vigueur.
. . . .
De n'oser de la Fable emprunter la figure;
De chasser les Tritons de l'empire des eaux;
D'ôter à Pan sa flûte, aux Parques leurs ciseaux;
D'empêcher que Caron, dans sa fatale barque,
Ainsi que le berger, ne passe le monarque;
C'est d'un scrupule vain s'alarmer sottement,
Et vouloir aux lecteurs plaire sans agrément.
Bientôt ils défendront de peindre la Prudence,
De donner à Thémis ni bandeau, ni balance,
De figurer aux yeux la Guerre au front d'airain,
Et le Temps qui s'enfuit une horloge à la main...

. . . .
Et partout des discours, comme *une idolâtrie*,
Dans leur faux zèle iront chasser l'allégorie.
Laissons-les s'applaudir de leur pieuse erreur.

Voilà bien la prétendue *idolâtrie* qui échauffe si mal à propos le zèle de Duguet. Ces vers, imprimés long-temps avant son livre, auraient bien dû l'avertir de sa bévue. Je le réfute d'ailleurs dans toutes les règles : car j'oppose à un docteur janséniste un poète janséniste aussi, comme j'ai opposé tout à l'heure aux dévots intolérants un archevêque dévot et tolérant : c'est, ce me semble, faire bonne guerre et battre l'ennemi sur son terrain.

Peut-être dans cette invective contre les prologues d'opéra, entrait-il un peu d'animosité contre Louis XIV, que les jansénistes n'aimaient pas plus qu'il ne les aimait. Mais si ce monarque encourageait un peu trop les louanges, était-ce une raison pour traiter Quinault comme un païen ? Et pour citer encore Boileau,

Tant de fiel entre-t-il dans l'âme des dévots ?

Ne rendons pas moins de justice à ce que Duguet a dit de bon. Il parle sensément sur les inconvénients de cette multiplicité d'ordonnances successives, et souvent contradictoires, qui révoquent aujourd'hui et sont révoquées demain. « Il n'y a « point de plus grand mal dans l'état qu'une foule « de lois qui le chargent et l'embarrassent. Leur « multitude a toujours été regardée comme une « preuve certaine d'une mauvaise administration,

« parce qu'elle est un effet, ou de l'imprudence qui
« ne sait pas choisir, ou de la faiblesse qui ne sait
« pas exécuter, ou de l'inconstance qui ne sait rien
« soutenir, ou du caprice qui convertit en lois toutes
« les fantaisies. »

Il s'exprime sur la nature du pouvoir légal avec autant de justesse et de netteté que tous les philosophes que vous avez déjà entendus, et il importe de constater cette réunion de sentiments. « Le pre-
« mier caractère de la souveraine autorité, quand
« elle est pure, et qu'elle n'a point dégénéré ni de
« son origine, ni de sa fin, est de gouverner par les
« lois, de se régler sur elles, et de se croire inter-
« dit tout ce qu'elles défendent. Ainsi le prince et
« les lois commandent la même chose : l'autorité
« n'est point partagée. L'exemple du prince n'affai-
« blit pas les lois; et les lois ne condamnent pas le
« prince. »

Il lui recommande spécialement de consulter la voix publique sur le choix de ses ministres. « Un
« bon prince fait plus d'état d'une réputation bien
« établie que des relations secrètes, qui sont quel-
« quefois l'effet des préjugés, et qui n'ont que l'au-
« torité des particuliers dont on les reçoit. Il est plus
« facile de les tromper que le public, qui examine
« tout, et qui est composé d'une infinité de sortes
« d'esprits et de caractères qui ne s'unissent guère
« dans l'estime d'une même personne, à moins
« qu'elle ne le mérite. »

Tout ce qu'il prescrit sur les encouragements que demande l'agriculture, sur le soulagement dû aux

cultivateurs, sur la liberté nécessaire au commerce, sur les maux que lui font les droits de traite et de péage, est entièrement conforme aux documents de nos meilleurs économistes. Il s'élève contre toute espèce d'abus. « Le prince doit examiner si l'état
« n'est point chargé de doubles emplois; si une
« province ne paie pas en même temps les appoin-
« tements du gouverneur et ceux du commandant
« qui en tient la place; s'il n'en est pas ainsi de plu-
« sieurs villes et de plusieurs ports; s'il n'en est
« pas ainsi de plusieurs emplois, dont l'un a le titre
« et les revenus, et dont l'autre fait les fonctions
« avec des gages peu différents de ceux du titulaire.
« Le prince doit regarder ces doubles emplois comme
« des abus, et il réduit tout à l'unité, sans avoir
« égard aux raisons qui servent de prétexte à la
« multiplication des officiers et au doublement de
« leurs gages. »

Mais rien n'est mieux pensé que ce qu'il dit sur les impôts, sur la manière de les promulguer, sur l'obligation de les motiver et d'en limiter la durée. « La manière la plus naturelle d'établir sur le peuple
« des taxes nouvelles, est de les faire accepter par
« les états assemblés.... Il n'y a rien dont le peuple
« ne soit capable quand on prend confiance en lui,
« et qu'on paraît l'admettre dans les conseils pu-
« blics. Il s'anime lui-même alors à sa propre dé-
« fense, et il entre avec zèle dans tous les sentiments
« d'un prince qui veut bien lui en prouver la justice.
« Mais si on paraît compter pour rien son approba-
« tion et ne vouloir que ses richesses, il se détache

« des intérêts du prince, comme s'ils étaient diffé-
« rents des siens; il murmure contre toutes les im-
« positions nouvelles, et il est encore plus blessé
« des préfaces dont on tâche de colorer chaque édit...
« La condition la plus importante est d'être exacte-
« ment fidèle à la parole de les supprimer dès que
« le besoin sera cessé. On ne saurait croire combien
« le prince a d'intérêt à ne chercher sur cela ni dé-
« tour, ni prétexte. Il a toute la confiance de ses
« sujets, s'il est sincère; mais il la perd, et avec elle
« sa réputation, s'il n'est exact jusqu'au scrupule.
« Il n'y a point de contribution que le peuple n'ac-
« cepte, si elle n'est que pour un temps limité, et
« s'il en est certain; mais la plus légère taxe l'effraie
« avec raison, s'il la regarde comme éternelle. Il
« n'est pas assez injuste pour refuser un secours
« extraordinaire dans un pressant besoin; mais il
« s'afflige avec justice de ce que, le besoin étant
« passé, la charge extraordinaire devient un joug
« perpétuel. Il a donné à Louis XII, roi de France,
« le nom de *Père du peuple*, quoique ce prince ait
« eu presque toujours la guerre, et qu'il ait fait de
« grandes levées d'hommes et de deniers, parce que
« tous les tributs extraordinaires étaient abolis dès
« qu'il lui était permis de désarmer. Il en sera ainsi
« de tous les rois qui auront la même conduite. Ils
« trouveront dans leurs sujets un zèle pour leur
« service, et une préparation à tout entreprendre,
« à tout souffrir pour leurs intérêts, que rien ne
« sera capable de ralentir, s'ils observent religieuse-
« ment leurs promesses, et s'ils prouvent, par leur

« fidélité à supprimer les nouveaux tributs, qu'ils
« ne les exigent que dans la nécessité, qu'ils con-
« sentent avec peine à les établir, et qu'ils les abo-
« lissent avec joie. Ils rendront cette preuve complète
« en prenant part eux-mêmes à la condition du
« peuple, en se privant avec plus de sévérité des
« choses qui ne servent qu'au plaisir, en retran-
« chant toute dépense qui ne sera pas inévitable,
« en faisant suspendre tous les ouvrages com-
« mencés pour le bien public, mais qui peuvent
« être suspendus, en témoignant qu'ils sentent et
« qu'ils partagent la peine de leurs sujets, et qu'ils
« sont eux-mêmes dans une situation violente, jus-
« qu'à ce qu'il leur soit permis de les soulager. Ils
« persuaderont ainsi le peuple qu'ils sont plus ja-
« loux que lui-même de son repos, plus attentifs à
« son bien, plus occupés de son intérêt. Ils établi-
« ront en son affection la principale ressource de
« l'état. Ils mettront chez les étrangers leurs royau-
« mes en réputation, comme gouvernés par des
« princes aimés uniquement, et comme pleins de
« sujets préparés à tout entreprendre et à tout
« souffrir pour leur querelle, et ils empêcheront
« ainsi bien des guerres étrangères et bien des en-
« treprises secrètes, dont le mécontentement public
« est souvent l'occasion et le prétexte. »

Ce ne sont pas là de vaines prédications : ce sont
des vérités essentielles en politique comme en morale, fondées sur la nature des choses, prouvées par
l'expérience, attestées par l'histoire de tous les
temps. Quoique la violence et l'artifice puissent

donner aux souverains quelques avantages passagers, il est démontré par les faits, qu'en total et en dernier résultat, la puissance la plus solide est celle qui est appuyée sur l'affection des peuples, et que par conséquent, pour être puissant, il faut être juste. Le proverbe connu,

Si vous voulez la paix, soyez prêt à la guerre ;

est d'une vérité éternelle; et quel meilleur moyen d'être prêt à la guerre, que d'établir l'ordre et l'abondance qui en est la suite, pendant la paix? Quelle différence entre les ressources pénibles, incomplètes, incertaines, que l'on peut tirer d'un peuple épuisé dès long-temps par des exactions habituelles, et celles qu'on peut attendre, quand il le faut, des tributs faciles, volontaires, empressés, que vous offre la reconnaissance d'un peuple à qui l'on a laissé ses propriétés naturelles et légitimes jusqu'au moment du besoin? Croit-on que ce calcul échappe aux puissances ennemies, qu'elles ne sachent pas à peu près à quoi se bornent les secours extraordinaires que peut fournir malgré lui un peuple pauvre et mécontent; qu'elles ne comptent pas très souvent sur l'impossibilité de faire la guerre dans cet état de détresse, et qu'elles ne sachent pas y proportionner les sacrifices qu'elles exigent avec un orgueil insultant? De là les humiliations qu'il faut dévorer, la perte d'une considération nationale, si importante sous tous les rapports : de là une foule de disgraces dont le regard sévère et perçant de l'histoire apercevra la cause dans le désordre des finances et

dans le système funeste de porter les impositions jusqu'au dernier degré du possible. Mais aujourd'hui sur-tout que, la guerre étant si dispendieuse et si peu décisive, il ne s'agit presque plus que de savoir quel est celui qui pourra la payer le plus long-temps, on y regarderait à deux fois avant d'attaquer ou d'offenser un prince qu'on saurait avoir à sa disposition le cœur, le bras, la bourse de vingt-cinq millions de sujets heureux, dont on oserait troubler le bonheur. Toutes ces considérations sont renfermées implicitement dans le paragraphe que je viens de citer. L'auteur ne s'échauffe pas souvent, mais ordinairement il raisonne bien. Un des endroits (et il y en a peu) où il a quelque véhémence, encore en s'aidant de l'Écriture et des prophètes, c'est celui où il montre à quels revers s'expose un monarque qui a fait craindre aux autres son orgueil et son ambition. « Il excite la jalousie et la défiance des
« princes voisins, qui s'unissent pour réprimer son
« ambition, qui l'obligent à se défendre au lieu de
« les attaquer, et qui tâchent de le réduire à un tel
« état qu'il ne puisse les intimider. Il est contraint
« d'acheter la paix qu'il avait lui-même troublée,
« de restituer pour cela des places usurpées, et d'en
« raser d'autres qu'il avait fortifiées avec des dé-
« penses infinies. Il est forcé de passer les dernières
« années de sa vie dans la guerre, au lieu du repos
« qu'il s'y était promis ; elle devient plus générale et
« plus animée lorsqu'il en est las, et qu'on sait bien
« qu'il désire de la terminer même à des conditions
«honteuses. On commence à le mépriser lorsqu'il

« n'est plus en état de mépriser les autres : on lui
« demande plus qu'il n'a pris. On veut lui enlever
« son ancien héritage pour le faire repentir de ses
« usurpations; et il éprouve dans une triste vieil-
« lesse la vérité des imprécations que l'Écriture fait
« contre les princes qui s'imaginent être grands
« parce qu'ils sont orgueilleux et injustes. *Malheur*
« *à vous*, dit-elle à l'un d'entre eux, *qui ravissez*
« *ce qui n'est point à vous! Pensez-vous donc que*
« *vous ne serez pas vous-même la proie d'un autre,*
« *et qu'après avoir méprisé les autres, vous ne tom-*
« *berez pas vous-même dans le mépris? Il viendra*
« *un temps où vous cesserez d'usurper ce qui n'est*
« *point à vous, et où vous serez la proie des autres,*
« *où vous serez las de traiter les autres avec mépris,*
« *et où vous en serez méprisé.* L'idée fastueuse
« qu'un prince s'était efforcé de donner de lui-
« même disparaît alors. On lui insulte dès qu'on ne
« le craint plus, et il est contraint de souffrir qu'on
« dise hautement de lui ce qui est marqué dans un
« prophète : Quoi! est-ce donc là cet homme qui trou-
« blait toute la terre, qui ébranlait les royaumes, qui
« désolait l'univers, et qui ruinait des villes. »

Quand on ne saurait pas que le livre de Duguet a
été composé dans les dernières années de Louis XIV,
et dans les temps de la malheureuse guerre de la
succession d'Espagne et des conférences trop mé-
morables de Gertruydenberg, il serait impossible de
ne pas reconnaître dans ce tableau le prince que l'on
y désigne si clairement. Le tableau n'est que trop
fidèle dans tous les points; et il n'est pas étonnant

que les écrivains jansénistes, dont la persécution aigrissait la sévérité naturelle, aient été si odieux à ce monarque, qui les haïssait comme sectaires, et les craignait comme censeurs; que les plus célèbres aient été forcés, sous son règne, de vivre et d'écrire dans les pays étrangers, et que plusieurs de leurs ouvrages, particulièrement celui-ci, n'aient été imprimés en France qu'après la mort du roi. L'on ne peut nier que la leçon ne fût vraie; mais il eût mieux valu, je pense, la laisser à la justice de l'histoire. Il était peu généreux et peu décent d'insulter à l'infortune d'un roi septuagénaire, qui d'ailleurs la soutenait avec tant de courage et de grandeur d'âme. Au reste, à cette leçon que donne Duguet, on peut en ajouter une autre : c'est que ceux même qui voulaient punir un monarque long-temps victorieux d'avoir abusé de sa prospérité, abusaient à leur tour de la leur à un excès capable de tourner contre eux l'indignation qu'ils avaient d'abord excitée contre lui, et qu'à leur tour encore ils furent bientôt punis de leur aveugle et imprudente animosité. Il n'y avait pas plus de politique que de noblesse à rejeter avec une dureté outrageante les conditions les plus avantageuses qu'ait pu jamais offrir aucun traité. Quelle petitesse et quelle erreur de l'esprit de vengeance, de rebuter les demandes d'un ennemi abattu, plutôt que de profiter des avantages durables et solides qu'il vous assure! Quoi de plus heureux que de pouvoir se donner les honneurs de la modération en consultant ses propres intérêts! Au lieu de répéter avec

une hauteur méprisante aux négociateurs français :
« Hé bien ! vous dites donc que le grand roi pro-
« pose.... » Il eût mieux valu écouter avec attention,
et accepter avec sagesse les énormes sacrifices que
le grand roi proposait. L'éloquent Polignac, qui
soutint avec tant de dignité un ministère humiliant,
avait raison de leur dire : « On voit bien que vous
« n'êtes pas accoutumés à vaincre. » Et lorsque, trois
ans après, l'ascendant de Villars, la journée de De-
nain, et la prudente neutralité de l'Angleterre, eurent rétabli l'équilibre ; quand l'Empire et la France
traitèrent avec égalité, et qu'il ne fut plus question
ni des offres démesurées de Louis XIV, ni de l'influence que les Hollandais auraient eue dans un
traité dont ils avaient pu être les arbitres, ils durent
se souvenir de ce que leur avait prédit quelque
temps auparavant ce même Polignac : « Nous trai-
« terons de vous, chez vous et sans vous. »

La Harpe, *Cours de Littérature.*

DU MARSAIS (césar CHESNEAU) naquit à Marseille, le 17 juillet 1676. Il eut le malheur de perdre
de très bonne heure son père et deux oncles d'un
mérite distingué. Resté entre les mains de sa mère,
il vit dépérir son héritage, et vendre à vil prix une
très belle bibliothèque que ses oncles lui avaient
laissée. Du Marsais n'avait pas encore sept ans, et
déjà il sentait l'importance de cette perte, et cachait
les livres qu'il pouvait soustraire. Il semblait, dit
d'Alembert, que la fortune, après l'avoir privé de

son bien, cherchât encore à lui ôter tous les moyens de s'instruire. Il fit ses études avec succès chez les Pères de l'Oratoire de Marseille, et entra dans leur congrégation. Quoique les règles de l'Oratoire fussent moins sévères que celles des autres ordres, Du Marsais trouva sa liberté trop restreinte encore. Il sortit de l'ordre et vint à Paris où il se maria, et fut reçu avocat le 10 janvier 1704. Quelques succès qui n'eurent point de suites, et ses espérances trompées, lui firent quitter cette profession. Sans bien, sans ressource, il demeura chargé de famille, et accablé de chagrins domestiques. Aussi malheureux qu'on nous peint Socrate, il fut moins patient que lui, et crut pouvoir être philosophe, sans garder à ses côtés une femme qui exerçât sa philosophie. Il abandonna donc à sa Xantippe le peu qu'il possédait, et fuyant les orages de la maison conjugale, il entra, par le conseil de ses amis, chez le président de Maisons, qui le chargea de l'éducation de son fils. Cet élève, qui mourut jeune, est celui que Voltaire a chanté, et dont les talents donnaient les plus hautes espérances. Ce fut à la prière du président de Maisons que Du Marsais commença son ouvrage sur les libertés de l'église gallicane; il l'acheva pour le duc de La Feuillade, ambassadeur à Rome. Cet ouvrage ne parut pas du vivant de l'auteur; il craignait de s'attirer des persécutions. Ses amis le donnèrent au public après la mort de Du Marsais. Cependant le président de Maisons vint à mourir; sa mort priva Du Marsais, dont il avait fait son ami, des avantages qu'il était en droit d'attendre de ses soins et du sacrifice de ses plus belles années. Les dégoûts qu'il éprouva lui firent abandonner cette maison, pour entrer chez le fameux Law, qui le mit auprès de son fils, alors âgé de seize à dix-sept ans. Il semblait que placé à la source des richesses, Du Marsais pouvait désormais se considérer comme assuré de sa fortune; mais il tarda trop à profiter des actions qu'il possédait, et sa richesse factice s'anéantit entre ses mains. Il fut donc forcé de continuer l'état pénible qu'il faisait depuis long-temps, et il s'en acquitta avec le même succès. L'envie, qui s'attache à tout le monde, même à ceux dont la situation devrait le moins l'exciter, lui attribua un propos qui nuisit à ses intérêts. On prétendit que près d'entrer comme précepteur dans une maison illustre, il avait demandé dans quelle religion on voulait qu'il élevât ses élèves. Voici ce qui donna lieu à ce conte si peu vraisemblable. La question avait été adressée à Law, alors protestant, par un homme qui avait été quelque temps auprès de son fils; Du Marsais qui avait pu trouver le mot spirituel, l'avait répété, et c'en fut assez pour qu'on le lui attribuât. Quoi qu'il en soit, admis chez le marquis de Beaufremont, il ne donna à ses élèves que des principes recommandables, et si l'on put attaquer ses opinions, on ne trouva rien à reprocher à sa conduite. Ce fut dans cette maison que Du Marsais commença à donner la preuve de l'étendue de ses connaissances. Ses réflexions sur la métaphysique des langues, l'avaient conduit à se former une méthode d'enseignement, qu'il appliqua avec succès auprès de

MM. de Beaufremont. Il publia, et dédia à ses élèves, ce fruit de ses méditations, sous le titre d'*Exposition d'une méthode raisonnée pour apprendre la langue latine*; elle parut en 1722. Le succès qu'il en avait obtenu dans la pratique, lui confirmait l'excellence de sa méthode; mais il avait à vaincre les préjugés anciens, et il resta seul à s'en servir. Encouragé cependant par cet essai, qui avait été goûté par les bons esprits, Du Marlais voulut développer ses idées dans un ouvrage qui devait avoir pour titre : *les Véritables Principes de la Grammaire*, ou *Nouvelle Grammaire raisonnée, pour apprendre la langue latine*.

La préface seule de cet ouvrage parut en 1729, mais l'année suivante il en détacha un morceau précieux, qui est aujourd'hui le plus connu de ses écrits ; le *Traité des Tropes*. « Tout mérite d'être lu « dans cet ouvrage, dit d'Alembert, jusqu'à l'errata. » Cependant le peu de succès de cet ouvrage découragea l'auteur, et l'empêcha de donner la *Grammaire* qu'il avait promise. Il se contenta de publier, en 1731, l'abrégé de la fable du père Jouvency. Cet ouvrage est disposé suivant sa méthode : le texte pur d'abord, ensuite le texte sans inversion et sans mots sous-entendus, au-dessous de ce texte la version interlinéaire, et enfin la véritable traduction suivant le génie de la langue française. On a encore trouvé, dans les papiers de Du Marsais, une réponse manuscrite à la critique de l'*Histoire des oracles* de Fontenelle, par le père Baltus; différents fragments de traduction suivant sa méthode, et une *Logique*, ou *Réflexions sur les opérations de l'esprit.* Cet ouvrage fut joint aux articles que l'auteur avait fournis à l'*Encyclopédie*, et donné, in-12, en 1762.

L'éducation de MM. de Beaufremont finie, Du Marsais prit, au faubourg Saint-Victor, une pension dans laquelle il enseignait conformément à sa méthode; mais il fut obligé de renoncer à ce travail utile. Il voulut se charger encore de quelques éducations particulières, que son âge ne lui permit pas de continuer, et fut obligé pour vivre de donner des leçons qui ne l'empêchèrent pas d'être réduit à un état de gêne auquel il se résigna avec sa patience accoutumée.

Ce fut alors que les éditeurs de l'*Encyclopédie* l'associèrent à leur travail. Les articles de *Grammaire* qu'il fournit à ce vaste recueil, méritèrent l'approbation générale, et répandirent son nom parmi les gens du monde. L'estime qu'on lui témoigna l'enhardit à solliciter quelques faveurs du gouvernement. Il se comparait au paralytique, qui attendait vainement que l'eau de la Piscine fût agitée en sa faveur. La comparaison avant et depuis ses démarches fut toujours aussi juste; Du Marsais n'obtint rien, que les assurances d'une bonne volonté stérile. La fortune parut vouloir le dédommager enfin sur ses derniers jours: un fils qu'il avait au cap, vint à mourir, et laissa par testament, à son père, l'usufruit de la fortune qu'il avait acquise. La distance des lieux, et la mort qui le surprit, ne lui permirent de toucher qu'une petite partie de ce bien. Ce fut dans ces circonstances que le comte de Lauraguais, de l'Académie des sciences, qui avait eu occasion de connaître Du Marsais, admirateur de ses talents et touché du dénuement qui accablait sa vieillesse, lui assura une pension de mille livres, dont il continua une partie à une personne qui avait eu soin de lui.

Ce savant modeste, dont les talents et le caractère sont aujourd'hui si universellement connus et loués, mourut à Paris, le 11 juin 1756, à l'âge de quatre-vingts ans, après avoir reçu les sacrements, et à la suite d'une maladie de quelques jours.

Ses ouvrages ont été recueillis en 7 vol. in-8°, 1797 (an V).

DE BROTONNE.

JUGEMENT.

Le premier fruit des réflexions de Du Marsais sur l'étude des langues fut son *Exposition d'une méthode raisonnée pour apprendre la langue latine;* elle parut en 1722 : il la dédia à MM. de Beaufremont ses élèves, qui en avaient fait le plus heureux essai, et dont l'un, commencé dès l'alphabet par son illustre maître, avait fait en moins de trois ans les progrès les plus singuliers et les plus rapides.

La méthode de Du Marsais a deux parties, l'*usage* et *la raison*. Savoir une langue c'est en entendre les mots; et cette connaissance appartient proprement à la mémoire, c'est-à-dire, à celle des facultés de notre âme qui se développe la première chez les enfants, qui est même plus vive à cet âge que dans aucun autre, et qu'on peut appeler l'*esprit de l'enfance*. C'est donc cette faculté qu'il faut exercer seule. Ainsi on fera d'abord apprendre aux enfants, sans les fatiguer, et comme par manière d'amusement, suivant différents moyens que l'auteur indique, les mots latins les plus en usage. On donnera ensuite à expliquer un auteur latin rangé suivant la construction française, et sans inversion. On substituera de plus dans le texte, les mots sous-entendus par l'auteur, et on mettra sous chaque mot latin le terme français correspondant : vis-a-vis de ce texte, ainsi disposé pour en faciliter l'intelligence, on placera le texte de l'auteur tel qu'il est; et à côté du français littéral une traduction française conforme au génie de notre langue. Par ce moyen l'enfant repassant du texte latin altéré au texte véritable, et de la version interlinéaire à une traduction libre, s'accoutumera insensiblement à connaître par le seul usage les façons de parler propres à la langue latine et à la langue française. Cette manière d'enseigner le latin aux enfants est une imitation exacte de la façon dont on se rend familières les langues vivantes que l'usage seul enseigne beaucoup plus vite que toutes les méthodes. C'est d'ailleurs se conformer à la marche de la nature. Le langage s'est d'abord établi, et la grammaire n'est venue qu'à la suite.

A mesure que la mémoire des enfants se remplit, que leur raison se perfectionne, et que l'usage de traduire leur fait apercevoir les variétés dans les terminaisons des mots latins et dans la construction et l'objet de ces variétés, on leur fait apprendre peu à peu les déclinaisons, les conjugaisons et les premières règles de la syntaxe, et on leur en montre l'application dans les auteurs mêmes qu'ils ont traduits : ainsi on les prépare peu à peu, et comme par une espèce d'instinct à recevoir les principes de la grammaire raisonnée, qui n'est proprement qu'une vraie logique, mais une logique qu'on peut mettre à la portée des enfants. C'est alors qu'on leur enseigne le mécanisme de la construction, en leur faisant faire l'anatomie de toutes les phrases, et en leur donnant une idée juste de toutes les parties du discours.

Du Marsais n'a pas de peine à montrer les avantages de cette méthode sur la méthode ordinaire. Les inconvénients de celle-ci sont de parler aux enfants de cas, de modes, de concordance et de régime, sans préparation, et sans qu'ils puissent sentir l'usage de ce qu'on leur fait apprendre ; de leur donner ensuite des règles de syntaxe très composées, dont on les oblige de faire l'application en mettant du français en latin ; de vouloir forcer leur esprit à produire, dans un temps où il n'est destiné qu'à recevoir ; de les fatiguer en cherchant à les instruire ; et de leur inspirer le dégoût de l'étude, dans un âge où on ne doit songer qu'à la rendre agréable. En un mot, dans la méthode ordinaire on enseigne le latin à peu près comme un homme qui, pour apprendre à un enfant à parler, commencerait par lui montrer la mécanique des organes de la parole : Du Marsais imite au contraire celui qui enseignerait d'abord à parler, et qui expliquerait ensuite la mécanique des organes. Il termine son ouvrage par une application du plan qu'il propose au poème séculaire d'Horace : cet exemple doit suffire aux maîtres intelligents, pour les guider dans la route qui leur est ouverte.

Rien ne paraît plus philosophique que cette méthode, plus conforme au développement naturel de l'esprit, et plus propre à abréger les difficultés. Mais elle avait deux grands défauts : elle était nouvelle ; elle contenait de plus une critique de la manière d'enseigner qu'on pratique encore parmi nous, et que la prévention, la paresse, l'indifférence pour le bien public s'obstinent à conserver, comme elles consacrent tant d'autres abus sous le nom d'usage. Aussi l'ouvrage fut-il attaqué, et principalement dans celui de nos journaux dont les auteurs avaient un intérêt direct à le combattre. Ils firent à Du Marsais un grand nombre d'objections auxquelles il satisfit pleinement. Mais nous ne devons pas oublier de remarquer que lorsqu'il se chargea, près de trente ans après, de la partie de la grammaire dans le *Dictionnaire encyclopédique*, il fut célébré comme un grand maître, et presque comme un oracle, dans le même journal où ses premiers ouvrages sur cette matière avaient été si mal accueillis. Cependant bien loin d'avoir changé de principes, il s'était confirmé par l'expérience et les réflexions, dans le peu de cas qu'il faisait de la méthode ordinaire. Mais sa réputation le mettait alors au-dessus de la critique ; il touchait d'ailleurs à la fin de sa carrière, et il n'y avait plus d'inconvénient à le louer. La plupart des critiques de profession ont un avantage dont ils ne s'aperçoivent peut-être pas eux-mêmes, mais dont ils profitent comme s'ils en connaissaient toute l'étendue ; *c'est l'oubli auquel leurs décisions sont sujettes, et la liberté que cet oubli leur laisse d'approuver aujourd'hui ce qu'ils blâmaient hier, et de le blâmer de nouveau pour l'approuver encore.*

Du Marsais, encouragé par le succès de ce premier essai, entreprit de le développer dans un ouvrage qui devait avoir pour titre : *les Véritables Principes de la grammaire ou Nouvelle Grammaire raisonnée pour apprendre la langue latine.* Il donna en 1729 la préface de cet ouvrage qui contient un détail plus étendu de sa méthode, plusieurs raisons nouvelles en sa faveur, et le plan qu'il se proposait de suivre dans la grammaire générale. Il la divise en six articles ; savoir, *la connaissance de la proposition et de la période en tant qu'elles sont composées de mots, l'orthographe, la prosodie, l'étymologie, les préliminaires de la syntaxe, et la syntaxe même.* C'est tout ce qu'il publia pour lors de son ouvrage, mais il en détacha l'année suivante un morceau précieux qu'il donna séparément au public, et qui devait faire le dernier objet de sa grammaire générale. Nous voulons parler de son *Traité des Tropes*, ou des différents sens dans lesquels un même mot peut être pris dans une même langue. L'auteur expose d'abord dans cet ouvrage à peu près comme il l'a fait depuis dans l'*Encyclopédie*, au mot *figure*, ce qui constitue en général le style figuré, et montre combien ce style est ordinaire, non-seulement dans les écrits, mais dans la conversation même ; il fait sentir ce qui distingue les *figures de pensée*, communes à toutes les langues, d'avec les *figures de mots*, qui sont particulières à chacune, et qu'on appelle proprement *tropes*. Il détaille l'usage des tropes dans le discours, et les abus qu'on en peut faire; il fait sentir les avantages qu'il y aurait à distinguer, dans les dictionnaires latins-français, le sens propre de chaque mot d'avec le sens figuré qu'il peut recevoir; il explique la subordination des tropes ou les différentes classes auxquelles on peut les réduire, et les différents noms qu'on leur a donnés. Enfin, pour rendre son ouvrage complet, il traite encore des autres sens dont un même mot est susceptible, outre le sens figuré; comme le sens adjectif ou substantif, déterminé ou indéterminé, actif, passif ou neutre, absolu ou relatif, collectif ou distributif, composé ou divisé, et ainsi des autres. Les observations et les règles sont appuyées partout d'exemples frappants, et d'une logique dont la clarté et la précision ne laissent rien à désirer.

Tout mérite d'être lu dans le *Traité des Tropes*, jusqu'à l'*errata*; il contient des réflexions sur notre orthographe, sur ses bizarreries, ses inconséquences et ses variations. On voit dans ces réflexions un écrivain judicieux, également éloigné de respecter superstitieusement l'usage, et de le heurter en tout par une réforme impraticable.

Cet ouvrage, qu'on peut regarder comme un chef-d'œuvre en son genre, fut plus estimé qu'il n'eut un prompt débit; il lui a fallu près de trente ans pour arriver à une nouvelle édition, qui n'a paru qu'après la mort de l'auteur. La matière, quoique traitée d'une manière supérieure, intéressait trop peu ce grand nombre de lecteurs oisifs qui ne veulent qu'être amusés : le titre même du livre, peu entendu de la multitude, contribua à l'indifférence du public, et Du Marsais nous a rapporté sur cela lui-même une anecdote singulière. Quelqu'un voulant un jour lui faire compliment sur cet ouvrage, lui dit qu'il venait d'entendre dire beaucoup de bien de son *Histoire des Tropes:* il prenait *les tropes* pour *un nom de peuple.*

D'ALEMBERT, *Éloge de Du Marsais.*

DUO. Il en est du duo, du trio, en musique, comme du monologue dans la simple déclamation. Il arrive dans la nature qu'on parle quelquefois seul et à haute voix, soit dans la réflexion tranquille, soit dans la passion; et de là, par extension, la vraisemblance du monologue. Il arrive aussi quelquefois que deux, trois, quatre personnes, dans la vivacité, parlent toutes ensemble; que les répliques du dialogue, en se pressant, se croisent, se confondent, ou que le mouvement de l'âme des interlocuteurs étant le même, ils disent tous la même chose : c'en est assez pour bien établir la vraisemblance du duo, du trio, du quatuor, etc. Car toutes les fois que l'illusion est agréable, on s'y prête avec complaisance; et tout ce qui est possible, on le suppose vrai.

Heureusement pourtant il se trouve que, plus le duo se rapproche de la nature, plus il est susceptible d'expression, d'agrément et de variété; et qu'à mesure qu'il s'en éloigne, il perd de ses avantages. Dans le *duo* de l'opéra français, tel qu'on l'a fait jusqu'à présent, les deux personnes disent d'un bout à l'autre presque la même chose et parlent sans cesse à la fois : c'est là ce qu'il y a de plus éloigné de la vérité, et en même temps de moins agréable. Ce n'est qu'un bruit confus et monotone qui se perd dans le chaos des accompagnements, et dont tout l'agrément se réduit à quelques accords qui ne vont point à l'âme, parce qu'ils manquent d'expression.

Le duo italien au contraire est un dialogue concis, rapide, symétriquement composé, et susceptible, comme l'air, d'un dessin régulier et simple. Dans ce dialogue, d'abord les voix se font entendre séparément, et chacun dit ce qu'il doit dire : les âmes se répondent, les divers sentiments se contrarient et se combattent; jusque-là tout se passe comme dans la nature. Mais vient un moment où le dialogue est si pressé, qu'il n'y a plus d'alternative, et que des deux côtés les mouvements de l'âme s'échappent à la fois : alors les deux voix se rencontrent, et leur accord n'est pas moins un plaisir pour l'âme que pour l'oreille, parce qu'il exprime ou la réunion de deux sentiments unanimes, ou le combat vif et rapide de deux sentiments opposés. Ici l'art prend quelque licence.

Le talent de faciliter, pour le musicien, la marche du duo, sur des mouvements analogues et sur un motif continu, ce talent, dis-je, a ses difficultés : il suppose dans le poète une oreille sensible au nombre, et beaucoup d'habitude à manier la langue et à la plier à son gré. Métastase est encore pour nous le modèle le plus parfait dans l'art d'écrire le duo : il s'y est attaché sur-tout à donner aux répliques correspondantes une égalité symétrique; et ce qui est encore plus essentiel, il a choisi pour le duo le moment le plus intéressant et le plus vif du dialogue, et il y a ménagé les gradations de manière que la chaleur va toujours en croissant. Cette forme de chant, la plus naturelle de toutes, est aussi la plus animée, et celle d'où l'on peut tirer les effets les plus surprenants.

Depuis que cet article a été imprimé pour la première fois, la forme italienne du duo, du trio, du quatuor, etc., a été reçue avec les plus grands applaudissements sur nos deux théâtres lyriques. J'ai fait faire, à moi seul, soit au théâtre de l'Opéra-Comique, soit à celui de l'Opéra, trente morceaux de ce genre, qui tous, du côté de la musique, ont eu le plus brillant succès; et les compositeurs m'ont assuré qu'ils n'avaient pas plus de peine à dessiner un duo, un trio, un quatuor sur nos vers français faits avec soin, que s'ils le composaient sur des paroles italiennes. C'était là pourtant, dans l'opinion de ceux qui refusaient une musique à notre langue, la plus grande difficulté. La voilà vaincue, sans qu'il en ait coûté un seul effort gênant pour le musicien, ni aucune altération de l'accent et de la prosodie de la langue française : car, pour ne répondre que de ce qui m'est connu, j'ose affirmer que dans aucun de ces duo, de ces trio, de ces quatuor, que MM. Grétry et Piccini ont bien voulu composer avec moi, il ne se trouve un mot dont l'accent naturel ait été forcé, ni la prosodie altérée.

Cette forme de dialogue, aujourd'hui reçue dans le duo, était si naturellement celle qu'il demandait, que dès l'invention du poème lyrique elle fut sentie et mise en œuvre. On peut le voir dans les paroles de ce duo de l'*Hercole amante*, le premier des opéra italiens que le cardinal Mazarin fit jouer sur le théâtre de Paris.

DEJANIRA.	Figlio, tu prigioniero!
HILLUS.	Madre, tu discacciata!
DEJ.	E vive in sen di padre, un cor si fiero!
HIL.	E vive in cor di marito, alma si ingrata!
DEJ.	Figlio, tu prigioniero!
HIL.	Madre, tu discacciata!
DEJ.	Non fosse a te crudele, E gli perdonerei l'infideltà
HIL.	Non fosse a te infidele, E lieve trovarei sua crudeltà.
DEJ.	S'a te pieta non spero,
HIL.	Ogni sorte a me fia sempre spietata.
DEJ.	Figlio! Figlio!
HIL.	Madre! Madre!
DEJ.	Ogn'or desti A me dell'amor tuo segni piu espressi.
HIL.	Ah! voglia il Ciel che questi Non sian gli ultimi amplessi!

Métastase lui-même n'a pas un duo mieux dessiné; et ce qui prouve que dès lors on sentait quel était le genre de poésie le plus favorable à la musique, c'est que dans ce dialogue il n'y a pas un mot qui ne soit l'expression du sentiment. C'est là ce que les poètes doivent étudier avec le plus de soin, et ce que Rousseau, par exemple, a méconnu dans ses cantates, où le plus souvent les paroles de l'air sont une pensée froide, tandis que l'expression passionnée ou sensible est dans le récit.

Dans l'air comme dans le duo, le chant demande ce qu'il y a de plus animé, de plus sensible dans la scène. La raison en est évidente. Le chant est ce qu'il y a de plus varié, de plus accentué dans la musique; l'expression du sentiment ou des affections de l'âme est ce qui, dans toutes les langues, donne le plus de variété et d'accent à l'expression.

Marmontel, *Éléments de Littérature.*

DUPATY (Charles-Marguerite-Jean-Baptiste Mercier), magistrat et homme de lettres, naquit à la Rochelle en 1744. Il fut, en 1767, nommé avocat général au parlement de Bordeaux. Divers écrits qu'il publia au sujet de l'affaire de La Chalotais qu'il défendit avec une chaleur trop courageuse, le firent enfermer au château de Pierre-en-Cise, d'où il ne sortit que pour être exilé. Il rentra en France en 1774, et fut réintégré dans ses fonctions. Sa mémoire est chère aux amis de l'humanité. Le mémoire qu'il prononça à Rouen en faveur de trois hommes condamnés injustement à la roue, et qu'il arracha au supplice, est rempli de mouvements de la plus grande éloquence. Ce mémoire, qu'on ne peut lire encore aujourd'hui sans émotion, lorsqu'il fut prononcé, fit pleurer vingt mille personnes, et les juges eux-mêmes qui ont prononcé l'arrêt de la décharge des accusés. Les autres ouvrages du président Dupaty sont des *Discours académiques* et des *Lettres sur l'Italie*, publiées en 1788. Elles obtinrent, à leur apparition, un brillant succès, qui leur valut, en peu de temps, un grand nombre d'éditions. Ses *Réflexions historiques sur les lois criminelles* rendirent un grand service à l'humanité, en provoquant la réforme de plusieurs abus du Code criminel. Le président Dupaty est mort à Paris le 17 septembre 1788. Il a laissé trois fils: le second, Emmanuel DUPATY, est un de nos poètes dramatiques les plus spirituels. Il a donné beaucoup d'ouvrages au théâtre Feydeau et à celui du Vaudeville, notamment *Picaros et Diégo*, *Félicie*, *les Voitures versées*, *les deux Pères*, etc. Il est aussi auteur du poème des *Délateurs*, satire de circonstance, qui ne manque pas d'esprit, mais où on désirerait un peu plus de poésie.

PH. T.

JUGEMENT.

Le *Voyage en Italie* du président Dupaty est un monument curieux de ce malheureux goût qui infecte l'esprit et même le talent dans un si grand nombre d'écrivains de toute espèce. Ce livre est intitulé : *Lettres sur l'Italie*. Ces prétendues *Lettres* n'ont rien qui tienne le moins du monde de ce genre épistolaire qui promet de la facilité, de la grace et de l'enjouement, et doit ressembler à la conversation et non pas à la composition. Rien n'empêche d'y mettre tout l'esprit, toute l'imagination que l'on voudra ou que l'on pourra; mais rien n'est si déplacé, si fatigant que de faire d'une lettre un poème, un cantique, une ode, un dithyrambe. Jamais cette manie si commune et si facile de faire de la prose poétique n'a été poussée si loin et n'a été si mal à propos employée que dans l'ouvrage de M. Dupaty; et ce qu'il y a de pis, c'est que cette prose poétique est souvent du plus mauvais goût. La recherche d'expressions la plus bizarre, les tournures les plus entortillées, la bouffissure, l'obscurité, le galimatias néologique font d'autant plus de peine, qu'au milieu de tout ce fatras on aperçoit des traits d'esprit, de sentiment, d'imagination, qui montrent l'homme de mérite à côté du mauvais écrivain. Ce qu'il y a de mieux, ce sont quelques descriptions de tableaux et de monuments où il y a de la vivacité et de l'énergie, et quelques morceaux sur la législation. C'est ici sur-tout que l'auteur paraît être sur son terrain; ce sont les matières dont il s'est le plus occupé, et sur lesquelles il pense le mieux, mais toujours avec un mélange de bon sens et de faux esprit; toujours des phrases qu'on n'entend pas, et des assertions pour le moins très hasardées.

La Harpe, *Correspondance.*

DU RYER (Pierre), naquit à Paris en 1605, il était fils d'Isaac Du Ryer, à qui le *Dictionnaire dramatique* attribue quelques poésies pastorales. En 1626 il obtint une charge de secrétaire du roi, qu'il quitta quelque temps après pour accepter la place de secrétaire de César, duc de Vendôme. Les ouvrages qu'il avait donnés au public lui valurent la gloire d'entrer en concurrence avec Pierre Corneille pour une place à l'Académie; mais comme Du Ryer avait sa résidence à Paris, et que Corneille habitait Rouen, cette circonstance décida en faveur du premier : il fut reçu académicien en 1646.

Dans les derniers temps de sa vie, Du Ryer obtint avec une pension, le titre d'historiographe de France. De telles faveurs, le produit de ses ouvrages auraient dû le faire jouir d'une aisance satisfaisante : malheureusement, dans sa jeunesse, il avait contracté un mariage peu avantageux qui avait dérangé sa fortune. Son revenu suffisant à peine aux besoins de sa famille, il redoubla de courage, travailla à la hâte, et se mit, pour ainsi dire, aux gages des libraires. Baillet, dans ses *Jugements des Livres*, reproche à Du Ryer d'avoir flétri sa réputation en faisant des traductions à un écu la feuille, des vers alexandrins à quatre francs le cent, et de petits vers à quarante sous. Mais comme Du Ryer n'a composé que des tragédies, on a peine à croire qu'il se soit mis poète à l'entreprise; c'est déjà bien assez d'avoir été traducteur. La date précise de sa mort n'est pas connue : les uns la mettent en 1656, et d'autres en 1658.

On a de Du Ryer dix-huit pièces de théâtre imprimées, dont sept tragédies : *Lucrèce*, 1638; *Clarigène*, 1639; *Alcyonée*, 1640; *Saül*, 1642; *Esther*, 1644; *Scévole*, 1647; c'est la meilleure de l'auteur :

Marmontel l'a fait réimprimer dans les *Chefs-d'œuvre dramatiques*; et *Thémistocle*, 1648; neuf tragi-comédies, *Argénis* et *Poliarque*, *Alcimédon*, *Cléomédon*, etc. Il a fait aussi un grand nombre de traductions, notamment : le *Traité de la providence de Dieu*, par Salvien; les *Décades de Tite-Live*; les *Histoires de Polybe*, avec les fragments; les *Métamorphoses d'Ovide*; et la presque totalité des *OEuvres de Cicéron*. « La moins mauvaise des traductions de
« Du Ryer, dit Baillet, est celle des œuvres de Cicé-
« ron, quoiqu'il ait passé plusieurs endroits qu'il
« n'a point entendus, sur-tout dans les Oraisons,
« et que, pour se tirer d'affaire, et pour empêcher
« le vide, il y ait mis à la place de petits galimatias
« propres à éblouir et à embarrasser les jeunes
« gens; les autres versions qu'il a faites des anciens
« auteurs, ne sont que de vieilles traductions qu'il
« a raccommodées à sa fantaisie, et sur-tout celles
« d'Hérodote, de Polybe, d'Ovide, de Tite-Live, de
« Sénèque, sans s'être voulu donner la peine de voir
« les originaux. »

Ph. T.

JUGEMENT.

Du Ryer peut être comparé à Rotrou pour le nombre des productions dramatiques, mais non pour le talent. *Alcyonée* et *Scévole* réussirent dans leur temps; *Scévole* sur-tout eut un très grand succès, et conserva même de la réputation jusque dans ce siècle. C'est en effet le plus passable des ouvrages de l'auteur. *Alcyonée*, que Saint-Évremond cite ridiculement à côté d'*Andromaque*, n'est qu'un roman si froidement insensé, que l'analyse en serait aussi difficile que la lecture. On n'en peut guère citer que ces deux vers que le héros dit à sa maîtresse :

Vous m'avez commandé de vivre, et j'ai vécu;
Vous m'avez commandé de vaincre, et j'ai vaincu.

Il y en a deux autres qui ne furent pas moins fameux dans le dernier siècle, par l'application qu'en fit le duc de La Rochefoucauld en les parodiant :

Pour obtenir un bien si grand, si précieux,
J'ai fait la guerre aux rois, je l eusse faite aux dieux.

Scévole est dans le genre purement héroïque que Corneille avait mis à la mode, mais que lui seul pouvait soutenir par des ressources de génie, dont Du Ryer était bien loin. Les caractères, les situations et le style ont de la noblesse; mais le tout est également froid. Scévole, Junie son amante et fille de Brutus, Arons son rival, le roi Porsenne, ont tous beaucoup d'héroïsme, et souvent même trop; et comme il est toujours question de devoir, et jamais de passion, le spectateur reste aussi tranquille que les personnages. L'intrigue était pourtant combinée de manière à produire plus d'effet, si le poète avait su la rendre tragique. Arons doit la vie à Scévole, qui est en même temps son rival, et qui a voulu assassiner le roi son père. Avec un fond semblable, animez les personnages et graduez les situations, il doit en résulter de l'intérêt. Alvarès, dans

Alzire, est dans une position à peu près pareille :

L'assassin de mon fils est mon libérateur,

dit-il au cinquième acte, lorsqu'il voit Zamore prêt à périr après avoir poignardé Gusman. Mais le poète a eu soin de nous occuper, dès le premier acte, de cette reconnaissance qu'Alvarès doit à Zamore, de nous les montrer dans les bras l'un de l'autre et dans l'effusion des sentiments les plus tendres; et durant tout le cours de la pièce le zèle d'Alvarès croît avec le danger de Zamore. C'est ainsi qu'on mène le cœur humain dans une tragédie : Du Ryer ne s'en doute pas; et rien ne fait mieux voir que les situations appartiennent réellement à celui qui en a vu l'étendue et les résultats. Dans *Scévole* on ne dit qu'un mot, au premier acte, de cette obligation qu'a eue le fils de Porsenne au guerrier romain, et même on ne peut ni deviner ni comprendre comment Scévole a pu sauver la vie à un prince étrusque. Ce n'est qu'au quatrième acte qu'Arons le raconte à son père avec la même froideur qui règne dans toute la pièce. Il apprend de même, au quatrième acte, que Scévole est aimé de Junie, et la rivalité et la reconnaissance, et la nature et l'amour, ne produisent que des raisonnements à perte de vue, des exclamations, des apostrophes, des sentences. Le vieux Porsenne aussi est amoureux de cette Junie; mais on peut juger de cet amour par l'arrangement qu'il lui propose quand il la voit étonnée de la déclaration qu'il lui fait.

..... Je sais bien que mon âge t'offense ;

Mais regarde ce prince orné de ma puissance :
C'est mon fils, c'est enfin l'esclave couronné,
Que tes yeux gagneront, s'ils ne l'ont pas gagné.

Un pareil amour n'est embarrassant pour personne. Mais Junie ne veut pas plus du fils que du père : elle veut Scévole ; et Arons la cède à ce Romain aussi aisément que son père la lui cédait. Il a été un temps où tout cela paraissait de la grandeur : à coup sûr ce n'est pas de la tragédie.

D'ailleurs, la conduite de la pièce manque de vraisemblance. La fille de Brutus est amenée dans le camp de Porsenne par des moyens forcés et improbables. On conçoit encore moins que le roi d'Étrurie offre son fils à la fille d'un Romain, qui certainement, à l'époque où se passe l'action, ne doit lui paraître qu'un chef de révoltés. Il n'est pas plus raisonnable que Scévole, qui vient déguisé dans le camp des Étrusques, où il court le plus grand danger, consente à perdre des instants précieux, et diffère son entreprise contre Porsenne, jusqu'à ce que Junie ait parlé à ce prince en faveur des Romains et n'ait rien obtenu. Une pareille complaisance pour Junie dans des circonstances si critiques, peut bien être conforme aux lois de la chevalerie, qui ne permettaient pas de tuer personne sans *le congé de sa dame* ; mais elle n'est ni romaine ni sensée.

Quant à la diction, elle a quelquefois une sorte de force et un ton de fierté ; mais en général elle est à la fois lâche et dure, sèche et ampoulée, prosaïque et déclamatoire. L'expression est presque toujours impropre, et la pensée souvent fausse.

J'ai entendu citer ces deux vers que dit Junie, en parlant des Romains assiégés par la famine et par l'ennemi :

Ce peuple, pour sa gloire, *ennemi de la vôtre*,
Se nourrira d'un bras, et combattra de l'autre.

Quel en est le sens? Veut-elle dire que les Romains mangeront et combattront en même temps, ou bien qu'ils mangeront un de leurs bras et combattront avec l'autre? Les vers ont également ces deux sens, et sont très mauvais dans tous les deux.

Le récit de la défense d'un pont du Tibre par Horatius Coclès a passé pour un des meilleurs morceaux : c'était du moins un de ceux qui attiraient le plus d'applaudissements lorsqu'on jouait encore la pièce. Il y a quelques endroits assez imposants, quoique toujours gâtés par le prosaïsme; mais il est trop long de la moitié, et la fin est un galimatias métaphorique digne du P. Lemoine :

On eût dit, à le voir balancé dessus l'eau,
Que même son bouclier lui servait de vaisseau ;
Et qu'en *poussant* nos traits, tout notre effort *n'excite*
Qu'un favorable vent qui le pousse plus vite;
On eût dit qu'en tombant, le dieu *même* des flots,
Comme un autre dauphin, le reçût sur son dos,
Et que l'eau secondant une si belle audace,
Fit un char de cristal où triomphait Horace.

Le seul trait qui m'ait paru vraiment beau, est ce mot de Junie, lorsque sa confidente lui dit qu'elle a vu dans le camp Scévole déguisé, et qui sans doute n'avait pris ce parti que pour se sauver :

Pour se sauver, dis-tu ! tu n'as point vu Scévole.

Mais il fallait en rester là, et l'auteur s'en garde bien. Il délaie cette pensée en douze vers plus emphatiques les uns que les autres.

Il se voudrait cacher, lui que l'honneur éclaire,
A l'ombre du bouclier de son propre adversaire !
Tu n'as vu qu'un *démon* de sa forme vêtu,
Qui tâche après sa mort d'étouffer sa vertu,
O vertu de Scévole, aux Romains si connue,
Viens, *comme un beau soleil*, dissiper cette nue !

Avec ce *démon* et ce *beau soleil*, et le *dauphin* et le *char de cristal*, on détruirait l'effet des plus belles choses. Ce style était pourtant celui de tous les auteurs tragiques, dans le temps même où l'on avait *Cinna* et *les Horaces*.

La Harpe, *Cours de Littérature*.

DUSSAULT (Jean-Joseph) naquit le 1er juillet 1769 à l'École royale militaire de Paris, où son père était attaché en qualité de médecin. Peut-être dût-il à cette origine le goût qu'il conserva toujours pour la médecine, et le talent remarquable de très bien parler des premiers principes et des théories générales de cette science, sans avoir parcouru aucune de ses branches, sans s'être initié à aucune de ses connaissances. Placé à l'école célèbre de Sainte-Barbe, il y fit de brillantes études, et l'éclat de ses succès littéraires n'avait point encore effacé l'éclat plus modeste de ses succès de collège; il les rappelait plutôt: car ceux-ci étaient le fondement, et, pour ainsi dire, la garantie des autres. M. Dussault perfectionnait ses excellentes études par la meilleure et la plus sûre de toutes les méthodes; il enseignait ce qu'il avait si bien appris, et ce que, si jeune, il possédait déjà si bien, lorsque la révolution, portant le trouble dans toutes les maisons d'éducation, comme dans l'état, et bouleversant tout l'enseignement, l'arracha à ses paisibles et utiles occupations.

Sans fortune, M. Dussault dut en chercher une dans son esprit cultivé et dans un talent non encore éprouvé, mais dont les premiers essais le firent heureusement distinguer. Toutefois il ne put se faire remarquer qu'après le 9 thermidor (juillet 1794). Jusque-là les Furies, et non les Muses, présidaient aux pages sanglantes qu'il était permis de publier; ces divinités infernales n'avaient même que trop souvent inspiré le journal auquel il coopéra alors; mais son premier mérite, et il était grand, fut d'en changer le ton; il s'y éleva souvent, avec beaucoup de vigueur et d'énergie, contre les excès et les crimes de la révolution; par ses véhéments articles et son éloquente indignation, il contribua, peut-être autant que l'abbé Morellet, à faire restituer les biens des condamnés, quoiqu'il n'en ait pas partagé la gloire avec lui. On oublia trop, dans la suite, les services qu'il rendit à cette époque, pour ne se souvenir que des principes odieux du journal avant qu'il y travaillât, et de quelques concessions que lui-même avait été obligé de faire à l'esprit du temps, et sans lesquelles il était alors impossible d'écrire et de faire le bien.

Quelques écrits que publia alors M. Dussault, des fragments historiques sur la convention, une lettre au citoyen Rœderer, une lettre au citoyen Louvet, le firent remarquer par l'homme dont le goût était le plus difficile, et qui était le moins disposé à trouver du mérite aux autres, par La Harpe, à qui il adressa aussi une lettre assez étendue sur les affaires et les opinions du temps. M. Dussault a pu recueillir et publier en 1824, je ne dirai pas sans rougir, mais avec honneur, ce qu'il écrivait et publiait il y a près de trente ans : ce n'est pas un médiocre éloge, et on a trop rarement à le donner pour ne pas en sentir le prix. Il travailla aussi vers le même temps à la rédaction du *Véridique*, dont les auteurs furent condamnés à la déportation au 18 fructidor : c'est dire assez dans quel esprit il était rédigé.

Bientôt le *Journal des Débats* fut fondé : c'est là qu'est désormais la vie de M. Dussault. Pour la faire connaître, nous devons donc remonter à l'époque de cette fondation, à l'esprit du temps, aux opinions qui prévalaient alors, enfin aux changements qu'elles subirent, et auxquels il est incontestable que les rédacteurs du journal, et particulièrement M. Dussault, ne furent pas étrangers.

Depuis un assez grand nombre d'années, toutes les fausses doctrines en philosophie, en morale, en politique, en littérature avaient été proclamées, et régnaient audacieusement sur les esprits ignorants ou subjugués. Le vrai seul dans tous les genres n'avait plus d'interprètes et de défenseurs. Oublié pour ainsi dire de tous, il était devenu une nouveauté pour tous. C'était un grand avantage pour la saine critique, et elle en profita : rien n'était usé ni rebattu pour des esprits qui, pendant les tourmentes de la révolution, n'avaient rien appris, et avaient tout oublié. On put donc leur parler de tout. Chose étrange ! la critique était d'autant plus piquante qu'elle était plus raisonnable, plus juste, plus vraie. Ainsi, tandis qu'à d'autres époques elle était, pour ainsi dire, réduite à la censure ou à l'éloge des écrivains contemporains, celle qui prit son origine en 1800, et s'étendit, dans les années suivantes, jugea tous les écrivains et toutes les littératures, mêla à ces discussions importantes des questions plus graves encore, et devint ainsi, plus qu'à toute autre époque, un cours de principes littéraires, souvent de principes moraux, politiques, religieux, appliqués à une foule d'écrits anciens, modernes, contemporains, français et étrangers.

Elle ne devint sans doute tout cela que sous une plume habile ; mais telle fut celle de M. Dussault. Fatigués de toutes les mauvaises doctrines, les esprits accueillirent avec beaucoup d'intérêt celles qui les ramenaient aux lois immuables de l'ordre et du goût. Subjuguée par le despotisme, leur ardeur se porta vers les lettres, qui devinrent peut-être plus que jamais une occupation générale et un attrait universel. On crut voir d'ailleurs, dans les doctrines philosophiques, morales et littéraires des principaux rédacteurs du journal, dans leur respect et leur attachement pour les beaux siècles de notre littérature étroitement liés avec les beaux siècles de notre monarchie, une sorte d'opposition à la révolution et à la tyrannie, et on leur en sut gré.

Tels furent les avantages de la critique au moment où M. Dussault entra dans la carrière. Telles furent les conditions imposées à ceux qui l'exerçaient. On peut même dire que c'est lui qui, dans l'origine, accoutuma les lecteurs à voir, et ensuite à exiger dans un article de journal autre chose qu'une analyse plus ou moins bien faite, d'un ouvrage qui le plus souvent n'en valait pas trop la peine. L'ouvrage n'était souvent qu'un prétexte, et M. Dussault prenait habilement occasion, ou du titre seulement, ou d'un chapitre, ou d'une faute, d'une erreur, quelquefois d'une sottise, pour faire une dissertation excellente, nourrie d'excellentes idées littéraires ou philosophiques, et toujours écrite d'un style pur, noble, correct, souvent même plein d'éclat et d'élégance.

Mais c'est sur-tout lorsque de nouvelles éditions reproduisaient les beaux ouvrages des siècles d'Auguste, de Louis XIV et de Louis XV ; lorsque les traductions rappelaient les chefs-d'œuvre de l'antiquité; lorsque de loin en loin de bons et beaux ouvrages honoraient notre littérature actuelle, que M. Dussault, le plus souvent chargé d'en rendre compte, répandait dans ses articles tous les trésors de son goût, de sa littérature et de son élocution ; c'est alors qu'il établissait les bonnes doctrines, et confondait les erreurs littéraires, toujours ferme dans sa marche, ingénieux dans ses moyens, facile, abondant et harmonieux dans son langage. L'impuissance d'égaler les grands modèles, faisait-elle méconnaître leur supériorité, et tracer de nouvelles règles et de nouvelles poétiques? Les mêmes motifs, renforcés encore par une rivalité nationale, portaient-ils à vouloir introduire des systèmes bizarres et des paradoxes monstrueux? M. Dussault vengeait l'antiquité, vengeait la France, sa plus digne émule, et combattait avec autant de vigueur que d'adresse tous les sophismes des novateurs littéraires.

M. Dussault avait cessé depuis quelques années de travailler au *Journal des Débats*. Dans cet intervalle, il devait publier les *Oraisons funèbres* de nos grands et immortels orateurs sacrés. Ce recueil devait avoir quatre volumes; trois seulement ont été publiés. Ils contiennent, indépendamment des chefs-d'œuvre qu'ils sont destinés à reproduire, plusieurs morceaux précieux dont l'habile éditeur les a ornés; des vues pleines de justesse et de talent sur l'éloquence sacrée, des notices intéressantes de nos grands orateurs de la chaire, et des jugements pleins de goût, et écrits avec une rare élégance, sur leurs immortelles compositions.

M. Dussault avait aussi donné ses soins à l'édition de *Quintilien*, dans la belle Collection classique de son camarade et ami, M. Lemaire, et il l'a enrichie d'une préface latine très belle, très bien pensée, et écrite avec beaucoup de correction, de nombre et d'harmonie. Il n'était point resté étranger à la belle entreprise de la *Biographie universelle*, et il se proposait d'y faire l'article Rousseau (Jean-Jacques). C'eût été sans doute un excellent article, et un des meilleurs de cette collection qui en contient un si grand nombre de remarquables. M. Dussault avait fait une étude particulière de cet éloquent sophiste : dans sa jeunesse, il imitait même trop visiblement les formes du style de l'auteur d'*Émile*, jusqu'à ce qu'un goût plus formé lui eût prouvé qu'il ne fallait imiter personne et être soi, axiome littéraire moins fâcheux pour lui que pour tout autre.

M. Dussault a publié, il y a quelques années, sous le titre d'*Annales littéraires*, un choix de ses articles en quatre volumes; livre qui restera; répertoire très varié de saine littérature; recueil d'arrêts et de jugements littéraires très bien motivés, et supérieurement rédigés. Il y en a ajouté un cinquième cette année, étant déjà bien malade; et lorsque je parlai dernièrement de ce cinquième volume, je savais que je jetais d'avance quelques fleurs sur le tombeau de son auteur. Depuis quatre mois sa maladie était reconnue mortelle. Cependant les facultés de l'esprit ne dépérissaient point en lui, et cette vie de l'intelligence, toujours pleine d'activité et d'énergie, trompait quelquefois ses amis étonnés et leur donnait quelques lueurs d'espérance bientôt éteintes. Lui-même a assez long-temps d'avance connu son état, et alors cette force d'intelligence s'est portée sur les vérités de la religion qu'il a plusieurs fois, même dans ses derniers jours, développées avec éloquence, et sur ses consolations dont il a parlé avec beaucoup de charmes et d'onction. C'est dans un de ces derniers discours tenus, pour ainsi dire, aux portes de la mort, que l'un de ses auditeurs charmés, lui adressant quelques compliments sur son courage et sa persévérance à défendre les bonnes et salutaires doctrines en tout genre, il lui répondit avec un accent pénétré : « Ah! ne flattez pas la vanité d'un mourant, « je n'ai que trop d'orgueil : on m'accordait quelque « talent, mais je m'en suis cru bien plus que je n'en « avais ; point d'éloges, je vous en prie. »

Le roi avait nommé en 1821, M. Dussault, conservateur de la bibliothèque Sainte-Geneviève ; l'année suivante, il lui avait accordé la décoration de la Légion-d'Honneur. Logé depuis quelques mois seulement dans l'appartement qui lui était destiné comme bibliothécaire, c'est là qu'il est mort le 14 juillet 1824. Ses dépouilles mortelles ont été portées d'abord à l'église Saint-Étienne-du-Mont, sa paroisse, et ensuite au cimetière Vaugirard, où elles ont été accompagnées par un nombre singulièrement remarquable d'amis, d'anciens camarades, et de jeunes gens littérateurs, ou amis des lettres, qui appréciaient ses talents et aimaient son aimable caractère.

Féletz.

DUTRAMBLAY (LE BARON) naquit à Paris, en 1745. Il était allié, par son aïeule, au bon La Fontaine dont il s'est quelquefois montré l'heureux imitateur. Ses relations l'attachèrent jeune encore à M. le président de Nicolaï, dont il a fait un éloge touchant dans un de ses apologues. Nommé maître des comptes, et devenu père de famille, il consacrait tout le temps qu'il ne donnait pas à ses fonctions, à l'éducation de ses enfants. C'est pour eux qu'il a composé ses *Fables* qui ont été publiées en 1801, et réimprimées en 1816. Ce recueil, qui, à ce qu'on assure, est loin de contenir toutes celles qui sont sorties de sa plume, est remarquable par un style simple et naïf qui rappelle un peu celui du bonhomme, sur lequel M. Dutramblay cherchait à se modeler. « Ces *Fables*, a dit un critique, portent « l'empreinte de cette douce philanthropie qui fait « chérir la vertu; de ce tendre et délicieux abandon, « de cette franchise respectable, qui décèle à la fois « l'homme instruit et l'homme de bien. » Ce qui sur-tout a donné de la réputation aux poésies de M. Dutramblay, c'est la manière dont il les lisait. Sa voix prêtait à ses vers une douceur et un charme qui leur ont fait un peu de tort lorsque l'impression les a privés de ce puissant auxiliaire.

En 1818, M. Dutramblay se retira à Reubelle où il mourut dans le courant de 1820, à l'âge de soixante-quinze ans.

FABLES CHOISIES.

I. La Fortune et le Mérite.

Sur le chemin de la Fortune,
Le Mérite un jour se trouva.
— Mon cher, dit-elle, vous voilà :
Oh! quelle rencontre opportune!
Sur mon honneur, depuis long-temps
Je vous cherche sans cesse. — Et moi je vous attends.

II. Le Lendemain.

La jeunesse se plaît à changer de séjour.
   Demain, demain c'est un beau jour !
Se disait un enfant, je dois faire un voyage
Aux champs ! je verrai là des lapins, des oiseaux ;
  Comme un pierrot échappé de sa cage,
  J'irai courir et par monts et par vaux ;
A mon aise, en plein air, je ferai du tapage.
Quel plaisir ! ce demain ne viendra pas, je gage ;
Ma bonne, couche-moi, faisons venir le soir.
   On dort aisément à mon âge ;
Je vais être à demain sans m'en apercevoir.

  Voilà l'enfant, mais l'homme est-il plus sage !
  Dans l'avenir il place son espoir,
  Et le présent pèse à son existence ;
Il le pousse, il le presse avec impatience.
C'est pourtant un ami qu'il ne doit plus revoir.

III. Le Colin-Maillard

  Des écoliers, un jour de fête,
  S'exerçaient à Colin-Maillard :
  A ce beau jeu-là, tôt ou tard,
  Colin-Maillard se rompt la tête.
  La place est pourtant de faveur ;
  Il est ainsi plus d'un honneur
  Que l'on recherche dans la vie ;
  Je n'y porte, moi, nulle envie,
  Je suis volontiers spectateur.

  Parmi notre belle jeunesse,
  Un enfant briguait le mouchoir ;

Il le prend avec allégresse,
Toutefois sous bonne promesse
D'être averti du pot-au-noir.
Dans les mains de la Providence,
Au milieu du cercle tracé,
Voici notre jeune insensé,
Le Colin-Maillard qui s'avance.
Il va, court, revient sur ses pas;
En folâtrant, on l'environne;
Il ouvre et ferme de grands bras,
Croit tout tenir, ne tient personne,
Parcourt le cercle et ne prend pas.
Cependant, à peu de distance,
Il entend un enfant qui rit;
Il veut le saisir, il s'élance,
Frappe un mur, tombe, et se meurtrit.

C'est notre image assez fidèle,
Qu'offre l'enfant qui vient de choir;
Nous courons, séduits par l'espoir,
Où la passion nous appelle,
Et nous trouvons... le pot-au-noir.

DUVAL (ALEXANDRE) est né à Rennes, le 6 avril 1767. Il s'engagea d'abord dans la marine, et entra ensuite dans le corps du génie des ponts et chaussées; mais dégoûté d'une carrière qui l'éloignait de la capitale, but de tous ses désirs, il quitta sa place, et vint se fixer à Paris, où, pendant plusieurs années, il continua de remplir quelques fonctions administratives. Lorsque la révolution éclata, il occupait un emploi dans les bâtiments des domaines du roi : il en fut privé, en 1791, époque où il entra à la Comédie-française, pour jouer les confidents. La faiblesse de sa santé, et quelques désagréments pénibles que lui occasiona un de ses ouvrages, l'engagèrent à quitter le théâtre, pour se livrer tout entier à la littérature. Depuis ce temps, M. Duval a fait représenter un grand nombre de pièces aux deux Théâtres français et à l'Opéra-comique. Celles qui ont obtenu le plus de succès, sont, au Theâtre-français : *les Héritiers, la Jeunesse de Richelieu, les Projets de mariage, Édouard en Écosse, Shakspeare amoureux, le Tyran domestique, la Jeunesse de Henri V, le Chevalier d'industrie, la Manie des grandeurs, la Fille d'honneur;* à l'Odéon : *le Menuisier de Livonie, le Faux Stanislas;* à Feydeau : *le Prisonnier, le Trente et quarante, Maison à vendre, Beniowski, Joseph.* La plus grande partie de ces pièces sont restées au théâtre dont elle feront l'ornement long-temps encore. M. Alexandre Duval est auteur de plusieurs grands ouvrages dont la censure n'a pas permis la représentation. On cite dans le nombre : *l'Orateur anglais, la Princesse des Ursins,* et *le Complot de famille,* comédies en cinq actes. En 1812, il fut choisi pour remplacer *Legouvé* à la seconde classe de l'institut; il est aujourd'hui l'un des quarante de l'Académie française, dans les séances de laquelle il a lu plusieurs de ses ouvrages inédits.

Son frère aîné, Amaury Duval, est un de nos plus savants archéologues. Il a été long-temps collaborateur de la *Décade philosophique,* et lorsque ce journal fut, en 1808, réuni au *Mercure de France*, M. Amaury Duval n'a point discontinué de coopérer à sa rédaction. Son ouvrage intitulé : *Des sépultures chez les anciens et chez les modernes*, an IX, 1 vol. in-8°, à été couronné par l'institut; en 1811, il fut nommé membre de cette compagnie, dans la classe d'histoire et de littérature ancienne. En société avec son frère Alexandre, il a enrichi la traduction du *Théâtre complet des latins*, de notes non moins remarquables sous le rapport des connaissances dramatiques que sous celui de l'érudition.

JUGEMENTS.

I.

En publiant le recueil de ses *OEuvres complètes*, M. Alexandre Duval a eu le courage de se constituer lui-même son propre critique, et de nous dire naïvement, dans des notices fort intéressantes dont il a fait précéder chacun de ses ouvrages, le mal et et même le bien qu'il en pense. Ces notices sont précieuses : elles offrent une sorte d'Histoire du talent de l'auteur, et comme la biographie de ses productions : elles nous mettent dans la confidence des circonstances particulières qui lui ont fourni ses sujets; elles nous font pénétrer dans le secret de ses compositions; elles nous révèlent ce qu'a pu lui apprendre la pratique de son art, les règles qu'il s'est faites, sa manière d'observer et de peindre; elles nous retracent le tableau des accidents antérieurs qui ont inspiré son imagination, les évènements dont il a été témoin, les hommes qu'il a connus, les mœurs, les passions, les vertus, les vices, les travers, les ridicules, dont le monde réel lui a offert le modèle; enfin elles nous permettent d'assister en quelque sorte aux aventures de sa vie, et de contracter avec lui, autant qu'il est possible de le faire par la lecture, cette liaison intime qu'on désire naturellement former avec l'écrivain dont on aime les ouvrages.

Les détails que nous donne sur lui-même M. Alex. Duval expliquent fort bien la nature de son talent. Successivement marin, militaire, ingénieur, architecte, secrétaire de la députation des états de Bretagne, acteur, auteur, directeur de théâtre, académicien, ces diverses situations l'ont mis en rapport avec toutes les classes de la société, avec une multitude de personnages de toute espèce, et lui ont permis de recueillir en grand nombre ces traits de passion, de caractères, de mœurs, que fournit l'observation au poëte comique, et qui sont la matière sur laquelle il s'exerce. Comme plusieurs des écrivains qui, chez nous, ont excellé dans la comédie, il a paru quelque temps sur le théâtre, et il nous apprend lui-même qu'il y a de bonne heure acquis quelque entente de la scène, quelque connaissance des combinaisons dramatiques. C'est naturellement vers cette partie de l'art qu'il a dirigé de préférence ses efforts et son talent. On sait qu'il se distingue principalement par la construction habile de ses plans, par une disposition ingénieuse qui éveille la curiosité du spectateur, qui le tient continuellement dans l'attente, qui excite de plus en plus son intérêt et sa surprise, qui le conduit ainsi jusqu'à un dénouement long-temps désiré et adroitement suspendu. Or, cet art qu'il possède à un degré très remarquable, M. Alex. Duval le doit, comme il nous l'apprend lui-même, à cette expérience des effets de la scène que lui a donnée la fréquentation habituelle du théâtre, et plus encore, peut-être, à sa manière de composer. C'est le hasard qui l'a fait auteur dramatique : divers sujets, qu'il n'a point cherchés, mais qui sont venus en quelque sorte le trouver, ont attiré, ont séduit son imagination : il les a traités avec ardeur, non d'après les règles générales d'une théorie antérieurement acquise, non d'après les exemples de quelque modèle particulier, mais d'après l'inspiration immédiate qu'il recevait des sujets eux-mêmes. Sa fable une fois conçue, se développait rapidement dans son esprit, les scènes se distribuaient comme d'elles-mêmes, et il travaillait ensuite, sans s'arrêter, sur ce premier dessin. C'est lui-même qui nous révèle ainsi le secret de sa manière. Cette confidence nous fait parfaitement comprendre pourquoi ses ouvrages sont plus remarquables par la conception de l'ensemble que par la perfection des détails; par l'intérêt des situations, par l'enchaînement des scènes, par le mouvement du dialogue, par la chaleur du sentiment ou la force de la pensée, que par l'expression et par le style.

M. Alex. Duval doit au hasard la plupart des sujets qu'il a traités, et lui-même nous a confié avec franchise le secret de ces rencontres qui l'ont si bien servi. Ainsi, la jolie comédie des *Héritiers* doit la naissance à ce passage de La Bruyère, qui la contenait en effet, mais d'où il fallait la tirer. « Combien de testateurs se repentiraient de leur économie pendant leur vie, s'ils pouvaient voir après leur mort la figure de leurs héritiers! » Un pauvre chambellan obligé, malgré son âge et ses infirmités, de se tenir debout, au spectacle, derrière l'impératrice Joséphine, et sur le visage duquel se mêlaient d'une manière comique le sourire du courtisan et la contrainte d'un rôle si pénible pour lui, a fourni à M. Alex. Duval, pour qui ce tableau ne fut pas perdu, une des situations les plus piquantes de sa *Manie des grandeurs* (acte V, sc. 4), celle où il a mis aux prises, dans son personnage principal, l'ambition et la douleur physique, où il a interrompu par un acccès de goutte un beau rêve de fortune. Il lui arrive un jour de s'arrêter avec plusieurs de ses amis, devant un écriteau attaché à une porte, et portant ces mots bien communs et bien simples, qu'on lit sur bien des portes, sans y entendre finesse, *Maison à vendre*; et voilà que cette annonce devient pour la compagnie un texte de plaisanteries, et pour le poète comique qui en fait partie, le sujet d'un de ses plus jolis ouvrages.

L'exemple de M. Alex. Duval et celui de ses rivaux et de ses amis, MM. Picard et Andrieux, qui nous ont fait aussi des révélations semblables, doit nous apprendre qu'il n'est rien d'indifférent pour le poète comique, et en général pour tout écrivain qui veut reproduire la nature dans ses compositions; qu'avec le talent de l'observation on peut trouver le premier germe d'une peinture intéressante dans ce qui n'attirerait seulement pas les regards de spectateurs distraits.

Un des caractères principaux du talent de M. Duval, c'est la fécondité. Son recueil se compose de quarante-neuf ouvrages qui, presque tous, portent l'empreinte d'une composition vive et rapide. La plupart sont restés au courant du répertoire, et paraissent souvent sur les deux scènes françaises, et au théâtre de l'Opéra-Comique : de nombreuses représentations n'ont pas épuisé l'intérêt de *Maison à vendre* et du *Prisonnier;* on revoit toujours avec un nouveau plaisir les jolies comédies des *Héritiers*, des *Projets de mariage* ; *la Fille d'honneur*, *la Manie des grandeurs*, *le Chevalier d'industrie* et sur-tout *le Tyran domestique* qu'on regarde avec raison comme le chef-d'œuvre de l'auteur, lui assurent un rang fort distingué parmi les écrivains qui de notre temps se sont fait un nom dans la haute comédie. Il s'est aussi exercé avec beaucoup de succès dans un genre qui offrirait de nouvelles ressources au talent dramatique dont la matière s'épuise de jour en jour; je veux dire dans la comédie et le drame historiques. Ses meilleures productions en ce genre sont *Édouard en Écosse* et la *Jeunesse d'Henri V*. Voilà les principaux titres de M. Alex. Duval; il faudrait sans doute y ajouter plusieurs grands ouvrages auxquels l'épreuve de la scène a manqué, et qui auraient, on doit le croire, rempli les espérances de gloire et de succès qu'il fondait sur leur représentation. Espérons que le public ne sera pas toujours réduit à lire dans le recueil de M. Alex. Duval, *le Complot de famille*, *l'Orateur anglais*, *la Princesse des Ursins*. Le dernier ouvrage dont il se soit occupé est une comédie faite sur la charmante nouvelle d'*Ourika*. On doit regretter que cette comédie long-temps annoncée et attendue n'ait pas été jouée. Il eût été curieux de voir comment un homme d'un talent si exercé aurait traité un sujet fort difficile à présenter sur la scène, et que tant d'auteurs ont manqué. Sans doute il y eut eu plus de succès que ses devanciers. C'est un des caractères de son talent que de savoir, par d'habiles préparations, familiariser le spectateur avec des sujets d'une nature délicate, et qui, offerts sans ménagement, risqueraient de le révolter.

H. Patin.

II.

M. Duval, dans son drame d'*Édouard en Écosse*, n'a donné qu'un rôle très secondaire à cette miss Macdonald, connue dans l'histoire pour une jacobite très zélée, tandis qu'il a choisi pour son principal personnage la duchesse d'Athol, très attachée au parti de Georges. L'action qu'il a imaginée, quoiqu'au-dessous même de la vérité, est pleine de situations qui attachent et qui surprennent. On ne voit jamais sans l'intérêt le plus vif, un homme, destiné au trône par sa naissance, réduit au dernier degré de l'abaissement et de l'infortune; cet exemple de l'instabilité des choses humaines a quelque chose de si frappant et de si terrible, qu'il semble nous faire chérir l'obscurité et la médiocrité qui met à l'abri de ces grands revers.

Édouard, poursuivi par des soldats, accablé de fatigue et mourant de faim, entre dans un château, s'adresse à l'intendant, vieillard humain et généreux, mais un peu effrayé de l'air hagard de son hôte : le château appartient à lord d'Athol, auquel le prince a sauvé autrefois la vie à Rome : il n'est habité, dans l'absence du lord, que par sa femme et sa nièce miss Macdonald : l'inconnu demande à parler à la duchesse, et s'endort en l'attendant ; milady d'Athol le trouve endormi ; quelques mots qui lui échappent en rêvant donnent à cette dame d'étranges soupçons ; le prince s'éveille et se fait connaître. « Le petit-fils de Jacques II, dit-il à la du-
« chesse, ne demande que la grace qu'on ne refuse
« pas au dernier des mortels, il vous demande du
« pain; » paroles bien énergiques dans leur simplicité, et qui ont excité un enthousiasme général. C'est un des plus beaux moments de la pièce ; il appartient tout entier à l'histoire. Édouard, en effet, pressé de la faim et prêt à succomber, entra dans une maison dont il savait bien que le maître n'était pas de son parti. « Le fils de votre roi, lui dit-il,
« vient vous demander du pain et un habit ; je sais
« que vous êtes mon ennemi, mais je vous crois
« assez de vertu pour ne pas abuser de ma confiance
« et de mon malheur : prenez les misérables vête-
« ments qui me couvrent ; gardez-les, vous pourrez
« me les apporter un jour dans le palais des rois de
« la Grande-Bretagne. » Le gentilhomme touché

s'empressa de le secourir, et lui garda le secret. Il est rare que, dans des situations de cette nature, la fiction dramatique ne reste pas au-dessous de la réalité. L'auteur aurait dû supprimer ces dernières paroles d'Édouard, où il est question du palais des rois; elles ne conviennent pas à la situation, et n'ont produit aucun effet au théâtre.

Le mérite de cet ouvrage est tout entier dans quelques combinaisons dramatiques, dans quelques coups de théâtre bien calculés. Je suis cependant surpris qu'un homme qui, par état, doit connaître la scène, ait laissé dans son dialogue tant d'inutilités, tant de longueurs qui refroidissent l'action, désolent le spectateur empressé de courir à l'évènement : on sait qu'un succès obtenu par le prestige des situations, ne suppose pas toujours un bon ouvrage : le plus chétif roman offre souvent un intérêt très vif; on le dévore sans l'estimer; il touche le cœur sans avoir le suffrage de l'esprit; et si l'auteur fait répandre des larmes, il en est redevable à son sujet, et non pas à son art. Il y a des situations si belles, que l'écrivain le plus maladroit ne peut réussir à les gâter; elles produisent leur effet malgré lui. Il y a cependant du mérite, quoiqu'il y ait encore plus de bonheur, à choisir un sujet intéressant : certainement il n'y a point de tragédie de Racine, ni même de Voltaire, qui occupe et attache autant la multitude qu'un pareil drame; mais on y chercherait en vain cette vraisemblance, cette liaison des scènes, cette marche habile, ces caractères largement dessinés, et sur-tout cet admirable développement des sentiments et des passions, cette suite d'idées et de raisonnements, cette éloquence qui distingue les chefs-d'œuvre des grands maîtres.

Ce que j'estime le plus dans la pièce nouvelle, c'est cette philosophie douce qui tend à détruire le fanatisme des opinions et des partis : sous ce point de vue, c'est un ouvrage vraiment utile à l'humanité. Voilà le fanatisme qu'il est important de combattre, parce que c'est celui qui nous menace le plus; voilà l'ennemi dont il faut nous défier, parce qu'il est près de nous.

Le principal personnage de la comédie du *Tyran domestique*, s'il n'est pas précisément un mari colère, est un mari hargneux, contrariant rabâcheur, moraliste insupportable, toujours grondant femme, enfants, valets. On parvient à le corriger, non pas en lui opposant la résistance mais au contraire, en lui abandonnant le champ de bataille : tout le monde déserte la maison. Quand le grondeur se voit chez lui tout seul, et sans aucune pâture pour sa bile, quand il n'a plus ni femme à tourmenter, ni enfants à prêcher, ni valets à gronder, il tombe dans une rêverie profonde; il se reproche sa mauvaise humeur, qui fait qu'on le fuit comme une bête féroce; il sent que pour jouir de la société il faut être sociable : cette situation est intéressante et morale. Enfin, lorsqu'on a lieu d'espérer que cette correction le rendra plus traitable, les déserteurs reviennent au logis.

Ce remède contre la tyrannie domestique lui est administré par le conseil d'un frère de sa femme, lequel reste auprès du malade pour diriger l'opération et surveiller l'effet du spécifique. Il faut convenir que cette recette vaut mieux que celle des autres médecins dramatiques, qui traitent la colère par son semblable, contre l'axiome de médecine : *Les contraires se guérissent par leurs contraires. Contraria contrariis curantur.*

Le Grondeur de Brueys, pièce restée au théâtre, aurait pu détourner M. Duval d'y présenter de nouveau ce caractère; car son *Tyran domestique* n'est autre chose que *le Grondeur*, avec cette différence que le Grondeur n'a point de femme, ce qui est avantageux au comique de la pièce; car une femme victime de la brutalité d'un mari, est un objet assez triste. Une autre différence plus essentielle, c'est que le Grondeur de Brueys est chez lui un vrai tyran, au lieu que le Grondeur de M. Duval n'est qu'un homme de mauvaise humeur, un pédant chagrin, qui même n'est désagréable que pour sa famille, et prend un ton plus doux avec les étrangers : ce qui rentre dans les *Dehors trompeurs* de Boissy; c'est un caractère faible et manqué; le titre de *Tyran domestique* le désigne assez mal. *Le Tyran domestique* est à l'Opéra-Comique; c'est le mari de *Camille dans le souterrain;* mais aussi quel monstre !

M. Duval ayant si fort adouci les traits de son prétendu tyran, la désertion de la famille paraît un moyen trop fort pour corriger un bourru : le remède n'est pas proportionné à la maladie; il ne faut lui opposer qu'un peu de patience. Au reste il semble que l'auteur n'ait choisi ce personnage que pour lui faire débiter un grand nombre de lieux communs très sensés, très édifiants, souvent bien écrits, mais inutiles et froids dans une comédie où il faut sur-tout de l'action. C'est fort bien fait de déclamer contre le luxe des femmes qui entraîne la ruine des maris; contre la négligence des parents dans l'éducation de leurs enfants; contre la dissipation des enfants qui ne profitent point des instructions qu'on leur prodigue à grands frais : enfin, c'est une excellente leçon à donner aux hommes que celle qui leur appprend qu'ils doivent supporter les autres, s'ils veulent qu'on les supporte; qu'une extrême rigueur est un vice aussi dangereux qu'une extrême mollesse. On ne peut trop louer les bonnes intentions de M. Duval, sa bonne morale, même ses bons vers, car il y en a beaucoup dans la pièce; mais il faut autre chose que de la morale et des vers dans une comédie ; il y a une foule de petits détails de ménage qui ont paru peu dignes de la scène. Ce qui fait beaucoup d'honneur à M. Duval, ce qui distingue essentiellement sa pièce de celle du *Grondeur*, c'est cette punition du tyran domestique, qu'on laisse avec lui-même : cela est neuf et théâtral. Quel dommage que cette belle situation ne soit pas mieux accompagnée, mieux encadrée! Quant à la conversion du tyran, on peut s'en défier, mais elle ne peut qu'être agréable aux spectateurs, et produire un bon effet.

Mercier a composé, sur les débauches du jeune Charles II, un drame très libertin, où l'on peut dire que l'auteur paraît plein de son sujet. Ami des bienséances, Duval n'a pu puiser dans cet ouvrage, d'un ton et d'un style plus qu'anglais, que la simple idée de sa jolie comédie, intitulée assez mal à propos *la Jeunesse de Henri V*, puisqu'il n'est question que d'un trait de la jeunesse de ce prince; mais il ne faut pas plus disputer sur les titres que sur les noms.

C'est, au reste, très à propos qu'il a transporté le trait de Charles II à Henri V, beaucoup plus éloigné de nous : les poètes dramatiques qui veulent puiser dans l'histoire, ne sauraient s'enfoncer trop avant dans les siècles que le temps a rendus plus vénérables. Toutes les inconvenances et bienséances théâtrales semblent leur interdire les personnages trop récents, dont le public s'est déjà formé une idée que le poète ne peut plus démentir, et qu'il a bien de la peine à soutenir : cette loi générale pour tous les auteurs dramatiques regarde encore plus particulièrement les auteurs tragiques.

Nous voyons dans *Figaro* un mari libertin corrigé par sa femme, et le moyen qu'elle emploie est fort adroit. Quoi de plus capable de dégoûter un libertin des rendez-vous, que la crainte d'y trouver sa femme à la place de sa maîtresse? Sans doute il y gagnerait souvent en réalité; mais il y perdrait le seul plaisir d'un rendez-vous, le sentiment de la conquête. Dans *la Jeunesse de Henri V*, c'est aussi un mari libertin corrigé par sa femme; mais la princesse ne se charge pas elle-même de l'exécution; elle ne paraît pas même sur la scène, et c'est tant mieux; car la vue d'une épouse délaissée est triste. A qui s'adresse donc la princesse pour dégoûter son jeune mari de ses fredaines nocturnes? Au compagnon même de ses aventures, au plus cher favori du prince, au plus grand libertin de sa cour, le comte de Rochester. Le mentor ne paraît pas bien choisi; mais la princesse se flatte de l'engager dans ses intérêts en lui promettant la main de lady Clara, sa première dame d'honneur, dont le comte est très amoureux. Le mariage ne doit pas avoir de puissants attraits pour un roué; et un homme de ce caractère n'est jamais très amoureux. Comment un courtisan aussi fin, aussi habile que Rochester, peut-il s'exposer à perdre les bonnes graces du prince pour le plaisir d'épouser la dame d'honneur de la princesse, à moins qu'il ne trouve dans ce mariage une fortune immense? et encore cette vue d'intérêt, toute solide qu'elle est, ne peut qu'attrister le caractère de ce favori et nuire à la gaieté de la pièce.

Quoi qu'il en soit, Rochester, pour donner au prince une leçon de morale, le fait déguiser en matelot, et le mène dans une taverne où il sait qu'il y a une jolie fille nommée Betty; Édouard, page du prince, amoureux de cette Betty, s'est introduit dans la taverne sous le nom de Georgini, maître d'italien. Le prince et son mentor l'y trouvent déjà établi; Betty est sous la conduite de son oncle, le capitaine Cop, franc marin, mais un peu brutal. Le jeune prince s'enflamme tout à coup à la vue de cette charmante nièce; il veut prendre quelques libertés qui effraient l'amoureux page, et que l'oncle bourru réprime durement.

 Le prince, plus circonspect, s'en tient aux madrigaux : on boit, on jase : entre la poire et le fromage, l'oncle raconte les aventures de Betty : c'est la nièce du comte de Rochester, lequel n'a pas rougi d'abandonner à l'indigence son malheureux frère et sa famille. Cette découverte donne aux idées du prince une couleur plus sombre; il veut se retirer, mais il faut payer son écot qui se monte à dix-neuf guinées : il ne trouve plus sa bourse; Rochester s'est évadé. Le maître de la taverne juge mal de l'embarras de Henri; il le prend pour un escroc, et lui dit des choses qu'un prince n'est point accoutumé à entendre. Dans cette cruelle extrémité, Henri tire sa montre, quoique du temps de Henri V il n'y eût point encore de montre de ce genre-là : celle du prince est très élégante, enrichie de diamants. L'hôte, à l'aspect d'un bijou si riche, conçoit de violents soupçons sur la probité du jeune matelot : il envoie la montre chez le joaillier, et enferme son débiteur.

 Voilà le prince royal en gage pour dix-neuf guinées; mais il lui reste une bague qu'il donne à Betty et au maître d'italien, pour qu'ils le laissent évader par une fenêtre : de là, il regagne son palais après avoir erré dans toute la ville, faute de connaître les chemins, ce qui lui fait trouver sa capitale *bien grande*.

 En arrivant chez lui dans un si triste équipage, son premier désir est d'échapper à tous les yeux; mais il rencontre lady Clara, cette dame d'honneur de sa femme, qui commence par le persifler sur le bon usage qu'il fait de ses nuits. Le capitaine Cop ne tarde pas à venir rapporter la montre que le joaillier à déclaré être celle du prince de Galles : en examinant de près le prince et son favori, il reconnaît ses deux aventuriers de la taverne. Le prince se promet bien de passer désormais la nuit dans son lit; et comme il faut qu'une comédie finisse par un mariage, le page épouse la nièce de Rochester.

La situation du prince dans la taverne est très piquante. Tout le second acte est très bien intrigué et plein d'intérêt. Le premier acte est employé à fonder l'intrigue, et le troisieme la dénoue un peu faiblement; mais partout il y des traits comiques, des mots heureux, des finesses de dialogue; c'est dans cette partie, sur-tout dans la coupe des scènes et dans la manière dont elles sont filées, qu'on reconnaît l'agréable auteur des *Projets de Mariage*, des *Héritiers*, de *Maison à vendre*, du *Tyran domestique*, et de tant d'autres productions ingénieuses qui lui donnent un rang distingué parmi nos comiques.

Le Chevalier d'Industrie est une production peu digne de M. Duval, et je n'en parlerais pas s'il n'était nécessaire, pour le bien de l'art, de révéler les erreurs des écrivains qui font autorité, et dont l'exemple peut être contagieux. Le sujet est mal choisi. Il ne faut point présenter de romans sur la scène française : on ne peut jamais faire une bonne comédie d'un roman, sur-tout si on a la prétention de faire une comédie de caractère. Le mal est bien plus grand encore quand le roman est froid et d'une très malheureuse invention, tel que celui qui fait la base du *Chevalier d'Industrie*.

Rien de plus usé, de plus banal sur notre scène comique, qu'un fourbe démasqué. Ce genre d'industrie qui consiste à se donner pour autre que ce qu'on est, à duper des sots pour corriger la fortune, a déjà fourni tant d'intrigues à nos auteurs, qu'on s'expose à les rencontrer à chaque instant sur son chemin quand on enfile la même route : c'est ce qui est arrivé à M. Duval, dont *le Chevalier d'Industrie* a plusieurs traits de ressemblance avec les imposteurs connus sur nos théâtres, et spécialement avec le Begearss de *la Mère coupable*.

Je suis surpris qu'avec autant de goût et d'expérience, M. Duval ait pu oublier qu'un fourbe, un intrigant, ne peuvent être admis sur la scène qu'autant qu'ils sont comiques ; qu'on ne doit point exposer leurs tours d'adresse pour les faire admirer, mais pour les rendre ridicules. L'auteur s'est trompé quand il nous a présenté sérieusement, comme une espèce de héros monté sur le ton tragique, un misérable, le plus vil des escrocs. L'odieux du *Tartufe* et l'horreur qu'il inspire sont tempérés par le grand comique, et même par l'intérêt qui en résultent. Ce scélérat est, pour ainsi dire, ennobli, et devient théâtral par la singularité de la fourberie qu'il met en œuvre, par l'extrême importance de la chose dont il abuse, et par le grand avantage que la société peut recueillir de cet énergique tableau de l'hypocrisie religieuse. On ne trouve, au contraire, dans la peinture du *Chevalier d'Industrie*, ni comique, ni intérêt, ni force de coloris, ni utilité morale; ce personnage n'est propre qu'à exciter le mépris et l'indignation.

Geoffroy.

MORCEAUX CHOISIS.

I. L'Ambition.

La noble ambition est sans doute permise,
Elle tend à la gloire, un tel but l'autorise;
On éprouve son feu dans les rangs les plus bas,
Elle est dans tous les cœurs et de tous les états :
L'artisan fait valoir son active industrie,
Un artiste lui doit les fruits de son génie;
A braver mille morts elle porte un guerrier :
Chacun dans son état veut être le premier;
Je conçois ce désir, il agrandit notre être.
Qui prétend à l'honneur de se faire connaître
Obtiendra des succès bien justement acquis,
Et faisant tout pour soi, fait tout son pays.
Mais mendier un rang à force de bassesse,
Pour séduire et tromper se tourmenter sans cesse,
Chercher des protecteurs, les fatiguer de vous,
Éprouver leurs ennuis, essuyer leurs dégoûts,
Se courber sous le joug du puissant qu'on méprise,
Ne parler, ne sentir, ne penser qu'à sa guise,
Sur l'esprit qu'il nous montre arranger son esprit,
Et lorsqu'il déraisonne approuver ce qu'il dit;
Pour un cœur bien placé c'est un supplice horrible.
A mes vrais intérêts je suis bien plus sensible:
Par ambition, moi, je fuis l'ambition;
Oui, je fuis ce désir de réputation,

Cette soif des honneurs et ce besoin d'entraves,
Qui borne tous nos vœux à l'honneur d'être esclaves,
Qui nous fait employer les plus lâches moyens
Pour décorer un nom, pour augmenter nos biens.
C'est le mérite seul qui fait les nobles races ;
Quand on méprise l'homme, en honorant ses places,
Quand il n'y monte pas par un noble degré,
Honoré de la sorte il est deshonoré.
La Manie des Grandeurs, act. III, sc. 8.

II.

Madame VALMONT.

..... Oui, ce cœur s'est lassé ;
Pour souffrir plus long-temps, vous l'avez trop blessé.
Ah ! depuis dix-huit ans, que de notre hyménée
Je traîne, avec douleur, la chaîne infortunée,
Je n'ai pas vu, je crois, s'écouler un seul jour
Sans entendre des pleurs dans ce triste séjour.
Je n'ai point un époux, mais un rigoureux maître ;
A ses yeux, malgré moi, je tremble de paraître :
Pour obtenir la paix, à son opinion,
De mon être j'ai fait toute abnégation ;
Je parle, je me tais, selon qu'il le désire :
Mais trop heureuse encor, dans mon cruel martyre,
Lorsqu'après avoir fait toutes ses volontés,
Il ne m'outrage pas par quelques duretés.
Tous les jours, je le sens, de la mélancolie,
Les langoureux ennuis obscurcissent ma vie,
Et je verrais sans peine approcher le trépas,
Si ma fille et mon fils ne me consolaient pas.
Pour comble de malheurs, je les perdrai peut-être !
Que deviendrai-je seule avec ce cruel maître ?
Les maux que mes enfants m'aidaient à supporter,

Viendront à chaque instant sur moi seule éclater.
Ah ! déjà je frémis à cet affreux présage !
Pour souffrir sans appuis, je n'ai plus de courage ;
Et si la mort bientôt ne finit mes tourments,
Je romps tous mes liens ; et je suis mes enfants.

VALMONT, *du ton le plus étonné.*

Ce langage hardi doit beaucoup me surprendre !
Pour la première fois, vous l'avez osé prendre ;
Il est dans votre bouche à tel point étonnant,
Que je ne sais quel ton prendre en vous répondant.

(*Avec chaleur.*)

Quoi ! de tant de malheurs vous m'accusez madame ?
Je suis, à vous entendre, un méchant, un infâme ;
Je marche environné de chagrins, de terreur ;
A vous, à mes enfants, je dois donc faire horreur ?
Vous osez m'accuser ! et quels sont donc mes crimes ?
Et comment ai-je pu faire autant de victimes ?
Joueur désespéré, vais-je sur des brelans
Hasarder d'un seul coup le bien de mes enfants ?
M'a-t-on vu me livrer à la honteuse ivresse
Que produit les vapeurs d'une liqueur traîtresse ?
Épris de nos Laïs, vous ai-je fait l'affront,
De couvrir de bijous leur impudique front ?
Moi, je connais mes torts, et je vais vous les dire :
D'aimer trop des enfants, nés pour me contredire ;
De travailler sans cesse, afin de parvenir
A pouvoir leur former le plus doux avenir.
Je n'ai qu'un seul désir, qu'un but, qu'une espérance ;
Je veux vous assurer la noble indépendance
Que donne la fortune à tous ses favoris,
Et c'est pour vous enfin, votre fille et mon fils
Que dans de longs travaux je consume ma vie ;
Et de votre malheur, même de barbarie,

Vous osez accuser ce cœur trop généreux ?....
Ah ! j'ai fait des ingrats, et non des malheureux.

Madame VALMONT.

Sans doute, vous avez ces qualités louables,
Qui vous mettent au rang des hommes estimables ;
Vous avez des vertus que donne un noble honneur ;
Mais, hélas ! ces vertus font peu notre bonheur :
Un esprit indulgent, un caractère aimable,
Les égards que l'on doit toujours à son semblable :
Enfin, cette douceur, cette paix....

VALMONT.

Eh ! morbleu !
D'exciter mon courroux vous faites-vous un jeu ?
Retenez cet avis, il part du fond de l'âme :
J'ai beaucoup de respect pour vos conseils, madame ;
Mais, à l'âge où je suis, je ne saurais changer :
Il faut de mes défauts savoir vous arranger.

Le Tyran domestique, act. IV, sc. 2.

III.

EDMOND.

Quel était votre sort chez monsieur le baron ?
Avait-on des égards pour vous dans la maison ?
Certains mots échappés à l'ardeur de votre âge,
M'ont donné le désir d'en savoir davantage.
Ne m'avez-vous pas dit que, chez votre tuteur,
Vous aviez dès l'enfance éprouvé le malheur ?

EMMA.

De mon tuteur, Monsieur, j'aurais tort de me plaindre.
De sa sévérité je n'avais rien à craindre ;
Lui seul me protégea ; mais, dès qu'il s'éloignait,
C'est alors qu'au château mon tourment commençait.

EDMOND.

Continuez. Songez qu'il faut que l'on m'éclaire.
Envers vous, pauvre enfant, on fut donc bien sévère?

EMMA.

On fut cruel, Monsieur ; je dois en convenir.
Sachez que j'ai passé mon enfance à souffrir
Le chagrin, le caprice, et l'orgueil de ma tante :
J'enviais en secret le sort d'une servante.
Pas un mot d'intérêt, pas un nom d'amitié ;
On semblait m'accorder le pain de la pitié.
Si quelques étrangers, ignorant ma naissance,
Demandaient qui j'étais, soudain, en ma présence,
On disait, sans égard : « C'est l'enfant du malheur
« Dont le noble baron s'est fait le protecteur.»
Oh ! c'est sur-tout, Monsieur, la dame doucereuse,
Belle-sœur du baron, que l'on dit si pieuse,
Qui remplissait mes jours, déjà trop rigoureux,
De devoirs puérils, de soins minutieux ;
Et qui très fière aussi de tant de bienfaisance,
Me faisait un tourment de la reconnaissance.
Ah ! si le ciel encor m'offrait dans l'avenir
Les chagrins du passé, j'aimerais mieux mourir.

EDMOND.

Chère enfant !... il cessa le temps de la souffrance,
Lorsque du chevalier l'agréable présence
Découvrit en un jour aux parents aveuglés
Des charmes à leurs yeux par le malheur voilés.
Combien ce changement dut vous sembler étrange !

EMMA.

Dès cet instant, Monsieur, je leur parus un ange.
Je devais en effet ce prodige étonnant

A notre chevalier; mon oncle était absent.
A peine je parlais, qu'un bienveillant sourire
D'avance applaudissait ce que je n'osais dire.
On louait mon esprit; et ma naïveté
Ajoutait, disait-on, du prix à ma beauté.
La baronne voulut qu'on changeât ma parure;
Ses mains prirent le soin d'embellir ma figure;
Et quand je fus parée, ah! leur ravissement
Devint égal au moins à mon étonnement.
Le lendemain du jour qu'on me trouva si belle,
Ma tante quelque temps se retira chez elle :
Elle était bien malade; au moins on le disait.
De se rendre à Tœplitz on forma le projet.
Mon oncle y devait être; et, malgré mon jeune âge,
A ma grande surprise on me mit du voyage.

EDMOND.

Dites-moi, la malade avait-elle en partant
La figure abattue et l'air un peu souffrant?

EMMA.

Jamais je ne la vis plus gaie et plus aimable.
La route nous parut à tous fort agréable :
Chaque objet inspirait les mots les plus heureux;
Formant mille projets, j'en riais avec eux;
Des châteaux qu'on voyait noble propriétaire,
Chez moi je recevais une cour tout entière :
Nous arrivons enfin. Quel plaisir en ce lieu!
Tœplitz réunissait bal, comédie et jeu;
Moi, qui ne connaissais que le château gothique
De monsieur le baron, séjour mélancolique;
Moi, qui fus élevée au milieu d'un désert
Où ce mouvant tableau ne fut jamais offert;
Et qui savais à peine, en mon erreur profonde,

Que hors du vieux manoir il existait un monde;
Jugez si je devais éprouver du plaisir
Dans ce lieu ravissant, où vient se réunir
Tout ce que l'Allemagne a de haute noblesse;
Où j'entendais toujours *monseigneur*, votre *altesse* :
Lorsqu'un jour notre prince...

EDMOND.

Ah! le prince était là?
(*A part.*)
Tout bas je me disais, bientôt il paraîtra.

EMMA.

J'ignorais...

EDMOND.

La baronne était bien mieux instruite?

EMMA.

Je le crois; car avant sa première visite,
Je vis qu'on s'attendait à sa réception
Par les brillants apprêts qu'on fit dans la maison.
A son auguste aspect mon cœur battit de crainte,
Et d'un trouble nouveau je me sentis atteinte.
Sortant du long ennui qui remplissait mes jours,
J'entends autour de moi le tumulte des cours;
Je me crus transportée au temps de la féerie;
Je me vis destinée à la brillante vie
Qu'assurent la richesse ainsi que la grandeur;
Tout s'offrait à mes yeux sous les traits du bonheur;
Chaque jour amenait une fête nouvelle.
A les entendre tous, j'en étais la plus belle;
Je ne le croyais pas; et j'éprouvais pourtant
Un grand charme à savoir que je plaisais autant.

EDMOND.

Le prince à vous fêter se distingua sans doute?
Où vous rencontrait-il?

EMMA.

D'abord à la redoute;
Et toujours, dans les bals, il venait près de moi :
Du plus simple écuyer il avait pris l'emploi;
Il ordonnait les jeux, et dans nos promenades
Nous faisait entourer de belles cavalcades;
Sur les monts de Tœplitz nous allions quelquefois.
Un jour, un enchanteur se trouva dans les bois
Qui résonnaient au loin d'une douce harmonie :
Bientôt d'un pavillon sort un brillant génie.
Il venait par son art m'annoncer l'avenir.
Cet avenir n'était que bonheur et plaisir.
Arrivent des marchands, puis une loterie;
La carte qui gagnait, par moi toujours choisie,
Grace à mon talisman donné par l'enchanteur,
Du destin soumettait la chance en ma faveur.

EDMOND.

Je le crois bien, le sort vous était favorable;
Car l'enchanteur était un prince très aimable.
Quoi! vous ne vîtes pas, dans ces plaisirs charmants,
Le langage muet des illustres amants?

EMMA.

Des amants? Non, Monsieur. Ah! J'aurais fait outrage
Au plus aimable prince, estimé comme un sage.
Il me dit qu'il prenait intérêt à mon sort;
Qu'il honorait en moi la fille d'un major
Mort en le défendant dans la dernière guerre.
Ah! je vis bien sur-tout qu'il m'aimait comme un père,
Dès qu'il m'eut proposé l'honorable faveur
D'être de la princesse une fille d'honneur.
(Edmond fait un mouvement d'horreur.)

J'ai dû le croire.... Encor je le croirais peut-être,
Sans le vague soupçon que vous m'avez fait naître.

EDMOND.

Ah dieux ! comme ils allaient à leur but pas à pas !

EMMA.

Quel était donc leur but ?

EDMOND.

Quoi ! vous ne voyez pas....
Mais non, je dois parler ; votre inexpérience
Vous ôte des humains la triste connaissance ;
La candeur de votre âme et sa simplicité,
Présents de la nature et de la vérité,
N'ont pu vous découvrir cette trame odieuse ;
Mais jugez avec moi cette tante orgueilleuse,
Qui par le chevalier apprend qu'un vrai trésor
Est caché dans ses murs : que fait-elle d'abord ?
Jadis on dédaignait une petite fille
Qui devient dans l'instant l'appui de la famille.
Tout change en un clin d'œil ; aux mauvais traitements
On a fait succéder les plus doux compliments,
La baronne à l'instant s'empare de l'idole ;
Pour l'orner, l'embellir, rien ne paraît frivole,
Elle fait la malade, et l'on parle des eaux.
Le prince, qu'on y sait, s'y rencontre à propos.
Là, ce sont les hochets de la magnificence,
Des présents corrupteurs offerts à l'innocence,
Des fêtes et des jeux donnés avec éclat ;
Et de tous ces plaisirs quel est le résultat ?
C'est d'apprendre à Tœplitz, au peuple, à la noblesse,
Qu'Emma, riche en attraits et non moins en sagesse,
Dont le cœur confiant en sa douce vertu
Ne voit jamais le mal, ne l'a jamais conçu,

Que cette noble Emma, d'un prince trop aimée,
Du nom de sa maîtresse est déjà diffamée.

EMMA, *prête à s'évanouir.*

Mon cœur...

EDMOND, *la soutenant.*

Pour vous sauver je devais le blesser.

EMMA.

Ah! je rougis d'entendre... et rougis de penser !...
Pour des yeux aveuglés, Monsieur, quelle lumière !...
(*Avec l'explosion de l'indignation et de la douleur.*)
Quoi, l'on me déshonore, et je n'ai plus de père !
La Fille d'Honneur, act. IV, sc. 4.

ÉCOLE. Une école est une pépinière d'hommes que l'on cultive pour les besoins ou les agréments de la société. De cette définition se déduisent naturellement tous les principes de l'institution, de la distribution, de la direction des écoles.

Les arts de pure industrie, auxquels l'exemple peut seul servir de leçon, et dont la pratique même est l'étude, n'ont d'autre école que l'atelier.

Les arts dont la pratique suppose quelque talent, quelques lumières, quelques facultés précédemment acquises; ceux, par exemple, qui demandent de l'intelligence et du génie, la justesse de l'œil et l'habileté de la main, pour inventer, choisir, exécuter les formes les plus régulières, les dessins les plus élégants, les combinaisons mécaniques les plus simples, les plus solides, de l'effet le plus sûr et le plus désirable, ceux-là ont besoin d'une école.

Mais dans cette école il doit y avoir des classes différentes pour les différents arts : le menuisier, le serrurier n'est pas obligé de savoir dessiner les mêmes choses que l'orfèvre : chacun des élèves, n'ayant que son objet devant les yeux, n'en sera point distrait, et les saisira mieux et plus vite.

Il est une éducation nécessaire à tous les états. Dans une société d'hommes libres, où presque tous les engagements se forment par écrit, le laboureur, comme l'artisan, a besoin de se rendre compte de ce qu'il a, de ce qu'il doit, de ce qui lui est dû, de ce qu'il gagne et de ce qu'il dépense, de ce qu'il donne et de ce qu'il reçoit. C'est donc un établissement nécessaire, même dans les villages, que celui d'une école où l'on apprenne à lire, à écrire, à calculer ; mais rien de plus. J'ai ouï dire que le paysan qui savait lire en était plus insolent ; cela signifie peut-être plus éclairé sur ses droits et plus ferme à les soutenir. Mais plus cette instruction sera commune, moins elle aura l'effet qu'on appréhende : c'est un don plus précieux que celui de la parole ; et personne ne s'en glorifie, ni ne songe à s'en prévaloir.

C'est une institution digne d'un siècle philosophique et d'une nation policée, que celle des écoles pour les enfants aveugles et pour les sourds-muets de naissance. Il est à souhaiter qu'on en réduise les exercices au nécessaire et à l'utile. Ce qu'on y donnerait à la simple curiosité serait du temps perdu et cruellement dérobé à ces jeunes infortunés que l'on se propose d'instruire. Il s'agit de leur procurer les vrais moyens d'exister doucement par l'industrie et le travail ; et c'en est bien assez pour leur intelligence, sans la fatiguer vainement.

Les arts qu'on appelle libéraux ne sauraient fleurir sans écoles. La peinture, la sculpture, l'architecture, la musique, ont des éléments, des méthodes, des procédés qu'il faut avoir appris. Ceci n'a pas besoin de preuve.

Dans la Grèce, chaque artiste célèbre tenait école dans son atelier : on s'y formait à son exemple, et il y joignait ses leçons.

En Italie, la peinture n'a été si florissante que parce qu'elle a eu des écoles ; et de tous les peintres fameux qu'elle a produits, le Corrége est le seul qui n'ait pris les leçons et la manière d'aucun maître. Mais dans un pays où un art est cultivé avec ardeur, un homme de génie n'a pas besoin de guide : son école est partout ; et, instruit par tous les exemples, il ne s'asservit à aucun.

En France, les arts ne prospèrent que par l'institution vraiment royale de leurs écoles, soit à Paris, soit au centre de l'Italie. Osons le dire, si on avait donné le même soin à cultiver, à former les talents d'un ordre encore plus élevé que ceux de la peinture, de la sculpture et de l'architecture, la France abonderait en hommes distingués dans tous les états. Les écoles de ces trois arts sont des modèles de l'émulation dont on pourrait animer tous les autres. Lorsque le roi de Suède vint à Paris pour la première fois, ce prince, qui voyageait en philosophe, et qui observait en homme d'état, en voyant dans les salles de nos académies les chefs-d'œuvre de nos artistes, en parût vivement frappé. « Sire, lui dit le directeur de cette partie « de l'administration, votre majesté va voir la source « de ces richesses et le berceau de ces talents. » Alors il conduisit le roi de Suède dans un vaste salon, où deux cents jeunes élèves dessinaient autour du modèle; et quoique la présence d'un grand roi fût un objet d'étonnement et de distraction bien puissant sur de jeunes têtes, on assure que le profond silence qui régnait dans l'école ne fut point troublé, et qu'aucun des jeunes dessinateurs ne leva les yeux, que lorsque le prince daigna demander à voir leurs études.

Il est difficile d'entendre comment l'envie que l'on témoigne d'avoir en France une bonne musique, ne fait pas employer, pour cet art, le seul moyen de le favoriser. C'est dans des écoles que l'Italie a vu se former et ses chanteurs et ses compositeurs célèbres. L'art y décline depuis que les écoles n'ont plus des maîtres comme Durante et Porpora. A plus forte raison ne s'élevera-t-il jamais dans un pays où, les talents étant presque abandonnés à eux-mêmes, on semble attendre de la nature et du hasard qu'ils fassent naître des musiciens et des chanteurs. (Depuis que cet article a été imprimé pour la première fois, l'école de musique a été établie; et le public en voit déjà les fruits éclore, et en applaudit les succès.)

Un objet bien plus sérieux et bien plus important est la culture des arts utiles et des sciences qui leur sont analogues; et à cet égard nous avons plus à nous féliciter qu'aucune nation de l'Europe. Nos écoles guerrières ont été ses modèles, et sont encore l'objet de son émulation. Notre école de chirurgie est la meilleure qui soit au monde. Celle de médecine fleurit dans plus d'une ville du royaume; cependant on y désire encore plus de sévérité dans l'admission des docteurs. Ce titre, prodigué à des ignorants, est un piège mortel pour la confiance publique, et peuple le monde d'assassins avec un brevet d'impunité.

Paris est plein d'excellents professeurs de chimie, de pharmacie, de botanique; des cours d'histoire naturelle s'y ouvrent tous les ans; et parmi la foule de ceux qui en font un objet de curiosité, il en est assez qui en font une étude plus sérieuse et plus profonde.

Les mécaniques, l'astronomie, les mathématiques en général sont négligemment enseignées dans les écoles publiques: mais l'académie des sciences est comme un sanctuaire où elles se réunissent; et l'ambition d'y entrer ajoute à la lumière qu'elles répandent une chaleur qui la rend féconde.

Qu'il me soit permis de dire un mot de ce qui nous reste à souhaiter.

A Paris, où les humanités sont bonnes, elles seraient encore meilleures, si on y enseignait la langue française avec le même soin que les langues savantes; si, en cultivant la mémoire, on s'appliquait de même à former le goût; si l'histoire y faisait une partie des études; si la littérature moderne s'y mêlait à l'ancienne; si les régents des hautes classes étaient tous de la même force; et si, du moins pour la rhétorique, on avait soin de les choisir toujours parmi les gens de lettres éprouvés, connus par leur goût et par leurs lumières, en attachant à leurs travaux de dignes encouragements. Dans une société d'études, récemment établie sous le nom de *Lycée*, une élite de citoyens de l'un et de l'autre sexe vient de se procurer le précieux avantage d'une seconde éducation dans les lettres et dans quelques-unes des hautes sciences. On voit quel en est le succès : il est dû au choix qu'on a fait des professeurs que l'on s'est donnés : et cet exemple montre où l'on devrait les prendre pour l'éducation publique. Mais au milieu ou vers la fin de la carrière d'un homme de lettres, comment l'engager à vouloir aller former des élèves? Comme on engage tous les hommes à vouloir tout ce qu'on veut bien soi-même : par les deux grands mobiles auxquels rien ne resiste, surtout lorsqu'ils sont réunis.

L'éloquence, cet art qui n'a plus, il est vrai, la même influence et le même pouvoir qu'il avait autrefois dans Rome et dans Athènes, mais qui serait encore si nécessaire dans des emplois très importants, l'éloquence est trop négligée dans nos écoles: l'étude du droit l'est encore plus dans l'Université de Paris; et non-seulement le droit public n'a point d'école où soient obligés d'aller s'instruire les jeunes gens que leur naissance, leur goût, leur caractère, et la trempe de leur esprit destine aux négociations, mais le droit civil même n'a des écoles qu'en apparence. L'abus énorme d'être censé présent, dès qu'en payant on a pris l'inscription, fait que le professeur est presque seul dans son école; et d'une foule de jeunes gens qui sont réputés étudier sous lui, à peine y en a-t-il un dixième qui soit assidu à l'entendre. Le reste, oisif et vagabond, achète des cahiers écrits, et quand le temps de l'examen arrive, se fait souffler par un agrégé la réponse à un petit nombre de questions communiquées. C'est de là cependant que sortent nos avocats et nos juges. Il en est quelques-uns qui, par des conférences et des études particulières, ont le bon esprit de suppléer à cette nullité des études publiques ; mais pour le plus grand nombre le temps est perdu, et l'émulation anéantie.

Il n'en est pas de même des études de théologie : elles sont suivies dans la faculté de Paris avec une sévère vigilance du côté des maîtres, et autant de chaleur que d'assiduité du côté des étudiants. On les y exerce à parler d'abondance : c'est les obliger à s'instruire. Ce qu'on appelle licence se fait quand l'esprit est formé. Dans la thèse appelée majeure, les questions purement scolastiques cèdent la place à des questions d'un ordre supérieur; et cette thèse exige des études variées et approfondies sur des objets d'une utilité et d'une importance réelle. Ainsi l'esprit se trouve habitué à l'exercice et à l'application ; et entre cinquante docteurs d'une érudition pédantesque, il en sort tous les ans au moins un petit nombre, qui, doués d'une raison saine, d'un esprit juste et méthodique, quelquefois d'une âme élevée et du génie des affaires, sont propres à remplir les fonctions qui demandent le plus de sagesse, de lumières et de talents. Qu'on suppose la même vigilance, la même suite, la même activité dans des écoles de droit public, de politique et d'administration; que, pour entrer dans les premiers emplois, on ait à subir dans ces écoles des examens aussi sévères que dans les écoles du génie, de l'artillerie, de la marine et des ponts et chaussées : alors tous les talents d'une utilité importante, également bien cultivés, fourniront avec abondance à tous les besoins de l'état. On ne sera embarrassé du choix que par la foule des hommes de mérite. Mais quand même ce serait trop présumer du génie de la nation, il serait vrai du moins, comme partout ailleurs, qu'il faut semer pour recueillir, et imiter les fleuristes de Hollande, qui, dans un champ couvert de tulipes communes, s'il y en a seulement quelques-unes de rares, se trouvent richement payés de la culture de leur champ.

Encore un mot sur quelques défauts à corriger dans nos écoles. L'esprit de méthode et de suite, l'unité de principes, la liaison et l'accord, nécessaires dans le système d'une instruction progressive, exigeraient que le même régent, attaché aux mêmes disciples, les suivît dans tous leurs degrés. Mais si cela n'est pas possible, au moins doit-il y avoir, entre les maîtres qui se succèdent, une grande conformité d'opinion, de goût et de doctrine : ce qu'on ne peut guère attendre que des hommes vivant ensemble sous une même discipline; et l'on trouverait cet avantage à confier l'instruction à des corps, si les corps n'avaient pas eux-mêmes beaucoup d'autres inconvénients.

Dans l'Université de Paris on peut se procurer cette unité d'instruction, par la facilité qu'on a de choisir de bons maîtres, et singulièrement par la vigilance d'un excellent recteur qui les dirige tous. Mais à cette école florissante on reproche encore deux abus: l'un de consumer en vacances presque la moitié de l'année; l'autre, d'admettre dans les classes une trop grande inégalité.

Rien de plus commode sans doute que les congés fréquents; mais rien de plus nuisible; et le moindre mal qui s'ensuit est l'évaporation des esprits, la dissipation des idées, l'interruption de leur chaîne, la perte d'un temps précieux.

L'inégalité dont je parle s'est introduite par une fraude qu'on s'est permise imprudemment. Dans le concours des différents collèges pour disputer les prix, chacun ne songe qu'à sa propre gloire; et pour avoir des écoliers plus forts, ou l'on garde des vétérans, ou des collèges de province on fait venir des écoliers plus avancés qu'on ne peut l'être dans la classe où ils sont reçus : en sorte que les jeunes gens, qui n'ont fait que suivre de degré en degré le cours de leurs études, quelque application qu'ils y aient mise, et de quelque talent qu'ils soient doués, se sentent faibles, et perdent courage contre des rivaux qui ont sur eux des avantages trop marqués. Il faut absolument que cet abus cesse, sans quoi tous les fruits qu'on a eu lieu d'attendre de l'institution des prix sont perdus pour l'émulation. (Cet abus a cessé.)

MARMONTEL, *Éléments de Littérature*.

ÉGLOGUE. C'est l'imitation des mœurs champêtres dans leur plus agréable simplicité. On peut considérer les bergers dans trois états : ou tels qu'on s'imagine qu'ils ont été dans l'abondance et l'égalité du premier âge, avec l'ingénuité de la nature, la douceur de l'innocence, et la noblesse de la liberté; ou tels qu'ils sont devenus depuis que l'artifice et la force ont fait des esclaves et des maîtres, réduits à des travaux dégoûtants et pénibles, à des besoins douloureux et grossiers, à des idées basses et tristes; ou tels enfin qu'ils n'ont jamais été, mais tels qu'ils pouvaient être, s'ils avaient conservé assez long-temps leur innocence et leur loisir, pour se polir sans se corrompre, et pour étendre leurs idées sans multiplier leurs besoins. De ces trois états le premier est vraisemblable, le second est réel, le troisième est possible. Dans le premier, le soin des troupeaux, les fleurs, les fruits, le spectacle de la campagne, l'émulation dans les jeux, le charme de la beauté, l'attrait physique de l'amour partagent toute l'attention et tout l'intérêt des bergers : une imagination riante, mais timide, un sentiment délicat, mais naïf, règnent dans tous leurs discours : rien de réfléchi, rien de raffiné; la nature enfin, mais la nature dans sa fleur : telles sont les mœurs des bergers pris dans l'état d'innocence.

Mais ce genre est peu vaste. Les poètes, s'y trouvant à l'étroit, se sont répandus, les uns, comme Théocrite, dans l'état de grossièreté et de bassesse; les autres, comme quelques-uns des modernes, dans l'état de culture et de raffinement : les uns et les autres ont manqué d'unité dans le dessein, et ils se sont éloignés de leur but.

L'objet de la poésie pastorale me semble devoir être de présenter aux hommes l'état le plus heureux dont il leur soit permis de jouir, et de les en faire jouir en idée par le charme de l'illusion. Or l'état de grossièreté et de bassesse n'est point cet heureux état. Personne, par exemple, n'est tenté d'envier le sort de deux bergers qui se traitent de voleurs et d'infâmes (Virg. *Égl.* III)[*]. D'un autre côté, l'état de raffinement et de culture ne se concilie pas assez dans notre opinion avec l'état d'innocence, pour que le mélange nous en paraisse vraisemblable. Ainsi, plus la poésie pastorale tient de la rusticité ou du raffinement, plus elle s'éloigne de son objet.

---

[*] Il est permis de nier que l'objet de la poésie pastorale soit tel que le veut Marmontel. On ne se propose, ou du moins on ne doit se proposer autre chose dans ce genre de poésie que d'exprimer avec vérité une manière de vivre particulière. L'églogue est un tableau de mœurs, qui plaît par la fidélité de la peinture, quel que soit le sujet. Ce qu'il y a de plus bas et de plus grossier peut intéresser, présenté habilement, comme le savaient faire Théocrite et Virgile. A qui est-il arrivé d'*envier le sort* de ces pauvres pêcheurs que nous représente le premier? et cependant l'image de leur indigence nous charme; c'est un des chefs-d'œuvre du poète Syracusain. Le système de Marmontel conduit tout droit aux bergers polis et galants de Fontenelle, qui n'aimait guère non plus ce qu'il appelait la bassesse et la grossièreté de Théocrite. H. Patin.

Virgile était fait pour l'orner de toutes les graces de la nature, si, au lieu de mettre ses bergers à sa place, il se fût mis lui-même à la place de ses bergers. Mais comme presque toutes ses églogues sont allégoriques, le fond perce à travers le voile et en altère les couleurs. A l'ombre des hêtres on entend parler de calamités publiques, d'usurpation, de servitude : les idées de tranquillité, de liberté, d'innocence, d'égalité, disparaissent; et avec elles s'évanouit cette douce illusion qui, dans le dessein du poète, devait faire le charme de ses pastorales*.

« Il imagina des dialogues allégoriques entre des « bergers, afin de rendre ses pastorales plus inté- « ressantes », a dit un des traducteurs de Virgile. Mais ne confondons pas l'intérêt relatif et passager des allusions, avec l'intérêt essentiel et durable de la chose. Il arrive quelquefois que ce qui a produit l'un pour un temps, nuit dans tous les temps à l'autre. Il ne faut pas douter, par exemple, que la composition de ces tableaux où l'on voit l'Enfant Jésus caressant un moine, n'ait été ingénieuse et intéressante pour ceux à qui ces tableaux étaient

---

* Cette critique porte sur la première églogue de Virgile. Elle n'est juste qu'en partie. Sans doute le poète sort du genre quand il fait de la pastorale une allégorie, et de ses bergers les interprètes de ses sentiments. Mais il n'y a rien que de très naturel à ce que des gens de la campagne s'entretiennent des révolutions politiques qui ont troublé leur repos, et l'idée première de cette pièce, qui nous montre en contraste le désespoir du malheureux à qui l'on vient d'arracher son domaine, et le bonheur de celui qui le conserve, est certainement très naturelle et très heureuse. On peut même soutenir contre Marmontel que ce fond historique, donné à la représentation des mœurs champêtres, en augmente beaucoup la vérité et l'effet. H. Patin.

destinés. Le moine n'en est pas moins ridiculement placé dans ces peintures allégoriques.

Rien de plus délicat, de plus ingénieux, que les églogues de quelques-uns de nos poètes : l'esprit y est employé avec tout l'art qui peut le déguiser. On ne sait ce qui manque à leur style pour être naïf; mais on sent bien qu'il ne l'est pas : cela vient de ce que leurs bergers pensent au lieu de sentir, et analysent au lieu de peindre.

Tout l'esprit de l'églogue doit être en sentiments et en images : on ne veut voir dans les bergers que des hommes bien organisés par la nature, et à qui l'art n'ait point appris à composer et à décomposer leurs idées. Ce n'est que par les sens qu'ils sont instruits et affectés; et leur langage doit être comme le miroir où ces impressions se retracent. C'est là le mérite dominant des églogues de Virgile.

Ite, meæ, felix quondam pecus, ite, capellæ.
Non ego vos posthac, viridi projectus in antro,
Dumosâ pendere procul de rupe videbo *.
Fortunate senex, hîc inter flumina nota,
Et fontes sacros, frigus captabis opacum **.

« Comme on suppose ses acteurs, a dit La Motte « en parlant de l'églogue, dans cette première ingé-

---

* « Allez, mes chèvres, allez, troupeau jadis heureux. Je ne vous verrai plus, tranquillement couché dans une grotte de verdure, je ne vous verrai plus loin de moi suspendues au bord d'un rocher buissonneux. »

** « O fortuné vieillard, vivant ici au milieu de ces fleuves célèbres [a] et de ces fontaines sacrées, vous goûterez paisiblement la fraîcheur d'un ombrage épais. »

[a] *Célèbres* ne paraît pas être le sens. Virgile veut dire, ces fleuves que vous connaissez, auxquels vous êtes accoutumé.   H. PATIN

ÉGLOGUE.

« nuité que l'art et le raffinement n'avaient point
« encore altérée, ils sont d'autant plus touchants,
« qu'ils sont plus émus et qu'ils raisonnent moins....
« Mais qu'on y prenne garde : rien n'est souvent
« si ingénieux que le sentiment; non pas qu'il soit
« jamais recherché, mais parce qu'il supprime tout
« raisonnement. » Cette réflexion est très fine et très
séduisante. Essayons d'y démêler le vrai. Le sentiment franchit le milieu des idées; mais il embrasse
des rapports plus ou moins éloignés, suivant qu'ils
sont plus ou moins connus : et ceci dépend de la
réflexion et de la culture.

> Je viens de la voir! qu'elle est belle!
> Vous ne sauriez trop la punir.
> (Quinault.)

Ce passage est naturel dans le langage d'un héros ;
il ne le serait pas dans celui d'un berger.

Un berger ne doit apercevoir que ce qu'aperçoit
l'homme le plus simple, sans réflexion et sans effort.
Il est éloigné de sa bergère, il voit préparer des
jeux, et il s'écrie :

> Quel jour! quel triste jour! et l'on songe à des fêtes !
> (Fontenelle.) .

Il croit toucher au moment où de barbares soldats vont arracher ses plants; et il se dit à lui-même.

> Insere nunc, melibœe, pyros; pone ordine vites *.
> (Virgile, *Ecl*. I.)

* « A présent, Mélibée, va te donner la peine de planter des poiriers et d'aligner des vignes. »

La naïveté n'exclut pas la délicatesse : celle-ci consiste dans la sagacité du sentiment, et la nature la donne. Un vif intérêt rend attentif aux plus petites choses.

Rien n'est indifférent à des cœurs bien épris.
FONTENELLE.

Et comme les bergers ne sont guère occupés que d'un objet, ils doivent naturellement s'y intéresser davantage. Ainsi la délicatesse du sentiment est essentielle à la poésie pastorale. Un berger remarque que sa bergère veut qu'il l'aperçoive lorsqu'elle se cache :

Et fugit ad salices, et se cupit ante videri *.
(VIRGILE, *Ecl.* III.)

Il observe l'accueil qu'elle fait à son chien et à celui de son rival.

> L'autre jour sur l'herbette
> Mon chien vint te flatter ;
> D'un coup de ta houlette
> Tu sus bien l'écarter.
> Mais quand le sien, cruelle,
> Par hasard suit tes pas,
> Par son nom tu l'appelles.
> Non, tu ne m'aimes pas.

Combien de circonstances délicatement saisies dans ce reproche! C'est ainsi que *les bergers doivent*

---

* « Elle s'enfuit parmi les saules ; et en se cachant elle veut qu'on la « voie. »

développer tout leur cœur et tout leur esprit sur la passion qui les occupe davantage. Mais la liberté que leur en donne La Motte ne doit pas s'étendre plus loin.

On demande quel est le degré de sentiment dont l'églogue est susceptible, et quelles sont les images dont elle aime à s'embellir.

L'abbé Desfontaines nous dit, en parlant des mœurs pastorales de l'ancien temps : « Le berger « n'aimait pas plus sa bergère que ses brebis, ses « pâturages et ses vergers..... et quoiqu'il y eût alors, « comme aujourd'hui, des jaloux, des ingrats, des « infidèles, tout cela se pratiquait au moins modé- « rément. » Il assure de même ailleurs « que l'hy- « perbolique est l'âme de la poésie.... que l'amour « est fade et doucereux dans la *Bérénice* de Racine.... « qu'ils ne serait pas moins insipide dans le genre « pastoral...... et qu'il ne doit y entrer qu'indirecte- « ment et en passant, de peur d'affadir le lecteur. » Tout cela prouve que la nature et l'art étaient pour Desfontaines comme des pays inconnus.

Ce n'est pas ainsi que Fontenelle et que La Motte son disciple ont parlé de la pastorale. « Les hommes « dit le premier, veulent être heureux, et ils vou- « draient l'être à peu de frais. Il leur faut quelque « mouvement, quelque agitation ; mais un mouve- « ment et une agitation qui s'ajustent, s'il se peut, « avec la sorte de paresse qui les possède ; et c'est « ce qui se trouve le plus heureusement du monde « dans l'amour, pourvu qu'il soit pris d'une cer- « taine façon. Il ne doit pas être ombrageux, jaloux,

« furieux, désespéré; mais tendre, simple, délicat,
« fidèle, et, pour se conserver dans cet état, accom-
« pagné d'espérance : alors on a le cœur rempli, et
« non pas troublé, etc. »

« Nous n'avons que faire, dit La Motte, de chan-
« ger nos idées pour nous mettre à la place des
« bergers amants.... et, à la scène et aux habits près,
« c'est notre portrait même que nous voyons. Le
« poète pastoral n'a donc pas de plus sûr moyen de
« plaire, que de peindre l'amour, ses désirs, ses
« emportements, et même son désespoir; car je ne
« crois pas cet excès opposé à *l'églogue: et quoique*
« *ce soit le sentiment de M.* *de Fontenelle, que je*
« *regarderai toujours comme mon maître, je fais*
« *gloire encore d'être son disciple dans la grande*
« *leçon d'examiner, et de ne souscrire qu'à ce qu'on*
« *voit.* » Nous citons ce dernier trait pour donner
aux gens de lettres un exemple de noblesse et d'honnêteté dans la dispute. Examinons à notre tour lequel de ces deux sentiments doit prévaloir.

Que les emportements de l'amour soient dans le
caractère des bergers pris dans l'état d'innocence,
c'est ce qu'il serait trop long d'approfondir; il faudrait pour cela distinguer les purs mouvements de
la nature, des écarts de l'opinion et des raffinements
de la vanité. Mais en supposant que l'amour, dans
son principe naturel, soit une passion fougueuse et
cruelle dans ses accès, n'est-ce pas perdre de vue
l'objet de l'églogue, que de présenter les bergers
dans ces violentes situations ? La maladie et la pauvreté affligent les bergers comme le reste des hom-

mes; cependant on écarte ces tristes images de la peinture de leur vie. Pourquoi? parce qu'on se propose de peindre un état heureux. La même raison doit exclure du tableau de la vie champêtre les orages des passions. Si l'on veut peindre les hommes furieux et coupables, pourquoi les chercher dans les hameaux? pourquoi donner le nom d'églogue à des scènes de tragédie? Chaque genre a son degré d'intérêt et de pathétique : celui de l'églogue ne doit être qu'une douce émotion. Est-ce à dire pour cela qu'on ne doive introduire sur la scène que des bergers heureux et contents? Non : l'amour des bergers a ses inquiétudes; leur ambition a ses revers. Une bergère absente ou infidèle, un loup qui enlève une brebis chérie, sont des objets de tristesse et de douleur pour un berger. Mais dans ses malheurs même on admire la douceur de son état. Qu'il est heureux, dira un courtisan, de ne souhaiter qu'un beau jour! Qu'il est heureux, dira un plaideur, de n'avoir que des loups à craindre! Qu'il est heureux, dira un souverain, de n'avoir que des moutons à garder *!

* Le résultat de tous ces préceptes fondés sur une définition fausse du genre, est de le réduire à une peinture fade et doucereuse, à l'expression insipide d'un modèle de convention. Pourquoi la passion de l'amour ne serait-elle pas la même chez les bergers que chez les autres hommes? et s'ils connaissent aussi les *emportements* de la passion, pourquoi ne pas les peindre? faut-il retrancher *Gallus* et le *Cyclope* du nombre des églogues? et y a-t-il pour quelque genre que ce soit une autre loi que la vérité? Je ne comprends rien, quant à moi, à cette nécessité d'une *émotion douce* dont Marmontel fait la règle suprême du genre ; règle arbitraire d'après laquelle il interdit également à l'églogue *les tristes images de la maladie et de la pauvreté*, aussi bien que le tableau des mœurs rudes et quelquefois un peu gros-

Virgile a un exemple admirable du degré de chaleur auquel peut se porter l'amour, sans altérer la douce simplicité de la poésie pastorale. C'est dommage que cet exemple ne soit pas honnête à citer

L'amour a toujours été la passion dominante de l'églogue, par la raison qu'elle est la plus naturelle aux hommes, et la plus familière aux bergers. Les anciens n'ont peint de l'amour que le physique : sans doute en étudiant la nature, ils n'y ont trouvé rien de plus. Les modernes y ont ajouté tous ces raffinements subtils que la fantaisie des hommes a inventés pour leur supplice; et il est au moins douteux que la poésie ait gagné à ce mélange. Quoi qu'il en soit, la froide galanterie n'aurait dû jamais y prendre la place d'un sentiment naïf et tendre; et je la crois incompatible avec le naturel et l'ingénuité de l'églogue. Passons au choix des images.

Tous les objets que la nature peut offrir aux yeux des bergers sont du genre de l'églogue. Mais La Motte a raison de dire que, « quoique rien ne « plaise que ce qui est naturel, il ne s'ensuit pas que « tout ce qui est naturel doive plaire. » Sur le principe déjà posé que l'églogue est le tableau d'une condition digne d'envie, tous les traits qu'elle présente doivent concourir à former ce tableau. De là vient que les images grossières ou purement rustiques doivent en être bannies ; de là vient que les bergers ne doivent pas dire, comme dans Théocrite : « Je hais les renards qui mangent les figues,

sières des champs, comme nous l'avons déjà vu plus haut et comme on va le voir par la suite. H. PATIN.

« je hais les escarbots qui mangent les raisins, etc.; » de là vient que les pêcheurs de Sannazar sont d'une invention malheureuse : la vie des pêcheurs n'offre que l'idée du travail, de l'impatience, et de l'ennui. Il n'en est pas de même de la condition des laboureurs : leur vie, quoique pénible, présente l'image de la gaieté, de l'abondance et du plaisir. Le bonheur n'est incompatible qu'avec un travail ingrat et forcé : la culture des champs, l'espérance des moissons, la récolte des grains, les repas, la retraite, les danses des moissonneurs, présentent des tableaux aussi riants que les troupeaux et les prairies. Ces deux vers de Virgile en sont un exemple :

Thestylis et rapido fessis messoribus æstu,
Allia serpyllumque herbas contundit olentes.

Qu'on introduise avec art sur la scène des bergers et des laboureurs, on verra quel agrément et quelle variété peuvent naître de ce mélange.

Mais quelque art qu'on emploie à embellir et à varier l'églogue, sa chaleur douce et tempérée ne peut soutenir long-temps une action intéressante (*Voy.* PASTORALE). L'action de l'églogue, pour être vive, ne doit avoir qu'un moment. La passion seule peut nourrir un long intérêt : il se refroidit s'il n'augmente. Or l'intérêt ne peut augmenter à un certain point, sans sortir du genre de l'églogue, qui de sa nature n'est susceptible ni de terreur ni de pitié.

Tout poème sans dessein est un mauvais poème. La Motte, pour le dessein de l'églogue, veut qu'on choisisse d'abord une vérité digne d'intéresser le cœur et de satisfaire l'esprit, et qu'on imagine ensuite une conversation de bergers, ou un évènement pastoral où cette vérité se développe. Je tombe d'accord avec lui que, suivant ce dessein, on peut faire une églogue excellente, et que ce développement d'une vérité particulière serait un mérite de plus. Cependant il me semble qu'une moralité générale doit suffire au dessein et à l'intérêt de l'églogue. Cette moralité consiste à faire sentir l'avantage d'une vie douce, tranquille et innocente, telle qu'on peut la goûter en se rapprochant de la nature, sur une vie mêlée de trouble, d'amertume et d'ennuis, telle que l'homme l'éprouve depuis qu'il s'est forgé de vains désirs, des intérêts chimériques et des besoins factices. C'est ainsi sans doute que Fontenelle a envisagé le dessein moral de l'églogue, lorsqu'il en a banni les passions funestes ; et si La Motte avait saisi ce principe, il n'eût proposé ni de peindre dans ce poème les emportements de l'amour, ni d'enfaire aboutir l'action à quelque vérité cachée.

Mais l'églogue, en changeant d'objet, ne pourrait-elle pas changer aussi de genre* ? On ne l'a considérée jusqu'ici que comme le tableau d'une condition digne d'envie; ne pourrait-elle pas être aussi la peinture d'un état digne de pitié ? en serait-elle moins utile ou moins intéressante ? Elle pein-

---

* Ici Marmontel semble abandonner la définition arbitraire et étroite qu'il a donnée plus haut et revenir à des idées plus justes et plus fécondes.

H. PATIN.

drait d'après nature des mœurs agrestes et de tristes objets; mais ces images, vivement exprimées, n'auraient-elles pas leur beauté, leur pathétique, et sur-tout leur bonté morale ? Ceux qui penchent pour ce genre naturel et vrai se fondent sur ce principe, que tout ce qui est beau en peinture doit l'être en poésie ; et que les paysans de Berghem valent bien les bergers de Poter et les galants de Vateau. Ils en concluent que Colin et Colette, Mathurin et Claudine sont des personnages aussi dignes de l'églogue, dans la rusticité de leurs mœurs et la misère de leur état, que Daphnis et Timarète, Aminte et Licidas, dans leur noble simplicité et dans leur aisance tranquille. Le premier genre sera triste : mais la tristesse et l'agrément ne sont point incompatibles ; et la rusticité même a sa noblesse et sa dignité naturelle. Ce genre, dit-on, manquerait de délicatesse et d'élégance. Pourquoi ? Les paysans de La Fontaine ne parlent-ils pas le langage de la nature, et ce langage n'a-t-il point une élégante simplicité ? Il n'y a qu'une sorte d'objets qui soient absolument bannis de la poésie, comme de la peinture : ce sont les objets dégoûtants, et les détails de la vie rustique ne le seraient jamais, si on savait bien les choisir. Qu'une bonne paysanne, reprochant à ses enfants leur lenteur à puiser de l'eau et à allumer du feu pour préparer le repas de leur père, leur dise : « Savez-vous, mes enfants, « que dans ce moment même votre père courbé « sous le poids du jour, force une terre ingrate à « produire de quoi vous nourrir ? Vous le verrez

« revenir ce soir accablé de fatigue, dégouttant de
« sueur, etc. »; cette églogue ne sera-t-elle pas aussi
touchante que naturelle ?

L'églogue est un récit, ou un entretien, ou un
mélange de l'un et de l'autre; dans tous les cas elle
doit être absolue dans son plan, c'est-à-dire ne
laisser rien à désirer dans son commencement,
dans son milieu, ni dans sa fin : règle contre laquelle pèche toute églogue dont les personnages
ne savent à quel propos ils commencent, ils continuent, ou ils finissent de parler. *Voyez* DIALOGUE.

Dans l'églogue en récit, ou c'est le poète ou c'est
l'un de ses bergers qui raconte. Si c'est le poète,
il lui est permis de donner à son style un peu plus
d'élégance et d'éclat; mais il n'en doit prendre les
ornements que dans les mœurs et les objets champêtres : il ne doit être lui-même que le mieux instruit et le plus ingénieux des bergers. Si c'est un
berger qui raconte, le style et le ton de l'églogue
en récit ne diffèrent en rien du style et du ton de
l'églogue en dialogue. Dans l'une et l'autre ce doit
être un tissu d'images familières, mais choisies,
c'est-à-dire ou gracieuses ou touchantes : c'est là ce
qui met les pastorales anciennes si fort au-dessus
des modernes. Il n'est point de galerie si vaste,
qu'un peintre habile ne pût orner avec une seule
des églogues de Virgile.

C'est une erreur assez généralement répandue,
que le style figuré n'est point naturel : en attendant
que j'essaie de la détruire, relativement à la poésie
en général (*voyez* IMAGE), je vais la combattre en

peu de mots à l'égard de la poésie champêtre. Non-seulement il est dans la nature que le style des bergers soit figuré, mais il est contre toute vraisemblance qu'il ne le soit pas. Employer le style figuré, c'est à peu près, comme Lucain l'a dit de l'Écriture,

Donner de la couleur et du corps aux pensées.

Et c'est ce que fait naturellement un berger. Un ruisseau serpente dans la prairie ; le berger ne pénètre point la cause physique de ses détours ; mais attribuant au ruisseau un penchant analogue au sien, il se persuade que c'est pour caresser les fleurs et couler plus long-temps autour d'elles, que le ruisseau s'égare et prolonge son cours. Un berger sent épanouir son âme au retour de sa bergère : les termes abstraits lui manquent pour exprimer ce sentiment; il a recours aux images sensibles: l'herbe que ranime la rosée, la nature renaissante au lever du soleil, les fleurs écloses au premier souffle du zéphir, lui prêtent les couleurs les plus vives pour exprimer ce qu'un métaphysicien aurait bien de la peine à rendre. Telle est l'origine du langage figuré, le seul qui convienne à la pastorale, par la raison qu'il est le seul que la nature ait enseigné.

Cependant, autant que des images détachées sont naturelles dans ce style, autant une allégorie continue y paraîtrait artificielle. La comparaison même ne convient à l'églogue que lorsqu'elle semble se présenter sans qu'on la cherche, et dans des moments de repos. De là vient que celle-ci manque de naturel, employée comme elle est dans une situation qui ne permet pas de parcourir tous ces rapports.

Nec lacrymis crudelis amor, nec gramine rivi,
Nec cytiso saturantur apes, nec fronde capellæ*.

Le dialogue est un partie essentielle de l'églogue; mais comme il a les mêmes règles dans tous les genres de poésie, *voyez* DIALOGUE**.

MARMONTEL, *Éléments de Littérature*.

ÉLÉGANCE. Celle du style suppose la correction, la justesse, la pureté de la diction, c'est-à-dire la fidélité la plus sévère aux règles de la langue, au sens de la pensée, aux lois de l'usage et du goût; mais tout cela contribue à l'élégance, et n'y suffit pas. Elle exige encore une liberté noble, un air facile et naturel, qui, sans nuire à la correction, déguise l'étude et la gêne. Le style de Despréaux est correct; celui de Racine et de Quinault est élégant. « L'élé-
« gance consiste, dit l'auteur des *Synonymes fran-*
« *çais*, dans un tour de pensée noble et poli, rendu
« par des expressions châtiées, coulantes et gra-
« cieuses à l'oreille. » Disons mieux : c'est la réunion

---

* « Ni le cruel amour ne se rassasie de larmes; ni les ruisseaux de gazon; ni les abeilles de fleurs; ni les chèvres de feuillage. » (Je traduis mot à mot ce que je ne saurais rendre avec la grace du vers latin.)

** On peut lire sur le même sujet les excellents préceptes de Boileau dans l'*Art Poétique*, les traités de Fontenelle, de La Motte, de Batteux, l'article de Voltaire dans le *Dictionnaire philosophique*, du chevalier de Jaucourt dans l'*Encyclopédie*, enfin le chapitre où Blair traite de la poésie pastorale et où il se rapproche beaucoup des idées de Marmontel. H. P.

ÉLÉGANCE. 205

de toutes les graces du style ; et c'est par là qu'un ouvrage relu sans cesse est sans cesse nouveau.

La langueur et la mollesse du style sont les écueils voisins de l'élégance; et parmi ceux qui la recherchent, il en est peu qui les évitent : pour donner de l'aisance à l'expression, ils la rendent faible et diffuse : leur style est poli, mais efféminé. La première cause de cette faiblesse est dans la manière de concevoir et de sentir. Tout ce qu'on peut exiger de l'élégance, c'est de ne pas énerver le sentiment ou la pensée; mais on ne doit pas s'attendre qu'elle donne de la chaleur ou de la force à ce qui n'en a pas.

Le point essentiel et difficile est de concilier l'élégance avec le naturel. L'élégance suppose le choix de l'expression : or le moyen de choisir, quand l'expression naturelle est unique ? le moyen d'accorder cette vérité, ce naturel, avec toutes les convenances des mœurs, de l'usage et du goût; avec ces idées factices de bienséance et de noblesse, qui varient d'un siècle à l'autre, et qui font loi dans tous les temps ? Comment faire parler naturellement un villageois, un homme du peuple, sans blesser la délicatesse d'un homme poli, cultivé ?

C'est là sans doute une des plus grandes difficultés de l'art, et peu d'écrivains ont su la vaincre. Toutefois il y en a deux moyens : le choix des idées et des choses, et le talent de placer les mots. Le style n'est le plus souvent bas et commun que par les idées. Dire comme tout le monde ce que tout le monde a pensé, ce n'est pas la peine d'écrire : vouloir dire des choses communes d'une façon nouvelle et qui n'appartienne qu'à nous, c'est courir le risque d'être précieux, affecté, peu naturel : dire des choses que nous avons tous confusément dans l'âme, mais que personne n'a pris soin encore de démêler, d'exprimer, de placer à propos, les dire dans les termes les plus simples et en apparence les moins recherchés, c'est le moyen d'être à la fois naturel et ingénieux.

Le sage est ménager du temps et des paroles.

Qui ne l'eût pas dit comme La Fontaine? Qui n'eût pas dit, comme lui,

Qu'un ami véritable est une douce chose;
Il cherche nos besoins au fond de notre cœur!

ou plutôt qui l'eût dit avec cette vérité si touchante?

Le moyen le plus sûr d'avoir un style à soi, ce serait de s'exprimer comme la nature; et le poète que je viens de citer en est la preuve et l'exemple; mais si *le vrai seul est aimable*, il faut avouer qu'il ne l'est pas toujours. Il est donc important de choisir dans la nature des détails dignes de plaire, et dont l'expression naïve et simple n'ait rien de grossier ni de bas : par exemple, tout ce qu'on peint des mœurs des villageois doit être vrai sans être dégoûtant; et il y a moyen de donner à ces détails de la grace et de la noblesse.

Il en est du moral comme du physique; et si la nature est choisie avec goût, les mots qui doivent l'exprimer seront décents et gracieux comme elle. L'art de placer, d'assortir les mots, de les relever l'un par l'autre, de ménager à celui qui manque de clarté, de couleur, de noblesse, le reflet d'un terme plus noble, plus lumineux, plus coloré; cet art, dis-je, ne peut se prescrire; c'est l'étude et l'exercice qui le donnent, secondés du talent, sans lequel l'exemple est infructueux, et le travail même inutile.

Mais si le sujet présente inévitablement des objets rebutants ou ingrats à décrire, quelle sera, pour être élégant, la ressource de l'écrivain? Fléchier va vous l'apprendre dans la description qu'il fait d'un hôpital (*Oraison funèbre de la reine*). « Voyons-la,
« dit-il, dans ces hôpitaux où elle pratiquait ses mi-
« séricordes publiques ; dans ces lieux où se ra-
« massent toutes les infirmités et tous les accidents
« de la vie humaine; où les gémissements et les
« plaintes de ceux qui souffrent remplissent l'âme
« d'une tristesse importune; où l'odeur qui s'exhale
« de tant de corps languissants porte dans le cœur
« de ceux qui les servent le dégoût et la défaillance;
« où l'on voit la douleur et la pauvreté exercer à
« l'envi leur funeste empire; et où l'image de la
« misère et de la mort entre presque par tous les
« sens. »

Dans ce tableau, chaque trait présente une image affligeante, un sentiment pénible; et rien n'y est rebutant; et tout y est ennobli par le choix de l'expression.

On demande pourquoi il est des auteurs dont le style a moins vieilli que celui de leurs contemporains; en voici la cause. Il est rare que l'usage retranche d'une langue les termes qui réunissent l'harmonie, le coloris et la clarté : quoique bizarre dans ses décisions, l'usage ne laisse pas de prendre assez souvent conseil de l'esprit, et sur-tout de l'oreille : on peut donc compter assez sur le pouvoir du sentiment et de la raison, pour garantir qu'à mérite égal, celui des écrivains qui, dans le choix des termes, aura le plus d'égard à la clarté, au coloris, à l'harmonie, sera celui qui vieillira le moins.

Un sort opposé attend ces écrivains qui s'empressent à saisir les mots dès qu'ils viennent d'éclore et avant même qu'ils soient reçus. Ces mots que La Bruyère appelle *aventuriers*, qui font d'abord quelque fortune dans le monde, et qui s'éclipsent au bout de six mois, sont dans le style, comme dans les tableaux, ces couleurs brillantes et fragiles qui, après nous avoir séduits quelque temps, noircissent et font une tache. Le secret de Pascal est d'avoir bien choisi ses couleurs.

Le dictionnaire d'un écrivain, ce sont les poètes, les historiens, les orateurs qui ont excellé dans l'art d'écrire. C'est là qu'il doit étudier les finesses, les délicatesses, les richesses de sa langue; non pas à mesure qu'il en a besoin, mais avant de prendre la plume; non pas pour se faire un style des débris de leurs phrases et de leurs vers mutilés, mais pour saisir avec précision le sens des termes et leurs rapports, leur opposition, leur analogie, leur caractère et leurs nuances, l'étendue et les limites des idées qu'on y attache, l'art de les placer, de les combiner, de les faire valoir l'un par l'autre, en un mot, d'en former un tissu où la nature vienne se peindre comme sur la toile, sans que l'art paraisse y avoir mis la main. Pour cela ce n'est pas assez d'une lecture indolente et superficielle, il faut une étude sérieuse et profondément réfléchie. Cette étude serait pénible autant qu'ennuyeuse, si elle était isolée; mais en étudiant les modèles, on étudie tout l'art à la fois; et ce qu'il y a de sec et d'abstrait s'apprend sans qu'on s'en aperçoive, dans le temps même qu'on admire ce qu'il y a de plus ravissant.

Je finis cet article par un passage de Cicéron sur le soin que doivent prendre et l'orateur et l'écrivain de réunir la force des pensées avec l'élégance du style. *Quemadmodum qui utuntur armis aut palestrá, non solum sibi vitandi aut feriendi rationem esse habendam putant, sed etiam ut cum venustate moveantur; sic verbis quidem ad aptam compositionem et decentiam, sententiis vero ad gravitatem orationis utatur.* « Le gladiateur et l'athlète ne s'exercent pas
« seulement à parer et à frapper avec adresse, mais
« à se mouvoir avec grace. C'est ainsi que dans le
« discours il faut s'occuper en même temps à donner
« du poids aux pensées, de l'agrément et de la dé-
« cence à l'élocution. »

Marmontel, *Éléments de Littérature.*

ÉLÉGIAQUE, qui appartient à l'élégie. Les anciens écrivaient l'élégie en vers hexamètres et pentamètres, mêlés alternativement, et le pentamètre s'appelait élégiaque.

Arma, gravi numero, violentaque bella parabam
  Edere, materiâ conveniente modis.
Par erat inferior versus : risisse Cupido
  Dicitur, atque unum subripuisse pedem.

(Ovid. *Amor*, I, *El.* 1.)

Mais comment cette mesure pouvait-elle peindre également deux affections de l'âme opposées, comme la joie et la tristesse? c'est ce qui est encore sensible pour nos oreilles, malgré l'altération de la prosodie latine dans notre prononciation.

La tristesse et la joie ont cela de commun, que leurs mouvements sont inégaux et fréquemment interrompus : l'une et l'autre suspendent la respiration, coupent la voix, rompent la mesure; l'une s'affaiblit, expire, et tombe; l'autre s'anime, tressaille et s'élance. Or le pentamètre a cette propriété, que la mesure en est deux fois rompue; car ce vers n'est que l'hexamètre auquel on a retranché deux demi-pieds, l'un à l'hémistiche, l'autre à la fin du vers; et c'est ce qui a fait dire à Ovide que l'Amour, en riant, avait dérobé une mesure au vers élégiaque : *unum subripuisse pedem*. Si donc ces deux ruptures du pentamètre peuvent, au gré de l'expression, et comme il est aisé de le sentir, être des chutes ou des élans, ce vers doit être également docile à peindre les mouvements de la tristesse et de la joie. Mais comme dans la nature les mouvements de l'une et de l'autre ne sont pas aussi fréquemment interrompus que ceux du vers pentamètre, on y a joint, pour les suspendre et les soutenir, la mesure pleine et continue de l'hexamètre : de là le mélange alternatif de ces deux vers dans l'élégie.

Cependant le pathétique en général se peint encore mieux dans le vers ïambe, dont la mesure simple et variée approche de la nature, autant que l'art du vers peut en approcher*, et il est vraisemblable que si l'ïambe n'a pas eu la préférence dans la poésie *élégiaque* comme dans la poésie dramatique, c'est que l'élégie était mise en chant.

Quintilien regarde Tibulle comme le premier des poètes élégiaques; mais il ne parle que du style : *Mihi tersus atque elegans maximè videtur.* Pline le Jeune préfère Catulle, sans doute pour des élégies qui ne sont point parvenues jusqu'à nous. Ce que nous connaissons de lui de plus délicat et de plus touchant ne peut guère être mis que dans la classe des madrigaux. (*Voyez* MADRIGAL.) Nous n'avons d'élégies de Catulle que quelques vers à Ortalus sur la mort de son frère; la chevelure de Bérénice, élégie faible, imitée de Callimaque; une épître à Mallius, où sa douleur, sa reconnaissance et ses amours sont comme entrelacés de l'histoire de Laodamie, avec assez peu d'art et de goût; enfin l'aventure d'Ariane et de Thésée, épisode enchâssé dans son poème sur les noces de Thétis, contre toutes les règles de l'ordonnance, des proportions et du dessein. Tous ces morceaux sont des modèles du style élégiaque; mais par le fond des choses, ils ne méritent pas même, à mon avis, que l'on nomme Catulle à

* Voyez, sur le caractère du vers ïambe, t. I, p. 377 de notre *Répertoire*.

H. P.

côté de Tibulle et de Properce : aussi l'abbé Souchai ne l'a-t-il pas compté parmi les élégiaques latins. (*Mém. de l'Acad. des inscriptions et belles-lettres*, tome 7.) Mais il prétend que Tibulle est le seul qui ait connu et exprimé parfaitement le vrai caractère de l'élégie, en quoi je prends la liberté de n'être pas de son avis, plus éloigné encore du sentiment de ceux qui donnent la préférence à Ovide. (*Voyez* ÉLÉGIE.) Le seul avantage qu'Ovide ait sur ses rivaux est celui de l'invention; car ils n'ont fait le plus souvent qu'imiter les Grecs, tels que Mimnerme et Callimaque. Mais Ovide, quoique inventeur, avait pour guides et pour exemples ses rivaux, Tibulle et Properce, qui venaient d'écrire avant lui.

Si l'on demande quel est l'ordre dans lequel ces poètes se sont succédés, il est marqué dans ces vers d'Ovide. (*Trist.* II, *El.* 10.)

...... Nec amara Tibullo
Tempus amicitiæ fata dedere meæ.
Successor fuit hic tibi, Galle; Propertius, illi.
Quartus ab his serie temporis ipse fui[*].

Il ne nous reste rien de ce Gallus; mais si c'est le même que le Gallus ami de Properce, il a dû être le plus véhément de tous les poètes élégiaques, comme il a été le plus dur au jugement de Quintilien.

MARMONTEL, *Éléments de Littérature.*

---

[*] « Les sévères destinées ne donnèrent pas à Tibulle le temps de jouir de mon amitié. Gallus lui succéda, et Properce à Gallus. Je suis venu le quatrième. »

ÉLÉGIE. Dans la simplicité touchante et noble, elle réunit tout ce que la poésie a de charmes, l'imagination et le sentiment. C'est cependant, depuis la renaissance des lettres, l'un des genres de poésie qu'on a le plus négligés : on y a même attaché l'idée d'une tristesse fade ; soit qu'on ne distingue pas assez la tendresse de la fadeur; soit que les poètes, sur l'exemple desquels cette opinion s'est établie, aient pris eux-mêmes le style doucereux pour le style tendre.

Il n'est donc pas inutile de développer ici le caractère de l'élégie, d'après les modèles de l'antiquité.

Comme les froids législateurs de la poésie n'ont pas jugé l'élégie digne de leur sévérité, elle jouit encore de la liberté de son premier âge. Grave ou légère, tendre ou badine, passionnée ou tranquille, riante ou plaintive à son gré, il n'est point de ton, depuis l'héroïsme jusqu'au familier, qu'il ne lui soit permis de prendre. Properce y a décrit en passant la formation de l'univers ; Tibulle, les tourments du Tartare : l'un et l'autre en ont fait des tableaux dignes tour à tour de Raphaël, du Corrège et de l'Albane. Ovide ne cesse d'y jouer avec les flèches de l'amour.

Cependant, pour en déterminer le caractère par quelques traits particuliers, je la diviserai en trois genres, le passionné, le tendre, et le gracieux.

Dans tous les trois elle prend également le ton de la douleur et de la joie ; car c'est sur-tout dans l'élégie que l'amour est un enfant qui pour rien s'irrite ou s'appaise, qui pleure et rit en même temps. Par la même raison, le tendre, le passionné, le gracieux ne sont pas des genres incompatibles dans l'élégie amoureuse; mais dans leur mélange il y a des nuances, des passages, des gradations à ménager. Dans la même situation où l'on dit *torqueor, infelix!* on ne doit pas comparer la rougeur de sa maîtresse, convaincue d'infidélité, « à la couleur du ciel, au « lever de l'aurore, à l'éclat des roses parmi les lis, « etc. » (Ovid. *Amor*, II, *El.* 5.) Au moment où l'on crie à ses amis : « Enchaînez-moi, je suis un « furieux, j'ai battu ma maîtresse, » on ne doit penser ni aux fureurs d'Oreste, ni à celles d'Ajax. (Ibid. I, *El.* 7.) Que ces écarts sont bien plus naturels dans Properce! « On m'enlève ce que j'aime, « dit-il à son ami, et tu me défends les larmes! Il « n'y a d'injures sensibles qu'en amour... C'est par « là qu'ont commencé les guerres, c'est par là que « Troie a péri... Mais pourquoi recourir à l'exemple « des Grecs? c'est toi, Romulus, qui nous as donné « celui du crime : en enlevant les Sabines, tu appris « à tes neveux à nous enlever nos amantes, etc. » (Ibid. II, *El.* 7.)

En général, le sentiment domine dans le genre passionné, c'est le caractère de Properce; l'imagination domine dans le gracieux, c'est le caractère d'Ovide. Dans le premier, l'imagination modeste et soumise, ne se joint au sentiment que pour l'embellir, et se cache en l'embellissant, *subsequiturque*. Dans le second, le sentiment humble et docile ne se joint à l'imagination que pour l'animer, et se laisse couvrir des fleurs qu'elle répand à pleines mains. Un coloris trop brillant refroidirait l'un, comme un pathétique trop fort obscurcirait l'autre.

La passion rejette la parure des graces, les graces sont effrayées de l'air sombre de la passion; mais une émotion douce ne les rend que plus touchantes et plus vives : c'est ainsi qu'elles règnent dans l'élégie tendre, et c'est le genre de Tibulle.

C'est pour avoir donné à un sentiment faible le ton du sentiment passionné, que l'élégie et devenue fade. Rien n'est plus insipide qu'un désespoir de sang-froid. On a cru que le pathétique était dans les mots; il est dans les tours et dans les mouvements du style. Ce regret de Properce après s'être éloigné de Cinthie,

Nonne fuit melius dominæ pervincere mores*?

ce regret, dis-je, serait froid. Mais combien la réflexion l'anime!

Quamvis dura, tamen rara puella fuit**.

C'est une étude bien intéressante que celle des mouvements de l'âme dans les élégies de ce poète, et de Tibulle son rival. « Je veux, dit Ovide, que « quelque jeune homme, blessé des mêmes traits que « moi, reconnaisse dans mes vers tous les signes de sa « flamme, et qu'il s'écrie après un long étonnement : « Qui peut avoir appris à ce poète à si bien peindre « mes malheurs? » C'est la règle générale de la poésie pathétique. Ovide la donne; Tibulle et Properce la suivent, et la suivent bien mieux que lui.

* « N'eût-il pas mieux valu tâcher de vaincre les caprice de ma maîtresse ? »

** Malgré toute sa cruauté, Cinthie était une fille rare. »

Quelques poètes modernes se sont persuadé que l'élégie plaintive n'avait pas besoin d'ornements : non, sans doute, lorsqu'elle est passionnée. Une amante éperdue n'a pas besoin d'être parée pour attendrir en sa faveur; son désordre, son égarement, la pâleur de son visage, les ruisseaux de larmes qui coulent de ses yeux, sont les armes de sa douleur, et c'est avec ces traits que la pitié nous pénètre. Il en est ainsi de l'élégie passionnée.

Mais une amante qui n'est qu'affligée doit réunir, pour nous émouvoir, tous les charmes de la beauté, la parure, ou plutôt le négligé des graces. Telle doit être l'élégie tendre, semblable à Corinne au moment de son réveil :

Sæpe etiam, nondùm digestis mane capillis,
 Purpureo jacuit semisupina toro;
Tumque fuit neglecta decens.

Un sentiment tranquille et doux, tel qu'il règne dans l'élégie tendre, a besoin d'être nourri sans cesse par une imagination vive et féconde. Qu'on se figure une personne triste et rêveuse, qui se promène dans une campagne, où tout ce qu'elle voit lui rappelle ce qui l'intéresse, et l'y ramène à chaque instant : telle est, dans l'élégie tendre, la situation de l'âme à l'égard de l'imagination. Quels tableaux ne se fait-on pas dans ces douces rêveries ? « Tantôt on croit
« voyager sur un vaisseau avec ce que l'on aime; on
« est exposé à la même tempête; on dort sur le même
« rocher, à l'ombre du même arbre; on se désaltère
« à la même source; soit à la poupe, soit à la proue

« du navire, une planche suffit pour deux ; on souf-
« fre tout avec plaisir ; qu'importe que le vent du
« midi, ou celui du nord, enfle la voile ? pourvu
« qu'on ait les yeux attachés sur son amante ; Jupi-
« ter embraserait le vaisseau, on ne tremblerait
« que pour elle. (Prop. II, *El.* 28.) Tantôt on se
« peint soi-même expirant : on tient d'une défaillante
« main la main d'une amante éplorée ; elle se préci-
« pite sur le lit où l'on va mourir ; elle suit son amant
« jusque sur le bûcher ; elle couvre son corps de
« baisers mêlés de larmes ; on voit les jeunes gar-
« çons et les jeunes filles revenir de ce spectacle les
« yeux baissés et mouillés de pleurs ; on voit son
« amante s'arrachant les cheveux et se déchirant les
« joues ; on la conjure d'épargner les mânes de son
« amant, de modérer son désespoir. » (*Tib.* I, *El.* 2.)
C'est ainsi que dans l'élégie tendre le sentiment doit
être sans cesse animé par les tableaux que l'imagination lui présente. Il n'en est pas de même de l'élégie passionnée : l'objet présent y remplit toute l'âme ;
la passion ne rêve point.

On peut entrevoir quel est le ton du sentiment dans
Tibulle et dans Properce, par les extraits que j'en
ai donnés, n'ayant pas osé les traduire. Mais ce n'est
qu'en les lisant dans l'original, qu'on peut sentir le
charme de leur style : tous deux faciles avec précision, véhéments avec douceur, pleins de naturel,
de délicatesse, et de graces. Quintilien regarde
Tibulle comme le plus élégant et le plus poli des
poètes élégiaques latins ; cependant il avoue que Properce a des partisans qui le préfèrent à Tibulle ; et

sans l'emploi un peu trop fréquent qu'il fait de son érudition, je serais de ce nombre. A l'égard du reproche que Quintilien fait à Ovide d'être ce qu'il appelle *lascivior;* soit que ce mot-là signifie *moins châtié,* ou *plus diffus,* ou *trop livré à son imagination,* trop amoureux de son bel esprit, *nimium amator ingenii sui,* ou *d'une mollesse trop négligée dans son style* (car on ne saurait l'entendre comme le *lasciva puella* de Virgile, *d'une volupté attrayante*); ce reproche, dans tous les sens, me semble également fondé. Aussi Ovide n'a-t-il excellé que dans l'élégie gracieuse, où les négligences sont plus excusables.

Aux traits dont Ovide s'est peint à lui-même l'élégie amoureuse, on peut juger du style et du ton qu'il lui a donnés.

Venit odoratos Elegia nexa capillos.
. . . .
Forma decens, vestis tenuissima, cultus amantis;
..... Limis subrisit ocellis.
Fallor, an in dextrâ myrtea virga fuit *?

Il prend quelquefois le ton plaintif; mais ce ton-là même est un badinage.

Croyez qu'il est des dieux sensibles à l'injure.
Après mille serments Corinne se parjure;
En a-t-elle perdu quelqu'un de ses attraits?

* « L'Élégie vint à moi les cheveux parfumés et noués avec grace. Son air était décent; sa robe légère; sa parure, celle d'une amante. Elle me regarda d'un œil oblique en souriant. Si je ne me trompe, elle avait à la main un rameau de myrte. »

ÉLÉGIE.

Ses yeux sont-ils moins beaux, son teint est-il moins frais?
Ah! ce dieu, s'il en est, sans doute aime les belles;
Et ce qu'il nous défend n'est permis que pour elles.

L'amour, avec ce front riant et cet air léger, peut être aussi ingénieux, aussi brillant que veut le poète. La parure sied bien à la coquetterie : c'est elle qui peut avoir les cheveux entrelacés de roses. C'est sur le ton galant qu'un amant peut dire :

Cherche un amant plus doux, plus patient que moi.
Du tribut de mes vœux la poupe couronnée
Brave au port les fureurs de l'onde mutinée.

C'est là que serait placée cette métaphore, si peu naturelle dans une élégie sérieuse :

Nec procul a metis quas penè tenere videbar,
  Curriculo gravis est facta ruina meo*.
(*Trist. IV, El.* 8.)

Tibulle et Properce, rivaux d'Ovide dans l'élégie gracieuse, l'ont ornée comme lui de tous les trésors de l'imagination. Dans Tibulle, le portrait d'Apollon qu'il voit en songe; dans Properce, la peinture des Champs-Élysées; dans Ovide, le triomphe de l'Amour, le chef-d'œuvre de ses élégies, sont des tableaux ravissants; et c'est ainsi que l'élégie doit être parée de la main des graces, toutes les fois qu'elle n'est pas animée par la passion ou attendrie par le sentiment. C'est à quoi les modernes n'ont pas assez réfléchi : chez eux, le plus souvent

---

* « J'ai vu mon char brisé tout près du terme où je semblais atteindre. »

l'élégie est froide et négligée, et par conséquent plate et ennuyeuse ; car il n'y a que deux moyens de plaire ; c'est d'amuser ou d'émouvoir.

Nous n'avons encore parlé ni des *Héroïdes* d'Ovide, qu'on doit mettre au rang des élégies passionnées ; ni de ses *Tristes*, dont son exil est le sujet, et que l'on doit compter parmi les élégies tendres.

Sans ce libertinage d'esprit, cette abondance d'imagination qui refroidit presque par-tout le sentiment dans Ovide, ses *Héroïdes* seraient à côté des plus belles élégies de Properce et de Tibulle. On est d'abord surpris d'y trouver plus de pathétique et d'intérêt que dans les *Tristes*. En effet, il semble qu'un poète doit être plus ému et plus capable d'émouvoir en déplorant ses malheurs, qu'en peignant les malheurs d'un personnage imaginaire. Cependant Ovide est plein de chaleur, lorsqu'il soupire, au nom de Pénélope, après le retour d'Ulysse ; il est glacé, lorsqu'il se plaint lui-même des rigueurs de son exil à ses amis et à sa femme. La première raison qui se présente de la faiblesse de ces derniers vers, est celle qu'il en donne lui-même.

Da mihi Mœoniden, et tot circumspice casus ;
 Ingenium tantis excidet omne malis.

« Qu'on me donne un Homère en butte au même sort :
« Son génie accablé cèdera sous l'effort. »

Mais le malheur, qui émousse l'esprit, qui affaisse l'imagination, et qui énerve les idées, semble devoir attendrir l'âme et remuer le sentiment : or c'est le sentiment qui est la partie faible de ses élégies, tandis qu'il est la partie dominante de ses *Héroïdes*. Pourquoi? parce que la chaleur de son génie était dans son imagination, et qu'il s'est peint les malheurs des autres biens plus vivement qu'il n'a ressenti les siens. Une preuve qu'il les ressentait faiblement, c'est qu'il les a mis en vers :

Les faibles déplaisirs s'amusent à parler ;
Et quiconque se plaint cherche à se consoler.

A plus forte raison, quiconque se plaint en cadence. Cependant il semble ridicule de prétendre qu'Ovide, exilé de Rome dans les déserts de la Scythie, ne fût point pénétré de son malheur. Qu'on lise, pour s'en convaincre, cette élégie où il se compare à Ulysse ; que d'esprit, et combien peu d'âme ! Osons le dire à l'avantage des lettres : le plaisir de chanter ses malheurs en était le charme ; il les oubliait en les racontant ; il en eût été accablé, s'il ne les eût pas écrits ; et si l'on demande pourquoi il les a peints froidement, c'est parce qu'il se plaisait à les peindre [*].

---

[*] Peut-être est-il un peu paradoxal de prétendre qu'on ne peut peindre en vers avec chaleur et vérité une passion que l'on éprouve. Marmontel va tout à l'heure faire une exception à ce principe très hasardé pour la passion de l'amour, à laquelle en effet il ne s'appliquerait guère. Pourquoi la poésie qui est un langage, et le langage des affections les plus intimes de l'âme, ne pourrait-elle les exprimer toutes, quelles qu'elles fussent, sans les glacer. L'exemple d'Ovide ne prouve rien ici. Ce n'est pas seulement dans la peinture de ses malheurs personnels qu'il montre cette froideur de bel-esprit que lui reproche Marmontel ; la même chose lui est arrivée souvent en peignant la douleur d'autrui. H. PATIN.

Mais lorsqu'il veut exprimer la douleur d'un autre, ce n'est plus dans son âme, c'est dans son imagination qu'il en puise les couleurs : il ne prend plus son modèle en lui-même, mais dans les possibles : ce n'est pas sa manière d'être, mais sa manière de concevoir qui se reproduit dans ses vers : et la contention du travail, qui le dérobait à lui-même, ne fait que lui représenter plus vivement un personnage supposé. Ainsi Ovide est plus Briséis ou Phèdre dans les *Héroïdes*, qu'il n'est Ovide dans les *Tristes*.

Toutefois, autant l'imagination dissipe et affaiblit dans le poète le sentiment de sa situation présente, autant elle approfondit les traces de sa situation passée. La mémoire est la nourrice du génie. Pour peindre le malheur, il n'est pas besoin d'être malheureux; mais il est bon de l'avoir été.

Une comparaison va rendre sensible la raison que je viens de donner de la froideur d'Ovide dans les *Tristes*.

Un peintre affligé se voit dans un miroir; il lui vient dans l'idée de se peindre dans cette situation touchante : doit-il continuer à se regarder dans la glace, ou se peindre de mémoire après s'être vu la première fois? S'il continue de se voir dans la glace, l'attention à bien saisir le caractère de sa douleur, et le désir de le bien rendre, commencent à en affaiblir l'expression dans le modèle. Ce n'est rien encore. Il dessine les premiers traits; il voit qu'il prend la ressemblance, il s'en applaudit; le plaisir du succès se glisse dans son âme, se mêle à sa douleur et en adoucit l'amertume; les mêmes changements s'opèrent sur son visage, et le miroir les lui répète; mais le progrès en est insensible, et il copie sans s'apercevoir qu'à chaque instant ce n'est plus la même figure. Enfin, de nuance en nuance, il se trouve avoir fait le portrait d'un homme content, au lieu du portrait d'un homme affligé. Il veut revenir à sa première idée; il corrige, il retouche, il recherche dans la glace l'expression de la douleur; mais la glace ne lui rend plus qu'une douleur étudiée, qu'il peint froide comme il la voit. N'eût-il pas mieux réussi à la rendre, s'il l'eût copiée d'après un autre, ou si l'imagination et la mémoire lui en avaient rappelé les traits? C'est ainsi qu'Ovide a manqué la nature, en voulant l'imiter d'après lui-même.

Mais, dira-t-on, Properce et Tibulle ont si bien exprimé leur situation présente, même dans la douleur! Oui, sans doute; et c'est le propre du sentiment qui les inspirait, de redoubler par l'attention qu'on donne à le peindre. L'imagination est le siége de l'amour : c'est là que ses désirs s'allument, c'est là que ses regrets s'irritent, et c'est là que les poètes élégiaques en ont puisé les couleurs. Il n'est donc pas étonnant qu'ils soient plus tendres, à proportion qu'ils s'échauffent davantage l'imagination sur l'objet de leur tendresse, et plus sensibles à son infidélité ou à sa perte, à mesure qu'ils s'en exagèrent le prix. Si Ovide avait été amoureux de sa femme, la sixième élégie du premier livre des *Tristes* ne serait pas composée de froids éloges et de vaines comparaisons. La fiction tient lieu aux amants de la réalité, et les plus passionnés n'adorent souvent que leur propre ouvrage, comme le sculpteur de la fable. Il n'en est pas ainsi d'un malheur réel, comme l'exil et l'infortune : le sentiment en est fixe dans l'âme : c'est une douleur que chaque instant, que chaque objet reproduit, et dont l'imagination n'est ni le siège ni la source. Il faut donc, si l'on parle de soi-même, parler d'amour dans l'élégie pathétique. On peut bien y faire gémir une mère, une sœur, un ami tendre; mais si l'on est cet ami, cette mère ou cette sœur, on ne fera point d'élégie, ou l'on s'y peindra faiblement.

Les meilleures des élégies modernes sont connues sous d'autres titres. Les *Idylles* de madame Deshoulières aux moutons, aux fleurs, sont des modèles de l'élégie dans le genre gracieux : les vers de Voltaire sur la mort de mademoiselle Lecouvreur sont un modèle encore plus parfait de l'élégie passionnée, et auquel Tibulle et Properce même n'ont peut-être rien à opposer.

On retrouve quelque faible trace de l'élégie ancienne dans la quatrième et la sixième des *élégies* de Marot. Dans l'une, en passant au poète l'allégorie du cœur, si usitée dans ce temps-là, on lui saura gré du sentiment naïf qui règne dans son style.

Son cœur qu'il a laissé à sa maîtresse, revient à lui, et se plaint d'elle, comme un captif échappé de sa chaîne.

> Or ne se peut la chose plus nier.
> Regarde-moi. Je semble un prisonnier
> Qui est sorti d'une prison obscure,
> Où l'on n'a eu de lui ne soin ne cure...

Je suis ton cœur qu'elle tient en émoi.
Je suis ton cœur : aye pitié de moi...
Ainsi parlait mon cœur, plein de martyre.
Et je lui dis : mon cœur, que veux-tu dire?
D'elle tu as voulu être amoureux;
Et puis te plains que tu es douloureux!
Sais-tu pas bien qu'amour a de coutume
D'entremêler ses plaisirs d'amertume?
Refus, oubli, jalousie et langueur,
Suivent amours : et pour ce donc, mon cœur,
Retourne-t'en.

Dans l'autre le poète raconte à sa maîtresse un songe qu'il a fait.

Le plus grand bien qui soit en amitié,
Après le don d'amoureuse pitié,
Est s'entr'écrire, ou se dire de bouche,
Soit bien, soit deuil, tout ce qui au cœur touche...
Partant je veux, ma mie et mon désir,
Que vous ayez votre part du plaisir
Qu'en dormant l'autre nuit me survint.
Avis me fut que vers moi tout seul vint
Le dieu d'amours, aussi clair qu'une étoile,
Le corps tout nu, sans drap, linge, ne toile.
Et si avait (afin que l'entendez)
Son arc alors et ses yeux débandés,
Et en sa main celui trait bienheureux
Lequel nous fit l'un de l'autre amoureux.
En ordre tel approche et me vient dire :
« Loyal amant, ce que ton cœur désire
« Est assuré : celle qui est tant tienne
« Ne t'a rien dit, pour vrai, qu'elle ne tienne;
« Et, qui plus est, tu es en tel crédit,

ÉLÉGIE.

« Qu'elle a foi ferme en ce que lui as dit. »
Ainsi Amour parlait; et en parlant
M'assura fort. A donc en ébranlant
Ses ailes d'or, en l'air s'est envolé ;
Et au réveil, je fus tant consolé,
Qu'il me sembla que du plus haut des cieux
Dieu m'envoyait ce propos gracieux.
Lors prins la plume; et par écrit fut mis
Ce songe mien que je vous ai transmis;
Vous suppliant, pour me mettre en grand heur,
Ne faire point le dieu d'amour menteur.

Je me permets de transcrire ici ces deux morceaux, parce qu'ils sont peu connus, et qu'ils font époque dans l'histoire du goût.

La Fontaine, qui se croyait amoureux, a voulu faire des élégies tendres : elles sont au-dessous de lui. Mais celle qu'il a faite sur la disgrace de son protecteur, adressée aux nymphes de Vaux, est un modèle de poésie, de sentiment et d'éloquence. M. Fouquet, du fond de sa prison, inspirait à La Fontaine les vers les plus touchants, tandis qu'il n'inspirait pas même la pitié à ses amis de cour : leçon bien frappante pour les grands, et bien glorieuse pour les lettres [*].

Du reste, les plus beaux traits de cette élégie de La Fontaine sont aussi bien exprimés dans la première du troisième livre des *Tristes*, et n'y sont pas aussi attendrissants. Pourquoi ? parce qu'Ovide parle

---

[*] Cet exemple prouve contre ce que soutenait tout à l'heure Marmontel, qu'un sentiment personnel, vivement éprouvé, ne peut s'exprimer en vers sans perdre de sa vérité.   H. P.

pour lui, et La Fontaine pour un autre. C'est encore un des privilèges de l'amour, de pouvoir être humble et suppliant sans bassesse; mais ce n'est qu'à lui qu'il appartient de flatter la main qui le frappe. On peut être enfant aux genoux de Corinne; mais il faut être homme devant l'empereur*.

Marmontel, *Éléments de Littérature*.

ÉLIEN (Claudius-Ælianus) était de Préneste, mais il avait passé la plus grande partie de sa vie à Rome : c'est pourquoi il se dit lui-même Romain. Il a fait un petit ouvrage en quatorze livres, qui a pour titre, *Historiæ variæ* (*Mélanges d'Histoires*); et un autre, en dix-sept livres, *sur l'Histoire des animaux*. Nous avons un écrit en grec et en latin sur l'ordre observé par les Grecs dans l'arrangement des armées, adressé à Adrien, et fait par un Élien. Tous ces ouvrages peuvent être du même auteur, qu'on croit être celui dont Martial loue l'éloquence dans l'épigramme 24, liv. XII.

Rollin, *Histoire ancienne*.

L'ouvrage d'Élien, *Historiæ variæ*, dit M. Grosier, n'est qu'une compilation souvent curieuse, mais qui serait bien plus importante s'il avait cité ses sources. C'est le plus ancien des *Ana*, et peut-être l'un des meilleurs. Ces histoires diverses, avec Héraclide de Pont et Nicolas de Damas, forment

---

* Voyez t. VII, p. 246 de notre *Répertoire*, à l'art. Chénier (André), une excellente digression de M. Charles Loyson sur l'Élégie. F.

le premier volume de la bibliothèque grecque, publiée par le docteur Coray, aux dépens des frères Zozima. Ce volume a paru sous le titre de *Prodomus*, Paris, Didot, 1805. La préface et les notes sont en grec. La traduction française qu'en a donnée Formey, est moins estimée que celle de M. Dacier. *Cl. OEliani epistolæ rusticæ* XX, se trouvent dans la collection de ses œuvres, publiées en grec et en latin par Conrad Gessner, Zurich, 1556.

ÉLOQUENCE. Lorsqu'on l'a définie l'art de persuader, on n'a pensé qu'à l'éloquence du barreau et de la tribune. Mais, 1° l'éloquence était un don avant que d'être un art; et l'art même en serait inutile à qui n'en aurait pas le don. L'éloquence artificielle n'est donc que l'éloquence naturelle, éclairée et réglée dans l'usage de ses moyens. (*Voyez* Rhétorique). 2° Persuader n'est pas toujours l'intention de l'éloquence; et ni celle du théâtre, ni celle de la chaire, n'a essentiellement ni habituellement la persuasion pour objet. Très souvent elle la suppose, et ne fait que s'en prévaloir.

Pour donner une idée plus étendue et plus complète de l'éloquence, je croirais donc pouvoir la définir la faculté d'agir sur les esprits et sur les âmes par le moyen de la parole. *Sur les esprits*, c'est le talent d'instruire; *sur les âmes*, c'est le talent d'intéresser et d'émouvoir; et de ces deux talents résulte au plus haut point le talent de persuader.

ÉLOQUENCE.

Il est une expression muette, qui par les yeux fait passer à l'âme le sentiment et la pensée; et c'est pour l'orateur un moyen si puissant, que non seulement il supplée à la faiblesse de la parole, mais que sans la parole il produit quelquefois tous les effets de l'éloquence ; aussi dit-on : l'éloquence des yeux, l'éloquence des larmes, l'éloquence du geste (*Voyez* Déclamation). Mais ici je ne considère que l'éloquence de la parole, sans égard même aux accents de la voix, qui lui donnent tant de pouvoir.

Par la parole, une âme agit sur d'autres âmes, un esprit sur d'autres esprits. Or, l'effet de cette action est de vaincre une résistance; et cette résistance est active ou passive. Si elle n'est que passive, elle est faible; si elle est active, elle est plus ou moins forte, selon le degré d'énergie des mouvements que l'âme ou que l'esprit oppose au mouvement qu'on lui veut imprimer. Expliquons cette mécanique.

Par la résistance passive, j'entends le doute, l'irrésolution de l'esprit, l'indifférence et le repos de l'âme; et par la résistance active, j'entends une prévention, une inclination, une résolution décidée et contraire.

Si l'une ou l'autre résistance est dans l'entendement, et n'est que dans l'entendement, pour la vaincre on n'a pas besoin des grands moyens de l'éloquence. J'ignore, je doute, j'hésite, en attendant que l'on m'éclaire et que l'on me décide; c'est la plus faible des résistances, l'équilibre de la raison; et pour le rompre il suffira de la vérité simple, ou de sa ressemblance : c'est là ce qu'on appelle instruire.

Mais à l'ignorance où je suis se joint le préjugé, l'erreur, le faux savoir, une forte présomption, une opinion établie et affermie par l'habitude. Alors toutes les forces du raisonnement se réuniront pour la vaincre : c'est ce qu'on appelle prouver; et c'est l'ouvrage de la dialectique, qui est comme le nerf de l'éloquence.

Au lieu de la prévention, ou avec elle, supposez-moi une langueur, une inertie, une indolence qui se refuse à l'attention que vous me demandez, une répugnance de vanité pour vos leçons et vos lumières; dès lors l'art de m'apprivoiser, de m'amuser en m'instruisant, de me cacher le dessein de m'instruire, ou de me rendre l'instruction facile, agréable, attrayante, commence à être nécessaire. La vérité simplement énoncée ne suffit pas, il faut l'animer, l'embellir; et comme la résistance à vaincre ne tient pas moins à la mollesse de mon âme qu'à l'indolence de mon esprit, il est besoin que votre langage ait quelque chose de piquant, de séduisant, d'intéressant pour elle. Ici l'on voit que l'éloquence peut aider la philosophie de quelques-uns de ses moyens.

Supposons à présent que ma résistance soit faible ou nulle du côté de l'esprit, mais forte du côté de l'âme. Je sais confusément ce que vous allez me dire, et je veux croire que c'est le vrai, l'honnête, l'utile, ou le juste. Mais ce vrai répugne à mon âme; mais ce qu'il y a de juste est contraire à mes intérêts, à mes affections, à l'inclination qui me domine, à la passion qui m'anime. Ici l'art du dialecticien est peu de chose ; car ce n'est plus sur la raison, mais sur l'âme qu'il faut agir.

Qu'enfin l'âme et l'esprit réunissent leurs forces pour vous résister de concert, et que tous les deux soient aliénés, mon âme par des affections et des inclinations contraires, mon esprit par des préventions et de fortes présomptions : c'est ici bien évidemment la grande lice de l'éloquence ; car elle y trouve rassemblés tous ses ennemis à la fois ; et pour distribuer et diriger ses forces, son premier soin sera de connaître les leurs. Rarement elles sont égales : tantôt c'est l'opinion qui décide la volonté, tantôt et plus souvent c'est la volonté qui l'entraîne. Un juge intègre, par exemple, s'il est aliéné, c'est par les apparences : c'est son opinion qu'il s'agit de changer ; son inclination la suivra. Mais un peuple ému se soulève : c'est la passion qui l'emporte ; c'est elle qu'il faut réfréner.

Le résultat de cette analyse est d'abord que, selon l'effet que veut produire celui qui parle, son élocution doit prendre un caractère analogue à ses vues. S'il ne parle que pour se faire entendre et pour exprimer sa pensée, la correction, la clarté, les bienséances du langage seront les qualités du sien. Si en même temps il veut instruire, et qu'il ait besoin pour cela d'une longue suite d'idées, la méthode lui est nécessaire pour les exposer nettement et dans leur ordre naturel. Si pour instruire il ne lui suffit pas de bien disposer ses idées, et si dans les esprits il a quelque doute à lever, quelques préventions à vaincre, il faut alors que la logique vienne à l'appui de la méthode, et que non-seulement il classe ses idées, mais qu'il sache les enchaîner, les extraire l'une de l'autre, ou les faire aboutir ensemble au même point. Si au lieu d'instruire il veut plaire, ou s'il veut plaire en instruisant, il faut qu'il sacrifie aux graces, qu'il étudie et recherche avec soin les élégances, les richesses, les agréments de l'expression et ce qu'il y a de plus séduisant et pour l'esprit et pour l'oreille : enfin, s'il se propose d'intéresser et d'émouvoir, « de mettre, comme dit Plutarque, la « sensibilité en jeu à la place de l'entendement, et la « volonté à la place de la raison, » ou bien comme dit Cicéron, « d'attirer à soi les esprits, de remuer les « volontés, de les pousser où bon lui semble, de « les ramener d'où il veut *; » c'est à l'âme qu'il doit parler, c'est par elle qu'il doit soumettre et dominer l'entendement, et pour cela posséder l'art de maîtriser les passions, de se ménager avec elles de secrètes intelligences, de les faire agir à son gré : c'est le grand œuvre de l'éloquence ; et c'est ce qu'on appelle le talent de persuader.

On voit donc bien comment persuader n'est pas convaincre : et en effet, lorsque la résistance de l'entendement est forcée, l'objet de la conviction est rempli : celui de la persuasion ne l'est pas ; souvent même il est loin de l'être. La conviction, qui ne laisse à l'esprit aucune liberté de lui échapper, n'a aucun empire sur l'âme ; et la volonté lui résiste

---

* Mentes allicere, voluntates impellere quò velis, undè autem velis deducere.

encore avec toute sa force, lorsque la raison lui a cédé. Au contraire la persuasion, sans exercer la même violence à l'égard de l'esprit, ôte insensiblement à l'âme toute espèce de résistance. L'une domine à force ouverte, l'autre s'insinue et pénètre par tous les moyens de séduire, d'intéresser et d'émouvoir. Mais l'une domine l'entendement qui est une faculté passive ; l'autre gagne, captive, et met en mouvement les facultés de l'âme les plus actives, l'imagination et le sentiment ; et avec ces deux grands mobiles elle remue la volonté.

Mais le talent d'agir sur l'âme, qui est le propre de l'éloquence, et qui en imprime le caractère à tous les genres d'élocution où il se fait sentir, n'est pas exclusivement réservé à la persuasion. Celle-ci est éminemment le succès de l'art oratoire ; et toutes les fois qu'il s'agit d'amener un tribunal ou tout un peuple non-seulement à penser comme on pense, à s'affecter de ce qu'on sent, mais à vouloir ce que l'on veut, à prendre une résolution ou à renoncer à celle qu'il a prise, à trouver juste et bon ce qu'on propose comme tel, ou à le condamner comme injuste, à le détester comme odieux, à le proscrire comme insensé, comme honteux, comme nuisible ; plaire, intéresser, émouvoir, ne sont pour l'orateur que des moyens : son but est au-delà ; et il le manque s'il n'obtient pas une pleine persuasion.

Mais combien de fois, dans la chaire, au théâtre, dans des écrits qui émeuvent l'âme, ne voit-on pas éclater l'éloquence sans qu'elle ait cependant rien à persuader ?

Qu'auraient à nous persuader Andromaque, Mérope, Hécube? Qu'elles sont malheureuses? Nous le voyons assez; et sans toute cette éloquence, l'action pantomime elle seule produirait son illusion. *Voyez* ÉLOQUENCE POÉTIQUE.

- J'ai fait voir ailleurs que la chaire est une lice comme le barreau; mais que, dans ce combat de l'éloquence contre les passions humaines, la preuve est bien souvent le plus faible de ses moyens. Il est presque nul dans les harangues; et si dans l'accusation et le blâme il est de première nécessité, ce n'est jamais à la rigueur qu'on l'exige dans la louange. Souvent même il y est superflu. Avant que d'entendre Fléchier faisant l'éloge de Turenne, ou Bossuet faisant l'éloge de Condé, on savait tout d'avance: il ne s'agissait pas de persuader aux Français qu'ils avaient perdu deux grands hommes, mais de développer, d'étendre, d'approfondir l'idée qu'on avait de leur caractère, de leurs exploits, de leurs vertus, par le tableau frappant d'une vie semée de gloire. Dans l'éloge de Marc-Aurèle, il n'y avait de même rien à persuader; et cependant qui peut méconnaître l'éloquence dans cet ouvrage?

Dans les sermons dont l'éloquence approche davantage de celle de la tribune antique, combien peu de doutes à éclaircir et de questions à débattre? Tout l'auditoire de Massillon était persuadé d'avance du petit nombre des élus, lorsque, par ce beau mouvement que Voltaire a tant admiré, il excita autour de lui un frémissement si soudain d'étonnement et de frayeur. Chacun savait, comme lui, que

tout passe, et que Dieu seul est immuable; et cependant, quoi de plus éloquent que l'exposition qu'il a faite de cette grande vérité en ces mots?
« Une fatale révolution, que rien n'arrête, entraîne
« tout dans les abîmes de l'éternité; les siècles, les
« générations, les empires, tout va se perdre dans
« ce gouffre, tout y entre et rien n'en sort. Nos
« ancêtres nous en ont frayé le chemin, et nous
« allons le frayer dans un moment à ceux qui vien-
« nent après nous. Ainsi les âges se renouvellent,
« ainsi la *figure du monde* change sans cesse, ainsi
« les morts et les vivants se succèdent et se rem-
« placent continuellement : rien ne demeure, tout
« change, tout s'use, tout s'éteint. Dieu seul est
« toujours le même, et ses années ne finissent
« point : le torrent des âges et des siècles coule
« devant ses yeux, etc. »

Ces exemples font assez voir que, dans ce genre d'éloquence, il s'agit moins de persuader que d'inspirer et d'émouvoir. *Voyez* CHAIRE, ORAISON FUNÈBRE.

Il n'en est pas de même de l'éloquence du barreau et de la tribune, de celles, dis-je, que les rhéteurs et Cicéron lui-même avaient en vue, lorsqu'ils l'ont définie : *l'art de persuader.* Celle-ci en effet suppose au moins, dans les âmes, le doute et l'irrésolution, et le plus souvent un combat d'opinions et d'intérêts où il faut vaincre ou succomber; et c'est là, comme je l'ai dit, le vrai champ-clos de l'éloquence.

Qu'en effet l'avis qu'on propose soit mis en delibération, ou que la cause que l'on plaide soit débattue et soumise à des juges ; loin de supposer les esprits déjà persuadés ou enclins à la persuasion, il n'est point de difficultés que l'orateur n'ait à prévoir, et il n'en doit négliger aucune. Il doit sur-tout savoir que la prétention de tout homme qui va juger est d'être impartial et juste, de ne céder qu'à la prépondérance du bon droit et de la raison, et de se croire convaincu, lorsqu'il n'est que persuadé. Ce serait donc l'aliéner, que de lui laisser voir qu'on attend de son émotion ce qu'il veut qu'on ne doive qu'aux lumières de son esprit et à l'équité de son âme ; et lors même qu'en l'instruisant, on cherche à le gagner, il faut avoir grand soin de déguiser l'appât de l'intérêt qu'on lui présente.

En se plaignant au tribunal où Aristide présidait, un plaideur, pour rendre odieux son adversaire, commença par dire que cette homme-là avait fait dans sa vie beaucoup de mal à Aristide. « Eh ! « mon ami, reprit Aristide en l'interrompant, dis « le mal qu'il t'a fait ; car c'est ton affaire que je « juge et non pas la mienne. » L'orateur doit s'attendre que tout homme intègre, ou qui veut se flatter de l'être, lui répondra comme Aristide, s'il lui laisse entrevoir qu'il veut l'intéresser par des affections personnelles. « Ne paraissons jamais, dit Cicéron, « que vouloir instruire et prouver, et que les deux « autres moyens, (celui de plaire et d'émouvoir) « soient répandus dans le plaidoyer, comme le sang « l'est dans les veines. »

La preuve est donc la partie éminente, et en apparence du moins, la partie essentielle du plaidoyer et de la délibération. C'est là comme le point d'appui des grands leviers de l'éloquence, et c'est par là qu'elle diffère de la vaine déclamation. *Rien n'est beau que le vrai*, a dit Boileau ; disons de même : Rien n'est fort que le vrai. Tous les mouvements oratoires, tous les moyens les plus violents d'intéresser et d'émouvoir, sont faibles, à moins qu'ils ne portent sur des motifs sérieux et solides. Avant de s'indigner contre l'iniquité, l'oppression, la violence, il faut avoir prouvé la violence, l'oppression et l'iniquité ; avant que d'invoquer la vengeance des hommes, la colère du ciel contre la calomnie, il faut avoir confondu le calomniateur ; avant que de donner des larmes à d'indignes calamités, il faut avoir montré qu'elles sont accablantes et qu'elles ne sont pas méritées. En un mot, la plus grande imprudence que puisse commettre l'orateur, c'est de paraître négliger, dans ses juges, la raison et la bonne foi ; c'est d'aller droit à leurs passions, et d'attaquer l'endroit sensible de leur âme avant que d'avoir mis, autant qu'il est possible, leur opinion en sûreté et leur conscience en repos.

Un peuple n'est pas si sévère, si délicat, si attentif aux moyens qu'on emploie pour le déterminer ; mais que, dans ses délibérations, il soit tranquille ou qu'il soit ému, ce n'est jamais qu'à l'apparence du vrai, de l'honnête, du juste ou de l'utile qu'il veut se rendre, et la passion, même avec lui, doit commencer par se donner l'autorité de la prudence et l'ascendant de la raison.

Mais si, en éloquence, rien n'est fort que le vrai,

et si l e vrai ou son apparence résulte de la preuve, comment ai-je donc distingué un genre d'éloquence le plus souvent dénué de preuve, et qui ne tend qu'à émouvoir? C'est que la preuve y est supposée, comme elle l'est dans la controverse, à l'égard des faits avoués et des points de droit convenus. Ainsi toute éloquence qui ne tendra qu'à émouvoir aura pour base et pour appui ou une vérité dont personne ne doute, ou une vraisemblance imposante, ou une illusion à laquelle on est d'accord de se livrer.

L'illusion qui suffit à l'éloquence du poète ne suffit pas de même à l'éloquence de l'orateur. Celle-ci, comme l'autre, est quelquefois un art trompeur et mensonger; mais en se livrant aux prestiges de la poésie, on sait qu'on est trompé, et on consent à l'être, au lieu que, par les artifices de l'éloquence proprement dite, on est trompé sans le savoir, sans le vouloir, et malgré soi. Il ne s'agit, avec la poésie, que d'un plaisir à se donner; il s'agit, avec l'éloquence, d'un parti sérieux à prendre: l'un est un jeu, l'autre une affaire; par l'une on veut donc bien être séduit pour un moment, mais on ne l'est par l'autre qu'autant qu'on l'est à son insu, et qu'on peut croire ne l'être pas. La poésie n'a donc pas besoin d'une pleine persuasion; mais l'éloquence la demande. Avec une légère apparence de vérité, la poésie obtient ses succès; l'éloquence manque les siens dès qu'elle laisse soupçonner le mensonge.

Voilà pourquoi, dans les causes mêmes et dans les délibérations qui se prêtaient le mieux aux mouvements de l'éloquence pathétique, les anciens attachaient encore tant d'importance aux moyens de la preuve. Mais ni dans la preuve il ne perdaient de vue l'avantage d'agir sur l'âme, ni dans le pathétique ils ne cessaient d'agir sur l'esprit et sur la raison. Ils avaient fait du raisonnement un langage plein de chaleur, et de l'éloquence pathétique un raisonnement plein de force. Ainsi ces deux moyens se pénétraient l'un l'autre, et ne formaient, comme les solides et les fluides du corps humain, qu'un tout vivant et animé. Ils avaient fait de l'exposition un tableau frappant et rapide ; et, tout ce que l'imagination a de pouvoir sur l'âme, ils l'y employaient à l'ébranler. Ils avaient fait de la discussion, de la réfutation des moyens opposés, une lutte pressante, où tous les nerfs et tous les muscles de l'éloquence étaient tendus, et durant laquelle ni l'adversaire ni le juge n'avaient le temps de respirer. Enfin lorsqu'ils semblaient avoir épuisé toute leur force à terrasser leur ennemi, on les voyait se relever avec une vigueur nouvelle; et c'était alors que se déployaient les grands ressorts du pathétique. Avoir instruit, prouvé, réfuté, n'était rien ; il fallait émouvoir : *in quo sunt omnia*, dit Cicéron. Mais les caractères du pathétique étaient différents selon les genres. Dans le sublime, il était véhément, fulminant, déchirant. Dans le tempéré, il était doux, insinuant, et modeste avec dignité. Dans l'humble, il était timide et suppliant, il faisait parler la prière, il intéressait la pitié, il obtenait de douces larmes. Il mesurait dans tous les trois ses tentatives à ses forces, et ne tirait ses mouvements que du fond même de la cause et des moyens qu'elle lui présentait, évitant, comme des écueils, l'enflure et la déclamation. Dans le genre délibératif, il avait pour moyens le reproche, l'indignation, la menace ; le reproche d'inaction, d'indolence, de lâcheté ; l'indignation pour des conseils perfides, honteux ou funestes ; la menace des maux ou des périls dont il fallait sauver la république, et auxquels l'exposait l'oubli de ses intérêts les plus chers, de son salut et de sa gloire, etc.

Dans le genre démonstratif pour le blâme et pour la louange comme dans le judiciaire pour l'accusation et pour la défense personnelle, il avait pour moyen les plus vives peintures des vertus et des crimes, du faible dans l'oppression, de l'innocent dans le malheur, du grand homme persécuté et indignement outragé, de ses bienfaits, de ses services, de sa modeste simplicité, de sa dignité courageuse, de sa constance inaltérable, du bien qu'il aurait fait encore, et qu'il gémissait de n'avoir pas fait aux ingrats qui le poursuivaient ; de la foule de gens de bien qui s'intéressaient à son sort, de l'orgueil de ses ennemis, de l'insolence de leur triomphe, de la bassesse de leur jalousie, de la noirceur de leurs complots, de leurs lâches persécutions et du succès qu'ils en espéraient, du funeste exemple que donnaient au monde la prospérité des méchants et la disgrâce des gens de bien, etc. Tels étaient les ressorts avec lesquels les orateurs grecs et romains renversaient les opinions, les inclinations, les résolutions d'une multitude assemblée. Aussi faisaient-ils leur étude la plus sérieuse de ces moyens de soulever et de calmer les passions. On peut le voir dans ces livres de Cicéron que je ne cesserai de citer; mais on peut le voir encore mieux dans l'usage qu'il a fait lui-même de ce grand art, comme j'aurai lieu de l'observer plus d'une fois dans le cours de ces *éléments*. *Voyez* ORATEUR, PATHÉTIQUE, PÉRORAISON.

L'homme éloquent n'est donc ni celui qui produit une longue suite d'idées, qui les classe, qui les enchaîne, qui les énonce avec clarté, justesse, bienséance, ni celui qui les pare des graces de l'élocution, qui les anime par des figures, qui les colore par des images, et qui, par le charme du nombre, flatte l'oreille en même temps qu'il séduit l'imagination; c'est lui qui possède et met en œuvre tous ces talents, et qui en même temps du côté de l'âme connaît bien le fort et le faible ou du juge ou de l'auditoire; sait toucher l'endroit sensible, et faire mouvoir à son gré tous les ressorts des passions.

Instruire est la première de ses fonctions, mais elle lui est commune avec le philosophe, l'historien, etc.; et toutes les fois qu'il ne s'agit que d'une vérité de fait ou de spéculation qui n'intéresse que l'entendement et qui ne touche point aux affections de l'âme, quelque sensible et lumineuse qu'en soit l'exposition, quelque ingénieuse et pressante qu'en soit la preuve, ce n'est point là de l'éloquence. Répandez-y toutes les fleurs d'une imagination brillante, toutes les graces de l'esprit, tous les charmes du style, vous serez le plus agréable des rhéteurs, le plus séduisant des sophistes, le plus attrayant des philosophes, vous ne serez pas éloquent. Ce n'est qu'autant que la vérité a un côté moral, un intérêt humain, que l'éloquence peut s'en saisir et la manier à son gré. Locke et Malebranche auraient été ridicules, s'ils avaient affecté le langage oratoire dans l'analyse des facultés de l'entendement humain, et dans leurs spéculations sur l'origine de nos idées. Les rhéteurs méconnaissaient leur art, lorsqu'ils faisaient pérorer leurs disciples sur la figure de la terre et sur la grandeur du soleil *. Nos académies l'ont méconnu de même, lorsque, pour leurs prix d'éloquence, elles ont proposé des problèmes de métaphysique, où il n'y avait rien d'intéressant pour l'âme, et qui n'étaient pour l'esprit lui-même qu'un objet de curiosité.

Celui qui veut être éloquent sur une question générale et abstraite doit donc savoir la passionner, je veux dire la rapprocher de nos affections morales, sous quelque rapport qui intéresse ou tel homme, ou tels hommes, ou l'homme en général : alors il en fait une cause, et cette cause est susceptible des mouvements de l'éloquence. Sans cela tout ce que

---

* Marmontel paraît ici faire allusion à ce passage de Cicéron. (*de Orat.* II, 15.)

« Si enim est oratoris, quæcumque res infinité posita sit, de eâ posse dicere; dicendum erit ei, quanta sit solis magnitudo, quæ forma terræ : de mathematicis, de musicis rebus non poterit, quin dicat, hoc onere suscepto, recusare. etc. »

« Si toutes les questions indéfinies sont du domaine de l'orateur, il faudra donc pour prétendre à ce titre, discourir sur la grandeur du soleil, et la figure de la terre; on ne pourra se dispenser de traiter ce qui concerne les mathématiques et la musique, etc. »

(*Traduction* de M. Gaillard. *Cic.* de M. J. V. Le Clerc.)

H. P.

ÉLOQUENCE. 243

l'on fait pour l'animer n'est que de la déclamation.

Tant que l'on n'a recommandé aux femmes de nourrir leurs enfants que comme un usage salutaire, ce précepte, réduit à ses raisons physiques, n'a eu rien de commun avec l'éloquence. Rousseau l'a pris du côté moral : il a opposé la nature et les saints devoirs de la maternité à l'opinion, à l'usage, aux prétextes du luxe et de la mollesse; il en a fait un objet sacré, et il est devenu l'avocat de l'enfance et des bonnes mœurs.

Quoi de moins favorable à l'éloquence que l'administration économique d'un état ? On en a fondé la théorie sur des principes d'humanité, d'équité, de bonne morale; et des calculs ont été éloquents. Celui de la durée moyenne de la vie est tristement et froidement aride sous la plume d'un naturaliste. Qu'un homme éloquent s'en empare et qu'il en fasse résulter la folie des longues espérances, des projets vastes, des tourments de l'ambition, des anxiétés de l'avarice, des prodigalités d'un temps si court, si précieux; cette vérité de spéculation s'anime et devient pathétique.

Il faut indispensablement des ennemis à l'éloquence; et que l'auditeur soit en cause, ou qu'il ne soit que juge entre l'orateur et son antagoniste, on doit toujours par quelque endroit l'intéresser au succès du combat. C'est là le propre de l'éloquence. Une opinion sans influence, un préjugé sans passion, n'est pas un adversaire digne d'elle; en passant elle le terrasse. Mais c'est aux affections humaines qu'elle réserve ses grands efforts : plus elles semblent indomptables, plus elle s'applaudit d'avoir à les dompter; on croit voir le chien d'Alexandre qui demeure tranquille et couché sur l'arène tant qu'on ne lui oppose que des animaux ordinaires, et qui se lève et s'anime au combat dès qu'il voit paraître un lion.

L'éloquence, qui, sur toute chose, doit savoir instruire et prouver, ne se réduit donc pas à ces moyens vulgaires : quelquefois même ils lui sont inutiles; et l'évidence ou du fait ou du droit ne lui laisse rien à prouver. Dans la défense de Ligarius, Cicéron convenait de tout. Mais il fallait fléchir César; il fallait lui faire trouver plus de gloire et plus de plaisir dans l'exercice de sa clémence que dans l'usage de son pouvoir. Que fait l'orateur ? Il ne s'arrête pas à prouver à César qu'il est plus beau et plus digne de lui de pardonner que de punir; c'est par l'endroit sensible qu'il l'attaque. « Oter la vie, lui dit-il, « est un pouvoir que l'homme partage avec les plus « féroces et les plus vils des animaux. L'accorder et « la conserver, c'est ce qui l'approche des dieux. » Il lui fait l'éloge le plus touchant de la clémence, et c'est à la peinture ravissante et sublime de la plus belle des vertus que le décret lui tombe de la main.

Il est des causes dont le succès tient uniquement à la preuve ou du fait ou du droit, et dans lesquelles les relations morales, les affections humaines, rien qui touche à l'âme du juge ou de l'auditeur ne saurait influer : celles-là sont évidemment inaccessibles à l'éloquence; ce n'est que de la plaidoirie.

Supposez, par exemple, que la querelle de Clodius et de Milon se fût passée entre deux hommes du commun : tout se fût réduit à savoir lequel des deux avait attaqué l'autre, et lui avait tendu des embûches; alors sans doute l'adresse et la vigueur du raisonnement eût été le talent nécessaire à la cause ; mais il n'eût fallu pour cela qu'un habile dialecticien; et ce n'est qu'autant que Milon a été jusque-là un citoyen recommandable, et Clodius un scélérat, que le génie de l'orateur, après avoir épuisé les ressources du raisonnement dans la preuve, a pu déployer avec éloquence les grands ressorts de l'émotion.

Par la même raison, de deux causes contraires, l'une doit être naturellement plus que l'autre avantageuse à l'éloquence; et il s'en faut bien que ce soit toujours celle dont le bon droit est le plus apparent, et pour laquelle tous les esprits sont d'abord le mieux disposés. Contre l'évidence absolue il n'y a peut-être point d'éloquence ; mais pour l'évidence absolue il y en aurait encore moins. C'est au milieu du doute et des difficultés que l'art de l'orateur s'exerce et se signale ; et son grand avantage est d'avoir de grands obstacles à surmonter. Le difficile, qui n'est pas impossible, est le beau champ de l'éloquence.

Ainsi, dans les questions problématiques, ce n'est pas toujours l'avantage de la vérité qu'elle cherche, mais l'avantage de l'intérêt.

Que les sciences et les lettres aient fait du bien à l'humanité, celui qui le soutient n'a presque rien d'intéressant à dire : une amplification froide, et quelques beaux développements sont tout ce qu'il en peut tirer; et avec une élocution brillante, il n'y sera qu'un bon rhétoricien. Au contraire, que l'on soutienne que les sciences et les lettres ont été nuisibles au genre humain; il n'y a qu'un sophisme à tourner, à manier avec adresse, pour donner le change aux esprits, et pour faire de ce paradoxe une thèse très éloquente. On y rappellera tous les temps où les lettres et les sciences ont fleuri; et comme ces temps sont aussi des temps d'opulence et de luxe, d'ambition et d'avarice, de mollesse et de corruption, ce rapport de coexistence jettera la confusion entre les effets et les causes; on attribuera au progrès des lumières les suites naturelles de la prospérité; et tous les maux que les richesses, l'oisiveté, l'orgueil, la cupidité ont produits, on les fera retomber sur les lettres; on déguisera la misère et l'abrutissement de l'homme sauvage; on dissimulera la férocité, l'atrocité de l'homme barbare; et, défenseur de la nature, dans son état de liberté, d'égalité, d'indépendance, on aura mis l'éloquence aux prises avec toutes les passions qu'engendre la société. Voilà comment, d'une question, un homme adroit fait une cause, et nous distrait des vices de la preuve par l'intérêt dont il anime des sophismes ingénieux.

Entre le froid raisonnement et les mouvements pathétiques, il est une éloquence douce qu'on appelle insinuation. Ce fut à ce talent de ménager, d'apprivoiser, de se concilier les esprits, que Cicéron dut l'étonnant succès de l'oraison contre la loi agraire; et c'est le genre le plus convenable et le plus nécessaire au barreau moderne : non pas pour séduire les juges, mais pour ne jamais les blesser, ni dans leurs opinions, ni dans leurs sentiments; danger auquel des causes délicates, ou odieuses en apparence, exposeraient souvent un plaideur inconsidéré.

La magistrature est encore parmi nous l'ordre de la société où les mœurs sont les plus sévères ; et le public, devant ses tribunaux, prend son esprit et devient lui-même délicat sur les bienséances. Or dans presque toutes les grandes causes les bienséances sont compromises. C'est une femme qui se plaint des duretés, des violences, des désordres de son époux; c'est un fils méconnu ou déshérité par son père; c'est une fille dépouillée ou désavouée par sa mère; c'est un homme faible et obscur que le crédit et la mauvaise foi d'un homme en dignité font périr de misère et réduisent au désespoir. Alors, sans perdre de sa force, l'éloquence a besoin de prudence et d'adresse ; et plus l'orateur se réserve de véhémence et de vigueur, pour faire sentir à l'homme injuste, ou à l'homme dénaturé, les cruautés dont il l'accuse, plus il doit se montrer timide, respectueux, craintif, avant que de les révéler : ce ne doit être que l'excès et la violence du mal qui lui arrachent des plaintes. La modestie d'une épouse, le respect d'un enfant, sa piété, son amour même, doivent tour à tour adoucir l'amertume de ses reproches et augmenter celle de ses regrets : sans cesse approfondir la plaie et sans cesse y verser du baume, tel est l'artifice de cette éloquence qui semble

vouloir tout adoucir, et qui ne dissimule rien. *Voyez*
Insinuation.

Cette éloquence règne avec moins d'artifice dans tous les écrits vertueux qui ont du charme et de l'intérêt. C'est l'éloquence du *Télémaque* ; elle n'a point ces mouvements passionnés qui sont pour l'orateur comme ses forces de réserve, ses machines pour ébranler et renverser les grands obstacles, ou, comme les appelle Cicéron, ses *torches* pour embraser, *dicendi faces*. Mais aussi l'éloquence n'a-t-elle pas toujours des boulevards à ruiner, ni un incendie à répandre. Sans exciter dans les esprits ni la terreur, ni la compassion, ni l'indignation, ni la colère, ni la haine, ni l'ardeur du ressentiment, du dépit et de la vengeance, ni les soulèvements de l'orgueil irrité, ni les secrets murmures de l'envie, elle sait nous mener par des pentes imperceptibles au but de la persuasion, et cette douce violence qu'elle fait à l'opinion, à l'inclination, à la volonté même, n'en est pas moins inévitable : c'est une plus douce magie, mais dont le charme ôte jusqu'à l'envie de ne pas s'y laisser surprendre, et qui ne laisse ni prévoir ni craindre ses enchantements. Cette éloquence, dont le juge même le plus intègre et le plus sage ne se méfie pas assez, cette éloquence des sirènes, contre laquelle il ne faut pas moins que les précautions d'Ulysse, tient au moins la seconde place parmi les talents de l'orateur, et met le genre tempéré bien près du genre pathétique et sublime. L'homme pleinement éloquent est donc celui qui, non-seu-

ÉLOQUENCE.

lement dans différentes causes, mais dans la même cause, sur le même sujet, selon l'effet qu'il veut produire, sait employer l'un et l'autre moyen, et les employer à propos.

Ainsi, lorsqu'on a dit que l'éloquence était dans l'âme, on a dit une vérité; mais on ne l'a dite qu'à demi. L'éloquence est dans l'âme comme la force du corps est dans les muscles. Mais l'adresse et l'agilité sont pour la force des avantages : l'une lui apprend à se déployer habilement, l'autre avec promptitude; et comme l'athlète bien exercé, qui sait prendre ses temps, choisir ses attitudes, et régler tous ses mouvements, ne perd aucun de ses efforts, tandis qu'un adversaire plus robuste que lui se fatigue et s'épuise en vain; de même l'orateur qui sait ménager ses moyens, les diriger, en faire usage, finit par terrasser celui qui prodigue au hasard et sans réserve tous les siens.

On a dit que l'éloquence n'était jamais que momentanée : c'est ce que je ne puis penser. Dans un écrit philosophique où la raison domine, et qui donne rarement lieu au langage du sentiment, plus rarement encore aux mouvements de l'âme, l'éloquence n'aura que des moments, j'en conviens. Il est vrai de même que, dans l'histoire, les traits, les morceaux d'éloquence ne brillent que par intervalle, et comme des éclairs rapides et brûlants; mais ces traits sont de l'éloquence, et ne sont pas l'éloquence. Celle-ci est un art comme l'architecture, et son ouvrage est un édifice.

Un ligueur va tuer le cardinal de Retz d'un coup

de pistolet. « Ah! malheureux, si ton père te voyait! » lui dit le cardinal; et ces mots inspirés par le génie de la nécessité désarment l'assassin. « Misérable! « oserais-tu bien tuer Caïus Marius! » dit d'un air et d'une voix terrible cet illustre proscrit au Gaulois qui va le frapper; et le Gaulois épouvanté s'enfuit en criant : « Je ne puis tuer Caïus Marius. » Ainsi, lorsque l'effet de l'éloquence doit être soudain et rapide, elle réside dans quelques mots; et c'est alors qu'elle est sublime.

« Dérar est mort! » s'écriaient les Arabes éperdus de frayeur d'avoir vu tomber leur général. « Qu'im-
« porte que Dérar soit mort? leur dit Rafi, l'un
« de leurs capitaines; Dieu est vivant et vous re-
« garde; » et il les ramène au combat. « Mes enfants,
« les Blancs vous regardent, » disait le marquis de Saint-Pern à Crevelt, en parcourant la ligne des grenadiers de France, exposés au feu du canon; et aucun d'eux ne remua.

Ce sont là sans doute des traits d'éloquence, des mots sublimes, si l'on veut; mais ces mots, ces traits éloquents, qui ont suffi quelquefois pour soulever un peuple, pour rallier une armée, pour faire tomber le poignard de la main d'un scélérat, n'auraient pas suffi à Cicéron pour amener le peuple romain à renoncer au partage des terres, ni à Démosthène pour soulever les Athéniens contre Philippe, ni à Massillon pour produire l'effet du sermon du pécheur mourant ou du petit nombre des élus.

Une passion violente se réprime par un mouvement de passion plus violent encore ; et ce n'est pas ce que l'éloquence a de plus difficile à faire. C'est aux passions sourdes et lâches, comme l'envie et la peur, qu'elle a de la peine à opposer ou des stimulants assez forts, ou des contrepoisons d'une vertu assez active. C'est pour ranimer des cœurs éteints; pour rendre l'espérance à des âmes rebutées par le malheur; la résolution à des esprits glacés, le courage à des hommes abattus de mollesse; c'est pour faire sentir l'aiguillon de la honte et celui de la gloire à des peuples dont la seule ressource est l'audace et le désespoir ; c'est pour tirer un auditoire, une multitude assemblée, d'un état d'indolence, de stupeur et de léthargie, et la porter à l'instant à de grandes résolutions; c'est pour forcer l'orgueil jaloux à fléchir devant le mérite, et l'envie à lui pardonner, que l'éloquence même aura besoin de rassembler toutes ses forces ; et ce n'est point avec quelques mots, mais par une longue suite de mouvements et par une impulsion pareille à celle du torrent qui ébranle et ruine sa digue avant de la renverser, qu'elle peut parvenir à vaincre ces obstacles. Cependant elle n'est encore aux prises qu'avec la nature : que sera-ce, lorsqu'elle aura non-seulement les passions et les vices du cœur humain à combattre et à surmonter, mais une éloquence opposée, insidieuse ou véhémente, qui aura su captiver, ranger de son parti les affections du cœur humain, et ses passions et ses vices? Certes, il est impossible d'imaginer une épreuve où l'art (je ne dis pas assez, car aucun art n'y peut suffire), où le génie et l'art réunis au plus haut degré d'intelligence et de vigueur trouvent mieux à se signaler. Or telles sont dans leur plénitude les fonctions de l'éloquence. Et de là vient que l'orateur Antoine, après s'en être fait un modèle intellectuel aussi accompli qu'il avait pu le concevoir, disait n'avoir jamais connu d'hommes pleinement éloquents.

Il est donc vrai que dans l'œuvre oratoire ce talent d'agir à la fois sur les esprits et sur les âmes ne se réduit pas à quelques mots épars, à quelques élans passagers; qu'il consiste à tout disposer pour produire un effet commun, à tout diriger vers le but qu'on se propose. Ainsi, que le génie invente les moyens; que l'art, qui n'est que le bon sens éclairé par l'expérience, les distribue et les emploie; que l'esprit et l'âme s'accordent pour faire concourir ensemble tout ce que l'un a de lumières, tout ce que l'autre a de chaleur; que l'insinuation se glisse dans la preuve; que le pathétique l'anime; que la preuve, à son tour et réciproquement, communique sa force au pathétique et donne plus d'accès à l'insinuation; l'œuvre oratoire ne sera plus qu'une machine bien composée, dont toutes les pièces également finies, étroitement liées, et engrenées l'une dans l'autre, contribueront à exécuter une seule et même action.

Voyez ÉLOQUENCE POÉTIQUE, ORATEUR, PATHÉTIQUE, PREUVE, etc.

MARMONTEL, *Éléments de Littérature.*

ÉLOQUENCE.

MÊME SUJET.

L'éloquence est née avant les règles de la rhétorique, comme les langues se sont formées avant la grammaire.

La nature rend les hommes éloquents dans les grands intérêts et dans les grandes passions. Quiconque est vivement ému voit les choses d'un autre œil que les autres hommes. Tout est pour lui objet de comparaison rapide et de métaphore : sans qu'il y prenne garde, il anime tout, et fait passer dans ceux qui l'écoutent une partie de son enthousiasme.

Un philosophe très éclairé (Du Marsais) a remarqué que le peuple même s'exprime par des figures, que rien n'est plus commun, plus naturel que les tours qu'on appelle *Tropes*.

Ainsi, dans toutes les langues, *le cœur brûle, le courage s'allume, les yeux étincellent, l'esprit est accablé, il se partage, il s'épuise, le sang se glace, la tête se renverse, on est enflé d'orgueil, enivré de vengeance :* la nature se peint partout dans ces images fortes, devenues ordinaires.

C'est elle dont l'instinct enseigne à prendre d'abord un air, un ton modeste avec ceux dont on a besoin. L'envie naturelle de captiver ses juges et ses maîtres, le recueillement de l'âme profondément frappée, qui se prépare à déployer les sentiments qui la pressent, sont les premiers maîtres de l'art.

C'est cette même nature qui inspire quelquefois des débats vifs et animés; une forte passion, un danger pressant, appellent tout d'un coup l'imagination ; ainsi un capitaine des premiers califes, voyant fuir les Musulmans, s'écria : « Où courez-vous? ce « n'est pas là que sont les ennemis. »

On attribue ce même mot à plusieurs capitaines ; on l'attribue à Cromwel. Les âmes fortes se rencontrent beaucoup plus souvent que les beaux esprits.

Rafi, un capitaine musulman du temps même de Mahomet, voit les Arabes effrayés qui s'écrient que leur général Dérar est tué : « Qu'importe, dit-il, « que Dérar soit mort ; Dieu est vivant et vous re- « garde, marchez. »

C'était un homme bien éloquent que ce matelot anglais qui fit résoudre la guerre contre l'Espagne en 1740. « Quand les Espagnols m'ayant mutilé me « présentèrent la mort, je recommandai mon âme à « Dieu, et ma vengeance à ma patrie. »

La nature fait donc l'éloquence, et si on a dit que les poètes naissent, et que les orateurs se forment, on l'a dit quand l'éloquence a été forcée d'étudier les lois, le génie des juges et la méthode du temps : la nature seule n'est éloquente que par élans.

Les préceptes sont toujours venus après l'art. Tisias fut le premier qui recueillit les lois de l'éloquence, dont la nature donne les premières règles.

Platon dit ensuite dans son Gorgias, qu'un orateur doit avoir la subtilité des dialecticiens, la science des philosophes, la diction presque des poètes, la voix et les gestes des plus grands acteurs.

Aristote fit voir après lui que la véritable philosophie est le guide secret de l'esprit de tous les arts :

il creusa les sources de l'éloquence dans son livre de la *Rhétorique;* il fit voir que la dialectique est le fondement de l'art de persuader, et qu'être éloquent c'est savoir prouver.

Il distingua les trois genres, le délibératif, le démonstratif et le judiciaire. Dans le délibératif, il s'agit d'exhorter ceux qui délibèrent à prendre un parti sur la guerre et sur la paix, sur l'administration publique, etc....; dans le démonstratif, de faire voir ce qui est digne de louange ou de blâme; dans le judiciaire, de persuader, d'absoudre ou de condamner, etc. On sent assez que ces trois genres rentrent souvent l'un dans l'autre. Aristote examine quelles preuves on doit employer dans ces trois genres d'éloquence.

Il veut que l'orateur connaisse les passions des hommes, et les mœurs, les humeurs de chaque condition.

Je ne crois pas qu'il y ait une seule finesse de l'art qui lui échappe; il recommande sur-tout qu'on apporte des exemples. Quand on parle d'affaires publiques, rien ne fait un plus grand effet sur l'esprit des hommes.

Il va jusqu'à permettre, dans les discours devant les grandes assemblées, les paraboles et les fables : elles saisissent toujours la multitude; il en rapporte de très ingénieuses, et qui sont de la plus haute antiquité, comme celle du cheval qui implora le secours de l'homme pour se venger du cerf, et qui devint esclave pour avoir cherché un protecteur.

Il traite à fond de l'élocution, sans laquelle tout

languit; il recommande les métaphores, pourvu qu'elles soient justes et nobles; il exige sur-tout la convenance et la bienséance. Tous ses préceptes respirent la justesse éclairée d'un philosophe et la politesse d'un athénien; et en donnant les règles de l'éloquence, il est éloquent avec simplicité.

Ce que je remarquerai le plus dans son chapitre de l'Élocution et de la Diction, c'est le bon sens avec lequel il condamne ceux qui veulent être poètes en prose; il veut du pathétique, mais il bannit l'enflure; il proscrit les épithètes inutiles. En effet Démosthènes et Cicéron qui ont suivi ses préceptes, n'ont jamais affecté le style poétique dans leurs discours. « Il faut, dit Aristote, que le style soit tou-« jours conforme au sujet. »

Rien n'est plus déplacé que de parler de physique poétiquement, et de prodiguer les figures, les ornements, quand il ne faut que méthode, clarté et vérité. C'est le charlatanisme d'un homme qui veut faire passer de faux systèmes à la faveur d'un vain bruit de paroles. Les petits esprits sont trompés par cet appât, et les bons esprits le dédaignent.

Parmi nous, l'oraison funèbre s'est emparée du style poétique en prose; mais ce genre consistant presque tout entier dans l'exagération, il semble qu'il lui soit permis d'emprunter ses ornements de la poésie.

Les auteurs des romans se sont permis quelquefois cette licence. La Calprenède fut le premier, je pense, qui transposa ainsi les limites des arts, et qui abusa de cette facilité. On fit grace à l'auteur du *Télé-*

maque en faveur d'Homère qu'il imitait sans pouvoir faire de vers, et plus encore en faveur de sa morale, dans laquelle il surpasse infiniment Homère, qui n'en a aucune. Mais ce qui lui donna le plus de vogue, ce fut la critique de la fierté de Louis XIV et de la dureté de Louvois, qu'on crut apercevoir dans *Télémaque*.

Quoi qu'il en soit, rien ne prouve mieux le grand sens et le bon goût d'Aristote, que d'avoir assigné sa place à chaque chose.

Il est à remarquer que la Grèce fut la seule contrée de la terre où l'on connût alors les lois de l'éloquence, parce que c'était la seule où la véritable éloquence existât.

L'art grossier était chez tous les hommes; des traits sublimes ont échappé partout à la nature dans tous les temps : mais remuer les esprits de toute une nation polie, plaire, convaincre et toucher à la fois, cela ne fut donné qu'aux Grecs.

Les Orientaux étaient presque tous esclaves; c'est un caractère de la servitude de tout exagérer; ainsi l'éloquence asiatique fut monstrueuse. L'Occident était barbare du temps d'Aristote.

L'éloquence véritable commença à se montrer dans Rome du temps des Gracques, et ne fut perfectionnée que du temps de Cicéron. Marc-Antoine l'orateur, Hortensius, Curion, César et plusieurs autres, furent des hommes éloquents.

Cette éloquence périt avec la république, ainsi que celle d'Athènes. L'éloquence sublime n'appartient, dit-on, qu'à la liberté; c'est qu'elle consiste à dire des vérités hardies, à étaler des raisons et des peintures fortes. Souvent un maître n'aime pas la vérité, craint les raisons, et aime mieux un compliment délicat que de grands traits.

Cicéron, après avoir donné les exemples dans ses harangues, donna les préceptes dans son livre de l'orateur; il suit presque toute la méthode d'Aristote, et s'explique avec le style de Platon. Il distingue le genre simple, le tempéré et le sublime.

Rollin a suivi cette division dans son *Traité des Études*, et, ce que Cicéron ne dit pas, il prétend que « le tempéré est une belle rivière ombragée de « vertes forets des deux côtés; le simple, une table « servie proprement, dont tous les mets sont d'un « goût excellent et dont on bannit tout raffinement; « que le sublime foudroie, et que c'est un fleuve « impétueux qui renverse tout ce qui lui résiste. »

Sans se mettre à cette *table*, sans suivre ce *foudre*, ce *fleuve* et cette *rivière*, tout homme de bon sens voit que l'éloquence simple est celle qui a des choses simples à exposer, et que la clarté et l'élégance sont tout ce qui lui convient.

Il n'est pas besoin d'avoir lu Aristote, Cicéron et Quintilien, pour sentir qu'un avocat qui débute par un exorde pompeux au sujet d'un mur mitoyen, est ridicule : c'était pourtant le vice du barreau jusqu'au milieu du dix-septième siècle; on disait avec emphase des choses triviales. On pourrait compiler des volumes de ces exemples, mais tous se réduisent à ce mot d'un avocat, homme d'esprit, qui voyant que son adversaire parlait de la guerre de Troie et

du Scamandre, l'interrompit en disant : « La Cour
« observera que ma partie ne s'appelle pas *Sca-*
« *mandre*, mais *Michaut*. »

Le genre sublime ne peut regarder que de puissants intérêts, traités dans une grande assemblée.

On en voit encore de vives traces dans le parlement d'Angleterre; on a quelques harangues qui y furent prononcées en 1739, quand il s'agissait de déclarer la guerre à l'Espagne. L'esprit de Démosthène et de Cicéron semble avoir dicté plusieurs traits de ces discours, mais ils ne passeront pas à la postérité comme ceux des Grecs et des Romains, parce qu'ils manquent de cet art et de ce charme de la diction qui mettent le sceau de l'immortalité aux bons ouvrages.

Le genre tempéré est celui de ces discours d'appareil, de ces harangues publiques, de ces compliments étudiés, dans lesquels il faut couvrir de fleurs l'aridité de la matière.

Ces trois genres rentrent encore souvent l'un dans l'autre, ainsi que les trois objets de l'éloquence qu'Aristote considère; et le grand mérite de l'orateur est de les mêler à propos.

La grande éloquence n'a pu en France être connue au barreau, parce qu'elle ne conduit pas aux honneurs comme dans Athènes, dans Rome, et comme aujourd'hui dans Londres, et n'a point pour objet de grands intérêts publics : elle s'est réfugiée dans les oraisons funèbres, où elle tient un peu de la poésie.

Bossuet, et après lui Fléchier, semblent avoir obéi à ce précepte de Platon, qui veut que l'élocution d'un orateur soit quelquefois celle même d'un poète.

L'éloquence de la chaire avait été presque barbare jusqu'au père Bourdaloue; il fut un des premiers qui firent parler la raison.

Les Anglais ne vinrent qu'ensuite, comme l'avoue Burnet, évêque de Salisbury. Ils ne connurent point l'oraison funèbre; ils évitèrent dans les sermons les traits véhéments qui ne leur parurent point convenables à la simplicité de l'Évangile, et ils se défièrent de cette méthode des divisions recherchées, que l'archevêque Fénelon condamne dans ses *Dialogues sur l'éloquence*.

Quoique nos sermons roulent sur l'objet le plus important à l'homme, cependant il s'y trouve peu de morceaux frappants qui, comme les beaux endroits de Cicéron et de Démosthène, soient devenus les modèles de toutes les nations occidentales. Le lecteur sera pourtant bien aise de trouver ici ce qui arriva la première fois que Massillon, depuis évêque de Clermont, prêcha son fameux sermon du petit nombre des élus : il y eut un endroit où un transport de saisissement s'empara de tout l'auditoire; presque tout le monde se leva à moitié par un mouvement involontaire; le murmure d'acclamation et de surprise fut si fort, qu'il troubla l'orateur, et ce trouble ne servit qu'à augmenter le pathétique de ce morceau; le voici :

« Je suppose que ce soit ici notre dernière heure
« à tous; que les cieux vont s'ouvrir sur nos têtes,
« que le temps est passé, et que l'éternité commence;
« que Jésus-Christ va paraître pour nous juger

ÉLOQUENCE.

« selon nos œuvres, et que nous sommes tous ici
« pour attendre de lui l'arrêt de la vie ou de la
« mort éternelle : je vous le demande, frappé de ter-
« reur comme vous, ne séparant point mon sort du
« vôtre, et me mettant dans la même situation où
« nous devons tous paraître un jour devant Dieu
« notre juge; si Jésus-Christ, dis-je, paraissait
« dès à présent pour faire la terrible séparation des
« justes et des pécheurs, croyez-vous que le plus
« grand nombre fût sauvé? Croyez-vous que le
« nombre des justes fût au moins égal à celui des
« pécheurs? Croyez-vous que s'il faisait maintenant
« la discussion des œuvres du grand nombre qui
« est dans cette église, il trouvât seulement dix justes
« parmi nous? En trouverait-il un seul? » (Il y a
eu plusieurs éditions différentes de ce discours,
mais le fond est le même dans toutes.)

Cette figure, la plus hardie qu'on ait jamais employée, et en même temps la plus à sa place, est
un des plus beaux traits d'éloquence qu'on puisse
lire chez les nations anciennes et modernes; et le
reste du discours n'est pas indigne de cet endroit si
saillant.

De pareils chefs-d'œuvre sont très rares, tout est
d'ailleurs devenu lieu commun.

Les prédicateurs qui ne peuvent imiter ces grands
modèles, feraient mieux de les apprendre par cœur
et de les débiter à leur auditoire (supposé encore
qu'ils eussent ce talent si rare de la déclamation)
que de prêcher dans un style languissant des choses
aussi rebattues qu'inutiles.

On demande si l'éloquence est permise aux historiens : celle qui leur est propre consiste dans l'art de préparer les événements, dans leur exposition toujours élégante, tantôt vive et pressée, tantôt étendue et fleurie, dans la peinture vraie et forte des mœurs générales et des principaux personnages, dans les réflexions incorporées naturellement au récit, et qui n'y paraissent point ajoutées. L'éloquence de Démosthène ne convient point à Thucydide ; une harangue directe qu'on met dans la bouche d'un héros, qui ne la prononça jamais, n'est guère qu'un beau défaut, au jugement de plusieurs esprits éclairés.

Si pourtant ces licences pouvaient quelquefois se permettre, voici une occasion où Mézeray, dans sa grande histoire, semble obtenir grace pour cette hardiesse approuvée chez les anciens ; il est égal à eux pour le moins dans cet endroit : c'est au commencement du règne de Henri IV, lorsque ce prince, avec très peu de troupes, était pressé auprès de Dieppe par une armée de trente mille hommes, et qu'on lui conseillait de se retirer en Angleterre. Mézeray s'élève au-dessus de lui-même en faisant parler ainsi le maréchal de Biron, qui d'ailleurs était un homme de génie, et qui peut fort bien avoir dit une partie de ce que l'historien lui attribue.

« Quoi ! Sire, on vous conseille de monter sur
« mer, comme s'il n'y avait pas d'autre moyen de con-
« server votre royaume que de le quitter ! Si vous
« n'étiez pas en France, il faudrait percer au travers

« de tous les hasards et de tous les obstacles pour y
« venir; et maintenant que vous y êtes, on voudrait
« que vous en sortissiez! et vos amis seraient d'avis
« que vous fissiez de votre bon gré ce que le plus
« grand effort de vos ennemis ne saurait vous con-
« traindre de faire! En l'état où vous êtes, sortir seule-
« ment de France pour vingt-quatre heures, c'est s'en
« bannir pour jamais. Le péril, au reste, n'est pas si
« grand qu'on vous le dépeint; ceux qui nous pensent
« envelopper, sont, ou ceux même que nous avons
« tenus enfermés si lâchement dans Paris, ou gens qui
« ne valent pas mieux, et qui auront plus d'affaires
« entre eux-mêmes que contre nous. Enfin, Sire,
« nous sommes en France, il nous y faut enterrer: il
« s'agit d'un royaume, il faut l'emporter ou y perdre
« la vie; et quand même il n'y aurait point d'autre
« sûreté pour votre sacrée personne que la fuite,
« je sais bien que vous aimeriez mieux mille fois
« mourir de pied ferme que de vous sauver par
« ce moyen. Votre Majesté ne souffrirait jamais
« qu'on dise qu'un cadet de la maison de Lorraine
« lui aurait fait perdre terre; encore moins qu'on la
« vît mendier à la porte d'un prince étranger. Non,
« non, Sire, il n'y a ni couronne, ni honneur
« pour vous au-delà de la mer: si vous allez au-de-
« vant du secours d'Angleterre, il reculera; si vous
« vous présentez au port de la Rochelle en homme
« qui se sauve, vous n'y trouverez que des reproches
« et du mépris. Je ne puis croire que vous deviez
« plutôt fier votre personne à l'inconstance des flots,
« et à la merci de l'étranger, qu'à tant de braves

« gentilshommes et tant de vieux soldats, qui sont
« prêts à lui servir de remparts et de boucliers ; et
« je suis trop serviteur de votre majesté, pour lui
« dissimuler que, si elle cherchait sa sûreté ailleurs
« que dans leur vertu, ils seraient obligés de cher-
« cher la leur dans un autre parti que dans le
« sien. »

Ce discours fait un effet d'autant plus beau,
que Mézeray met ici en effet, dans la bouche du
maréchal de Biron, ce que Henri IV avait dans le
cœur.

Il y aurait encore bien des choses à dire sur l'é-
loquence, mais les livres n'en disent que trop ; et
dans un siècle éclairé, le génie aidé des exemples,
en fait plus que n'en disent tous les maîtres.

Voltaire, *Dict. Phil.*

ÉLOQUENCE POÉTIQUE. Qui ne connaît pas le
plaisir que nous avons à inspirer nos sentiments, à
répandre nos lumières, à multiplier ainsi notre âme ?
C'est un attrait qui, dans le moral, peut se comparer
à celui de la reproduction physique, et peut être
l'un des premiers besoins de l'homme en société. La
poésie, dont c'est là l'objet, a donc sa source dans
la nature.

Les moyens d'instruire et de persuader sont les
mêmes en philosophie, en éloquence, en poésie ; et
ce n'est pas ici le lieu de les examiner.

Il y a cependant un procédé que la philosophie

ne connaît pas, que l'éloquence ne devrait pas connaître, et dans lequel la poésie excelle; c'est l'art de la séduction, l'art de rendre la feinte et le mensonge intéressants et vraisemblables. C'est donc en poésie que l'éloquence est une enchanteresse; et l'enchantement qu'elle opère c'est l'illusion et l'intérêt. Ailleurs elle ne cherche à plaire, à émouvoir que pour persuader; ici, le plus souvent, elle ne persuade qu'afin de plaire et d'émouvoir. A cela près, ses moyens sont les mêmes et du côté de l'illusion et du côté de l'intérêt. La poésie n'est que l'éloquence dans toute sa force et avec tous ses charmes. Voyez, dans l'*Iliade*, la harangue de Priam aux pieds d'Achille; dans l'*Énéide*, celle de Sinon; dans Ovide, celle d'Ajax et d'Ulysse; dans Milton, celle de Satan; dans Corneille, les scènes d'Auguste et de Cinna; dans Racine, les discours de Burrhus et de Narcisse au jeune Néron; dans la *Henriade*, la harangue de Potier aux états; celle de Brutus au sénat, dans la tragédie de ce nom; dans la *Mort de César*, celle d'Antoine au peuple, etc. C'est tour à tour le langage de Démosthène, de Cicéron, de Massillon, de Bossuet, à quelques hardiesses près, que la poésie autorise, et que l'éloquence elle-même se permet quelquefois.

Si l'on m'accuse de confondre ici les genres, que l'on me dise en quoi diffèrent l'éloquence de Burrhus parlant à Néron, dans la tragédie de Racine, et celle de Cicéron parlant à César, dans la péroraison pour Ligarius?

Toute la différence que je vois ici entre l'*éloquence*

poétique et l'*éloquence oratoire*, c'est que l'une doit être l'élixir de l'autre. L'importance de la vérité rend l'auditoire patient; au lieu que la fiction n'attache qu'autant qu'elle intéresse. L'éloquence du poète doit donc être plus animée, plus rapide, plus soutenue que celle de l'orateur. L'un est libre dans le choix, dans la forme de ses sujets, il les soumet à son génie; l'autre est commandé par ses sujets mêmes, et son génie en est dépendant : ainsi les détails épineux et languissants qu'on pardonne à l'orateur seraient justement reprochés au poète.

L'éloquence du poète n'est donc que l'éloquence exquise de l'orateur, appliquée à des sujets intéressants, féconds, sublimes; et les divers genres d'éloquence que les rhéteurs ont distingués, le délibératif, le démonstratif, le judiciaire, sont du ressort de l'art poétique, comme de l'art oratoire. Mais les poètes ont soin de choisir de grandes causes à discuter, de grands intérêts à débattre. Auguste doit-il abdiquer ou garder l'empire du monde? Ptolomée doit-il accorder ou refuser un asile à Pompée; et s'il le reçoit, doit-il le défendre, doit-il le livrer à César, vif ou mort? Attila doit-il s'allier au roi des Français ou à l'empereur des Romains, soutenir Rome chancelante sur le penchant de sa ruine, ou hâter les destins de l'empire français encore au berceau; écouter la gloire, ou l'ambition ? Voilà de quoi il s'agit dans les délibérations de Corneille. Si la scène d'Attila est faiblement traitée, au moins est-elle grandement conçue, et l'idée seule aurait dû imposer à Boileau. La scène délibérative qui mérite le mieux d'être placée à côté de celles que je viens de citer, est l'exposition de *Brutus*. Le sénat doit-il recevoir l'ambassadeur de Porsenna, et en l'écoutant doit-il traiter avec l'envoyé du protecteur des Tarquins; ou bien doit-il le refuser, et le renvoyer sans l'entendre? Il n'est point de spectateur dont l'âme ne reste comme suspendue, tandis que de tels intérêts sont balancés et discutés avec chaleur. Ce qui rend encore plus théâtrales ces sortes de délibérations, c'est lorsque la cause publique se joint à l'intérêt capital d'un personnage intéressant, dont le sort dépend de ce qu'on va résoudre; car il faut bien se souvenir que l'intérêt individuel d'homme à homme est le seul qui nous touche vivement. Les termes collectifs de peuple, d'armée, de république, ne nous présentent que des idées vagues. Rome Carthage, la Grèce, la Phrygie ne nous intéressent que par l'entremise des personnages dont le destin dépend du leur. C'était une belle chose, dans *Inès*, que la scène où l'on délibère si Alphonse doit punir ou pardonner la révolte de son fils; mais il fallait à ce jugement terrible un appareil imposant, et sur-tout dans les opinions un caractère majestueux et sombre, qui inspirât la crainte des lois et la pitié pour l'âme d'un père. Cette scène, j'ose le dire, était au-dessus des forces de La Motte : c'était à celui qui a peint l'âme d'Alvarez et l'âme de Brutus, de traiter cette situation, qui, faute d'éloquence et de dignité, n'est ni touchante ni vraisemblable. On a voulu, je ne sais pourquoi, distinguer en poésie le discours prémédité d'avec celui qui n'est pas censé l'être. L'expression n'a sa vraisemblance que lorsqu'elle est telle que la nature doit l'inspirer dans le moment. Toute la théorie de l'éloquence poétique se réduit donc à bien savoir quel est celui qui parle, quels sont ceux qui l'écoutent, ce qu'on veut que l'un persuade aux autres, et de régler sur ces rapports le langage qu'on lui fait tenir.

Mais quelquefois aussi celui qui parle ne veut que répandre et soulager son cœur. Par exemple, lorsqu'Andromaque fait à Céphise le tableau du massacre de Troie, ou qu'elle lui retrace les adieux d'Hector, son dessein n'est pas de l'instruire, de la persuader, de l'émouvoir : elle n'attend, ne veut rien d'elle. C'est un cœur déchiré qui gémit et qui, trop plein de sa douleur, ne demande qu'à l'épancher. Rien de plus naturel, rien de plus favorable au développement des passions. Il est un degré où elles sont muettes; mais avant de parvenir à cet excès de sensibilité qui touche à l'insensibilité même, plus on est ému, moins on peut se suffire; et si l'on n'a pas un ami fidèle et sensible à qui se livrer, on espère en trouver un jour parmi les hommes : on grave ses peines ou ses plaisirs sur les arbres, sur les rochers; on les confie, dans ses écrits, aux siècles qui sont à naître, et qui les liront quand on ne sera plus. Ainsi, par une illusion vaine, mais consolante, on se survit à soi-même, et l'on jouit en idée de l'intérêt qu'on inspirera. C'est ce qui fonde la vraisemblance de tous les genres de poésie, où l'âme, par un mouvement spontané, dépose ses sentiments les plus cachés, ses affections les plus intimes; et c'est la sur-tout que les mœurs sont naïvement exprimées; car, dans toutes les autres scènes, la nature est gênée et peut se déguiser.

Plus la passion tient de la faiblesse, plus il lui est nécessaire de se répandre au dehors : l'amour a plus de confidents que la haine et que l'ambition. Celles-ci supposent dans l'âme une force qui lui sert à les renfermer : Achille, indigné contre Agamemnon, se retire seul sur le rivage de la mer; s'il avait aimé Briséis, il aurait eu besoin de Patrocle. Aussi l'élégie, qui n'est autre chose que le développement de l'âme, préfère-t-elle l'amour à des sentiments plus sérieux et plus profonds; aussi nos poètes, qui ont mis au théâtre cette passion que les Grecs dédaignaient de peindre, ont-ils trouvé dans le trouble, dans les combats, dans les mouvements divers qu'elle excite, une source intarissable de la plus belle poésie. Dans combien de sens opposés le seul Racine n'a-t-il pas vu les plis et les replis du cœur d'une amante? avec combien de passions diverses il a mêlé celle de l'amour! C'est sur-tout dans ces confidences intimes qu'il a eu l'art de ménager, c'est-là, dis-je, qu'il expose ou prépare l'effet touchant des situations, et qu'il établit sur les mœurs la vraisemblance de la fable. Sans les scènes de Phèdre avec Œnone, ce rôle qui nous attendrit jusqu'aux larmes, eût été révoltant pour nous. Qu'on se rappelle seulement ces vers.

Je me connais; je sais toutes mes perfidies,
Œnone, et ne suis point de ces femmes hardies,

Qui, goûtant dans le crime une tranquille paix,
Ont su se faire un front qui ne rougit jamais.
Je connais mes fureurs, je les rappelle toutes :
Il me semble déjà que ces murs, que ces voûtes
Vont prendre la parole, et, prêts à m'accuser,
Attendent mon époux pour le désabuser.
(Act. III, sc. 3.)

C'est là de la vraie éloquence; c'est là ce qui gagne les esprits en faveur du coupable odieux à lui-même et tourmenté par ses remords. La fureur jalouse de Phèdre s'irrite par la comparaison qu'elle fait du bonheur d'Hippolyte et de son amante, avec les maux qu'elle-même a soufferts :

Ils suivaient sans remords leur penchant amoureux :
Tous les jours se levaient clairs et sereins pour eux;
Et moi, triste rebut de la nature entière,
Je me cachais au jour, je fuyais la lumière :
La mort est le seul dieu que j'osais implorer.
(Act. IV, sc. 6.)

Et de là cet égarement et ce désespoir qui rendent naturel et supportable le silence qu'elle a gardé sur l'innocence d'Hippolyte. Mais il n'en fallait pas moins pour obtenir grace; et la fable d'Euripide, sans l'art de Racine, n'était pas digne du théâtre français.

On a reproché à notre scène tragique d'avoir trop de discours et trop peu d'action. Ce reproche bien entendu peut être juste. Nos poètes se sont engagés quelquefois dans des analises de sentiments aussi froides que superflues; mais si le cœur ne s'épanche que parce qu'il est trop plein de sa passion, et lorsque la violence de ses mouvements ne lui permet pas de les retenir, l'effusion n'en sera jamais ni froide ni languissante. La passion porte avec elle, dans ses mouvements tumultueux, de quoi varier ceux du style; et si le poète est bien pénétré de ses situations, s'il se laisse guider par la nature, au lieu de vouloir la conduire à son gré, il placera ces mouvements où la nature les sollicite; et, laissant couler le sentiment à pleine source, il en saura prévenir à propos l'épuisement et la langueur.

Les réflexions, les affections de l'âme, qui servent d'aliments à cette espèce de pathétique, peuvent se combiner, se varier à l'infini. Cependant comme elles ont pour base un caractère et une situation donnée, le poète, en méditant sur les sentiments qu'il veut développer, peut y observer quelque méthode, et, dans les circonstances les plus marquées, se donner quelques points d'appui. Je suppose, par exemple, Ariane exhalant sa douleur sur l'infidélité de Thésée. Quel est celui qu'elle aime; à quel excès elle l'a aimé; ce qu'elle a fait pour lui; le prix qu'elle en reçoit; quels serments il trahit; quelle amante il abandonne; en quels lieux, dans quel moment, en quel état il la laisse; quel était son bonheur sans lui; dans quel malheur il l'a plongée, et de quel supplice il punit tant d'amour et tant de bienfaits: voilà ce qui se présente au premier coup d'œil. Que le poète se plonge dans l'illusion, à mesure que son âme s'échauffera, tous ces germes de sentiment vont se développer d'eux-mêmes.

Comme c'est là sur-tout que se manifestent les affections de l'âme, et que les traits les plus déliés, les nuances les plus délicates des caractères se font sentir, cette sorte de scène exige et suppose une profonde étude des mœurs. Les commençants ne demandent pas mieux que de s'épargner cette étude, et l'exemple du théâtre anglais, encore barbare auprès du nôtre, leur fait donner tout aux mouvements, aux tableaux et aux situations, c'est-à-dire au squelette de la tragédie. Ainsi, pour éviter la langueur et la mollesse qu'on nous reproche, nous tombons dans un excès contraire, la sécheresse et la dureté. Il est plus facile de sentir que d'indiquer précisément quel est, entre ces deux excès, le milieu que l'on devrait prendre; mais on le trouvera sans peine, si, renonçant à la folle vanité de briller par les détails, l'on se pénètre à fond du sentiment que l'on doit exprimer.

La douleur est de toutes les passions la plus éloquente, ou plutôt c'est elle qui rend éloquente toutes les autres passions, et qui attendrit et rend pathétique toute espèce de caractère : douce et tendre, sombre et terrible, plaintive et déchirante, furieuse et atroce, elle prend toutes les couleurs. Du haut de la tribune et du haut de la chaire, elle remue tout un peuple; du théâtre où elle domine, elle trouble tous les esprits, elle transperce tous les cœurs. Celui qui sait la mettre en scène, et faire entendre ses accents, n'a pas besoin d'autre langage. *Il ne sait ce qu'il dit*, répétait le philosophe Mairand, en écoutant l'oratorien Vinot, qui le faisait fondre

ÉLOQUENCE POÉTIQUE.

en larmes. Ce n'est pourtant pas ce que j'appelle l'éloquence de la douleur : cette éloquence pure et sublime est celle que Sophocle, Euripide, Virgile, Ovide, Racine et Voltaire ont possédée à un si haut point. Je nomme Ovide, parce qu'il est souvent aussi naturel et aussi pénétrant que tous ces grands poètes. Voyez dans ses *Métamorphoses* (fable de Polixène) avec quelles gradations ces trois grands caractères de la douleur sont exprimés.

Polixène, au moment d'être immolée aux mânes d'Achille.

Utque Neoptolemum stantem, ferrumque tenentem,
Utque suo vidit figentem lumina vultu;
Utere jam dudum generoso sanguine, dixit :
Nulla mora est : aut tu jugulo, vel pectore telum
Conde meo. (Jugulumque simul pectusque retexit.)
Mors tantum vellem matrem mea fallere posset.
Mater obest; minuitque necis mihi gaudia. Quamvis
Non mea mors illi, verùm sua vita gemenda est.
Vos modò, ne stygios adeam non libera manes,
Este procul, si justa peto; tactuque viriles
Virgineo removete manus. Acceptior illi,
Quisquis is est quem cæde mea placare paratis,
Liber erit sanguis. Si quos tamen ultima nostri
Vota movent oris, Priami vos filia regis,
Non captiva rogat : genitrici corpus inemptum
Reddite : neve auro redimat jus triste sepulchri,
Sed lacrymis. Tunc cum poterat, redimebat et auro [*].

[*] « Dès qu'elle vit Néoptolème debout, tenant en main le glaive, et les yeux attachés sur les siens : Mon sang est à vous, lui dit-elle ; vous pouvez le verser ; rien ne vous arrête : choisissez de frapper le sein ou la gorge de la victime. A ces mots, elle lui découvre et sa gorge et son sein. Je désirerais seulement, reprit-elle, qu'on pût cacher mon trépas à ma mère : elle

Tel est le langage de la douleur noble et tranquille, d'autant plus touchante qu'elle est plus douce ; et c'est le caractère que Cicéron lui donne dans la bouche de Milon.

Hécube, en se précipitant sur le corps sanglant de sa fille.

Nata tuæ (quid enim superest ?) dolor ultima matris,
Nata, jaces; videoque tuum, mea vulnera, vulnus.
Enne perdiderim quemquam, sine cæde, meorum ?
Tu quoque vulnus habes ! at te, quia femina, rebar
A ferro tutam : cecidisti, et femina, ferro !
Totque tuos idem fratres, te perdidit idem,
Exitium Trojæ, nostrique orbator, Achilles.
At postquam cecidit Paridis, Phœbique sagittis,
Nunc certè, dixi, non est metuendus Achilles.
Nunc etiam metuendus erat. Cinis ipse sepulti
In genus hoc sævit : tumulo quoque sentimus hostem.
Æacidæ fecunda fui... modò maxima rerum,
Tot generis, natisque potens, nuribusque, viroque ;
Nunc trahor exul, inops, tumulis avulsa meorum,
Penelopæ munus : quæ me data pensa trahentem
Matribus ostendens Ithacis, hæc Hectoris illa est
Clara parens ; hæc est, dicet, Priameia conjux.

seule retient mon âme, et m'ôte la douceur que j'aurais à mourir ; quoiqu'elle ait à gémir, hélas ! moins de ma mort que de sa vie. Pour vous, afin de laisser mes mânes descendre libres aux sombres bords, tenez-vous éloignés : défendez à vos mains de profaner une victime pure : elle en sera plus agréable à celui (quel qu'il soit) que vous voulez apaiser par mon sang. Si vous n'êtes pas insensible aux derniers vœux d'une bouche expirante, c'est la fille du roi Priam, et non pas une esclave, qui vous supplie et vous conjure de livrer son corps à sa mère sans en exiger de rançon. Que ce soit assez de ses larmes pour obtenir de vous le triste droit d'ensevelir sa fille. Tant qu'elle a eu de l'or à vous donner, elle en a racheté le corps de ses enfants. »

Postque tot amissos, tu nunc, quæ sola levabas
Maternos luctus, hostilia busta piasti.
Inferias hosti peperi... quis posse putaret
Felicem Priamum, post diruta Pergama, dici?
Felix morte suâ : nec te, mea nata, peremptam
Aspicit, et vitam pariter regnumque reliquit*.

Il semble impossible de réunir dans la douleur plus de traits déchirants; et cette image du malheur le plus accablant n'est rien encore en comparaison de ce qui va suivre.

<small>Hécube, après avoir reconnu le corps de son fils Polidore percé de coups et flottant sur les eaux.</small>

Troades exclamant. Obmutuit illa dolore;
Et pariter vocem lacrymasque introrsùs obortas

---

* « O ma fille! ô dernière douleur de ta mère! Car enfin qu'ai-je encore à craindre et à souffrir? Ma chère fille, tu n'es plus! Je vois la plaie, et je sens rouvrir toutes les plaies de mon cœur. Ai-je perdu quelqu'un des miens que ce n'ait été par le glaive? Et toi aussi, c'est par le glaive que tu péris! j'espérais au moins que le fer épargnerait une fille timide et faible, et c'est encore par le fer que cette fille m'est ravie! Cet ennemi, ce fléau de Troie, cet Achille, qui a rempli notre maison de deuil, ce même Achille, après avoir donné la mort à tous tes frères, vient aussi te donner la mort. Hélas! après qu'il fut tombé sous les flèches de Pâris et d'Apollon, je disais : Achille enfin n'est plus à craindre. Achille était à craindre encore. Sa cendre même exerce, du fond de son tombeau, ses fureurs contre mes enfants. Je n'ai été féconde que pour lui. Moi qui naguère me suis vue au comble des grandeurs, environnée d'une famille si nombreuse et si florissante, me voilà traînée en exil, pauvre, arrachée des tombeaux des miens, esclave destinée à cette Pénélope qui, tandis que mes mains travailleront pour elle, dira aux femmes d'Ithaque : Cette esclave que vous voyez est la mère d'Hector, la veuve de Priam. Après tant de pertes cruelles, tu me restais, ma fille, et tu soulageais mes douleurs. Te voilà immolée à notre barbare ennemi. Je lui ai enfanté des victimes. Qui croirait, hélas! que Priam, après la ruine de Troie, pût s'appeler heureux? il est heureux, il l'est, ma

Devorat ipse dolor; duroque simillima saxo,
Torpet; et adversâ figit modò lumina terrâ;
Interdùm torvos sustollit ad æthera vultus.
Nunc positi spectat vultum, nunc vulnera nati,
Vulnera præcipuè; seque armat et instruit irâ.
Quâ simul exarsit, tanquam regina maneret,
Ulcisci statuit; pœnæque in imagine tota est.
Utque furit catulo lactante orbata leæna,
Signaque nacta pedum, sequitur quem non videt hostem;
Sic Hecube, postquam cum luctu miscuit iram,
Non oblita animorum, annorum oblita suorum,
Vadit ad artificem diræ Polymnestora cædis,
Colloquiumque petit : nam se monstrare relictum
Velle latens illi, quod nato redderet aurum.
Credidit Odrysius, prædæque assuetus amore
In secreta venit. Cum blando callidus ore,
Tolle moras, Hecube, dixit : da munera nato :
Omne fore illius quod das, quod et ante dedisti,
Per superos juro. Spectat truculenta loquentem
Falsaque jurantem, tumidâque exæstuat irâ;
Atque ità correptum captivarum agmine monstrum,
Involat, et digitos in perfida lumina condit,
Expoliatque genas oculis. Facit ira potentem [*].

fille, d'être mort assez tôt pour ne pas te voir égorgée, et d'avoir perdu la vie et son empire en même temps. »

[*] « Les Troyennes jettent des cris. Mais Hécube demeure stupide et muette. La douleur dans son sein dévore en même temps ses larmes et sa voix; et semblable à un dur rocher, elle est immobile et glacée. Tantôt les yeux attachés sur l'autre bord, tantôt levant au ciel un regard atroce et terrible, tantôt contemplant d'un œil fixe le corps et les blessures de son fils, elle s'arme de sa colère et en ramasse toutes les forces. Dès qu'elle se sent embrasée, comme si elle était reine encore, elle résout de se venger; et son âme entière s'attache à l'idée de sa vengeance. Semblable à la lionne à qui l'on a ravi le lionceau qu'elle allaitait, et qui découvre et suit la trace de son ennemi sans le voir; Hécube, après avoir uni sa rage à sa douleur,

L'antiquité n'a rien, à mon avis, de plus éloquent que ces trois scènes de douleur ; et j'ai cru devoir les donner pour modèles de l'*éloquence poétique*.

MARMONTEL, *Éléments de Littérature*.

EMBLÊME. On n'a pas assez nettement distingué le symbole, la devise et l'emblême.

Le symbole est un signe relatif à l'objet dont on veut réveiller l'idée ; et cette relation est tantôt réelle, tantôt fictive et de convention. La faucille est le symbole des moissons, la balance est le symbole de la justice. *Voyez* SYMBOLE.

La devise est l'expression simple ou figurée du caractère, du génie, de la conduite habituelle d'une personne, d'une famille, d'une nation, d'un corps politique, militaire, civil, littéraire, etc. ; et tantôt elle ne s'énonce que par des mots, comme celle du chevalier Bayard, *Sans peur et sans reproche* ; tantôt elle joint à ces mots une figure allégorique dont elle exprime le rapport, comme celle du prince Eugène, un aigle regardant le soleil, avec ces mots,

oubliant ses années et ne se souvenant que de son courage, va trouver Polymnestor, l'artisan du meurtre de son fils. Elle demande à lui parler, et dit avoir à lui découvrir un trésor qu'elle destine à cet enfant. Polymnestor l'en croit : attiré par son avarice, il vient lui parler en secret ; et avec une douceur perfide : Ne tardez pas, lui dit-il, de me confier ce dépôt, et soyez sûre que ce nouveau bien et tout celui que j'ai reçu de vous lui sera fidèlement rendu. J'en prends à témoin tous les dieux. Comme il prononçait ce parjure, Hécube le regarde d'un œil atroce ; son cœur se gonfle, son sang bouillonne ; et avec les Troyennes qui l'accompagnent, se saisissant de lui, elle enfonce ses doigts dans ses yeux perfides, et ne les retire sanglants qu'après les lui avoir arrachés ; tant la colère lui a donné de forces. »

Natus ad sublimia; ou comme celle de Maximilien de Béthune, grand-maître de l'artillerie, inventée par Robert Étienne, et le chef-d'œuvre des devises, un aigle portant la foudre, avec ces mots, *quo jussa Jovis. Voyez* DEVISE.

L'emblême est un petit tableau qui exprime allégoriquement une pensée morale ou politique, comme lorsqu'on a fait de la fortune une femme svelte et légère, un pied en l'air, touchant à peine du bout de l'autre pied un point d'une roue ou d'un globe, et tenant dans ses mains un voile enflé par le vent.

On voit par cet exemple que, lorsque la pensée est clairement et distinctement exprimée par le tableau, elle peut se passer du secours des paroles; et c'est alors que l'emblême est parfait. Telles sont ces deux figures antiques de l'Amour, l'une sur un centaure qu'il a dompté, l'autre sur un char attelé de deux lions qu'il a soumis au frein. Telle est encore, pour exprimer l'Envie, l'image d'une femme sèche et hideuse qui ronge des serpents.

Mais lorsque le rapport de l'image à l'idée n'est pas assez sensible, on l'indique par quelques mots; et c'est ce qu'on appelle *lemme.* La figure de Janus à deux visages exprimera distinctement la réunion de la prévoyance et du souvenir, si sous l'emblême on met un mot qui réveille l'idée de la prudence. L'imprudence, au contraire, sera visiblement caractérisée dans l'image de la chèvre qui allaite un petit loup, et n'aura pas besoin de lemme.

Le mérite du lemme est d'être laconique, et de ne jeter qu'un seul trait de lumière sur la figure dont il

EMBLÊME.

s'agit d'éclairer le sens ; de manière qu'on laisse encore à l'esprit le plaisir d'un travail léger, pour achever d'entendre cette espèce d'énigme ou d'apologue. En effet, l'emblême ne diffère de l'énigme qu'en ce qu'il est moins obscur, et ne diffère de l'apologue qu'en ce qu'il est moins développé. L'emblême est un apologue dont le sujet peut se peindre aux yeux dans une seule image. Ainsi, dès que l'action de l'apologue est simple et n'a qu'un instant, on peut le réduire en emblême. Telle est, par exemple la fable du serpent qui ronge la lime. Il n'en est pas de même de la fable du lion et du rat, ou de la colombe et de la fourmi; parce que l'action a deux moments, et que si l'on ne peint que l'un des deux, il n'y a plus aucun sens moral. Ainsi nulle action successive ne peut convenir à l'emblême; et de là vient qu'il est plus difficile de trouver pour l'emblême que pour l'apologue, des sujets dont un esprit juste et délicat soit satisfait. La grande difficulté de l'emblême, c'est qu'il doit dire quelque chose d'ingénieux, et ne le dire qu'à demi. Il n'aura plus rien de piquant, si la pensée est commune ou complètement exprimée. Il doit présenter un rapport éloigné, mais juste, et qui mérite d'être aperçu. Rien de plus agréable, par exemple, pour exprimer les douceurs de la paix, que l'image de la colombe faisant son nid dans un casque, ou celle des abeilles y déposant leur miel. L'image du statuaire, le ciseau à la main effrayé de son propre ouvrage, celle des enfants qui redoutent la chute des boules de savon qu'ils ont soufflées en l'air, ont à la fois cette justesse et cette nouveauté piquante : le sens en est mystérieux; mais pourtant facile à saisir.

Plus l'objet de l'emblême sera noble, plus il donnera d'élévation et de grandeur à la pensée. Ainsi, l'image du dragon qui, planant au milieu des airs, étouffe un serpent dans ses griffes, est l'expression la plus sublime du mérite vainqueur de l'envie.

Mais lors même que l'image est humble, elle doit avoir sa noblesse, et sur-tout ne rien présenter de rebutant pour l'imagination.

Une autre qualité très désirable dans l'emblême, c'est que le tableau en soit facile à exécuter, non seulement par le pinceau, mais par le ciseau et le burin; et pour cela il faut que l'objet en soit d'une forme distincte, indépendamment des couleurs. Cette règle est prise dans la destination des emblêmes, qu'on exécute le plus souvent en gravure ou en bas-relief. Ainsi, rien de confus, de compliqué dans ce petit tableau, rien qu'un trait de crayon ne puisse rendre sensible aux yeux. C'est ce qu'on a le moins observé dans ce nombre infini d'emblêmes dont on nous a fait des recueils.

Enfin l'emblême n'est jamais qu'une métaphore qui parle aux yeux; et pour en bien connaître l'artifice et les règles, soit quant à la justesse, soit pour les convenances, *voyez* IMAGE.

On sait du reste que les anciens appelaient emblêmes les ornements qu'on ajoutait aux vases, aux lambris, aux colonnes, et qui pouvaient s'en détacher. Cicéron reproche à Verrès d'avoir enlevé les emblêmes des vases qu'il avait trouvés en Sicile. C'étaient des festons, des guirlandes, des bas-reliefs en or et en argent. Le sens du mot a été restreint aux figures allégoriques que l'imagination des artistes inventait pour ces ornements.

On appelle aussi, par extension, emblêmes, les figures allégoriques dont on fait le corps des devises; et en effet c'est la même espèce d'images, mais relatives dans la devise à un caractère particulier, et dans l'emblème à une idée générale. *Voyez* DEVISE.

MARMONTEL, *Éléments de Littérature.*

ENCYCLOPÉDIE. Si quelque chose paraît d'abord fait pour nourrir dans l'homme cette satisfaction de lui-même, qui ne lui est que trop naturelle, c'est sans doute le seul projet d'un ouvrage tel que l'*Encyclopédie.* Comme d'Alembert y eut la part la plus honorable, c'est ici qu'il convient de parler de l'un et de l'autre.

De l'Encyclopédie et de d'Alembert.

L'*Encyclopédie* devait offrir l'exposition substantielle de ce que l'esprit humain avait conçu, découvert ou créé depuis la formation des sociétés. Sans doute il peut s'en applaudir comme d'un titre de noblesse : ce sentiment est juste en soi, et pourtant la réflexion le restreint beaucoup en y opposant un sentiment non moins fondé, et que fait naître le premier aperçu de cette immense collection. Ce n'est pas seulement la disproportion prodigieuse qui accable le génie le plus éminent lorsqu'il compare le peu qu'une vie entière d'études continuelles peut lui apprendre avec ce qu'il doit se résoudre à ignorer. Je mets à part aussi cette longue suite d'efforts et de recherches qui nous ont conduit si lentement à travers les siècles, depuis le berceau de l'ignorance primitive jusqu'à l'âge mûr de la civilisation. Ces considérations communes ont frappé mille fois les esprits sans qu'ils en soient devenus plus humbles : il en est une moins sensible, et non pas moins réelle, qui montre à l'homme sa faiblesse dans les moyens mêmes qu'il emploie pour signaler ce qu'il a de force. Voyez cet arbre généalogique des facultés et des sciences humaines, composé par le chancelier Bacon, et qui a servi de fondement à l'*Encyclopédie*. En observant ces divisions nombreuses, d'où naissent des subdivisions plus nombreuses encore, vous vous apercevrez de tout l'arbitraire qu'il a fallu y laisser, et de cette inévitable imperfection qui les fait rentrer de tous côtés les unes dans les autres. Et dès-lors n'est-il pas évident que, si l'homme sépare et divise toujours, c'est qu'il ne peut rien embrasser? Pourquoi se fait-il des points de ralliement qui marquent sa route? C'est qu'il avance au hasard vers un but qu'il ne lui est donné ni de voir, ni d'atteindre ; semblable à l'aveugle qui, à chaque pas qu'il fait, est obligé d'assurer sa marche avec le bâton qui le dirige au défaut de l'organe de la vue, qui porterait ses regards aux extrémités de l'horizon. Vous retrouvez dans tous les genres de doctrine cette méthode de division ; et partout vous la trouvez défectueuse. Bacon distingue d'abord les sciences qui appartiennent ou à la raison, ou à l'imagination, ou à la mémoire; et pourtant il n'en est pas une où la mémoire ne soit absolument nécessaire, puisqu'elle seule assemble et retient les opérations de l'entendement; pas une où la raison n'entre pour beaucoup, même celles où l'imagination domine, et qu'on appelle autrement du nom d'arts d'imitation; et l'imagination elle-même, cette faculté ambitieuse qui passe du réel au possible, a envahi jusqu'aux sciences exactes et physiques, et se joue laborieusement dans la géométrie transcendante. D'où vient cette confusion qui réfute nos systèmes de classification, et accuse l'inexactitude des langues? C'est que le principe de la pensée est un, l'apercevance; que ce principe est borné, et que les objets aperçus sont pour nous sans bornes. De là nous voulons vainement séparer sans cesse ce qui s'entremêle sans cesse, parce que nous agissons sur les branches sans pouvoir aller jusqu'à la tige. Suivez l'homme et la nature dans le physique et le moral : partout vous verrez l'homme qui divise dans sa pensée, et la nature qui réunit dans son action. Le tout se tient en réalité; et comme le tout est grand, et que nous sommes petits, il nous échappe de tous côtés. N'avions-nous pas, dans notre libéralité vaine et confiante, fait présent à la nature de quatre éléments, comme si nous en savions assez pour dire au moteur universel : Voilà les instruments simples et premiers de ton action éternelle et inconnue! Mais quand on a été moins ignorant, on a vu que ces éléments étaient chimériques, et que la nature du feu échappe à notre intelligence, au point de ne pouvoir le distinguer absolument de la lumière, qu'aujourd'hui bien des savants croient n'avoir rien de commun avec le principe de la chaleur, qu'ils appellent *calorique*, en attendant qu'ils sachent ce que c'est. On a vu qu'il était impossible de séparer l'action du feu de celle de l'air, ou pour mieux dire, qu'il ne peut y avoir purement de feu sans air, du moins pour nous. Qui donc est élément, du feu, de l'air, ou de la lumière? On a vu que nous ne connaissions pas mieux la nature de l'air, qui a tant de propriétés communes avec l'eau; et que la terre, séparée de tous les trois par les décompositions chimiques, n'était qu'une masse inerte, qui ne peut servir que comme mélange, et par conséquent ne peut être principe. Il est même douteux que l'air, qui de tous les éléments parait le plus indépendant, puisse être expansible et élastique sans receler quelque chose de la matière ignée, et c'est de l'un et de l'autre que de nouveaux physiciens composent leur éther dont ils veulent faire aujourd'hui la cause universelle du monde : chimère renouvelée des Grecs, et qui prouve seulement que nous tournons toujours dans le même cercle, et que, quoique assez inventifs en fait d'erreurs, nous ne laissons pas de retomber à tout moment dans celles qui étaient déjà vieilles. Les voilà pourtant ces quatre éléments, depuis si long-temps en possession de régner sur la nature! Il est bien sûr qu'ils entrent dans ses moyens et dans ses effets; mais je suis convaincu que son auteur est le seul qui sache ce qu'ils sont.

Nous avons de même partagé le domaine de la nature en trois règnes, l'animal, le végétal et le minéral; et il est de fait que nous ne pouvons marquer le point de séparation entre le dernier degré d'organisation animale dans quelques insectes, et les caractères de génération sensibles dans quelques végétaux, qui ont bien certainement un sexe. Nous ne saurions affirmer non plus que la formation des métaux, lentement élaborés dans le sein de la terre, ne soit pas une autre espèce* de génération, dont le secret est caché sous l'épaisseur du globe, et dont les siècles sont les seuls témoins.

Pour sentir la vérité de ces observations, il ne faut pas être fort savant, puisque je le suis fort peu: il ne faut que lire et entendre ce qu'ont écrit ceux à qui leurs études ont en effet mérité le titre de savants. Je n'ai dit que ce qui résulte de leurs différentes opinions, et de leurs aveux plus ou moins explicites. Tout concourt à faire présumer que ce qui existe dans le monde tient à un principe unique d'où émanent tous les effets que nous distribuons assez gratuitement en genres et en espèces; et ce principe, nous sommes condamnés ici-bas à l'ignorer toujours. Pourquoi? C'est que, quel qu'il soit, il est certainement au-dessus de notre portée, et renfermé dans les connaissances infinies du grand Être, qui n'est lui-même connu de la seule raison

---

* C'est l'opinion d'un savant très laborieux, Bonnet, et elle ne manque pas de probabilité.

que par la nécessité de son existence, le seul attribut de son essence, qu'il a voulu que l'homme pût concevoir parfaitement, parce que l'homme en avait besoin, et parce que cet attribut unique et incommunicable appartient à l'Être unique. Pour tout le reste, qu'il peut communiquer plus ou moins à la créature intelligente, la révélation était indispensable, et ce que je viens de dire en est une des preuves métaphysiques.

Nous ne connaissons donc que des faits particuliers : ce sont là nos sciences ; et comme ils ne sont tous que des conséquences d'un seul fait premier hors de la vue de notre esprit trop borné pour le comprendre, et qui d'ailleurs n'en a aucun besoin, nous ayons beau classer les faits, ils se confondent à nos yeux, malgré nous, autour de cette unité mystérieuse, et nous ramènent à notre ignorance invincible, comme dans un labyrinthe immense où l'on se précipite tour-à-tour dans des routes nouvelles qui semblent promettre une issue, et qui, sans vous y conduire jamais, finissent toujours par vous rejeter au point d'où vous étiez parti.

L'idée de rassembler en substance toutes les connaissances humaines dans un dictionnaire, avait déjà été conçue plus d'une fois, mais vaguement. Leibnitz en avait désiré l'exécution. L'Anglais Chambers en avait donné une ébauche aussi défectueuse qu'elle devait l'être entre les mains d'un seul homme. Ce projet, embrassé par une société de gens de lettres français, dont plusieurs étaient très distingués dans leur genre, et qui s'y attachèrent tous avec plus de moyens et de secours qu'on n'en avait eu jusqu'alors, pouvait être rempli avec succès, si d'un côté l'esprit général de secte et de parti, et de l'autre l'ambition particulière de briller hors de propos, n'avaient presque tout détérioré et perverti. Les deux éditeurs sont convenus eux-mêmes d'une partie des défauts de l'ouvrage, l'un dans un discours à la tête du troisième volume, l'autre dans le cinquième, à l'article *Encyclopédie*. Cet aveu, quoiqu'il soit à peu près le même pour le fond, se sent de la différence des deux hommes. Il est mesuré dans l'un, et tel que devait le faire un esprit sage, qui voit l'abus sans y avoir eu de part, et désire d'y apporter remède; dans l'autre, ce n'est qu'une boutade de plus échappée à un esprit ardent et bizarre, qui croit se mettre au-dessus de la critique en la devançant (ce qu'on ne peut faire qu'en la prévenant), et qui trouve plus court d'avouer le mal que de le corriger, peut-être dans l'espérance qu'on le chargera un jour de la réparation. Diderot lui-même était un des premiers auteurs du mal, et ce même article *Encyclopédie* suffirait pour le prouver. Il est semé de traits d'esprit; mais en tout, c'est un amalgame indigeste de matières hétérogènes, et l'on dirait que le titre n'est qu'un texte que l'auteur a choisi pour parler longuement et vaguement de tout ce qui peut lui venir dans la tête; et tels sont trop souvent les articles de la même main. Il y en a de mieux traités; quelques-uns même sont bons quand ils sont courts, car il était impossible à l'auteur d'aller long-temps devant lui. Mais au total, peu d'hommes étaient moins propres à ce genre de travail, qui exige impérieusement de la méthode, de la clarté, de la précision et du goût, c'est-à-dire tout ce qui manquait à Diderot. Il est visible, par exemple, qu'après le *prospectus*, et sur-tout après le discours préliminaire, cet article *Encyclopédie* devait être très circonscrit, puisqu'on avait dû dire d'avance tout ce qu'il pouvait contenir d'essentiel. Mais ce fut précisément pour cela que Diderot en mesura l'excessive longueur sur son excessive envie de parler, qui dominait sa plume comme sa langue, et qui est bien plus préjudiciable avec l'une qu'avec l'autre, et souffre bien moins d'excuse.

Cette énorme diffusion est l'un des vices dominants de l'*Encyclopédie*, et c'est justement le plus contraire au dessein que l'on devait s'y proposer. Je sens qu'il était assez difficile de prescrire en rigueur, à cette foule de coopérateurs différents, la mesure qu'ils devaient garder ; que chacun, plus occupé de soi que de l'ouvrage, pouvait croire, par un amour-propre fort mal entendu, mais fort concevable, valoir davantage en tenant plus de place. Mais aussi, plus ces inconvénients étaient faciles à prévoir, plus il était à propos de prendre au moins toutes les précautions possibles pour y obvier, et l'on pouvait fixer quelques limites générales proportionnées au sujet, sans trop gêner la liberté des auteurs, qui, dans tous les cas, les auraient beaucoup moins outre-passées qu'ils n'ont fait quand ils n'en avaient point du tout. Les éditeurs et leurs associés auraient pu, auraient dû convenir entre eux de quelques principes d'une vérité et d'une convenance reconnues dans la rédaction d'un dictionnaire, et qui les auraient guidés dans l'exécution. En effet, quel était l'objet de l'*Encyclopédie?* De marquer, dans chaque science, le terme où l'esprit humain était parvenu, et la route qui l'y avait conduit. Il fallait statuer en conséquence que ce dictionnaire ne devait renfermer rien d'inutile, par cette seule raison que le nécessaire suffisait pour le rendre très étendu. Si des vues d'intérêt sont entrées dans la multiplication des volumes, ce ne serait qu'un reproche de plus à essuyer, et non pas une excuse à proposer.

Il n'était pas permis aux auteurs d'un ouvrage de cette importance, d'ignorer ou d'oublier que l'ordre, la précision et la netteté des exposés et des résultats devaient être partout le point capital; que, dans tout ce qui concerne les sciences et la philosophie, on devait se restreindre aux principes, aux faits, aux preuves, en écartant toute hypothèse, toute digression, toute controverse, tout épisode; que, dans les beaux-arts, dans tout ce qui est de littérature et de goût, on ne pouvait trop se resserrer de manière qu'il n'y eût de place que pour l'essentiel, et qu'il n'y en eût point pour la déclamation. En un mot, c'était un devoir pour chacun de se bien mettre dans l'esprit qu'en écrivant pour l'*Encyclopédie*, il n'avait pas à faire un livre à lui, où il pût faire entrer toutes ses idées et toutes ses fantaisies, mais une partie d'un grand livre, une portion d'un grand tout dont il fallait observer le plan et les proportions. Que toutes ces conditions n'eussent pas été toujours parfaitement remplies, je le crois encore; mais du moins alors l'*Encyclopédie* n'aurait pas offert la réunion de tous les excès opposés. Les articles de métaphysique, par exemple, dont pas un ne devait excéder quelques colonnes si l'on se fût borné au nécessaire, les articles *Dieu*, *Ame*, *Certitude*, *Athée*, *Athéisme*, et cent autres, n'auraient pas été des volumes entiers, et quelquefois des livres déjà connus, et fondus à peu près dans le grand Dictionnaire. Il n'était pas fait pour que chacun pût y déposer pêle-mêle tout ce qu'il avait d'esprit bon ou mauvais, ou y transcrire ce qu'il avait lu, mais pour que l'on y trouvât dans chaque partie tout ce que l'esprit humain avait acquis jusque-là.

Je ne pense pas que l'histoire y dût entrer en corps d'ouvrage, mais seulement sous les rapports de la critique et des antiquités. L'histoire n'est point une acquisition de l'esprit : ce n'est pas dans une *Encyclopédie* qu'on doit la chercher; et à quoi bon entasser dans le dépôt des sciences toutes les traditions trop souvent incertaines, transmises jusqu'à nous par la mémoire? Quel fatras de compilations inutiles et de plate rhétorique que toute cette partie rédigée par Turpin! Combien l'ancienne scolastique devait tenir peu de place! Combien l'ancienne philosophie grecque devait être abrégée! Avec quelle réserve et quelle sobriété devaient être traitées la théologie, l'histoire des hérésies et des conciles! C'était là que devaient présider la saine érudition et la vraie critique de l'histoire, c'est-à-dire la seule partie qu'il eût fallu traiter.

D'Alembert était alors bien capable de donner l'exemple comme le précepte; mais il se renfermait à peu près dans ses mathématiques, et y joignait seulement quelques articles de morale et de littérature, tous traités selon le plan que je viens de tracer. Ceux de Du Marsais justifient la réputation qu'il a laissée du meilleur de nos grammairiens. Ceux que Voltaire a fournis pour la littérature sont si bien faits et si agréables dans leur sage brièveté, qu'ils font regretter en quelque façon qu'il ait eu le talent de tout dire en si peu de mots. Il était là sur son terrain, et graces au respect des convenances que son goût naturel lui imposait, il ne portait là que son talent, et non pas ses passions. Je ne parle pas des sciences qui ne sont pas à ma portée, et le nom de plusieurs des auteurs qui en étaient chargés dans ce Dictionnaire est un garant assez sûr des connaissances qu'ils ont dû y répandre. Mais en général, quel amas de lieux communs, d'inutilités, de déclamations, sur-tout dans les parties susceptibles de plus de lecteurs, a grossi cette compilation alphabétique de plus d'un tiers peut-être au-delà de ce qui pouvait servir à l'instruction!

Les convenances et les bienséances de toute espèce n'y sont pas mieux gardées que les mesures naturelles des objets. Voltaire lui-même, quoiqu'en gémissant pourtant sur les *persécutions* suscitées à l'*Encyclopédie*, se plaint en particulier, dans ses lettres à d'Alembert, du ton d'emphase si fréquent dans un livre où l'on ne devait se permettre que le langage de la raison. Il ne peut s'empêcher de rire de pitié quand il entend Diderot s'écrier dans un article du Dictionnaire : *O Rousseau, mon cher et digne ami!* comme si c'était là qu'il convînt d'apprendre à la postérité le nom de *son ami*, quel qu'il fût! comme si de pareilles exclamations, aussi froides en elles-mêmes que déplacées, n'étaient pas le comble du ridicule dans un recueil scientifique, où il faut que les hommes s'oublient et que les choses seules se montrent! Mais en revanche, si la postérité apprend, dans l'*Encyclopédie*, que Rousseau était le *cher et digne ami* de Diderot, elle apprendra aussi, dans la *Vie de Sénèque*, que Rousseau était *un scélérat et un monstre*; et dans les apostrophes de l'amitié, comme dans les invectives de la haine, il y a autant de décence que d'à-propos.

On ne sera pas surpris que l'article *Fanatisme* ne soit qu'un cri fanatique contre la religion et ses ministres, que l'article *Unitaires* ne soit qu'un tissu de sophismes contre toute religion, que cent autres ne soient qu'un extrait et un résumé de toutes les idées irréligieuses semées dans une foule de livres. Mais ce qui pourrait étonner dans un autre siècle que le nôtre, ce serait qu'on eût osé étaler tout le scandale de l'impiété dans un monument présenté à tous les peuples qui ont une religion.

Le scepticisme, le matérialisme, l'athéisme, s'y montrent partout sans pudeur et sans retenue, et c'était bien l'intention des fondateurs. Mais s'ils voulaient que leur Dictionnaire fût impie, ils ne voulaient pas qu'il fût ridicule ; et pour ne citer en ce genre que ce qui en est peut-être le chef-d'œuvre, lisez seulement l'article *Femme**, qui sûrement ne devait être là que de la main d'un moraliste : vous n'y trouverez qu'une conversation de boudoir et tout le jargon précieux des comédies de Marivaux et des romans de Crébillon ; et comme si ce n'était pas assez qu'une pareille caricature eût place dans l'*Encyclopédie*, elle y est insérée avec éloge.

C'était encore un travers particulier, et comme un signalement de la secte, que ce commerce continuel de louanges prêtées et rendues, fait pour choquer les honnêtes gens, bien plus que pour honorer les philosophes. Il est des occasions, sans doute, où l'on peut se faire honneur de rendre justice à des confrères, et sur-tout à des rivaux; mais quand il y a société de travail et d'intérêt, la réciprocité des éloges n'est qu'une indécente charlatanerie indigne de véritables gens de lettres. Jamais elle n'avait été poussée à un tel excès, et c'était vraiment un ridicule que revendiquait la comédie, que cette distribution d'encens si régulière à la tête de chaque volume ; et même dans tout le cours de l'ouvrage, qu'on pouvait s'en représenter les auteurs occupés, et même, s'il eût été possible, fatigués de s'incliner continuellement les uns devant les autres. Ce n'était pas qu'il n'y en eût qui quelquefois cassaient l'encensoir (car la paix n'habite pas long-temps avec des complices d'orgueil);

---

* Il était de Desmahis, qui a réussi dans la poésie légère ; ce qui n'était pas une raison pour savoir faire un article de morale.

et l'on voit, par exemple, Diderot qui s'extasie sur la beauté de l'article *Certitude*, et Voltaire qui répond qu'apparemment Diderot a *voulu rire*. Diderot avait été très sérieux; mais si quelqu'un était ici dans le cas de rire, assurément c'était le public, qui voyait ses *maîtres* si peu d'accord.

Je dis ses *maîtres*, car ils en avaient pris le titre et le ton, comme les anciens philosophes le prenaient dans l'école avec leurs disciples, mais comme il ne convient à personne de le prendre avec le public. C'est une des choses qui montrent à la réflexion, que tout doit être faux dans des hommes qui font un métier de mensonge, tel que celui des sophistes. Ils croyaient avoir de la dignité, et ils n'avaient que de la morgue. La dignité, qui accompagne naturellement la sagesse, n'est pas plus susceptible qu'elle de se démentir et de se troubler; et dès que nos sophistes étaient attaqués, toute leur pitoyable morgue faisait place à des emportements puérils, comme ils le firent bien voir à l'époque fameuse de la comédie des *Philosophes*, jouée avec le plus grand succès en 1760, succès qui tenait autant aux dispositions du public à leur égard qu'au mérite et à l'effet de l'ouvrage, où le sujet n'était qu'effleuré*. Tout ce que des hommes ivres

---

* Il n'y avait pas un grand courage à se déclarer alors contre les philosophes que le ministère poursuivait ouvertement. L'ouvrage d'ailleurs prouvait de l'esprit et du talent pour la versification; mais l'auteur lui-même doit sentir aujourd'hui tout ce qui manque à sa pièce du côté de l'intrigue, des caractères, du comique et du dénouement. C'est ce qui fut cause du peu d'effet qu'elle produisit à la reprise. La révolution lui aura fait un plus grand tort : plus cette *philosophie* s'y est montrée sous des traits hideux, plus on

d'amour-propre peuvent concevoir de rage quand il est offensé, parut alors à découvert ; et cette hypocrite *philosophie*, jetant à bas ses livrées de vertu et de modération, fut mise à nu, bien plus par la fureur de ses ressentiments que par la main de son adversaire. Elle vomit à flots tous les poisons de la calomnie la plus effrontée ; et le peu d'art qu'elle mit dans ses libelles, atteste encore, ainsi que cent autres exemples semblables, qu'elle n'avait pas plus de principes de goût que de principes de morale.

Il n'est, depuis long-temps, que trop avéré que leur *Encyclopédie* ne fut en effet qu'un ralliement de conjurés, quoique le secret de la conspiration ne fût d'abord qu'entre les chefs ; mais il se propagea bientôt à mesure que leur crédit et leur impunité leur répondirent davantage de leurs associés et de leurs prosélytes. Le grand Dictionnaire fut réellement le boulevard de tous les ennemis de la religion et de l'autorité. Ils y étaient comme à couvert sous la masse du livre, et enhardis par l'espace et les espérances qu'ouvrait devant eux une longue entreprise, ils comptaient, non sans raison, que la curiosité avertie serait plus empressée de chercher la satire de la religion et du gouvernement dans ces morceaux de dissertation de tout genre, que la surveillance du pouvoir et du zèle ne serait occupée

---

sentira la faiblesse de ceux qu'elle a dans cette comédie : ce qui ne prouvera pas que l'auteur dût aller dès lors jusqu'à un degré d'énergie dont il n'avait pas encore le modèle, mais que, depuis que le modèle s'est montré tout entier, il faut refaire un nouveau portrait. Si quelqu'un l'entreprend, qu'il ait toujours devant les yeux l'hypocrisie de Tartufe appliquée à la morale, et quant à l'impudence et à l'atrocité, les écrits des philosophes.

à les y découvrir; et quoi qu'il arrivât, ils avaient pour eux toutes les chances que pouvait amener la longueur du temps nécessaire pour la confection d'un si volumineux ouvrage. Leur plan, il faut l'avouer, fut combiné avec toute l'adresse que peuvent donner la crainte et la haine du bien, et soutenu avec toute l'activité qui appartient à l'amour du mal. Rien ne fut négligé; et l'un de leurs premiers avantages, celui dont ils profitèrent d'abord le plus, et qui servit à les défendre pendant sept ans, même après que leur projet fut éventé, ce fut le nombre et la qualité des coopérateurs que leur associait la nature de l'entreprise, et l'intérêt général qu'elle devait d'abord inspirer. Toutes les classes supérieures de la société étaient appelées à y concourir, et les élus dans chacune pouvaient s'en glorifier. Des grands, des militaires, des magistrats, des jurisconsultes, des administrateurs, des artistes, des théologiens, figuraient sur la liste, la plupart avec un nom qui portait sa recommandation avec lui. Le choix des censeurs avait été ménagé avec toutes les précautions possibles au gré des entrepreneurs, qui alléguaient en public la nécessité de ne pas gêner de trop près *la liberté de penser* dans un livre très scientifique, et qui en particulier y joignaient la séduction de la louange et de la flatterie, et les menaces de la satire plus ou moins déguisées. Le chevalier de Jaucourt, un de leurs plus laborieux compilateurs, les couvrait de sa juste réputation d'honnêteté et de piété; et ce savant chrétien, dans sa vie modeste et retirée, tout entier à son travail et d'autant plus étranger à tout le reste, était loin de soupçonner, en mettant la main à l'édifice, quel était le dessein des architectes.

Il commença pourtant à se manifester dès le premier volume, et le seul article *Autorité* était assez scandaleux pour justifier les réclamations qui s'élevèrent de tous côtés. Un évènement qui fit beaucoup de bruit peu de temps après, et où les encyclopédistes furent notoirement impliqués, devait encore ouvrir les yeux sur leurs machinations et sur les progrès de leur pernicieuse influence. Ce fut la thèse de l'abbé de Prades, qui avait fourni ou signé plusieurs articles importants du Dictionnaire, thèse où l'impiété était en même temps si audacieuse dans les dogmes, et si artificieusement enveloppée dans les formes, que la communauté du travail y était visible entre le bachelier de Sorbonne, qui osait soutenir la thèse, et le philosophe Diderot, qui se crut obligé d'en publier l'apologie. Il était clair que le philosophe avait fourni la doctrine de l'incrédulité, et le bachelier, la rédaction théologique. On n'oubliera jamais, dans l'histoire de ce siècle, ce premier attentat public de l'impiété, affichée et soutenue avec toute la solennité de ces sortes d'actes, au milieu des écoles de Sorbonne; et entre autres blasphêmes, les miracles d'Esculape mis en parallèle avec ceux de Jésus-Christ. Qu'on juge combien avaient été déjà travaillés tous les moyens de la secte, pour venir à bout, dès 1751, de faire arborer l'étendard de la révolte contre la religion dans le sein même de cette Sorbonne, appelée *le Concile subsistant des Gaules!* Mais il n'était pas possible non plus que cette provocation sacrilège fût impunie. Elle avait, il est vrai, échappé aux censeurs même de la thèse, aux juges naturels du répondant, et l'on ne peut guère le concevoir qu'en supposant qu'ils ne l'avaient pas lue; car tous les fondements de la religion révélée, et ceux même de la religion naturelle, y sont, ou renversés par des assertions sophistiques, ou ébranlés par un impudent scepticisme. La thèse excédait de beaucoup, par sa longueur, la mesure ordinaire du format, et, pour sauver cette disproportion, l'on avait eu recours à la finesse des caractères. Ce qu'on y avait laissé de christianisme apparent servit pendant quelques heures à dérober l'irréligion; car ce ne fut qu'assez tard qu'un des théologiens présents, qui venait de la parcourir, se leva en prononçant ces paroles qu'on n'avait peut-être jamais entendues dans un acte de Sorbonne : *Causam Christi et religionis defendo contra atheum**. On imagine sans peine quel effet produisit dans l'assemblée ce peu de paroles, et quelle attention elles attirèrent aussitôt sur la thèse. Bientôt l'indignation fut générale, et le répondant sommé par ses supérieurs de faire cesser le scandale en se retirant. L'examen n'était pas difficile, et le résultat n'était que trop clair : mais les magistrats se crurent aussi obligés de venger l'insulte faite à la religion, qui est loi de l'état. Le censeur négligent fut dépouillé de sa place

---

* Je défends la cause de Jésus-Christ et de la religion contre un athée.

de professeur; le bachelier, décrété de prise de corps, s'enfuit à Berlin, où la protection, l'accueil, les bienfaits même de Frédéric, qui ne vit d'abord en lui qu'un philosophe persécuté pour *ses opinions*, heureusement n'étouffèrent point les remords que la bonté divine fit naître dans le cœur d'un chrétien et d'un ecclésiastique qui avait déshonoré ces deux caractères. L'abbé de Prades publia, en 1754, une rétractation formelle de toutes ses erreurs, où il proteste « qu'il n'avait pas assez d'une vie pour
« pleurer sa conduite passée, et pour remercier
« Dieu de la grace qu'il lui avait faite de lui inspi-
« rer le repentir de sa faute. »

Cependant le déplorable éclat de cette thèse, foudroyée par toutes les puissances, par la Sorbonne, l'archevêque, le parlement, et même par le souverain pontife, Benoît XIV, ne contribua pas peu à faire suspendre par le gouvernement l'impression du Dictionnaire, dont il n'y avait encore que deux volumes de publiés. La suspension dura dix-huit mois, et ne fut levée qu'à force de sollicitations et de manœuvres, et sur promesse que les encyclopédistes seraient plus sages. Cette promesse leur coûtait d'autant moins, qu'ils étaient moins disposés à la tenir. Ils la tinrent si peu, que, quelques années après, les cris se faisant entendre avec plus de force, le Dictionnaire fut juridiquement dénoncé au parlement, et le privilège révoqué. Mais la *philosophie*, qui avait gagné des protecteurs à mesure que l'immoralité de ses opinions lui faisait des prosélytes, obtint encore du ministère une tolérance secrète, plus dangereuse peut-être qu'une publicité déclarée. En effet, par cette espèce de compromis, aussi opposé à la sagesse du gouvernement qu'au respect des lois, l'autorité ne se croyait plus responsable de ce qui n'en portait pas le sceau; et la licence, dégagée de tout frein, acquérait de plus l'attrait de la clandestinité. Il faut le dire aujourd'hui que le temps est venu de marquer soigneusement les fautes qui ont eu des suites si terribles : ce fut dans cette affaire comme dans celle du livre de l'abbé Raynal, si long-temps toléré aussi, et dans toutes celles du même genre, ce fut une des grandes erreurs du gouvernement, que cette connivence passée en habitude, et par laquelle on croyait concilier à la fois les bienséances de l'autorité, les intérêts de la librairie, et la déférence pour les talents et la célébrité. L'autorité ne doit jamais composer en aucune manière avec les ennemis de l'ordre public, qui sont nécessairement les siens: quelque masque qu'ils prennent devant elle, ils le jetteront bientôt dès qu'ils ne la craindront plus. Quelle plus haute imprudence que de leur dire tout bas: Je vous permets de m'attaquer, pourvu que je n'aie pas l'air de le savoir? Ils n'en demandent pas davantage, et concluent seulement et font conclure avec eux qu'elle-même rougit de les combattre. On sait trop que les méchants aiment à faire la guerre dans la nuit: mais l'autorité doit la leur faire au grand jour. Elle ne saurait leur ôter la volonté de nuire : il faut donc leur en ôter tous les moyens; et c'est pour cela même qu'elle a de son côté tous ceux de la loi. Si elle néglige d'en faire usage, elle sera toujours méprisée, même de ceux qu'elle aura épargnés. Si elle s'en sert avec vigueur, elle sera toujours applaudie de tous les bons citoyens et obtiendra des mauvais la seule chose qu'elle en doive attendre, la crainte et la haine qui l'honorent par leurs motifs, et qui rassurent tout l'état en attestant l'impuissance de ses ennemis.

Quant aux intérêts mercantiles de la librairie, peuvent-ils jamais entrer en comparaison avec ceux de l'état, tous évidemment exposés par une licence impunie qui en sape continuellement les premières bases? La librairie n'est-elle pas tombée avec tout le reste quand les mauvais livres, qu'elle avait multipliés, eurent tout renversé? Est-il permis, pour favoriser le commerce, d'encourager la vente des poisons? De plus, qu'était cet intérêt de commerce? celui de rendre aux presses françaises ce qu'on ôtait aux presses étrangères, ou d'en regagner une partie par l'introduction et le débit des livres imprimés ailleurs. Comment un si mince calcul a-t-il pu séduire les ministres d'un royaume tel que la France, et nommément un homme d'ailleurs si respectable par son courage et son infortune, Malesherbes? Ce fut pourtant le prétexte politique de cette tolérance si peu politique, et qui ne prouvait que ce qui a été dit ci-dessus de ce funeste règne de l'argent. L'argent peut servir à tout comme moyen; mais s'il est avant tout comme principe il détruira tout et ne réparera rien. Pourquoi le trafic des mauvais livres était-il si lucratif? parce qu'ils étaient à la fois prohibés et soufferts, et par conséquent mieux vendus. Qu'ils eussent été absolument écartés par une vigilance sévère et des exemples de rigueur, ce qui était aussi aisé en France que dans les états de la maison d'Autriche ; que Malesherbes eût pensé comme Van-Swieten, bientôt le débit des bons livres eût gagné ce que celui des mauvais eût perdu, par cette pente naturelle qui pousse l'activité commerçante d'un côté quand elle est repoussée d'un autre.

A l'égard des gens de lettres, le talent, qui est un don de la nature, n'a de prix réel que par l'usage qu'on en fait : digne de récompense et d'honneurs, si l'usage est bon, il ne mérite que flétrissure et punition, si l'usage est mauvais ; ce n'est alors qu'un ennemi d'autant plus à craindre, qu'il est mieux armé. Du reste, jamais il ne sera ni cruel ni odieux de dire à un homme de talent, quel qu'il soit : Sortez d'un pays, dont vous haïssez les lois, et n'y rentrez jamais. Que de maux on aurait prévenus si l'on avait su parler ainsi !

Voltaire était assurément un beau génie, et il n'avait pas encore, en 1753, rempli l'Europe de libelles impies, comme il le fit depuis pendant ses trente dernières années. Lorsqu'il fut forcé de quitter Berlin, il songea un moment à passer dans les états de l'impératrice-reine : il avait fait autrefois une ode à sa louange, et venait tout récemment d'en faire un brillant portrait dans son *Siècle de Louis XIV*. Cependant cette grande princesse, informée de son dessein, dit tout haut : « M. de Voltaire doit savoir

« qu'il n'y a point de place dans mes états pour un
« ennemi de la religion. » Voltaire apprit bientôt
ce qu'elle avait dit pour qu'il le sût; il fut quelque
temps errant, jusqu'à ce qu'il trouvât un asyle sur
le territoire de Genève, et bientôt un autre à l'extrémité de la frontière de Bourgogne; et il dut ce
dernier à la protection toute-puissante du duc de
Choiseul, qui tourna ou trompa comme il voulut
la volonté de Louis XV.

Quand la publication de l'*Encyclopédie* fut défendue, elle devint plus mauvaise de toute manière :
plusieurs des coopérateurs se retirèrent, et on les
remplaça comme on put. D'Alembert quitta sans retour ses fonctions d'éditeur, et ne pouvait guère
être remplacé ; nul n'avait rendu plus de services
pour la révision de la plupart des articles de science.
Il se concentra entièrement dans ses mathématiques;
et tous les efforts de ses amis, et entre autres, de
Voltaire, ne purent le détourner de sa résolution.
Il n'avait nul besoin de l'*Encyclopédie*, ni pour sa
réputation, déjà suffisamment établie en Europe,
ni pour sa fortune, toujours suffisante pour lui. Il
pouvait s'envelopper de sa gloire de géomètre, dans
laquelle il n'avait déjà de rival qu'Euler. Il n'en
était pas de même de Diderot. L'*Encyclopédie* était
nécessaire, sous plus d'un rapport, à son existence
personnelle et littéraire : ni l'une ni l'autre n'étaient
encore au-dessus du médiocre. Ce fut sur-tout sa
persévérance aussi intéressée qu'infatigable qui,
secondant celle des libraires, obtint la continuation
secrète du Dictionnaire publiquement prohibé. Il

avoue lui-même qu'il *prit de toute main* pour achever le livre, ce qui n'était pas le moyen de perfectionner l'ouvrage. Sa fougue irréligieuse, jusque-là tempérée à un certain point par la circonspection de d'Alembert, prit dès lors un essor vagabond; et emporta à sa suite tout ce qui voulut le suivre. Les vengeances ne furent pas oubliées, et l'on dut être bien étonné de trouver à l'article *Parade*, un débordement des plus virulentes invectives contre l'auteur de la comédie des *Philosophes*, qui n'avait pas même été reprise*, mais que les *philosophes* n'avaient pas oubliée; ce qui prouvait bien maladroitement que le public ne l'avait pas oubliée non plus : et, par une de ces précautions lâches qui leur étaient très familières, ils firent signer l'article par le comte de Tressan, qui ne l'avait pas fait, et qui eut ensuite un autre tort, celui de le désavouer, quoiqu'il l'eût signé. Enfin, les plus faibles ouvriers furent appelés à l'achèvement de l'édifice; et ce monument, élevé contre le ciel à la philosophie, a fini, comme celui de Babel, par la confusion des langues.

On pourra me demander peut-être comment d'Alembert, dont je vais parler maintenant, et qui fut un des premiers fondateurs de ce même monument que je viens de décrire comme un arsenal

---

* Elle le fut depuis, quelque temps avant la révolution, et avec très peu de succès. L'engouement alors général en faveur de J.-J. Rousseau, mort peu d'années auparavant, contribua beaucoup à indisposer le public contre le dénouement où Rousseau est maltraité, et qui en lui-même est mal imaginé, et ne signifie rien dans l'action de la pièce.

d'irréligion, se trouve pourtant ici dans cette classe de philosophes que je sépare des sophistes : je dois en dire les raisons. C'est qu'il ne m'est permis, en rigueur, de juger un écrivain que par ses écrits, puisque ce n'est que par ses écrits qu'il est homme public, et ressortit au tribunal de la postérité. Or, d'Alembert, sous ce rapport capital, est à peu près irrépréhensible, si l'on met à part ses lettres imprimées ; et doit-il répondre au public de ce qu'il ne paraît pas avoir écrit pour le public ? Je ne le crois pas. Dieu seul est juge de l'intérieur, et chacun peut à son gré se faire une opinion particulière de tel ou tel individu, d'après tout ce qu'on en peut savoir ; mais le jugement public ne peut confronter un écrivain qu'avec ce qu'il a publié, et mon ouvrage doit être soumis à toutes les règles d'un jugement public. Ce sont là mes principes ; et je ne crois pas qu'on puisse les condamner. Il n'y a que les ennemis de la religion qui puissent gagner à ce que l'on range parmi eux des auteurs qui, quelle que fût leur manière de penser, ont toujours respecté la religion dans leurs ouvrages. C'est selon ces mêmes vues que j'ai classé Buffon et que je considèrerai Condillac. Tous deux ont donné lieu, l'un dans sa physique, l'autre dans sa métaphysique, à des conséquences qui peuvent être dangereuses pour ceux qui les cherchent, mais qui en elles-mêmes sont arbitraires. J'ignore si Condillac croyait ou ne croyait pas, car je l'ai fort peu connu ; j'ignore si Buffon croyait ou ne croyait pas, car il ne m'en a jamais parlé. Mais quand même je le saurais, je ne

verrais devant le public que l'acte de soumission de
l'un quand il fut repris ; et dans l'autre, qui ne l'a
jamais été, que le témoignage honorable et respectueux qu'il rend à la religion dans son *Cours d'histoire*.
On voit, il est trop vrai, par les lettres posthumes
de d'Alembert, qu'il n'avait point de religion, et
je sais qu'il n'en avait pas. C'est un malheur et un
crime devant Dieu, qui est le juge des âmes ; mais
l'homme ne l'est que des actions, et en ce genre les
actions de l'écrivain devant les homme sont ses écrits.
Il n'y a pas de gouvernement où Buffon, d'Alembert, Condillac, eussent été proscrits à cause de leurs
ouvrages, et je n'en connais point qui n'eût dû rejeter de son sein les très coupables sophistes dont
j'aurai à parler dans la suite. On ne dira jamais que
les trois philosophes que je viens de nommer aient
été les artisans de la révolution, et encore moins
Fontenelle et Montesquieu. Mais qui peut douter
que Diderot, Raynal, Rousseau, Voltaire, et même
Helvétius, n'aient été les premiers et les plus puissants mobiles de cet affreux bouleversement? Cette
différence est décisive ; et c'est elle qui a dû me
guider dans un ouvrage où je considère les caractères et les effets de l'esprit philosophique dans ce
siècle, soit en bien, soit en mal. Je vois du bien,
malgré quelques erreurs de peu de conséquence
dans ce qui compose ici cette première classe d'auteurs, à qui l'on ne conteste pas, ce me semble,
le titre de philosophe : je ne vois qu'un très grand
mal et très peu de bien perdu dans le mal chez
ceux que j'appelle, de leur véritable nom, so-

phistes, et qui, en philosophie, n'ont sûrement pas été autre chose. Tel est mon plan, et je le crois raisonnable.

D'Alembert haïssait les prêtres beaucoup plus que la religion; et c'est pour cela que, dans ses lettres, il pousse contre eux la main de Voltaire, tandis qu'il retenait la sienne avec soin, mais sans peine. On s'aperçoit, dans ses écrits, qu'il n'avait pas même été insensible au charme des livres saints, encore moins au mérite de nos poètes et de nos orateurs chrétiens; et je ne crois pas qu'il ait jamais imprimé une phrase qui marque de la haine ou du mépris pour la religion, au lieu qu'on pourrait citer beaucoup de morceaux de ses *Éloges*, où entraîné apparemment par ce charme du christianisme, il en parle lui-même avec dignité, et, ce qui est encore plus pour lui, avec sentiment.

Sa prééminence dans la géométrie lui avait déjà fait un grand nom lorsqu'il concourut, avec Diderot, au plan et à la construction de l'*Encyclopédie*. Le nombre de ses productions mathématiques, qui montent à dix-sept volumes in-4°, effraie ceux qui courent la même carrière; et les juges en cette matière lui accordent la gloire particulière d'avoir inventé un nouveau calcul, et par conséquent avancé le progrès et étendu la sphère des sciences. Il est naturel et ordinaire que les études abstraites et les spéculations profondes s'emparent de toutes les facultés de l'âme en lui offrant à tout moment le plaisir d'une découverte et d'une victoire. Mais plus ces grands travaux qui portent avec eux leur récompense, assujettissent celui qui s'en occupe, moins ils lui laissent la liberté de se tourner vers les ouvrages de goût. Parmi les anciens, Aristote a joint la critique littéraire aux recherches philosophiques; et Pline, une force de style, qui n'est pas toujours saine, à l'étude de la nature. Parmi les modernes, Fontenelle a cultivé la littérature agréable, qu'il faisait servir à l'ornement des sciences; aussi ne possédait-il de celle-ci que ce qu'il fallait pour en bien parler. Trois hommes ont véritablement réuni deux choses presque toujours séparées, le génie de la science et le talent d'écrire : Pascal, qui devina les mathématiques et y fut inventeur, tout en faisant les *Provinciales* et ses immortelles *Pensées*; Buffon qui a décrit avec éloquence la nature animale qu'il étudiait en observateur, quoiqu'il ne l'ait pas toujours bien observée; et le géomètre créateur a qui nous devons le discours préliminaire de l'*Encyclopédie**.

C'est peut-être cette réunion si rare qui mit d'abord un peu d'exagération dans les louanges prodiguées à ce beau discours, et je n'en comparerai pas le mérite à celui d'un ouvrage tel que l'*Histoire naturelle*. Mais ce mérite, qu'on a depuis voulu déprécier, est assez grand en lui-même pour qu'il ne soit pas besoin de l'exagérer. Ce vestibule du palais

* Un satirique de nos jours (Gilbert) qui se piquait d'*audace* et non pas de justice, a cru mettre tout d'Alembert dans ce vers :

Il se croit un grand homme, et fit une préface ;

mais sa préface de l'*Encyclopédie* est un ouvrage, et un bel ouvrage. Où est le sens du vers ?

des sciences est régulier et noble; il est construit par une main ferme et sûre : toutes les proportions en sont justes, et les ornements choisis. Ce discours suffirait pour assurer à son auteur une réputation d'écrivain et d'homme de lettres; il est d'un esprit juste et étendu, d'un goût sage, d'un style pur. Il est vrai qu'il ne s'élève pas au sublime; mais la méthode y est sans pesanteur, et la précision sans sécheresse, et c'est beaucoup. Les jugements y sont sans passion, quoiqu'il y ait quelquefois, à l'égard des auteurs vivants, une sorte de complaisance que les bienséances peuvent justifier.

Les *Éléments de philosophie*, inférieurs au discours, en raison de la disproportion des objets, sont aussi d'un esprit judicieux et d'un écrivain élégant, comme ses premiers *Éloges*, ceux de Montesquieu, de Du Marsais, de Bernouilli*. Ses *Mémoires sur Christine* et son *Essai sur les gens de lettres*, sont en général d'une raison ingénieuse, quoiqu'il parle quelquefois des lettres avec un ton où la fierté va jusqu'à l'orgueil, et des grands avec une aigreur qui ressemble à la haine plus qu'à la justice. Sa traduction de quelques fragments de Tacite conserve assez la brièveté de l'original, mais n'en rend pas la force, la couleur et le mouvement, ni même quelquefois le sens; mais la pureté et la netteté de la diction rendront toujours cet essai utile à ceux qui voudront s'exercer à traduire. Tous ces morceaux, considérés dans leur gé-

---

* Voyez, pag. 197, tom. I de notre *Répertoire*, un examen détaillé des *Éloges* de d'Alembert, par La Harpe.   F.

néralité, sont d'une littérature estimable, quoique fort loin d'être supérieure.

Jusqu'ici du moins l'auteur ne s'était point écarté de la sévérité de goût et de style qui convient à un littérateur philosophe. Mais l'amitié qui m'a longtemps liée avec lui, et qui doit céder devant le public au respect de la vérité, ne saurait m'autoriser à rendre le même témoignage sur les écrits qui suivirent, et qui sont encore en assez grand nombre. D'Alembert ne soutint pas toujours cette sagesse qui lui avait fait d'autant plus d'honneur, qu'elle contrastait plus avec les écarts de ses confrères encyclopédistes. On avait su gré à un géomètre entré un peu tard dans la carrière, nouvelle pour lui, de ne s'y être pas trouvé étranger, et d'y avoir même obtenu, par son premier ouvrage, une place très honorable : l'ambition d'y dominer l'égara. L'éloignement de Voltaire, dont la supériorité avouée faisait un homme à part, laissa trop croire à d'Alembert qu'il pouvait régner dans la littérature française. Sa renommée dans les sciences, les honneurs que lui avaient rendus les étrangers, son influence dans deux Académies et dans le parti encyclopédiste, tout aidait à flatter en lui la prétention de régner dans la capitale des lettres. Il essaya de donner le ton à l'opinion en lisant dans toutes les séances publiques de l'Académie française des dissertations littéraires et ensuite des éloges; et les succès qu'il eut d'abord achevèrent de le tromper, parce qu'il n'en démêla pas la nature et les causes. Les séances de la Saint-Louis, qu'autrefois l'insipidité des pièces couronnées et le silence des académiciens avaient fait déserter, étaient devenues nombreuses et brillantes depuis qu'on y couronnait de meilleurs ouvrages en prose et en vers. On fut donc disposé à écouter plus favorablement encore un de ses membres les plus illustres, qui semblait se charger d'en faire les honneurs au public autrement que Duclos, qui n'y faisait jamais entendre que l'éclat impérieux et brusque de sa voix dans des proclamations ou des ordres. C'était la même différence qu'entre un maître de maison qui commande, et un homme poli qui veut la rendre agréable à tout le monde. Le public sentit ce contraste; il aime à être courtisé partout où il est, sur-tout lorsqu'il n'a pas le droit de l'exiger. Il trouvait ce qu'il lui fallait dans le nouveau secrétaire, qui affectait la coquetterie, comme son prédécesseur affectait la rudesse; mais malheureusement l'esprit qui règne dans cette sorte d'auditoire n'est pas toujours, à beaucoup près, un guide infaillible pour le bon goût. Ce n'est pas que cet auditoire ne fût généralement bien composé : il y avait toujours plus de lumières qu'il n'en fallait pour sentir ce qui était bon. Mais il y a aussi dans tous les rassemblements de ce genre trop de mélange inévitable pour qu'on ne s'y laisse pas aller souvent à ce qui est plus éblouissant que solide. Si ces méprises ont eu lieu de tout temps, même au théâtre et dans ses plus beaux jours, quoique le jugement du cœur soit là pour rectifier celui de l'esprit, à combien plus forte raison doit-on se défier du premier effet d'une lecture académique, qui n'a guère pour juge que l'esprit! Le prestige de la lecture est là dans toute sa force, et l'esprit y est avec tous ses avantages, mais aussi au milieu de tous ses écueils. Aucun de ses traits n'est perdu : chaque auditeur se pique de n'en laisser tomber aucun, et semble jaloux d'être le premier à dire : J'ai compris. Qu'arrive-t-il? L'auteur cherche le trait à tout moment pour être à tout moment applaudi ; et composer de cette manière pour l'auditeur, c'est un moyen sûr d'écrire mal pour le lecteur. Sans en répéter les raisons que j'ai indiquées en cent endroits de ce même *Cours*, je n'en voudrais pas d'autre preuve que le jugement du lendemain, qui, dans ce genre, a démenti si souvent le succès de la veille, et avec raison.

Malheureusement encore d'Alembert avait alors tout ce qu'il fallait pour rechercher ce dangereux succès, et pour en subir le retour. Ses connaissances en littérature proprement dite, n'étaient ni profondes, ni étendues, ni mûries par le travail : des études d'un autre genre s'y opposaient. La littérarature était la parure de son esprit, et n'en était pas la richesse. Il faut dire plus ; l'esprit de conversation, qui était son seul plaisir, et tenait d'autant plus de place dans sa vie, qu'il y avait de l'avantage sur le commun des hommes, était devenu par degrés son esprit dominant, et ce n'est rien moins que celui d'un livre. D'Alembert s'était accoutumé à n'en plus guère avoir d'autre. Ses écrits devinrent une suite de petits aperçus, qui tantôt sont fins, tantôt n'ont que l'intention de la finesse ou l'affectation de la malice ; de petites idées communes, ambitieusement décomposées, ou aiguisées en épigrammes ; de vieilles anecdotes rajeunies, de vieux adages renouvelés : tout cela est d'un vieillard qui vit sur la mémoire de son esprit, mais tout cela est loin de suffire pour faire un législateur dans les choses d'imagination et de goût; et d'Alembert voulut l'être, quoique pour cette entreprise très tardive le goût lui manquât comme la force. Dans ses commencements, les bonnes études de sa jeunesse lui suffirent pour être au ton de la bonne littérature, qu'il eut la prudence de suivre d'assez près; mais plus confiant depuis, à mesure qu'il aurait dû être plus circonspect, il se laissa trop aller au souvenir des paradoxes qu'il avait entendus dans la société de Fontenelle et de Marivaux, et qui se laissent trop apercevoir dans les différents morceaux qu'il lut successivement à l'Académie, *sur la poésie, sur l'élocution oratoire, sur l'ode*, et dans ses derniers *Éloges*. Les battements de mains qu'excitèrent d'abord ses *concetti* lui cachèrent l'impression que faisaient sur les gens éclairés ces erreurs tournées en préceptes ; et l'amertume indécente de quelques journalistes passionnés, qui l'insultaient au lieu de le réfuter, ne lui permit de voir que leur animosité, même quand il leur arrivait de dire vrai : effet ordinaire de la satire, qui, en se mêlant à la critique, la dénature au point d'en détruire tous les fruits. Les amis de l'auteur ne se souciaient point de contrarier des idées qu'il affectionnait d'autant plus qu'on les avait d'abord applaudies. Il ne savait pas que ce même public, qui en ce genre ne demande pas mieux que d'être désabusé, loin d'adhérer à ses décisions, commençait même à se dégoûter de ses épigrammes, et à être fatigué de l'assiduité de ses lectures. Il le fit sentir enfin, et même durement, au vieux secrétaire qui avait droit à plus d'égards, et que ce mortifiant accueil décida dans ses dernières années à un silence forcé, qu'il eût été prudent de se prescrire plus tôt. Les écrivains ne sauraient trop se redire, d'après cet exemple et tant d'autres, que la faiblesse de l'âge n'est pas en eux un titre pour compter sur l'indulgence : on l'accorde à la jeunesse en faveur de l'espérance ; mais rien ne plaide pour la vieillesse que la pitié, qui croit faire assez pour elle en lui commandant le repos.

Une société religieuse, dont la chute fut un évènement dans le monde, parce qu'elle y avait été puissante, mais qui avait d'ailleurs tout ce qu'il fallait pour n'être que ce qu'elle aurait dû toujours être, une société d'instruction et d'édification; les jésuites ayant été bannis de France et de quelques autres états, parurent à d'Alembert un objet digne de l'attention de la philosophie, et l'était réellement; mais l'exécution ne répondit pas au sujet. Ils avaient joué un assez grand rôle pour que le livre de *la Destruction des jésuites* méritât d'être écrit avec la plume de l'histoire, et d'Alembert, admirateur de Tacite, aurait dû la prendre de ses mains. Mais la sienne est celle d'un anecdotier spirituel et satirique. Son ouvrage n'est qu'un pamphlet, où l'on a distribué en bon mots et en facéties toute la substance d'un chapitre du *Siècle de Louis XIV*, celui du jansénisme : les emprunts sont même quelquefois si peu déguisés, qu'ils pourraient passer pour des plagiats. Il y a pourtant une sorte d'impartialité, qui ne lui était pas difficile entre des jésuites et des jansénistes, et qui fut attestée par le mécontentement à peu près égal des deux partis, mais qui ne prouvait nullement que ni l'un ni l'autre eussent été bien jugés.

Au reste, personne n'ignore que Frédéric traitait en ami ce savant, qui fut son pensionnaire avant même d'être au nombre de ceux du gouvernement français; on voit aussi, par les lettres mêmes de ce prince, que, s'il aimait assez les louanges pour briguer et payer celles des beaux-esprits de la France qui donnaient le ton à l'Europe, il en savait trop pour faire aucun cas de leur politique et de leurs systèmes d'administration. Il les méprisait au point qu'il dit quelque part que, « s'il avait à punir « une de ses provinces, il ne croirait pas pouvoir « lui faire pis que de lui envoyer des philosophes « pour la gouverner. » Aurait-il mieux dit depuis notre révolution ? Et comme il se moque gaiement des fureurs antichrétiennes de Voltaire! Il fait plus : il lui fait sentir très sérieusement, à l'occasion de la déplorable catastrophe du jeune La Barre, que le respect pour la religion est une partie de la police d'un état, et que quiconque viole ce respect doit être puni.

Mais rien n'illustra plus d'Alembert que l'offre et le refus de l'emploi d'instituteur d'un jeune prince, alors héritier du plus vaste empire de l'univers. Le traitement qu'on offrait, égal à ceux des places les plus considérables, n'était pas ce qui pouvait tenter le plus un homme aussi réellement désintéressé que d'Alembert. La lettre de l'impératrice était une tout autre séduction : elle s'adressait à l'amour-propre, le plus cher intérêt des écrivains, et celui auquel la philosophie même, je dis la bonne, ne les fait pas renoncer, puisqu'ils sont hommes. Cette philosophie put rapprocher alors, à des époques aussi différentes qu'éloignées, deux monuments de la gloire, également honorables: la lettre de Philippe à Aristote, et celle de Catherine à d'Alembert.

Ce qui fit regarder le refus comme une espèce de prodige, c'est que l'on ne concevait guère comment il était possible de refuser cent mille livres de rente; et c'est pourtant ce qu'il y a de moins étonnant et de plus simple dans la résolution de d'Alembert. Pour un homme d'une complexion faible, inhabile à toutes les jouissances sensuelles, tempérant par nécessité, par habitude et par goût, une grande fortune, qui ne pouvait rien faire pour sa considération à Pétersbourg, n'était qu'un grand embarras. Il avait ici un revenu médiocre, mais honnête, qu'il devait à ses talents, et qui excédait assez ses besoins pour suffire à ses bienfaits; car il faisait beaucoup de bien, et sans ostentation; c'est le plus beau titre de sa mémoire et de sa philosophie. Ce qui pouvait le flatter bien davantage dans les offres de l'impératrice, c'était l'idée du rôle important que pouvait jouer dans une cour l'instituteur de l'héritier du trône. Mais aussi combien d'inconvénients balançaient cette espèce d'ambition ! la rigueur d'un climat qui pouvait être mortel pour un tempérament délicat (celle du climat de Suède, quoique moindre, avait été funeste à Descartes), l'obligation de renoncer à toutes ses habitudes, et de sacrifier tous ses goûts. Les goûts et les habitudes de d'Alembert le concentraient tout entier dans ses deux académies et dans la société des gens de lettres. Converser et philosopher et mener ses deux académies, était son existence. Paris seul pouvait alors la lui garantir : Pétersbourg pouvait-il la lui rendre ? Enfin, cette cour était un théâtre très périlleux de révolutions fréquentes : les philosophes n'aiment guère que celles qu'ils font; ils ne pouvaient en faire une qu'en France, et l'on sait comment eux-mêmes s'en sont trouvés. D'Alembert d'ailleurs ne croyait qu'à une seule, à celle où travaillait Voltaire, c'est-à-dire à la destruction du christianisme; et tous deux encore se sont trompés. La révolution, qui a tout détruit pour un moment, voulait détruire avant tout la religion, et ne l'a pas détruite, et ne la détruira pas.

D'Alembert était, de plus, fort ami du repos : les caresses des rois ne sont pas sans danger et sans retour, et l'on n'avait pas oublié ce qu'avait été Voltaire à Postdam, et ce qui lui était arrivé à Francfort. Pesez toutes ces considérations, et joignez-y l'éclat d'un refus bien au-dessus de celui de la place; vous comprendrez que, si d'Alembert prit un parti fort sage, il ne fit pas un grand effort, et qu'on peut quelquefois passer pour magnanime, quand on n'est que raisonnable.

On comprend encore mieux qu'il y avait pourtant de quoi faire grand bruit, sur-tout avec un grand parti intéressé au bruit que prolongèrent d'ailleurs l'instance des sollicitations impériales et la persévérance des refus philosophiques. Ce fut un des évènements qui donnèrent le plus de relief à la philosophie française, et comme si le gouvernement, qui alors ne l'aimait pas (c'était vers la fin du règne de Louis XV), eût pris à tâche de la servir et de la rehausser, on fit encore la faute de refuser à d'Alembert une petite pension académique, presque dans le même moment où il venait de préférer son pays à tant d'honneurs et d'avantages chez l'étranger. Le contraste était choquant, l'injure était gratuite, et même sans prétexte, car les statuts de l'Académie des sciences étaient formels ; et quel temps choisissait-on pour les violer ? Elle réclamait en faveur de d'Alembert, avec le public, qui avait alors une voix, comme il l'eut toujours en France, jusqu'à l'époque où une liberté d'une nouvelle espèce (*la liberté de* 93) étouffa la voix publique au bruit des canons et des décrets. Le ministère se taisait, et les cris et le silence durèrent six mois. Enfin la pension fut accordée assez tard pour qu'on n'en sût plus aucun gré à personne.

Le motif secret de tant de résistance etait une phrase piquante contre un ministre tout-puissant qui avait su, en d'autres occasions, se venger avec plus d'esprit*. La phrase avait été lue dans une lettre ouverte à la poste. Les *révolutionnaires* qui ont le plus crié autrefois contre cette violation du secret des lettres n'ont jamais manqué de les ouvrir toutes, sans exception, depuis qu'ils règnent, et en ont même fait une *loi* pour tout ce qui est écrit en pays étranger et tout ce qui en vient. Cela devait être, puisque tout ce qui était auparavant abus plus ou moins excusable, ou même plus ou moins inévitable, est devenu depuis l'excès du mal mis en principe. Et ce n'est pas à eux que je parle : la raison et la morale ne descendent pas jusque-là; mais j'oserai dire aux hommes en place, qui croient cette violation permise ou nécessaire jusqu'à un certain point : Que voulez-vous apprendre en ouvrant les lettres? qui sont ceux qui vous méprisent ou vous haïssent. Et quand vous le saurez, que ferez-vous pour l'empêcher? Il n'y a qu'un moyen, c'est de

---

* D'Alembert avait écrit à Voltaire en propres mots : *Votre protecteur, ou plutôt votre protégé, M. de Choiseul.* L'un et l'autre était vrai : car si le duc était puissant à la cour, le poète était puissant dans l'opinion. Le duc haïssait la morgue des philosophes ; mais il aimait dans Voltaire l'urbanité et les graces qui leur manquaient. Quand leur crédit s'éleva sous le règne suivant, jusqu'à diriger le ministère, le duc, toujours disgracié, se rapprocha d'eux, et allait même entrer à l'Académie lorsqu'il mourut. Il avait de l'esprit, et sur-tout de la grace dans l'esprit. En 1764, il courut des *Noëls* contre toute la cour ; et le duc, alors ministre, y était assez maltraité. On sut qu'ils étaient d'un officier de dragons, nommé Delisle, qui tournait fort bien les couplets satiriques. Le ministre, à qui la vengeance n'était que trop facile, ne voulut pas se brouiller sans retour avec un homme qui savait manier légèrement l'arme du ridicule. Il le fit venir, lui offrit son amitié, et devint son bienfaiteur. Delisle, depuis ce temps, ne cessa de le chanter; mais les louanges, quoiqu'elles ne fussent pas sans agrément, ne réussirent pas autant que les satires.

faire le bien : faites-le donc, et vous n'aurez pas besoin d'ouvrir les lettres pour savoir ce qu'on pense de vous.

J'ai assez connu d'Alembert pour affirmer qu'il était sceptique en tout, les mathématiques exceptées. Il n'aurait pas plus prononcé qu'il n'y avait point de religion, qu'il n'aurait prononcé qu'il y a un Dieu ; seulement il trouvait plus de probabilité au théisme, et moins à la révélation : de là son indifférence pour les divers partis qui divisaient sur ces objets la littérature et la société. Il y tolérait en ce genre toutes les opinions, et c'est ce qui lui rendait odieuse et insupportable l'arrogance intolérante des athées. Il haïssait bien moins, à sa manière, l'abbé Batteux, et aimait assez Foncemagne, tous deux très bons chrétiens ; ce qui prouve que ce n'était pas la croyance qui l'attirait ou le repoussait : il a loué avec épanchement Massillon, Fénelon, Bossuet, Fléchier, Fleury, non pas seulement comme écrivains, mais comme religieux. Il était assez équitable pour être frappé du rapport constant et admirable entre leur foi et leur conduite, leur sacerdoce et leurs vertus. Il a laissé aux philosophes de la révolution, la plate et ignoble insolence d'appeler *fanatiques* et *déclamateurs* ces grands génies dont le nom n'eût jamais été outragé parmi les hommes, s'il n'y avait pas eu une révolution française.

Il avait de la malice dans l'esprit, mais de la bonté dans le cœur ; et si on lui a reproché des traits d'humeur ou de prévention, il était incapable de la fausseté et de la méchanceté que Rousseau, son injuste ennemi, lui a très injustement attribuées. Il remplit constamment tous les devoirs de l'amitié et ceux de la reconnaissance, et les uns et les autres jusqu'au dévouement; ceux de ses places académiques avec une régularité qui était de zèle et de goût, et ceux de l'humanité et de la bienfaisance avec une simplicité qui était dans son caractère. Ses libéralités ne se bornaient pas à cette classe de jeunes littérateurs dont les premiers travaux ont souvent besoin de secours de toute espèce; elles descendaient tous les jours jusqu'à cette classe ignorée que n'appelait pas à lui la conformité d'état, et qu'on ne va jamais chercher que par le désir de faire du bien. Si les potentats de l'Europe le connaissaient par son génie, les indigents ne le connaissaient que par des bienfaits qui leur avaient appris son nom, et qu'ils ne pouvaient payer que par des bénédictions et des larmes.

Mais ce qui a fait à sa mémoire un tort irréparable, c'est la publication posthume de sa *Correspondance*, qui a manifesté ses opinions et ses sentiments sur un objet dont dépendra toujours essentiellement l'existence morale de l'homme en ce monde, comme sa destinée dans l'autre. On ne mettra pas d'Alembert au nombre des sophistes coupables qui se sont armés contre la religion dans leurs écrits, puisqu'il l'a toujours respectée dans ceux qu'il a publiés. On pourrait même ne le pas rendre responsable de ces malheureuses *Lettres* dont l'impression n'est pas de son fait, mais de celui de ses amis, s'il n'était d'ailleurs trop avérée qu'ils n'ont été que les fidèles exécuteurs d'une volonté bien déterminée, et qui leur était commune à tous. On voit que d'Alembert a voulu se survivre à lui-même dans le monde incrédule ; qu'il a légué à la secte ses titres d'impiété, et a chargé ses amis de ce qu'il n'avait pas osé par lui-même. Ses intentions sont assez prouvées par le soin qu'il avait eu de préparer deux copies très complètes et très exactes de toute cette *Correspondance*. La première fut saisie parmi les papiers de son ami, M. Watelet, chez qui on avait mis les scellés après son décès, comme étant comptable au gouvernement, et l'on assure que celle-là fut brûlée. L'autre, remise à Condorcet lors de la mort de d'Alembert, fut imprimée à la suite de la *Correspondance* de Voltaire, dans cette édition de Kehl répandue sans aucun obstacle, par suite de cette aveugle tolérance dont j'ai parlé, que l'on croyait politique, et qui l'était si peu. D'Alembert se montre, dans ses *Lettres*, tel qu'il était, moins ennemi de la religion que des prêtres ; mais détestant dans ceux-ci leur autorité publique, et le droit qu'ils avaient de réprouver l'irréligion, non-seulement au nom du ciel, mais même au nom de la société. On s'aperçoit combien il est choqué que l'impiété, qu'il appelle *philosophie*, puisse être tous les jours vouée au mépris et à l'horreur dans les temples et dans les écoles, tandis qu'elle ne peut qu'à peine soutenir la guerre clandestine des brochures et des libelles. C'est là ce qui l'irrite d'autant plus, qu'il se persuade, comme tous ceux de son parti, que la religion n'a pour elle que la puissance du clergé, et que ses ennemis ont celle de la raison. Cette idée entretient chez lui un fond d'humeur et de dépit, une sorte d'animosité mutine qu'il portait naturellement dans tout ce qui le contrariait, et qui a souvent quelque chose de puéril. Ce n'est pas le cri de la haine et le signal de la proscription qu'il fait entendre, comme un Diderot et un Raynal, énergumènes dignes de concevoir et de devancer la révolution : il ne déclame pas en furieux, car il n'était pas méchant; il n'est que piqué, parce qu'il était vain. Il se soulage par des épigrammes, et les petites vengeances de son amour-propre ne font qu'en montrer les blessures. Il paraît croire que, si la religion ne pouvait faire, comme ses ennemis, que la guerre de pamphlets, elle serait bientôt sans défense. Il était loin de se douter de ce que la révolution a démontré à tout le monde, et même fait sentir aux philosophes, quoiqu'ils s'efforcent de le dissimuler, que c'était précisément la différence de pouvoir qui faisait alors celle des succès, à raison de la disposition des esprits; que cette philosophie n'avait d'influence que comme amie de toutes les passions, et ennemie de tout ce qui les réprime ; qu'elle n'avait de crédit, dans une classe d'hommes vains, curieux et inquiets, que parce qu'elle combattait dans l'ombre contre un ordre établi qu'on aimait à voir attaqué; qu'en un mot, elle réussissait comme révolte, parce qu'elle ne tendait qu'à détruire; et que, si elle devenait jamais une puissance, elle tomberait sur-le-champ dans l'opinion générale, par l'impuissance manifeste de donner à quoi que ce soit une base quelconque qu'elle n'a pas elle-même; et nul, comme on sait, ne peut donner ce qu'il n'a pas. C'est là ce que la suprême sagesse a mis en évidence dans cette révolution qu'on lui reproche si témérairement. Le résultat est dès à présent bien reconnu et bien avoué; mais les détails qui s'offriront successivement dans cet ouvrage et ailleurs, éclairciront cette vérité sous toutes les faces possibles; et c'est ici sans doute qu'il est non-seulement permis, mais nécessaire d'épuiser la conviction. Justifier la Providence, c'est remplir son dessein et fortifier ses leçons.

Si d'Alembert eût été témoin de ce que nous avons vu, je ne crois pas qu'il eût été jusqu'à revenir de ses erreurs. L'orgueil philosophique ne se rend pas sans un miracle particulier de la bonté divine; et l'expérience nous a fait voir que c'en est un d'une espèce que sa justice permet bien rarement à sa miséricorde. Mais il aurait bientôt succombé au chagrin et à l'humiliation de voir sa sublime philosophie tomber si vite en *sans-culotisme*, ou bien il aurait eu le sort de Condorcet, de Bailly, d'Hérault de Séchelles, et de tant d'autres plus ou moins connus. Il se serait alors rappelé, non pas avec repentir, mais avec désespoir, le rôle qu'il avait joué si long-temps auprès de Voltaire, dont il enviait la situation indépendante, et dont sans cesse il poussait le bras * pour l'exciter au mal que lui-même n'osait pas faire; rôle ignoble d'un complice

---

* Aussi Voltaire l'appelle-t-il toujours dans ses lettres *Bertrand*, comme il s'appelle lui-même *Raton*, par allusion à la fable de La Fontaine, que tout le monde connaît, et l'allusion était très juste.

subalterne, et qu'ennoblissait, aux yeux de nos philosophes, ce mensonge d'une langue inverse, devenue depuis, par ses progrès, la langue révolutionnaire, caractérisée dans l'Écriture par ces paroles prophétiques qui sont notre histoire : Malheur à vous qui appelez *bien* ce qui est *mal*, et *mal* ce qui est *bien* !

La Harpe, *Cours de Littérature.*

ÉNIGME et LOGOGRIPHE. L'une et l'autre indique son objet d'une manière obscure. Mais l'objet de l'énigme est une chose, celui du logogriphe est un mot.

On parle communément avec assez peu d'estime de cette espèce de jeu d'esprit; et il faut convenir que ce n'est pas le meilleur usage qu'on puisse faire de son intelligence. Mais il en est des exercices de l'âme comme de ceux du corps : quoiqu'ils ne soient pas tous des travaux directement utiles, il n'en est aucun qui ne puisse contribuer à augmenter la souplesse, la vivacité, la force naturelle de l'organe de la pensée. L'esprit par excellence est la faculté d'apercevoir de loin avec promptitude et justesse les divers rapports des idées : or, le jeu de l'énigme consiste à proposer, dans une certaine obscurité, un nombre de rapports d'idées à démêler et à saisir; et, soit qu'il s'agisse de découvrir quelle est la chose, ou quel est le mot qu'enveloppe l'énigme, par cela seul qu'elle met en action la sagacité de l'esprit, elle en exerce l'activité et en aiguise la finesse. L'énigme, proprement dite, est une définition de choses en termes vagues et obscurs, mais qui, tous réunis, désignent exclusivement leur objet commun, et laissent à l'esprit le plaisir de le deviner.

La comparaison, la métaphore, l'allégorie, l'apologue, l'emblême, la devise, le symbole, exercent l'esprit, en lui donnant à saisir un rapport de la figure à l'objet figuré ; mais cet exercice est facile. Celui que l'énigme propose à la curiosité est plus laborieux, et il faut bien qu'il en soit plus piquant, puisque, sans autre fruit que le succès frivole d'une recherche assez pénible, il a eu de l'attrait pour les hommes les plus sensés.

L'énigme, ainsi que la définition philosophique ou oratoire, doit avoir un objet distinct, et ne convenir qu'à lui seul. Mais, dans la définition, chacun des traits doit avoir sa justesse, sa précision, sa clarté; au lieu que dans l'énigme aucun des traits n'a ou ne semble avoir cette relation directe. Il présente même à l'esprit des rapports différents, quelquefois opposés, et des idées incompatibles. L'adresse de ce jeu consiste à employer dans la définition, des mots figurés ou équivoques qui ne conviennent à une idée commune que par un de leurs sens, et par le plus imperceptible. Ce sont des pièces à plusieurs faces, qui peuvent s'ajuster et former un ensemble; mais il s'agit d'apercevoir dans leurs surfaces bizarrement taillées le point qui doit les réunir. C'est cette ambiguïté de rapports qui distingue l'énigme de la définition et de la description. Or, le moyen de lever l'équivoque, c'est d'examiner dans quels sens tous les mots de l'énigme se rapportent les uns aux autres, et conviennent au même objet. Mais cette coïncidence une fois aperçue, la définition ou la description doit se trouver exacte et suffisante; sans quoi le lecteur aura lieu de se plaindre qu'on lui a donné de faux indices, ou qu'on ne lui en a pas assez donné, et qu'on lui a fait chercher péniblement ce qu'il ne devait pas trouver. Il est bon d'avertir les faiseurs d'énigmes que leur obligation de définir ou de décrire avec justesse, est plus sérieuse qu'ils ne pensent. Nous avons vu tout Paris indigné de ce qu'une énigme du *Mecrure* se trouvait n'avoir point de mot.

Afin donc que les règles d'un jeu, où la chose du monde la plus importante, la vanité, est compromise, soient bien connues, comparons une énigme avec une définition.

Cicéron a défini quelque chose « le témoin des « temps, la lumière de la vérité, la vie de la mé- « moire, l'école de la vie, la messagère de l'antiquité. » *Testis temporum, lux veritatis, vita memoriæ, magistra vitæ, nuncia vetustatis.* Est-ce là une énigme? Non : parce que tous les traits de l'image sont analogues, et que, sans équivoque et sans ambiguïté, ils s'accordent tous à exprimer la même chose. Quel est *le témoin des temps?* C'est l'histoire. Quelle est *la lumière de la vérité* dans le même sens? C'est l'histoire. Quelle est *l'école de la vie?* C'est l'expérience, et l'histoire qui la transmet. Quelle est *la messagère de l'antiquité?* C'est bien évidemment l'histoire.

Examinons à présent l'énigme qu'on dit être celle du Sphinx. *Quel est l'animal qui le matin marche sur quatre pieds?* Il y en a mille : *à midi sur deux pieds?* C'est l'homme : *sur trois, le soir?* On n'en connaît aucun. Il s'agit pourtant de trouver celui qui *le matin est quadrupède, à midi bipède, et tripède le soir* : cela paraît fort difficile. Mais qu'on pense à la métaphore du *matin, du midi* et du *soir* de la vie ; qu'on se souvienne que le *pied* d'une table est un bâton ; l'énigme est devinée. OEdipe ne fut pas sorcier ; et l'embarras des Béotiens confirme leur réputation.

Un tour ingénieux pour l'énigme est de donner une définition, une description qui clairement convienne à une chose et semble ne convenir qu'à elle ; et d'ajouter qu'il s'agit d'une autre chose que de celle qui se présente à l'esprit, comme dans cette jolie énigme de La Motte.

>J'ai vu, j'en suis témoin croyable,
>Un jeune enfant, armé d'un fer vainqueur,
>Le bandeau sur les yeux, tenter l'assaut d'un cœur
>Aussi peu sensible qu'aimable.
>Bientôt après, le front élevé dans les airs,
>L'enfant, tout fier de sa victoire,
>D'une voix triomphante en célébrait la gloire,
>Et semblait pour témoin vouloir tout l'univers.

Jusque là il n'y a personne qui ne dise c'est *l'Amour;* mais on lit à la fin :

>Quel est donc cet enfant dont j'admirai l'audace ?
>Ce n'était pas l'Amour. Cela vous embarrasse.

ÉNIGME.

Si ce n'est pas l'Amour, qu'est-ce donc? C'est *le Ramoneur;* et le portrait n'en est pas moins fidèle.

Il est aisé de voir que ce qui rend ici la surprise encore plus piquante, c'est de trouver tant de ressemblance entre l'amour et un ramoneur, qu'on ait pu prendre l'un pour l'autre.

Mais, sans donner ainsi le change à l'imagination, l'énigme est encore agréable, lorsqu'après l'avoir mise en activité et promenée en divers sens, elle lui procure le plaisir de la découverte au bout de la recherche. Cette espèce de quête, comme celle du chien de chasse, est dirigée vers son objet par les idées qu'on sème sur la voie : en sorte que, si la première nous en détourne par l'équivoque ou l'ambiguité du rapport, la seconde nous y ramène; et que de ces erreurs, réciproquement corrigées l'une par l'autre, il se forme comme une route tortueuse qui arrive au but.

L'énigme suivante donne l'idée de cet artifice amusant.

> Nous sommes deux aimables sœurs
> Qui portons la même livrée
> Et brillons des mêmes couleurs.
> Sans le secours de l'art l'une et l'autre est parée.
> La fraîcheur est dans nous ce qu'on aime le plus.

Voilà qui semble indiquer les deux pommes que les Latins appelaient *sororiantes*, mais en français ce ne sont pas *deux sœurs.* Je dirai donc ces *deux sœurs* sont les *joues;* et dans une jeune et jolie femme tout cela leur convient. Mais, en continuant de lire, je trouve une singularité qui m'arrête :

Sans marquer entre nous la moindre jalousie,
L'une de nous sans cesse a le dessous,
Et plus souvent encore l'une à l'autre est unie.

Je pense aux mains; mais rien de tout cela ne serait juste à leur égard. Il faut donc achever de lire :

Nous nous donnons toujours, dans ces heureux instants,
De doux baisers très innocents,
Jusqu'au moment qui nous sépare,
Alors, et cela n'est pas rare,
On voit, pour un *Oui*, pour un *Non*,
Se détruire notre union ;
Mais l'instant qui suit la répare.

Ici l'esprit est absolument détourné de tout ce qui n'est pas le vrai mot de l'énigme, et le seul objet auquel tous ces indices réunis puissent convenir, ce sont les *lèvres*.

Si un défaut insoutenable dans l'énigme est le manque d'exactitude et de justesse dans les rapports, un autre défaut, moins choquant, mais qui émousse le plaisir d'une recherche curieuse, c'est le trop de clarté dans les indications ; et par là pèche cette énigme, qui d'ailleurs serait très bien faite :

Je ne suis rien. J'existe cependant.
Les lieux les plus cachés sont les lieux que j'habite.
Le sage me connaît, et la folle m'évite.
Personne ne me voit ; jamais on ne m'entend.

ÉNIGME.

Du sort qui m'a fait naître
La rigoureuse loi
Veut que je cesse d'être
Dès qu'on parle de moi.

Il est, ce me semble, un peu trop aisé d'y reconnaître le *Silence*.

Il en est de même de celle-ci, dont la tournure est pourtant le modèle du langage mystérieux :

Je suis le frère de mon père.
Aux monstres des forêts d'abord abandonné,
J'en fus préservé par ma mère;
Et reçu dans son sein, bientôt je lui donnai
Un enfant, à la fois et mon fils et mon frère,
Qui doit lui-même, s'il prospère,
Rendre à son tour fécond le sein dont il est né.

Il est trop clair que cette race de nouveaux œdipe, ce sont *des glands*.

Le logogriphe est, comme je l'ai dit, une énigme qui donne à deviner, non pas une chose, mais un mot, par l'analyse du mot lui-même.

L'analyse du logogriphe est proposée en termes figurés et mystérieux comme la description du sujet de l'énigme; et la curiosité s'y exerce à deviner d'abord chacun des éléments, et ensuite à les rassembler. Ces éléments sont ou les lettres ou les syllabes du mot caché, ou les mots que ce mot renferme, ou les mots que l'on peut former avec des lettres de ce mot, dont les nouvelles combinaisons sont légèrement indiquées.

Un bon logogriphe est celui dont le mot a peu

d'éléments, qui les désigne sans équivoque, et qui cependant laisse à la pénétration une difficulté piquante.

> Pour aller me trouver il faut plus que ses pieds,
> Et souvent en chemin on dit sa *patenôtre* :
> Mon tout est séparé d'une de ses moitiés ;
> La moitié de mon tout sert à mesurer l'autre.
> (Angle-terre.)

Un logogriphe plat et maussade est celui dont les éléments sont faciles à deviner, mais en si grand nombre, que l'esprit se rebute du travail de les réunir.

Il semble que la langue latine se prête mieux que la nôtre à cette décomposition, qui est l'artifice du logogriphe.

> Si quid dat pars prima meî, pars altera rodit.
> (Do-mus.)

> Nihil erimus, totas si vis existere partes ;
> Omnia (scinde caput), lector amice, sumus.
> (S-omnia.)

> Quem mea præteritis habuerunt mœnia sœclis
> Vatem ; si vertas, hoc modo nomen habent.
> (Maro, Roma.)

> Primum tolle pedem, tibi fient omnia fausta ;
> Inversum, quid sim dicere nemo potest.
> (N-omen.)

Celui-ci est d'autant plus heureux, que le mot *nemo* se présente lui-même en se donnant à deviner. Quelquefois, dans le logogriphe, on aide à la lettre, en désignant la chose; et alors il tient de l'énigme, comme celui-ci, par exemple :

> Je fais presque en tous lieux le tourment de l'enfance :
> Est-on jeune, on m'oublie; est-on vieux, on m'encense;
> Je porte dans mon sein mon ennemi mortel :
> Il veut m'anéantir, et mon malheur est tel,
> Qu'en le perdant, je perds presque toute existence.
> Déja, de mes dix pieds, huit sont en sa puissance :
> Mais il m'en reste deux, qui, dans le même sens
> L'un à l'autre accolés, seront pris pour deux cents.

Le mot est *catéchisme*, qui renferme *athéisme*; et les deux *cc*, qui en chiffres romains expriment le nombre deux cents.

Mais écoutons sur le logogriphe un homme à qui rien d'inconnu n'était indifférent. C'est ce même La Condamine, qui, après avoir mesuré la méridienne de Quito sur les sommets des Cordillères, suivit le cours de la rivière des Amazones depuis sa source jusqu'à son embouchure, par mille lieues de pays désert; et à qui cette curiosité passionnée, qui lui avait fait escalader les murs du jardin du sérail au plus grand risque de sa vie, aurait fait passer une nuit laborieuse sur une énigme dont le mot lui aurait échappé.

C'était à un homme de ce caractère à nous donner la poétique du logogriphe. Voici ce qu'il en écrivait en 1758 à l'auteur du *Mercure de France*.

« Vous devriez bien, mon cher ami, purger *le*
« *Mercure* de ces logogriphes qui ne sont que la
« liste d'une partie des mots qui se trouvent dans

« un mot fort long, et qui ne présentent rien qui
« invite à les deviner. Si la chose en valait la peine,
« et que je fusse assez désœuvré, je ferais une sortie
« contre les modernes qui ont avili ce genre et fait
« tomber dans le mépris ce qui était en honneur
« chez les anciens. Voyez la gloire dont se couvrit
« OEdipe en devinant l'énigme du Sphinx; voyez le
« nom que se fit Ésope par les énigmes qu'il devina,
« et celle qu'il fit pour le roi Nectenabo.

« Une énigme se nomme en latin *griphus*, ou
« plutôt en grec γρῖφος; c'est le nom d'une énigme
« sur la chose. On a ensuite imaginé d'en faire une
« sur le mot, et on l'a nommée λογογρῖφος.

Mitto tibi NAVEM prorâ puppique carentem,

« pour dire *ave*. Cela n'est-il pas bien ingénieux?
« Celle-là n'est qu'un embryon. Voici le modèle des
« logogriphes latins.

Sume caput, curram; ventrem conjunge, volabo;
Adde pedes, comedes; et sine ventre bibes.
(*Mus-ca-tum.*)

« Le P. Porée, mon régent de rhétorique, en
« faisait de fort ingénieux. Ses mots étaient heureu-
« sement choisis, c'est une partie de l'art; et il les ren-
« dait piquants par des contrastes. Les combinaisons
« étaient indiquées exactement, ce qui ne laisse pas
« d'avoir sa difficulté; et chaque combinaison four-
« nissait une nouvelle énigme. Je me rappelle que le
« mot d'un de ses *logogriphes* était *muscipula*. Il y

« trouvait *mus, musca, mula, lupa;* et faisait d'une
« souricière l'arche de Noé.

« Mais, comme tout va en dégénérant, on a de-
« puis fait des *logogriphes* qui n'en ont que le nom.
« On s'est avisé de désigner les lettres par leur
« nombre ordinal 1, 2, 3, ce qui est fort maussade :
« et, pour comble de platitude, au lieu d'une énigme
» sur chaque partie du mot dépecé, on désigne cette
« portion, ou vaguement, comme un *fruit*, *un oi-*
« *seau*, *un élément*, *un saint*, etc.; ou on l'indique
« clairement, comme *le métal à qui tout cède*, pour
« *l'or; une maison en l'air artistement pendue*, pour
« dire *un nid;* le *favori de Jupiter*, pour dire *Gani-*
« *mède; ce qu'abhorre l'Église*, *sang*, etc. : en sorte
« qu'il n'y a qu'à rassembler les lettres, ayant toutes
« celles qui composent le mot, et puis avoir la pa-
« tience d'un capucin, pour épuiser les combinai-
« sons du nombre total des lettres. Quand il y a sept
« lettres, il n'y a que 5040 combinaisons. Il m'est
« arrivé souvent d'avoir toutes les lettres du mot, et
« jamais de me donner la peine d'en faire un mot.
« Voilà ce qui fait prendre les logogriphes en aver-
« sion à tout le monde; au lieu qu'un logogriphe
« bien fait est une énigme qui fait des petits. Vous
« voyez que je possède la matière à fond. Aussi en
« ai-je fait depuis trente ou quarante ans une étude
« sérieuse. »

A cette théorie de l'art, M. de La Condamine ajoutait ce logogriphe latin de sa façon, qui est véritablement le chef-d'œuvre d'un maître.

Cortice sub gelido reserant mea vicera flammam.

A capite ad calcem resecare ex ordine membra.
Si libeat, varias assumam ex ordine formas :
Spissa viatori jam nunc protenditur umbra ;
Nunc defendo bonos et amo terrere nocentes;
Mox intrare veto; sum denus denique et unus.
Unica si desit mihi cauda, silere jubebo.

Silex, qui, par le retranchement successif d'une lettre, donne *ilex*, *lex*, *ex*, *x*; et *sile*, en n'ôtant que la dernière lettre.

Marmontel, *Élémens de Littérature*.

ENNIUS (Quintus) naquit l'an du monde 3764, et de Rome 514 ou 515, à Rudice, ville de Calabre. Il vécut dans la Sardaigne jusqu'à l'âge de quarante ans. C'est là qu'il fit connaissance avec Caton, qui apprit de lui la langue grecque dans un âge fort avancé, et qui l'emmena ensuite avec lui à Rome. M. Fulvius Nobilior le mena avec lui en Étolie. Le fils de ce Nobilior lui fit accorder le droit de bourgeoisie romaine; ce qui était, dans ces temps-là, un honneur fort considérable. Il avait composé en vers héroïques les annales de Rome[*], et en était au douzième livre, à l'âge de soixante-sept ans. Il avait aussi célébré les victoires du premier Scipion l'Africain, avec qui il était lié d'une amitié particulière, et qui lui donna toujours de grandes marques d'es-

[*] Il ne nous reste que des fragments des ouvrages d'Ennius : on les a recueillis dans le *Corpus poetarum*, dont Hesselius a donné une excellente édition, Amsterdam, 1707, in-4°, et dans le *Théâtre des Latins*, publié par M. Levée.

time et de considération. Quelques-uns même croient qu'on lui accorda une place dans le tombeau des Scipions. Il mourut âgé de soixante-dix ans.

Scipion était bien assuré que tant que Rome subsisterait, et que l'Afrique serait soumise à l'Italie, la mémoire de ses grandes actions ne pourrait être abolie; mais il crut aussi que les écrits d'Ennius étaient fort capables d'en illustrer l'éclat et d'en perpétuer le souvenir, digne certainement d'avoir pour héraut de ses éclatantes victoires un Homère plutôt qu'un poète, dont le style répondait mal à la grandeur de ses actions.

On comprend aisément que la poésie latine, faible encore et presque naissante dans les temps dont je viens de parler, ne pouvait pas avoir beaucoup de beauté et d'ornement. Elle montrait quelquefois de la force et des traits de génie, mais sans élégance, sans grace et avec de grandes inégalités. C'est ce que Quintilien, en traçant le portrait d'Ennius, exprime par une comparaison admirable. « Révérons Ennius, dit-il, comme on révère ces « bois que l'ancienneté a consacrés, dont les grands « et vieux chênes n'offrent plus aux yeux tant de « beauté, qu'ils inspirent un sentiment de respect « religieux. »

Cicéron, dans son traité de la *Vieillesse*, nous apprend un fait qui doit faire beaucoup d'honneur à la mémoire d'Ennius. Il dit que « ce poète, à « l'âge de soixante-dix ans, chargé de deux far- « deaux, qu'on regarde comme accablants, la pau-

« vreté et la vieillesse, les portait non-seulement
« avec constance, mais avec gaieté : ce qui donnait
« presque lieu de penser qu'elles lui faisaient même
« plaisir, et lui étaient agréables. »

ROLLIN, *Histoire ancienne.*

ENTHOUSIASME. En parlant de l'imagination, j'ai donné une idée de l'enthousiasme poétique. Je ne ferai ici que la développer et l'étendre à toutes les productions de l'esprit qui supposent ou une illusion profonde du côté de l'imagination, ou une violente émotion du côté de l'âme. « L'enthousiasme, « dit Plutarque, était l'effet de cet esprit divin qui « s'emparait de la Pythonisse. » De là l'enthousiasme des poètes qui se prétendaient inspirés.

C'était à l'ode que l'enthousiasme semblait appartenir; et cependant rien de plus rare, même chez les anciens, que les odes où l'imagination et l'âme du poète soient frappées de ce délire. A peine en trouvons-nous un seul exemple dans Pindare; et les plus belles odes d'Horace, *Cœlo tonantem*, etc. *Delicta majorum*, etc., portent plutôt le caractère d'une éloquence véhémente, que de l'ivresse poétique. Il est bien vrai que les images et les mouvements de l'âme s'y succèdent rapidement, mais sans aucun désordre; et dans celles où le poète affecte du délire: *Justum et tenacem*, etc. *Descende cœlo*, etc., c'est plutôt le délire d'une imagination exaltée, que celui d'une âme profondément émue. Or c'est ici l'espèce d'enthousiasme le plus favorable au génie et le plus fécond en beautés.

L'enthousiasme, dans l'écrivain, est donc un délire factice, ou une passion volontaire ; un délire, lorsque, par l'attention et la contention de l'esprit, on se frappe soi-même de l'image de son objet, presque aussi vivement et aussi fortement qu'on le serait de la réalité ; une passion, lorsqu'en se pénétrant de la situation, du caractère, des sentiments du personnage qu'on fait agir et parler, ou à la place duquel on se met soi-même, on parvient à lui ressembler, comme si on avait pris son âme.

J'ai entendu dire au fameux comédien Garrick, qu'à Londres, à l'Hôpital des fous, il avait vu un malheureux père, dont toute la folie consistait à se retracer sans cesse le moment où, du haut d'un balcon, en jouant avec son enfant qu'il tenait dans ses bras, il l'avait laissé tomber dans la rue, et l'avait vu écraser sous ses yeux. Il croyait le tenir encore ; il le pressait contre son sein, le regardait de l'œil le plus tendre, lui souriait, le caressait, et tout-à-coup, par un tressaillement terrible, exprimant l'action de la chute, il jetait un cri déchirant et s'abîmait dans sa douleur. Cette pantomime, que le malheureux répétait à toutes les heures, et que Garrick imitait si bien qu'on n'en pouvait soutenir la vue, nous fait sentir combien l'enthousiasme peut ressembler à la folie ; car c'est presque ainsi que le poète s'affecte de ce qu'il veut feindre, et son enthousiasme est, pour le moment, une affection presque aussi profonde que si la cause en était véritable. Il est ému, saisi, tremblant; son cœur se serre, ses larmes coulent; il frémit d'horreur, il s'enflamme ou de colère ou de vengeance, il se transporte d'indignation; il est suffoqué de douleur; rien de tout ce qui l'environne ne le distrait, ne le détrompe; son âme est tout à son objet, et cette fixité d'idée, cette tension de tous les organes du sentiment, occupés d'un objet unique; cette situation, dis-je, si elle était continue et indépendante de sa volonté, ne serait autre chose que folie ou fureur.

Le peintre Vernet, sur un vaisseau battu d'un horrible tempête, s'étant fait attacher au mât, et tout occupé à dessiner le mouvement des vagues, leurs replis, leur écume, et les feux de la foudre, qui, à sillons redoublés, déchiraient le sein des nuages, ne cessait de crier à chaque instant: *Ah! que cela est beau!* tandis qu'autour de lui tout frémissait du danger qu'il ne voyait pas. Telle est la préoccupation de l'esprit dans l'enthousiasme. Celle de l'âme est encore plus forte; et c'est de cette illusion profonde et absorbante que sortent ces grandes pensées, ces mouvements extraordinaires et pourtant naturels, ces traits inouïs et sublimes dont la vérité nous saisit et nous pénètre, en même temps que leur nouveauté nous étonne, et qui sont les prodiges du génie inventeur.

Telle devait être la situation de l'âme de Milton lorsqu'il faisait dire à Satan, parlant de Dieu : « Il « nous a rendus si malheureux que nous n'avons « plus à le craindre. Il est le Dieu du bien, et moi je « serai le Dieu du mal. » Il fallait être Satan lui-même, par la pensée, pour inventer son imprécation au soleil; il fallait le voir comme réellement sortir de l'abîme enflammé, pour le peindre *élevant son front cicatrisé par la foudre.*

Mais, sans parler d'un merveilleux aussi transcendant et aussi rare, il fallait être Camille elle-même pour inventer ses imprécations; Orosmane, pour exprimer les transports de sa jalousie; Hermione, pour s'agiter de ces mouvements tumultueux d'amour, de dépit, de vengeance et de douce compassion :

Où suis-je? qu'ai-je fait? que dois-je faire encore?
Quel transport me saisit? quel chagrin me dévore?
Errante et sans dessein, je cours dans ce palais :
Ah! ne puis-je savoir si j'aime ou si je hais?
Le cruel! de quel œil il m'a congédiée!
Sans pitié, sans douleur au moins étudiée.
Ai-je vu ses regards se troubler un moment?
En ai-je pu tirer un seul gémissement?
Muet à mes soupirs, tranquille à mes alarmes,
Semblait-il seulement qu'il eût part à mes larmes?
Et je le plains encore! et pour comble d'ennui,
Mon cœur, mon lâche cœur s'intéresse pour lui!
Je tremble au seul penser du coup qui le menace;
Et prête à me venger, je lui fais déjà grace!
Non, ne révoquons point l'arrêt de mon courroux;
Qu'il périsse : aussi bien il ne vit plus pour nous.
Le perfide triomphe et se rit de ma rage :
Il pense voir en pleurs dissiper cet orage;
Il croit que, toujours faible et d'un cœur incertain,
Je parerai d'un bras les coups de l'autre main.
Il juge encor de moi par mes bontés passées.

Mais plutôt le perfide a bien d'autres pensées :
Triomphant dans le temple, il ne s'informe pas
Si l'on souhaite ailleurs sa vie ou son trépas ;
Il me laisse, l'ingrat! cet embarras funeste.
Non, non, encore un coup, laissons agir Oreste.
Qu'il meure, puisqu'enfin il a dû le prévoir,
Et puisqu'il m'a forcée enfin à le vouloir.
A le vouloir! Eh quoi! c'est donc moi qui l'ordonne?
Sa mort sera l'effet de l'amour d'Hermione !
Ce prince dont mon cœur se faisait autrefois
Avec tant de plaisir redire les exploits,
A qui même en secret je m'étais destinée
Avant qu'on eût conclu ce fatal hyménée !
Je n'ai donc traversé tant de mers, tant d'états,
Que pour venir si loin préparer son trépas,
L'assassiner, le perdre ? etc.

(RAC. *Androm.* act. V, sc. 1.)

On semble avoir, dans tous les temps, réservé l'enthousiasme à la poésie. Mais l'orateur n'a-t-il jamais lui-même aucune illusion à se faire, aucun personnage à revêtir qui ne soit pas le sien? Et lorsque, chargé de la cause d'un malheureux, il va exciter en sa faveur l'indignation, la compassion, ou d'un juge, ou de tout un peuple, est-il naturellement assez ému? l'est-il comme il le veut paraître, et n'a-t-il jamais besoin lui-même de se transformer comme le poète, pour se mettre à la place de son client? La péroraison pour Milon n'est-elle pas une scène aussi artificiellement conçue que celle de Priam aux pieds d'Achille? et pour l'écrire avec tant d'éloquence, n'a-t-il pas fallu que Cicéron ait su s'affecter, s'émouvoir, se passionner ainsi qu'Ho-

mère? Éprouvait-il, dans l'état naturel de son esprit et de son âme tous les mouvements qu'il exprime? et dans cette supposition si éloquente, où il introduit Milon s'écriant : « Oui, citoyens, c'est moi qui
« ai tué Clodius : ses fureurs, que nous n'avions pu
« réprimer ni par nos lois, ni par la sévérité de nos
« jugements, ce fer et cette main les ont écartés de
« vos têtes; c'est par moi que le droit, l'équité, les
« lois, la liberté, la pudeur, l'innocence, sont en sû-
« reté dans notre ville, etc. » Lorsque s'adressant aux choses saintes, que Clodius avait violées, il s'écrie : « C'est vous que j'atteste et que j'implore, col-
« line des Albains, bois sacrés, autels antiques et
« toujours révérés que sa démence a renversés et
« détruits, pour élever sur vos ruines les monu-
« ments de son luxe insensé. » Lorsqu'il met en scène son client, et qu'il le fait parler avec une dignité si touchante, ou qu'il prend lui-même la place de Milon, et semble vouloir se dévouer pour lui : « Nunc
« me una consolatio sustentat, quod tibi T. Anni,
« nullum à me amoris, nullum studii, nullum pie-
« tatis officium defuit. Ego inimicitias potentium pro
« te appetivi : ego meum sæpè corpus et vitam ob-
« jeci armis inimicorum tuorum : ego me plurimis
« pro te supplicem abjeci : bona, fortunas meas,
« ac liberorum meorum in communionem tuo-
« rum temporum contuli. Hoc denique ipso die, si
« qua vis est parata, si qua dimicatio capitis futura,
« deposco. Quid jam restat? quid habeo quod di-
« cam, quod faciam pro tuis in me meritis, nisi ut
« eam fortunam, quæcumque erit tua, ducam meam?

« Non recuso ; non abnuo ; vosque obsecro, judices,
« ut vestra beneficia, quæ in me contulistis, aut in
« hujus salute augeatis, aut in ejusdem exitio occa-
« sura esse videatis. * » (*Pro Milone XXXVI*). Peut-
on, dans ces images et dans ces mouvements, méconnaître cette action de l'âme sur elle-même, et
cette faculté qu'elle a d'exalter ses sentiments et ses
pensées, qui est le caractère de l'enthousiasme.

Il est bien vrai que, dans le poète, il n'a qu'un
objet fantastique, et qu'il suppose l'illusion, au lieu
que, dans l'orateur, c'est la réalité, c'est la vérité
qui l'anime ; mais, soit la vérité, soit la feinte, ni
l'une ni l'autre ne produiraient dans la pensée et le
sentiment, ce degré d'énergie, de chaleur et de véhémence, sans l'attention profonde que le génie et
l'âme donnent à leur objet lorsqu'ils veulent s'en
pénétrer.

L'enthousiasme est donc volontaire dans l'orateur comme dans le poète, et l'orateur lui-même a
souvent besoin, pour se rendre présente la vérité

---

* Mon cher Milon, une seule consolation me soutient en ce moment, c'est que j'ai rempli tous les devoirs de la reconnaissance et de l'amitié. Pour toi, j'ai bravé la haine des hommes puissants ; pour toi, j'ai souvent exposé ma tête au fer de tes ennemis ; je suis descendu pour toi au rang des suppliants ; dans tes malheurs j'ai partagé avec toi mes biens, ma fortune et celle de mes enfants. Enfin, si quelque violence est préparée aujourd'hui contre ta personne, si tes jours sont menacés, je demande que tous les coups retombent sur moi seul. Que puis-je dire de plus ? Que puis-je faire encore pour m'acquitter envers toi, si ce n'est de me résigner moi-même au sort qu'on te réserve, quel qu'il puisse être. Eh bien ! je ne le refuse pas ; j'accepte cette condition, et je vous prie, citoyens, d'être persuadés qu'en sau-
vant Milon, vous mettrez le comble à tout ce que je vous dois, ou que tout vos bienfaits seront anéantis par sa condamnation.

Trad. de Gueroult. *Cic.* de M. J. V. Le Clerc.

dans toute sa force, de réaliser, comme le poète, l'objet de sa pensée, de croire voir ce qu'il ne voit pas, d'animer ce qui ne peut l'être, de revêtir un caractère qui n'est pas le sien, d'emprunter une âme étrangère, en un mot de se transformer par un effort d'illusion qui ne diffère plus en rien de l'enthousiasme poétique.

Que si l'on veut, pour le mieux concevoir, s'en faire une image familière, on n'aura qu'à se rappeler ce qu'on a cent fois éprouvé soi-même au spectacle. Dans l'illusion où l'on est plongé, on oublie presque absolument tout ce qui pourrait la détruire; on est transporté en idée dans le lieu de la scène; on se croit présent à l'action : ce n'est plus l'actrice et l'acteur que l'on voit; c'est Cléopâtre, Antiochus, Rodogune; on croit même voir le poison dans la coupe; on frémit au moment où Antiochus l'approche de ses lèvres; et ceux qui, comme les enfants, ont l'imagination plus vive, sont prêts à lui crier que la coupe est empoisonnée. La même chose à peu près arrive autour de la chaire d'un orateur, lorsque, par des figures hardies et frappantes, il rend, comme présente aux yeux, quelque vérité redoutable. « Lorsque Massillon prêcha, pour la première fois, « son fameux sermon du petit nombre des élus, il y « eut un endroit, dit Voltaire, où un transport de « saisissement s'empara de tout l'auditoire : presque « tout le monde se leva à moitié, par un mouve- « ment involontaire; le murmure d'acclamation et « de surprise fut si fort, qu'il troubla l'orateur. »

Or cette préoccupation presque absolue de la

pensée, cette émotion profonde des esprits et de l'âme, que vous cause l'impression de la vérité que le poète représente, ou de la vérité que l'orateur exprime, supposez-la dans le poète, dans l'orateur lui-même au moment qu'il compose et qu'il s'est pénétré de son objet : c'est ce dernier degré d'illusion que l'on appelle enthousiasme; et il s'opère à peu près de même: car on peut alors considérer l'imagination de l'auteur comme le théâtre où le tableau se peint, où l'action se représente, et son âme, comme le spectateur qui se livre à l'illusion et qui s'affecte vivement des passions qui animent la scène. Ainsi, dans ces moments, l'homme de génie est comme double, et il ressemble au sculpteur de la fable, à la fois trompeur et trompé.

On appelle aussi enthousiasme le délire, ou la passion véritable qui se communique d'un homme à l'autre, et quelquefois à tout un peuple, lorsqu'une imagination exaltée se rend maîtresse des esprits, et qu'ils sont violemment émus des tableaux qu'elle leur présente; et on le dit également des effets de l'erreur et de ceux de la vérité, plus souvent même de l'erreur, parce que le mensonge a plus souvent recours à l'éloquence passionnée. Mahomet a fait des enthousiastes; Socrate n'en fit point. De grands exemples ou de grandes leçons inspirent pourtant quelquefois l'enthousiasme de la vertu et de la gloire. L'esprit de la secte stoïque fut l'enthousiasme de la vertu. Le génie de l'ancienne Rome fut l'enthousiasme de la patrie.

MARMONTEL, *Éléments de Littérature.*

ENTR'ACTE. On appelle ainsi l'intervalle qui, dans la représentation d'une pièce de théâtre, en sépare les actes, et donne du relâche à l'attention des spectateurs.

Chez les Grecs, le théâtre n'était presque jamais vide : l'intervalle d'un acte à l'autre était occupé par les chœurs*.

Un des plus précieux avantages du théâtre moderne, c'est le repos absolu de l'entr'acte. De toutes les licences qu'on est convenu d'accorder aux arts, pour leur faciliter les moyens de plaire, c'est peut-être la plus heureuse, et celle dont on est le mieux dédommagé.

Observons d'abord que l'entr'acte n'est un repos que pour les spectateurs, et n'en est pas un pour l'action. Les personnages sont censés agir dans l'intervalle d'un acte à l'autre, et tandis qu'en effet l'acteur va respirer dans la coulisse, il faut qu'on le croie occupé. Ainsi le poète, dans le plan de la pièce, en divisant son action, doit la distribuer de façon qu'elle continue d'un acte à l'autre, et que l'on sache ou que l'on suppose ce qui se passe dans l'intervalle, à peu près comme un architecte dispose, dans son plan, les vides et les pleins, ou plutôt comme un peintre habile dessine tout le corps qui doit être à demi voilé.

Rien de plus simple que cette règle, et on la néglige souvent.

* Voyez, t. I, p. 51 de notre *Répertoire*, ce que nous avons eu occasion de rappeler plus d'une fois au sujet de cette division des ouvrages dramatiques en actes, que l'on applique sans cesse aux Grecs, et qu'ils ne connaissaient pas. H. P.

Il est aisé de sentir à présent quelle est la facilité que l'entr'acte donne à l'action, soit du côté de la vraisemblance, soit du côté de l'intérêt.

Il y a dans la nature une infinité de choses dont l'exécution est impossible sur la scène, et dont l'imitation manquée détruirait toute illusion. C'est dans l'entr'acte qu'elles se passent : le poète le suppose, le spectateur le croit.

L'action théâtrale a souvent des longueurs inévitables, des détails froids et languissants, dont on ne peut la dégager; et le spectateur, qui veut être continuellement ému ou agréablement occupé, ne redoute rien tant que ces scènes stériles. Il veut pourtant que tout arrive comme dans la nature, et que la vraisemblance amène l'intérêt. Or le poète les concilie, en n'exposant aux yeux que les scènes intéressantes, et en dérobant dans l'entr'acte toutes celles qui languiraient.

Enfin, par la même raison que l'on doit présenter aux yeux tout ce qui peut contribuer à l'effet que l'on veut produire, lequel, soit dans le pathétique, soit dans le ridicule, est toujours le plaisir d'être ému ou d'être amusé, on doit dérober à la vue tout ce qui nous déplaît ou ce qui nous répugne; car l'impression du tableau, étant beaucoup plus forte que celle du récit, nous rend plus cher ce qui nous flatte, mais aussi plus odieux ce qui nous blesse. Or le poète, qui doit prévoir et l'un et l'autre effet, jettera dans l'entr'acte ce qui a besoin d'être affaibli ou voilé par l'expression, et présentera sur la scène ce qui doit frapper vivement.

Un avantage encore attaché à l'entr'acte, c'est de donner aux évènements qui se passent hors du théâtre un temps idéal un peu plus long que le temps réel du spectacle. Comme le mouvement mesure la durée, celle d'une action présente aux yeux ne peut nous échapper ; au lieu que d'une action absente, et dont nous ne sommes plus occupés, nous ne comptons point les moments. Voilà pourquoi nous pouvons accorder à ce qui se passe hors de la scène un temps moral, beaucoup plus long que l'intervalle d'un acte à l'autre. Mais cette licence suppose ce que j'ai dit ailleurs, que l'on regardera l'entr'acte comme une absence totale de l'action, et même du lieu de l'action.

La première convention faite en faveur de l'art dramatique a été que le spectateur serait censé absent ; car imaginer que le public est assemblé dans une place, et qu'il voit de là ce qui se passe dans le cabinet d'Auguste ou dans le sérail du sultan, c'est une absurdité puérile : il faut pour cela supposer un des quatre murs abattu ; et alors même, le moyen d'imaginer que l'acteur, étant vu, ne verrait pas de même, et agirait comme s'il était seul?

Le spectateur n'est donc présent à l'action que par la pensée, et le spectacle n'est supposé se passer que dans son esprit. Cette hypothèse était sans doute une chose hardie à proposer, si on l'eût proposée. Mais comme elle était indispensable, on en est convenu même sans le savoir.

Ce n'est donc rien proposer de nouveau, que de vouloir qu'à la fin de chaque acte l'idée du lieu disparaisse, et que notre illusion détruite nous rende à nous-mêmes en un lieu totalement distinct de celui de l'action; en sorte, par exemple, qu'au spectacle de Cinna, quand les acteurs sont sur la scène, nous soyons en esprit à Rome, et que, l'acte fini, l'illusion cessante, nous nous retrouvions à Paris. Ces mouvements de la pensée sont aussi aisés que rapides; et l'instant de lever et de baisser la toile les produit naturellement.

Cela posé, la conséquence immédiate et nécessaire qu'on en doit tirer, c'est que la toile, qui détruit l'enchantement du spectacle, devrait tomber toutes les fois que le charme est interrompu. Ne fût-ce même que pour cacher le besoin qu'on a quelquefois de baisser la toile, il serait à souhaiter qu'on la baissât toujours dès qu'un acte serait fini : l'illusion y gagnerait; les moyens de la produire seraient plus simples et en plus grand nombre; on ne verrait plus ce jeu des machines qui n'est plus étonnant, et qui devient risible quand le mouvement est manqué; on ne verrait plus des valets de théâtre venir ranger ou déranger les sièges du sénat romain; l'œil et l'oreille ne seraient pas en contradiction, comme lorsqu'on entend des violons jouer un menuet près des tentes d'Agamemnon ou à la porte du Capitole; et le coup d'œil d'un changement subit de décoration serait réservé pour le spectacle du merveilleux. *Voyez* ACTE, UNITÉS.

MARMONTEL, *Éléments de Littérature*.

ÉPICHARME.

ÉPICHARME de Cos, fut élevé dans cette île, et professa la philosophie à la cour de Hiéron Ier[*]. Il est regardé comme le créateur d'un drame d'une espèce particulière, intermédiaire entre la satirique et la comédie attique. Le sol de la Sicile a produit plusieurs genres de littérature que ne connut pas le reste de la Grèce. Cette île est la patrie de la poésie bucolique, qui y prit toutes les formes, et entra peut-être pour quelque chose dans ce qu'on a appelé la *Comédie Sicilienne*. Les fragments qui nous restent d'Épicharme sont trop insignifiants pour nous donner une idée de ce genre. Ses pièces étaient assujetties aux règles de la tragédie, et ses sujets étaient empruntés de la mythologie. « Au « lieu d'un recueil de scènes sans liaison et sans « suite, dit l'auteur du *Voyage du jeune Anacharsis*, « Épicharme établit une action, en lia toutes les « parties, la traita dans une juste étendue, et la « conduisit sans écart jusqu'à la fin. » Le même écrivain fait entendre que les pièces d'Épicharme, portées et imitées à Athènes, y firent naître la comédie. Cela se peut; néanmoins les anciens distinguent toujours le genre de ce poète sicilien de la comédie d'Athènes de cette période. Si, comme l'assure Horace, Plaute se forma sur Épicharme[**], la comédie sicilienne aurait plutôt ressemblé à ce qu'on appelle comédie attique nouvelle, qui est postérieure à la première de cent cinquante ans.

[*] Environ 470 ans avant J.-C.
[**] Dicitur. . . . .
Plautus ad exemplar siculi properasse Epicharmi.
(*Ep.* II, 1.)

Les fragments d'Épicharme se trouvent dans les collections de Henri Étienne et de Hertel.

        Schoell, *Histoire de la Littérature grecque profane.*

ÉPICTÈTE était né à Hiérapolis, ville de Phrygie, vis-à-vis de Laodicée. La bassesse de son origine nous a dérobé la connaissance de ses parents. Il fut esclave d'un Epaphrodite, nommé par Suidas *un des gardes de Néron*; et c'est d'où lui fut donné le nom d'Epictète Επίκτητος, qui signifie *serviteur acheté, esclave.* On ne sait ni par quel accident il fut mené à Rome, ni comment il fut vendu ou donné à Epaphrodite : on sait seulement qu'il fut son esclave. Epictète fut apparemment mis en liberté. Il fut toujours attaché à la philosophie des stoïciens, qui étaient alors la secte la plus parfaite et la plus sévère.

Il vécut à Rome jusqu'à l'édit de Domitien, qui en chassa tous les philosophes, l'an de J.-C. 94. Si on en croit Quintilien, plusieurs d'entre eux cachaient de grands vices sous un si beau nom; et ils s'étaient fait la réputation de philosophes, non par leur vertu et leur science, mais par un visage triste et sévère, et par une singularité d'habit et de manières, qui servaient de masque à des mœurs très corrompues. Peut-être Quintilien charge-t-il un peu ce portrait, pour faire plaisir à l'empereur: ce qui est certain, c'est qu'on ne peut en aucune sorte l'appliquer à Epictète.

Au sortir de Rome, il alla s'établir à Nicopolis,

ville considérable d'Épire, où il passa plusieurs années, toujours dans une grande pauvreté, mais toujours fort honoré et fort respecté. Il revint ensuite à Rome, sous le règne d'Adrien, de qui il fut fort considéré. On ne marque ni le temps ni le lieu, ni aucune circonstance de sa mort : il mourut dans une assez grande vieillesse.

Il réduisait toute sa philosophie à souffrir les maux patiemment, et à se modérer dans les plaisirs, ce qu'il exprimait par ces deux mots grecs, ἀνέχου καὶ ἀπέχου : *sustine et abstine.*

Celse, qui écrit contre les chrétiens, dit que son maître lui serrant la jambe avec beaucoup de violence, il lui dit sans s'émouvoir, et comme en riant : «Mais vous m'allez casser la jambe.» et comme cela fut arrivé, il dit du même ton : « Ne vous l'avais-je « pas bien dit que vous me la casseriez? »

Lucien se moque d'un homme qui avait acheté trois mille dragmes (quinze cents livres) la lampe d'Épictète quoiqu'elle ne fût que de terre; comme s'il se fût imaginé qu'en s'en servant, il deviendrait aussi habile que cet admirable et vénérable vieillard.

Épictète avait composé plusieurs écrits, dont il ne nous reste que son *Enchiridion* ou *Manuel;* mais Arrien, son disciple, a fait un grand ouvrage, qu'il prétend n'être composé que des choses qu'il lui avait ouï dire, et qu'il avait recueillies, autant qu'il avait pu, dans les mêmes termes. Des huit livres qui formaient cet ouvrage, nous n'en avons que quatre.

Stobée nous a conservé quelques sentences de ce

philosophe, qui étaient échappées à la vigilance de son disciple. J'en citerai deux ou trois.

« Il ne dépend pas de toi d'être riche, mais il dé-
« pend de toi d'être heureux. Les richesses mêmes
« ne sont pas toujours un bien, et certainement elles
« sont toujours de peu de durée; mais le bonheur
« qui vient de la sagesse, dure toujours.

« Quand tu vois une vipère ou un serpent dans
« une boîte d'or, l'en estimes-tu davantage? et n'as-
« tu pas toujours pour lui la même horreur à cause
« de sa nature malfaisante et venimeuse? Fais de
« même à l'égard du méchant, quand tu le vois en-
« vironné d'éclat et de richesses. »

« Le soleil n'attend point qu'on le prie pour faire
« part de sa lumière et de sa chaleur. A son exemple,
« fais tout le bien qui dépend de toi, sans attendre
« qu'on te le demande. »

Voici la prière qu'Épictète souhaitait de faire en mourant, Elle est tirée d'Arrien. « Seigneur, ai-je
« violé vos commandements? Ai-je abusé des pré-
« sents que vous m'avez faits? Ne vous ai-je pas sou-
« mis mes sens, mes vœux, mes opinions? Me suis-je
« jamais plaint de vous? Ai-je accusé votre Provi-
« dence? J'ai été malade, parce que vous l'avez voulu;
« et je l'ai voulu de même. J'ai été pauvre, parce
« que vous l'avez voulu; et j'ai été content de ma
« pauvreté. J'ai été dans la bassesse, parce que vous
« l'avez voulu; et je n'ai jamais désiré d'en sortir.
« M'avez-vous jamais vu triste dans mon état? M'a-
« vez-vous surpris dans l'abattement et dans le mur-
« mure? Je suis encore tout prêt à subir tout ce qu'il

« vous plaira ordonner de moi. Le moindre signal
« de votre part est pour moi un ordre inviolable.
« Vous voulez que je sorte de ce spectacle magni-
« fique : j'en sors, et je vous rends mille très hum-
« bles graces de ce que vous avez daigné m'y admettre
« pour me faire voir tous vos ouvrages, et pour
« étaler à mes yeux l'ordre admirable avec lequel
« vous gouvernez cet univers. » Quoiqu'il soit aisé
de remarquer ici des traits empruntés du christianisme qui alors commençait à jeter une grande lumière, on sent néanmoins un homme bien content
de lui-même, et qui, par ses fréquentes interroga-
tions, semble défier la divinité même, de trouver en
lui aucun défaut. Sentiment et prière véritablement
dignes d'un stoïcien tout fier de sa prétendue vertu!
Saint Paul, si rempli de bonnes œuvres, ne parlait
pas ainsi. « Je n'ose pas me juger moi-même, disait-
« il, car, encore que ma conscience ne me reproche
« rien, je ne suis pas justifié pour cela : mais celui
« qui me juge, c'est le Seigneur. » Au reste cette
prière, tout imparfaite qu'elle est, sera la condamnation de beaucoup de chrétiens; car elle nous
montre qu'une parfaite obéissance, un entier dévouement, une pleine résignation à toutes les volontés de Dieu, étaient regardés par le paganisme
même comme des devoirs indispensables de la créature à l'égard de celui de qui elle tient l'être. Ce
philosophe a connu le terme des devoirs et des vertus : il a eu le malheur d'en ignorer le principe.

Épictète était à Rome dans le temps que saint
Paul y faisait tant de conversions, et que le christia-

nisme naissant brillait avec tant d'éclat par la constance inouïe des fidèles ; mais loin de profiter d'une si vive lumière, il blasphémait contre la foi des premiers chrétiens, et contre le courage héroïque des martyrs. Dans le quatrième chapitre du huitième livre d'Arrien, Épictète, après avoir montré qu'un homme qui sent sa liberté, et qui est persuadé que rien ne lui peut nuire parce qu'il a Dieu pour libérateur, ne craint ni les satellites ni les épées des tyrans, ajoute : « La folie et la coutume ont pu « porter quelques-uns à le mépriser, comme elles y « portent les Galiléens*; et la raison et la démons- « tration ne pourront le faire ? » Il n'y avait rien de plus opposé à la doctrine évangélique que l'orgueil stoïcien.

ROLLIN, *Histoire ancienne.*

Le *Manuel d'Épictète* a été traduit en latin par Ange Politien, avant que de paraître en grec. Il fut ainsi publié à Bologne, 1497, in-fol. La première édition grecque, avec le commentaire de Simplicius, est de Venise, 1528, in-4°. Les *Dissertations* d'Arrien, *sur Épictète et sa philosophie*, parurent, pour la première fois, grec-latin, à Bâle, 1554, in-4°. Elles contiennent le *Manuel* et le commentaire de Simplicius. Jean Schweighœuser a donné à Leipsig, 1799, 3 vol. in-8°, une bonne édition grec-lat. du *Manuel* des *Dissertations* et des *Fragments*. On compte vingt traductions françaises d'Épictète. La plus ancienne est celle d'Ant. Dumoulin, Lyon, 1544, in-16. Une des plus

---

* C'est ainsi que les chrétiens étaient appelés.

ÉPIGRAMME. 357

remarquables est celle de M. Dacier, 1715, 2 vol. in-12, réimprimée en 1776 et 1780. Le poète Desforges, en 1797, a donné une imitation du *Manuel* en vers. Camus, pendant sa détention en Allemagne, le traduisit, et son ouvrage parut en 1795, 2 vol. in-18, réimprimés en 1803. M. Pillot a publié à Douai, 1814, in-8°, une nouvelle traduction du *Manuel*, à la suite des *Maximes* de Phocylides et de Theognis, et des vers dorés de Pythagore. Enfin il en a paru une dernière, en 1823, par M. le baron de Pommereuil.

ÉPIGRAMME. Un mérite essentiel à presque tous les poèmes, c'est de ménager à l'esprit le plaisir de la surprise ; et après avoir piqué sa curiosité et suspendu plus ou moins son attente, leur succès est de le laisser agréablement satisfait. Or, selon que l'objet de la curiosité est plus ou moins intéressant, l'attente peut être plus ou moins longue, et la solution plus ou moins éloignée : telle est depuis l'épopée jusqu'à l'épigramme, la mesure commune de l'étendue que chaque poème peut avoir.

Dans l'épigramme, la curiosité n'étant que de savoir où aboutira le récit d'un fait simple, ou l'énoncé d'une première idée, l'attention n'est susceptible que d'un moment de patience : ainsi l'épigramme est, de sa nature, le plus petit de tous les poèmes. Son cercle est à peu près celui que les anciens donnaient à la période, dont l'artifice était aussi de tenir l'esprit en suspens jusqu'à l'entière révolution qu'ils faisaient faire à la pensée.

L'épigramme a donc, comme les grands poëmes, une espèce de nœud et une espèce de dénouement, ou du moins un avant-propos qui excite l'attention, et une solution imprévue qui décide l'incertitude ; et comme les grands poëmes, tantôt elle se dénoue sans péripétie, c'est-à-dire par une suite naturelle de la pensée ; tantôt avec péripétie, c'està-dire par une révolution inattendue dans le sens.

> Monsieur l'abbé et monsieur son valet
> Sont faits égaux tous deux, comme de cire.
> L'un est grand fou, l'autre petit folet ;
> L'un veut railler, l'autre gaudir et rire ;
> L'un boit du bon, l'autre ne boit du pire.
> Mais un débat le soir entre eux s'émeut :
> Car maître abbé toute la nuit ne veut
> Être sans vin, que sans secours ne meure ;
> Et son valet jamais dormir ne peut,
> Tandis qu'au pot une goutte en demeure.
> (Marot.)

Voilà une épigramme qui va droit à son but. En voici une qui se replie en sens contraire :

> De nos rentes, pour nos péchés,
> Si les quartiers sont retranchés,
> Pourquoi s'en émouvoir la bile ?
> Nous n'aurons qu'à changer de lieu :
> Nous allions à l'hôtel-de-ville,
> Et nous irons à l'hôtel-dieu.
> (Callières.)

On sent que, lorsque l'épigramme vise d'un côté et tire de l'autre, par exemple, lorsqu'elle commence par la louange et finit par la satire, le trait en est plus imprévu. Mais l'épigramme directe a une autre ruse pour déguiser son intention : c'est de prendre un air sérieux, lorsqu'elle veut être plaisante ; un air simple et naïf, lorsqu'elle veut être fine ou délicate ; un air de bonté, de douceur, lorsqu'elle veut être maligne ou mordante.

> Petits auteurs d'un fort mauvais journal,
> Qui d'Apollon vous croyez les apôtres,
> Pour Dieu ! tâchez d'écrire un peu moins mal,
> Ou taisez-vous sur les écrits des autres.
> Vous vous tuez à chercher dans les nôtres
> De quoi blâmer ; et l'y trouvez très bien :
> Nous, au rebours, nous cherchons dans les vôtres
> De quoi louer ; et nous n'y trouvons rien.
> (Rousseau.)

C'est le ton de modestie et de simplicité qui fait le sel de cette épigramme. Il en est de même de l'air de prud'hommie et de réserve qui se montre dans celle-ci :

> Un doux nenni, avec un doux sourire,
> Est tant honnête ! il vous le faut apprendre.
> Quand est d'oui, si veniez à le dire,
> D'avoir trop dit je voudrais vous reprendre :
> Non que je sois ennuyé d'entreprendre
> D'avoir le fruit dont le désir me poind ;
> Mais je voudrais qu'en me le laissant prendre,
> Vous me dissiez : Non, tu ne l'auras point.
> (Marot.)

C'est sur-tout par ce tour artificieux que l'épigramme diffère du madrigal, qui ne déguise rien, mais qui tout naturellement a l'air de ce qu'il est, galant, délicat, ingénieux ; et qui, lors même qu'il est fin, ne dissimule point l'intention de l'être. Le même sujet traité des deux façons va faire sentir ces nuances.

> Amour trouva celle qui m'est amère ;
> Et j'y étais, j'en sais bien mieux le conte.
> Bonjour, dit-il, bonjour, Vénus ma mère ;
> Puis tout-à-coup il voit qu'il se mécompte,
> Dont la rougeur au visage lui monte,
> D'avoir failli honteux Dieu sait combien !
> Non, non, Amour, ce dis-je, n'ayez honte :
> Plus clairvoyants que vous s'y trompent bien.
> (MAROT.)

C'est là, ce me semble, le sel le plus fin, le plus délicat de l'épigramme, mais sous une apparence de simplicité qui le rend plus piquant encore. Voici au contraire le tour galant et spirituel du madrigal.

> L'autre jour l'enfant de Cythère,
> Sous une treille à demi gris,
> Disait en parlant à sa mère :
> Je bois à toi, ma chère Iris.
> Vénus le regarde en colère.
> Maman, calmez votre courroux :
> Si je vous prends pour ma bergère,
> J'ai pris cent fois Iris pour vous.

Mais sans même employer la dissimulation, l'épigramme a souvent, dans l'adresse du tour et dans la finesse du trait, le moyen de causer une surprise agréable. Marot me semble à cet égard le plus ingénieux des poètes épigrammatiques, tant par la singularité que par la variété de ses petits desseins.

> Anne, ma sœur, d'où me vient le songer
> Qui, toute nuit, par devers vous me mène?
> Quel nouvel hôte est venu se loger
> Dedans mon cœur, et toujours s'y pourmène?
> Certes je crois, et ma foi n'est pas vaine,
> Que c'est un dieu. Me vient-il consoler?
> Ah! c'est l'Amour; je le sens bien voler.
> Anne, ma sœur, vous l'avez fait mon hôte;
> Et le sera, me dût-il affoler,
> Si celle-là qui l'y mit, ne l'en ôte.
> Dès que m'amie est un jour sans me voir,
> Elle me dit que j'en ai tardé quatre.
> Tardant deux jours, elle dit ne m'avoir
> Vu de quatorze, et n'en veut rien rabattre.
> Mais pour l'ardeur de mon amour abattre,
> De ne la voir j'ai raison apparente.
> Voyez, amants, notre amour différente;
> Languir la fais, quand suis loin de ses yeux;
> Mourir me fait, quand je la vois présente:
> Jugez lequel vous semble aimer le mieux.

Voilà des modèles de la grace la plus naïve et du naturel le plus fin; et c'est encore ce tour de finesse et de naïveté piquante qui aiguise en épigramme un madrigal qui sans cela ne serait que galant :

> Qui cuiderait déguiser Isabeau
> D'un simple habit, ce serait grand' simplesse;

Car au visage a ne sais quoi de beau,
Qui fait juger toujours qu'elle est princesse.
Soit en habit de chambrière ou maîtresse,
Soit en drap d'or entier ou découpé,
Soit son gent corps de toile enveloppé;
Toujours sera sa beauté maintenue.
Mais il me semble (ou je suis bien trompé)
Qu'elle serait plus belle toute nue.

Cependant l'épigramme va souvent à son but avec tant de vitesse, que le mot suit immédiatement l'énoncé : de manière que la flèche part aussitôt que l'arc est tendu :

Semper pauper eris, si pauper es, Æmiliane :
Dantur opes nullis nunc, nisi divitibus.
(Mart.)

Dimidium donare Lino quam credere totum
Qui mavult, mavult perdere dimidium.
(Idem.)

Alors le trait n'est imprévu que par sa singularité ou par sa subtilité même.

Mais ce que l'épigramme a de piquant n'est pas toujours un trait de l'esprit du poète : c'est bien souvent un mot cité au bout d'un petit conte; et ce mot, au lieu d'être spirituel, est quelquefois une bêtise, mais une bêtise plaisante :

Offrez à Dieu votre incrédulité.

ou une naïveté risible, comme de la jeune épousée :

Je ne vous ai pas mords aussi.

ÉPIGRAMME. 363

ou du paysan à l'homme de cour :

> C'est que je les faisons nous-même,

ou du cordelier de Rousseau :

> J'aimerais mieux pour le bien de mon âme, etc.

ou de ce juge qu'étourdissait le bruit :

> Huissier, qu'on fasse silence,
> Dit en tenant audience
> Un président de Beaugé :
> C'est un bruit à tête fendre.
> Nous avons déjà jugé
> Dix causes sans les entendre.

Lorsque l'épigramme n'est qu'un trait de satire générale et sans allusion, elle est innocente :

> A voir la splendeur peu commune
> Dont un faquin est revêtu,
> Dirait-on pas que la fortune
> Veut faire enrager la vertu?

Lorsqu'elle est personnelle et ne fait que pincer le ridicule, elle est encore permise, sur-tout si on ne l'emploie qu'en arme défensive; car c'est l'aiguillon de l'abeille.

Lorsqu'elle est mordante, il est rare qu'elle ne soit pas odieuse; et si à la diffamation elle joint la calomnie, elle est atroce. L'écrivain qui en fait son talent ressemble trop à un chien enragé pour ne pas mériter d'être traité de même.

Autant le talent de tourner une épigramme injurieuse est commun, vil et méprisable, autant celui de rendre un éloge piquant, par un tour épigrammatique, est rare, exquis et précieux. Un chef-d'œuvre en ce genre est cette épigramme grecque, si bien traduite par Voltaire :

> Oui, je me montrai toute nue
> Au dieu Mars, au bel Adonis,
> A Vulcain même, et j'en rougis ;
> Mais Praxitèle ! où m'a-t-il vue ?

Le plus naturel, le plus naïf de nos poètes en ce genre, et par là même celui de tous qui a mis le plus de sel et de finesse dans la louange, c'est encore le vieux Marot. Ce n'est pas qu'il ait fait un grand nombre de ces épigrammes heureuses ; mais lorsqu'il y réussit, il y excelle : et lors même qu'il ne satisfait pas un goût délicat, il l'éclaire, en indiquant toujours comment on fera mieux que lui.

Une allusion juste, amenée par la ressemblance des noms, est dans le style une grace de plus, surtout dans l'épigramme.

> Ce plaisant val que l'on nommait Tempé,
> Dont mainte histoire est encore embellie,
> Arrosé d'eau, si doux, si attrempé,
> Sachez que plus il n'est en Thessalie :
> Jupiter roi, qui les cœurs gagne et lie,
> L'a de Thessale en France remué,
> Et quelque peu son nom propre mué ;
> Car, pour Tempé, veut qu'Estampe s'appelle.
> Ainsi lui plaît, ainsi l'a situé,
> Pour y loger de France la plus belle.

ÉPIGRAMME.

Et quoiqu'un simple jeu de mots ne soit jamais qu'un badinage assez frivole, il me semble que dans l'épigramme il est permis plus que partout ailleurs, s'il est aussi joliment employé que dans celle-ci, et pour une demoiselle qui s'appelait *La Roue* :

> Peintres experts, votre façon commune
> Changer vous faut, plutôt hui que demain :
> Ne peignez plus une roue à Fortune ;
> Elle a d'Amour pris le dard inhumain.
> Amour aussi a pris la roue en main,
> Et des mortels par ce moyen se joue.
> O l'homme heureux, qui de l'enfant humain,
> Sera poussé au-dessus de La Roue !

Rousseau, en imitant Marot, l'a surpassé du côté du goût, de la précision, de la correction du style. Mais la facilité, la simplicité, la grace naïve, qui est celle de ce style, sont des dons naturels qui ne s'imitent point. Après Marot, La Fontaine est le seul qui les ait eus dans un haut degré ; et c'est dans un degré si haut, qu'en laissant son modèle loin au-dessous de lui, il a presque interdit à ses imitateurs toute espérance de l'atteindre.

MARMONTEL, *Éléments de Littérature*.

MÊME SUJET.

Épigramme veut dire proprement *inscription* ; ainsi une épigramme doit être courte. Celles de l'Antologie grecque sont la plupart fines et gracieuses ; elles n'ont rien des images grossières que Catulle et Martial ont prodiguées, et que Marot et d'autres ont imitées. En voici quelques-unes traduites avec une brièveté dont on a souvent reproché à la langue française d'être privée ; l'auteur est inconnu.

Sur les Sacrifices à Hercule.

Un peu de miel, un peu de lait,
   Rendent Mercure favorable ;
Hercule est bien plus cher, il est bien moins traitable,
Sans deux agneaux par jour il n'est point satisfait.
On dit qu'à mes moutons ce Dieu sera propice.
   Qu'il soit béni, mais entre nous
   C'est un peu trop en sacrifice.
Qu'importe qui les mange ou d'Hercule ou des loups ?

Sur Laïs qui remit son miroir dans le temple de Vénus.

Je le donne à Vénus puisqu'elle est toujours belle ;
   Il redouble trop mes ennuis.
Je ne saurais me voir dans ce miroir fidèle
Ni telle que j'étais, ni telle que je suis.

Sur une Statue de Vénus.

Oui, je me montrai toute nue
Au dieu Mars, au bel Adonis,
A Vulcain même, et j'en rougis ;
Mais Praxitèle, où m'a-t-il vue ?

Sur une Statue de Niobé.

Le fatal courroux des Dieux
Changea cette femme en pierre ;
Le sculpteur a fait bien mieux,
Il a fait tout le contraire.

ÉPIGRAMME.

Sur des Fleurs, à une jeune fille grecque qui passait pour être fière.

Je sais bien que ces fleurs nouvelles
Sont loin d'égaler vos appas ;
Ne vous enorgueillissez pas,
Le temps vous fanera comme elles.

Sur Léandre, qui nageait vers la tour d'Héro pendant une tempête.

Léandre conduit par l'amour,
En nageant, disait aux orages :
Laissez-moi gagner les rivages,
Ne me noyez qu'à mon retour.

A travers la faiblesse de la traduction, il est aisé d'entrevoir la délicatesse et les graces piquantes de ces épigrammes. Qu'elles sont différentes des grossières images trop souvent peintes dans Catulle et dans Martial !

Marot en a fait quelques-unes où l'on retrouve toute l'aménité de la Grèce.

Plus ne suis ce que j'ai été
Et ne le saurais jamais être ;
Mon beau printemps et mon été
Ont fait le saut par la fenêtre.
Amour, tu as été mon maître,
Je t'ai servi sur tous les dieux.
Oh ! si je pouvais deux fois naître,
Comme je te servirais mieux !

Sans le printemps et l'été qui font le *saut par la fenêtre*, cette épigramme serait digne de Callimaque.

VOLTAIRE, *Dict. Phil.*

ÉPISTOLAIRE (Genre). *Voyez* Sévigné, Voltaire, Balzac, Voiture, etc.

ÉPITAPHE. C'est communément un trait de louange, ou de morale, ou de l'une et de l'autre.

L'épitaphe de cet homme si grand et si simple, si vaillant et si humain, si heureux et si sage, auquel l'antiquité pourrait tout au plus opposer Scipion et César, si le premier avait été plus modeste, et le second moins ambitieux ; cette épitaphe qui ne se trouve plus que dans les livres,

> Turenne a son tombeau parmi ceux de nos rois, etc.

fait encore plus l'éloge de Louis XIV, que celui de M. de Turenne.

Celle d'Alexandre, que gâte le second vers, et qu'il faut réduire au premier,

> Sufficit huic tumulus, cui non suffecerat orbis,

est un trait de morale plein de force et de vérité : c'est dommage qu'Aristote ne l'ait pas faite par anticipation, et qu'Alexandre ne l'ait pas lue.

Le même contraste est vivement exprimé dans celle de Newton :

> Isaacum Newton,
> Quem immortalem
> Testantur Tempus, Natura, Cœlum,
> Mortalem hoc marmor
> Fatetur.

ÉPITAPHE.

Mais ce contraste, si humiliant pour le conquérant, n'ôte rien à la gloire du philosophe. Qu'un être avec des ressorts fragiles, des organes faibles et bornés, calcule les temps, mesure le ciel, sonde la nature, c'est un prodige. Qu'un être haut de cinq pieds, qui ne fait que de naître et qui va mourir, dépeuple la terre pour se loger, et s'y trouve encore à l'étroit, c'est un petit monstre.

Du reste cette idée a été cent fois employée par les poètes. Voyez, dans les *Catalectes*, l'épitaphe de Scipion l'Africain, celle de Cicéron, celle d'Anténor. Voyez Ovide sur la mort de Tibulle, Properce sur la mort d'Achille, etc.

Les Anglais n'ont mis sur le tombeau de Dryden que ce mot pour tout éloge :

DRYDEN.

et les Italiens sur le tombeau du Tasse :

LES OS DU TASSE.

Il n'y a guère que les hommes de génie qu'il soit possible de louer ainsi.

Parmi les épitaphes épigrammatiques, les unes ne sont que naïves et plaisantes, les autres sont mordantes et cruelles. Du nombre des premières est celle-ci, qu'on ne croirait jamais avoir été faite sérieusement, et qu'on a vue cependant gravée dans une de nos églises :

Ci-gît le vieux corps tout usé
Du lieutenant civil, rusé, etc.

Lorsque la plaisanterie ne porte que sur un léger ridicule, comme dans l'exemple précédent, et que l'objet en est indifférent, on la pardonne, l'on en peut rire ; mais les épitaphes insultantes et calomnieuses, telles que la rage en inspire trop souvent, sont de tous les genres de satire le plus noir et le plus lâche. Il y a quelque chose de plus infâme que la calomnie, c'est la calomnie contre les morts. L'expression des anciens, *troubler la cendre des morts*, est trop faible. Le satirique qui outrage un homme qui n'est plus, ressemble à ces animaux carnaciers qui fouillent dans les tombeaux pour se repaître de cadavres. *Voyez* SATIRE.

Quelquefois l'épitaphe n'est que morale, et n'a rien de personnel : telle est celle de Jovianus Pomanus, qui n'a point été mise sur son tombeau :

>Servire superbis dominis,
>Ferre jugum superstitionis,
>Quos habes caros sepelire,
>Condimenta vitæ sunt.

L'épitaphe à la gloire d'un mort est de toutes les louanges la plus noble et la plus pure, sur-tout lorsqu'elle n'est que l'expression naïve du caractère et des actions d'un homme de bien. Les vertus privées ont droit à cet hommage, comme les vertus publiques ; et les titres de *bon parent*, de *bon ami*, de *bon citoyen*, méritent bien d'être gravés sur le marbre. C'est un doux emploi du talent, que de graver sur la tombe d'un ami, ou d'un bienfaiteur, quelques mots d'éloge et de regrets ; et si la plume d'un homme de let-

ÉPITAPHE.

tres doit lui être bonne à quelque chose, c'est à ne pas mourir ingrat. Mais la reconnaissance fait en eux, parce qu'elle est noble, ce que l'espoir des récompenses n'eût jamais fait, parce qu'il est bas et servile. On a remarqué que le tombeau du duc de Marlborough était encore sans épitaphe; le prix proposé justifie et rend vraisemblable la stérilité des poètes anglais. Devant une place assiégée, un officier français fit proposer aux grenadiers une somme considérable pour celui qui le premier planterait une fascine dans un fossé exposé à tout le feu des ennemis; aucun des grenadiers ne se présenta. Le général étonné leur en fit des reproches. « Nous nous « serions tous offerts, lui dit l'un de ces braves sol- « dats, si l'on n'avait pas mis cette action à prix « d'argent. » Il en est des bons vers comme des actions courageuses. *Voyez* ÉLOGE.

Quelques auteurs ont fait eux-mêmes leur épitaphe. Celle de La Fontaine, modèle de naïveté, est connue de tout le monde. Il serait à souhaiter que chacun fît la sienne de bonne heure; qu'il la fît la plus flatteuse qu'il serait possible, et qu'il employât toute sa vie à la mériter.

Lorsque, dans l'article ALLÉGORIE, j'ai cité l'épitaphe qu'un imprimeur de Boston avait faite pour lui-même, je ne savais pas que je parlais de l'illustre Franklin, de cet homme qui, heureusement pour sa patrie, a vécu assez pour être l'instrument de la grande révolution qui vient de la mettre en liberté.

MARMONTEL, *Éléments de Littérature.*

ÉPITHÈTE. En éloquence et en poésie on appelle épithète un adjectif sans lequel l'idée principale serait suffisamment exprimée, mais qui lui donne, ou plus de force, ou plus de noblesse, ou plus d'élévation, ou quelque chose de plus fin, de plus délicat, de plus touchant, ou quelque singularité piquante, ou une couleur plus riante et plus sensible aux yeux de l'esprit.

Un adjectif sans lequel l'idée serait confuse, incomplète ou vague, et qui ne fait que l'éclaircir, la décider, la circonscrire, n'est donc pas ce qu'on entend par une épithète. Ainsi, lorsqu'on dit, par exemple, *l'homme juste est en paix avec lui-même et avec les autres; l'homme sage est libre dans les fers: juste* et *sage* sont des adjectifs, mais ne sont pas des épithètes. Celles-ci sont dans le langage oratoire et poétique, comme sont, dans l'usage de la vie, ces biens surabondants dont Voltaire a dit :

<blockquote>Le superflu, chose très nécessaire.</blockquote>

Mais ce luxe d'expression a ses bornes tout comme l'autre; et une épithète qui dans le style ne contribue à donner à la pensée ni plus de beauté, ni plus de force, ni plus de grace, est un mot parasite : *obstat quidquid non adjuvat* : c'est un principe universel, qu'il ne faut jamais perdre de vue dans l'usage des épithètes. Lorsqu'elles sont froides ou surabondantes, elles ressemblent à ces bracelets et à ces colliers qu'un mauvais peintre avait mis aux Graces.

Quelques exemples vont faire distinguer les épithètes bien ou mal employées.

ÉPITHÈTE. 373

Description du lit du trésorier de la Sainte-Chapelle, dans *le Lutrin*.

Dans le réduit *oshcur* d'une alcove *enfoncée*,
S'élève un lit de plume *à grands frais amassée*,
Quatre rideaux *pompeux*, par un double contour,
En défendent l'entrée à la clarté du jour.
Là, parmi les douceurs d'un *tranquille* silence,
Règne sur le duvet une *heureuse* indolence.
C'est là que le prélat, muni d'un déjeûner,
Dormant d'un *léger* somme, attendait le dîner.
La jeunesse *en sa fleur* brille sur son visage
Son menton sur son sein descend à double étage;
Et son corps *ramassé* dans sa *courte* grosseur,
Fait gémir les coussins sous sa *molle* épaisseur.
(Ch. II.)

Dans ce modèle de la versification française, on voit qu'aucune des épithètes que j'indique n'était absolument nécessaire au sens, mais qu'il n'y en a pas une qui n'ajoute à l'image.

Récit de la mort d'Hippolyte, dans la tragédie de *Phèdre*.

Ses *superbes* coursiers, qu'on voyait autrefois,
Pleins d'une ardeur si *noble*, obéir à sa voix,
L'œil morne maintenant *et la tête baissée*,
Semblaient se conformer à sa *triste* pensée.
Un *effroyable* cri, sorti du sein des flots,
Des airs en ce moment a troublé le repos;
Et du sein de la terre une voix *formidable*
Répond, en gémissant, à ce cri *redoutable*.
Jusqu'au fond de nos cœurs notre sang s'est glacé;
Des coursiers *attentifs* le crin s'est hérissé.
Cependant sur le dos de la plaine *liquide*
S'élève à gros bouillons une montagne *humide*.

L'onde approche, se brise, et vomit à nos yeux
Parmi des flots d'écume un monstre *furieux*.
Son front *large* est armé de cornes *menaçantes*,
Tout son corps est couvert d'écailles *jaunissantes*,
Indomptable taureau, dragon *impétueux*,
Sa croupe se recourbe en replis *tortueux*.
(Act. V, sc. 6.)

Parmi les épithètes dont ces vers sont remplis, les unes sont nécessaires, comme *liquide* et *humide*, sans lesquelles *plaine* et *montagne* ne diraient rien : ce ne sont là que des adjectifs ; les autres, moins indispensables, ne laissent pas de tenir encore au caractère de l'image et de la situation, comme *triste*, *pensif*, l'œil *morne*, la tête *baissée*, des coursiers *attentifs* ; un monstre *furieux* ; les autres sont surabondantes, comme *larges*, *menaçantes*, *jaunissantes*, *impétueux* et *tortueux*. Mais celles-ci donnent encore plus de couleur et de force au tableau ; et, dans une description épique, il est incontestable qu'elles feraient beauté. C'est ainsi que Virgile a peint les deux serpents qui vont étouffer Laocoon et ses enfants :

...... *Immensis* orbibus angues
Incumbunt pelago, pariterque ad littora tendunt :
Pectora quorum inter fluctus *arrecta*, jubæque
Sanguineæ exsuperant undas ; pars cœtera pontum,
Ponè legit, sinuatque *immensa* volumine terga.
Fit sonitus *spumante* salo : jamque arva tenebant,
Ardentes que oculos, *suffecti sanguine et igni*,
Sibila lambebant linguis *vibrantibus* ora [*].
(*Æneid.* XI, 204.)

[*] ..... Deux affreux serpents sortis de Ténédos,
(J'en tremble encor d'horreur) s'allongent sur les flots.

ÉPITHÈTE.

Et puisqu'il s'agit d'épithètes, on peut voir que dans ces vers inimitables il n'y en a pas une qui ne soit un coup de pinceau. Mais dans la bouche de Théramène, dans le langage de la douleur, et sur-tout dans la situation de Thésée, on peut douter que des détails si poétiques soient à leur place. En général, l'emploi des épithètes dépend des convenances; et celles qui seraient placées dans la bouche du poète, ou de tel personnage dans telle situation, ne le seraient pas dans la bouche de tel autre, ou dans telle autre circonstance. L'à-propos en fait la beauté; et leur justesse est relative aux personnes, aux temps, à l'idée, à l'image, au sentiment que l'on exprime, au degré d'intérêt dont on est animé, à l'état de tranquillité ou d'agitation où se trouvent l'esprit et l'âme, ou de celui qui parle, ou de ceux qui l'écoutent.

Dans les écrits où l'imagination domine, tout ce qui donne à ses peintures plus d'éclat, de richesse, et de magnificence, est naturellement placé. Mais quand la passion vient se saisir de toutes les facultés de l'âme, et l'occuper de son objet unique, tout ce

> Par un calme profond fendant l'onde écumante,
> Le cou dressé, levant une crète sanglante,
> De leur tête orgueilleuse ils dominent les eaux ;
> Le reste au loin se traîne en immenses anneaux.
> Tous deux nagent de front, tous deux des mers profondes
> Sous leurs vastes élans font bouillonner les ondes.
> Ils abordent ensemble, ils s'élancent des mers,
> Leurs yeux rouges de sang lancent d'affreux éclairs,
> Et les rapides dards de leurs langues brûlantes
> S'agitent en sifflant dans leurs gueules béantes.
> *Trad.* de DELILLE.

qui n'ajoute pas à l'intérêt de l'expression lui est étranger. Elle rebute les mots de pure ostentation, elle dédaigne le soin de plaire. Son unique soulagement est de se répandre au dehors. L'épithète qui l'aide à s'exprimer lui est précieuse; celle qui ne ferait que la distraire, la ralentir, la refroidir, la gênerait; et, comme Phèdre, la nature dirait alors :

Que ces vains ornements, que ces voiles me pèsent!

Il ne faut donc pas être surpris si la poésie dramatique, et singulièrement la poésie pathétique, admet moins d'épithètes que la poésie épique et que la poésie lyrique. Le génie de celle-ci est une imagination exaltée; le génie de l'autre est une âme profondément émue et absorbée dans son objet. L'une admet donc tout ce qui peint; l'autre n'admet que ce qui touche.

Mais, lors même que le poète, livré à son imagination, n'a d'autre intérêt que de peindre, chaque épithète qu'il emploie doit être comme un trait qui ajoute à sa peinture une nuance, une beauté nouvelle. Si la touche, en est inutile ou maladroite, elle y fait tache au lieu de l'embellir.

Et des fleuves français les eaux *ensanglantées*
Ne portaient que des morts aux mers *épouvantées*.

Rien de plus juste et de plus frappant que ces deux épithètes; et, quoique l'image fût déjà terrible, simplement exprimée ainsi, les eaux des fleuves français ne portaient aux deux mers que des morts; ces eaux *ensanglantées*, ces mers *épouvantées* font

ÉPITHÈTE. 377

une image plus colorée, plus animée et plus touchante. Mais, dans cette comparaison, d'ailleurs si heureuse et si rare, (*Henriade*, ch. IX.)

>Belle Aréthuse, ainsi ton onde *fortunée*
>Roule au sein furieux d'Amphitrite *étonnée*,
>Un cristal toujours *pur* et des flots toujours *clairs*,
>Que jamais ne corrompt l'amertume des mers.

quoique l'épithète d'*étonnée* présente une idée à l'esprit, on peut croire que le poète l'aurait sacrifiée à la précision, s'il n'eût fallu l'accorder à la rime; et la même nécessité lui a fait répéter l'image d'*un cristal toujours pur* dans celle des *flots toujours clairs*.

Rousseau, dans ses odes, a fait de l'épithète l'un des plus riches ornements de son style, comme dans cette apostrophe à l'avarice, qui, du reste, serait plus juste si elle s'adressait à la cupidité.

>Oui, c'est toi, monstre *détestable*,
>*Superbe* tyran des humains,
>Qui seul du bonheur *véritable*
>A l'homme as fermé les chemins.
>Pour appaiser sa soif *ardente*,
>La terre *en trésors abondante*
>Ferait germer l'or sous ses pas :
>Il brûle d'un feu sans remède,
>Moins *riche* de ce qu'il possède
>Que *pauvre* de ce qu'il n'a pas.

Mais la rime lui a souvent fait employer des épithètes surabondantes.

>Comme un tigre *impitoyable*

ÉPITHÈTE.

> Le mal a brisé mes os,
> Et sa rage *insatiable*
> Ne me laisse aucun repos.
> Victime *faible* et *tremblante*,
> A cette image *sanglante*,
> Je soupire nuit et jour;
> Et, dans ma crainte *mortelle*,
> Je suis comme l'hirondelle
> Sous les griffes du vautour.

L'on sent bien que la *rage insatiable* du *tigre impitoyable* fait une redondance de style; que *l'image sanglante* n'est que pour la rime; et que la crainte de l'hirondelle sous les griffes du vautour rend superflue l'épithète de *mortelle* que la rime seule exigeait.

Souvent, dans les vers de Rousseau, l'épithète n'est pas seulement oisive, elle est importune, et quelquefois à contre-sens. Dans l'ode à la Fortune:

> Jusques à quand, trompeuse idole,
> D'un culte *honteux* et *frivole*
> Honorerons-nous tes autels?

frivole après *honteux* est pire que superflu.

> Mais au *moindre* revers *funeste*
> Le masque tombe, l'homme reste.

moindre affaiblit l'idée de revers, et il est placé : *funeste* fait tout le contraire.

Ce n'était pas ainsi qu'écrivait Horace. Dans le style si coloré, si harmonieux de ses odes, la précision et l'énergie font le désespoir de tous les traducteurs.

> *Æquam* memento rebus in *arduis*
> Servare mentem, non secùs in *bonis*,
>   Ab *insolenti* temperatam
>   Lætitiâ, *moriture* Delli*.
>   (Liv. II, od. 3.)

Cela est riche et plein, mais précis : il n'y a pas un mot qu'eût rejeté Tacite.

De même ici :

> Eheu *fugaces*, Postume, Postume,
> Labuntur anni : nec pietas moram
>   Rugis et *instanti* senectæ
>   Afferet, *indomitæ*que morti**.
>   (Liv. II, od. 14.)

De même :

> Aurum per medios ire satellites
> Et perrumpere amat saxa, *potentius*
>   Ictu fulmineo ***.
>   (Liv. III, od. 16.)

---

* Si le sort te poursuit, arme-toi de constance :
    Dellius, apprend à souffrir!
Si Jupiter sur toi jette un œil de clémence,
Sois humble en ton bonheur, heureux sans insolence :
    Dellius, il faudra mourir.
        Trad. de Léon Halevy (éd. de 1824).

** Postume, cher Postume, hélas! d'un vol rapide
    Le temps nous échappe et nous fuit;
    Et la vertu la plus solide
Ne saurait arrêter dans sa course homicide
La vieillesse hideuse, et la mort qui la suit.
        Trad. de M. De Wailly.

*** L'or pénètre en tous lieux : plus puissant que la foudre,

De même :

> Qualem ministrum fulminis alitem....
> Olim juventas, et patrius vigor
> Nido *laborum* propulit *inscium;*
> Nunc in *reluctantes* dracones
> Egit amor dapis atque pugnæ*.
>
> (Liv. IV, od. 4.)

En général, la nécessité de la rime dans nos petits vers, et de la mesure dans les grands, l'effrayante difficulté d'y réunir la précision et l'harmonie, la négligence des écrivains, et l'ambition de paraître pompeux en expressions, lorsqu'ils sont pauvres en idées, leur a fait porter à l'excès l'abus des épithètes; et l'une des causes qui rendent le vers dramatique infiniment plus difficile que le vers épique

> Il renverse une armée, il sait réduire en poudre
> Les remparts, les plus durs rochers. etc.
>
> *Trad.* du même.

* Tel cet oiseau qui, dédaignant la terre,
Promène dans les airs son vol impérieux;
L'oiseau que Jupiter plaça près du tonnerre,
  Quand il le vit de sa fidèle serre
Enlever Ganymède et l'entraîner aux cieux;
  Dans la vigueur et la fougue de l'âge,
Loin du nid paternel chassé par le printemps,
Dans le zéphyr d'abord il croit sentir l'orage;
  Mais l'effroi cède à son jeune courage,
Et ses premiers efforts ont triomphé des vents.
  Bientôt terrible il fond sur la prairie;
De la faible brebis il déchire le flanc;
Ou, livrant aux combats sa jeunesse aguerrie,
  Sur le serpent qui lutte avec furie,
Il s'élance altéré de périls et de sang.
  Trad. de Léon Halévy.

ÉPITHÈTE. 381

ou didactique, c'est que le naturel de la poésie pathétique n'admet pas autant de ces mots accessoires et pris de loin, que la liberté illimitée de la poésie descriptive. On trouve fréquemment dans Corneille cent beaux vers de suite, où il n'y a pas une épithète; et dans Racine, elles sont presque toujours si utilement employées, si artistement enchâssées, qu'on ne les aperçoit presque pas.

> Songe, songe, Céphise, à cette nuit cruelle,
> Qui fut pour tout un peuple une nuit éternelle.
> Figure-toi Pyrrhus, les yeux étincelants,
> Entrant à la lueur de nos palais brûlants,
> Sur tous mes frères morts se faisant un passage,
> Et, de sang tout couvert, échauffant le carnage :
> Songe aux cris des vainqueurs, songe aux cris des mourants,
> Dans la flamme étouffés, sous le fer expirants.
> Peins-toi dans ces horreurs Andromaque éperdue.
> Voilà comme Pyrrhus vint s'offrir à ma vue.
>
> (*Andromaque*, act. III, sc. 8.)

On peut voir que dans ce tableau il n'y a pas un trait qu'un habile peintre voulût laisser échapper. Tel est l'heureux emploi des épithètes : en poésie comme en éloquence, leur véritable usage est de contribuer à l'effet de la pensée, de l'image ou du sentiment; et, si quelquefois la poésie a droit de demander qu'on lui passe une épithète faible ou froide, à cause de la rime ou de la mesure du vers, le poète doit se souvenir que cette licence est une grace, afin de n'en pas abuser.

MARMONTEL, *Éléments de Littérature*.

ÉPITRE. On attache aujourd'hui à l'épître l'idée de la réflexion et du travail, et on ne lui permet point les négligences de la lettre. Le style de la lettre est simple, seulement plus ou moins léger, plus sérieux ou plus enjoué, plus libre, plus familier, ou plus réservé, plus modeste, plus respectueux, selon les convenances. L'épître n'a point de style déterminé; elle prend le ton de son sujet, et s'élève ou s'abaisse suivant le caractère des personnes. L'épître de Boileau à son jardinier exigeait le style le plus naturel : ainsi ces vers y sont déplacés, supposé même qu'ils ne fussent pas mauvais partout :

Sans cesse poursuivant ces fugitives fées,
On voit sous les lauriers haleter les Orphées.

Boileau avait oublié, en les composant, qu'Antoine devait les entendre.

L'épître au roi sur le passage du Rhin exigeait le style le plus héroïque : ainsi l'image grotesque du fleuve *essuyant sa barbe* y choque la décence[*]. Virgile a dit d'un genre de poésie encore moins noble :
Sylvæ sint consule dignæ.

Si dans un ouvrage adressé à une personne illustre, on doit ennoblir les petites choses, à plus forte raison n'y doit-on pas avilir les grandes, et c'est ce que fait à tout moment, dans les épîtres de

---

[*] Cette critique peut être fondée, mais elle est exprimée avec cette dureté et ce ton tranchant ordinaires à l'auteur quand il parle de Boileau. Voyez ce qui est dit des téméraires censures qu'il a faites de ce grand poète, t. IX, p. 421 de notre *Répertoire*. H. P.

Boileau, le mélange de Cottin avec Louis-le-Grand; du *sucre* et de la *canelle* avec la gloire de ce monarque. Un mot plaisant est à sa place dans une épître familière; dans une épître sérieuse et noble, il est du plus mauvais goût.

Boileau n'était pas de cet avis : il lui en coûta de retrancher la fable de l'huître, qu'il avait mise à la fin de sa première épître au roi, *pour délasser*, disait-il, *des lecteurs qu'un sublime trop sérieux peut enfin fatiguer*. Il ne fallut pas moins que le grand Condé pour vaincre la répugnance du poète à sacrifier ce morceau. Il a dit, dans son *Art poétique* :

Heureux qui, dans ses vers, sait, d'une voix légère,
Passer du grave au doux, du plaisant au sévère!

Le passage *du grave au doux* est toujours placé; celui *du plaisant au sévère* est permis et presque toujours convenable ; mais cela n'est pas réciproque; et, pour un ouvrage sérieux, il ne me semble pas vrai de dire :

On peut être à la fois et pompeux et plaisant.

En général, les défauts dominants des épîtres de Boileau sont la sécheresse et la stérilité, des plaisanteries parasites, des idées superficielles, des vues courtes et de petits desseins. On lui a appliqué ce vers :

Dans son génie étroit il est toujours captif.

Son mérite est dans le choix heureux des termes et des tours. Il se piquait sur-tout de rendre avec grace et avec noblesse des idées communes, qui n'avaient point encore été rendues en poésie. Une des choses, par exemple, qui le flattaient le plus, comme il l'avoue lui-même, était d'avoir exprimé poétiquement sa perruque *.

Au contraire, la bassesse et la bigarrure du style défigurent la plupart des épîtres de Rousseau. Autant il s'est élevé au-dessus de Boileau par ses odes, autant il s'est mis au-dessous de lui par ses épîtres.

Dans l'épître philosophique, la partie dominante doit être la justesse et la profondeur du raisonnement. C'est un préjugé dangereux pour les poètes et injurieux pour la poésie, de croire qu'elle n'exige ni une vérité rigoureuse, ni une progression méthodique dans les idées. Je ferai voir ailleurs que les écarts même de l'enthousiasme ne sont que la marche régulière du sentiment et de la raison. *Voyez* IMAGINATION.

Il est encore plus incontestable que dans l'épître philosophique on doit pouvoir presser les idées sans y trouver le vide, et les creuser sans arriver au faux. Que serait-ce en effet qu'un ouvrage raisonné où l'on ne ferait qu'effleurer l'apparence superficielle des choses? Un sophisme revêtu d'une expression brillante n'est qu'une figure bien peinte et mal dessinée. Prétendre que la poésie n'ait pas besoin de l'exactitude philosophique, c'est donc vouloir que la

---

* Voyez l'éloge que La Harpe fait de ces mêmes épîtres, dédaignées par Marmontel, t. V, p. 43 et suiv. de notre *Répertoire*. H. P.

peinture puisse se passer de la correction du dessin. Or, qu'on mette à l'épreuve de l'application de ce principe et les épîtres de Boileau, et celles de Rousseau, et celles de Pope lui-même. Boileau, dans son épître à M. Arnaud, attribue tous les maux de l'humanité *à la honte du bien.* La mauvaise honte, ou plutôt la faiblesse en général, produit de grands maux :

Tyran qui cède au crime et détruit les vertus.
(*Henriade*, ch. VII.)

Voilà le vrai; mais quand on ajoute, pour le prouver, « qu'Adam, par exemple, n'a été malheureux que pour n'avoir osé soupçonner sa femme, » voilà de la déclamation. Le désir de la louange et la crainte du blâme produisent tour à tour des hommes timides et courageux dans le bien, faibles ou audacieux dans le mal : les grands crimes et les grandes vertus émanent souvent de la même source : *quand? et comment? et pourquoi?* voilà ce qui serait de la philosophie.

Dans l'épître à M. de Seignelay, la plus estimée de celles de Boileau, pour démasquer la flatterie, le poète la suppose stupide et grossière, absurde et choquante, au point de louer un général d'armée sur sa défaite, et un ministre d'état sur ses exploits militaires. Est-ce là présenter le miroir aux flatteurs? Il ajoute que rien n'est beau que le vrai; mais, confondant l'homme qui se corrige avec l'homme qui se déguise, il conclut qu'il faut suivre la nature.

C'est elle seule en tout qu'on admire et qu'on aime.
Un esprit né chagrin plaît par son chagrin même.

Sur ce principe vague, un homme né grossier plairait donc par sa grossièreté? un impudent, par son impudence? etc.

Qu'aurait fait un poète philosophe? qu'aurait fait, par exemple, l'auteur des *Discours sur l'égalité des conditions, et sur la modération dans les désirs?* Il aurait pris le naturel inculte et brut; il l'aurait comparé à l'arbre qu'il faut tailler, émonder, diriger, cultiver enfin, pour le rendre plus beau, plus fécond, plus utile. Il eût dit à l'homme : Ne veuillez jamais paraître ce que vous n'êtes pas, mais tâchez de devenir ce que vous voulez paraître : quel que soit votre caractère, il est voisin d'un certain nombre de bonnes et de mauvaises qualités; si la nature a pu vous incliner aux mauvaises, ce qui est du moins très douteux, ne vous découragez point, et opposez à ce penchant la contention de l'habitude. Socrate n'était pas né sage, et son naturel, en se *redressant*, ne s'était pas *estropié*.

On n'a besoin que d'un peu de philosophie pour n'en trouver aucune dans les épîtres de Rousseau. Dans celle à Clément Marot, il avait à développer et à prouver ce principe des stoïciens, que l'*erreur est la source de tous les vices*, c'est-à-dire qu'*on n'est méchant que par un intérêt mal entendu*. Que fait le poète? Il établit qu'*un vaurien est toujours un sot sous le masque*; et au lieu de citer au tribunal de la raison un Aristophane *, un Catilina, un

---

* On peut s'étonner de rencontrer Aristophane en pareille compagnie;

Narcisse, qu'il aurait eu bien de la peine à faire passer pour d'honnêtes gens ou pour des sots, il prend un fat, mauvais plaisant, dont l'exemple ne conclut rien, et il dit de ce fat, plus sot encore:

> A sa vertu je n'ai plus grande foi
> Qu'à son esprit. Pourquoi cela? Pourquoi?
> Qu'est-ce qu'esprit? Raison assaisonnée.
> . . . .
> Qui dit esprit, dit sel de la raison:
> . . . .
> De tous les deux se forme esprit parfait,
> De l'un sans l'autre un monstre contrefait;
> Or quel vrai bien d'un monstre peut-il naître?
> Sans la raison puis-je vertu connaître?
> Et sans le sel dont il faut l'apprêter,
> Puis-je vertu faire aux autres goûter?

Passons sur le style; quelle logique! *La raison sans sel fait un monstre incapable de tout bien :* pourquoi, parce qu'elle est *fade nourriture, qu'elle n'assaisonne pas la vertu, et ne la fait pas goûter aux autres.* D'où il conclut qu'un homme qui n'a que de la raison, et qu'il appelle *un sot*, ne saurait être vertueux. Molière, le plus philosophe de tous les poètes, a fait un honnête homme d'Orgon, quoiqu'il en ait fait un sot, et n'a pas fait un sot de

---

c'était alors une mode, dont on trouve souvent la trace dans Voltaire, dans La Harpe, dans Marmontel, de parler mal du comique d'Athènes. On l'accusait du grand crime de lèse-philosophie, pour avoir mis en scène le sage Socrate, dont il a sans doute eu tort de faire le représentant des sophistes, mais à la mort duquel, il n'a, quoi qu'on en ait dit, contribué en rien. Voyez, t. II, p. 81 de notre *Répertoire*, l'article ARISTOPHANE.

H. P.

Tartufe, quoiqu'il en ait fait un méchant homme.

Rousseau, dans l'épître dont je viens de parler, débute ainsi :

> Ami Marot, l'honneur de mon pupître,
> Mon premier maître, acceptez cette *épître*.

Rousseau avait pris en effet de Marot son vieux langage, ce qui était facile; et dans l'épigramme, sa tournure et sa vivacité piquante, ce qui n'était pas si aisé. Mais dans l'épître rien n'est plus éloigné du naturel et de la naïveté de Marot, que le style pénible et contraint de Rousseau. C'est La Fontaine qui avait pris de Marot sa grace négligée et sa facilité naïve; c'est lui qui, dans un tas de mauvaises poésies qui forment le recueil des œuvres de ce vieux poète, avait saisi avec un goût exquis, ou, si l'on veut, avec un instinct merveilleux, quelques traits d'un naturel aimable et digne de servir de modèle; c'est lui enfin qui, en imitant Marot lorsqu'il est bon, a su presque toujours être meilleur que lui. Mais que dans les épîtres de Rousseau on cherche quelques traces de la facilité, de la bonne plaisanterie, de la simplicité qui caractérisent Marot, on n'y trouvera rien d'approchant, et l'on en va juger par quelques morceaux du vieux poète.

Marot avait été volé par son valet. Dans cet accident, il implore les bontés du roi François Ier, et il lui dit :

> . . . . . . Comment vint la besogne.
> J'avais un jour un valet de Gascogne,

ÉPITRE.

Gourmand, ivrogne, et assuré menteur,
Pipeur, larron, jureur, blasphémateur,
Sentant la hart de cent pas à la ronde;
Au demeurant le meilleur fils du monde;
Prisé, loué, fort estimé des filles
Dans certains lieux, et beau joueur de quilles.
Ce vénérable Hillot fut averti
De quelque argent que m'aviez départi
Et que ma bourse avait grosse apostume.
Si se leva plus tôt que de coutume ;
Et me va prendre en tapinois icelle,
Puis la vous met très bien sous son aisselle,
Argent et tout (cela se doit entendre),
Et ne crois point que ce fût pour la rendre,
Car oncq depuis n'en ai ouï parler.
Bref, le vilain ne s'en voulut aller
Pour si petit. . . . . .
Finalement de ma chambre il s'en va
Droit à l'étable, où deux chevaux trouva;
Laisse le pire, et sur le meilleur monte,
Pique et s'en va. Pour abréger le conte,
Soyez certain qu'au partir dudit lieu
N'oublia rien, fors de me dire adieu.

Dans ce récit, on croit entendre La Fontaine. On reconnaît aussi une âme analogue à la sienne, dans cette épître au roi, pour le poète Papillon. (Il faut y passer le jeu de mots, que La Fontaine ne se fût pas permis.)

Me pourmenant dedans le parc des Muses,
Prince, sans qui elles seraient confuses,
Je rencontrai sur un pré abattu
Ton *Papillon*, sans force ne vertu ;

ÉPITRE.

Je l'ai trouvé encore avec ses ailes,
Mais sans voler, comme s'il fût sans elles.
. . . .
Lors de la couche où il était gisant
Je m'approchai en ami lui disant
Ce que j'ai pu pour lui donner courage
De brièvement échapper cet orage,
En lui offrant tout ce que Dieu a mis
En mon pouvoir pour aider mes amis,
Dont il est un, tant pour l'amour du style
Et du savoir de sa muse gentille,
Que pour autant qu'en sa pleine santé
A ta louange il a toujours chanté.
M'ayant oui, un bien peu séjourna :
Puis l'œil terni, triste, vers moi tourna :
Sa sèche main dedans la mienne a mise ;
Et, d'une voix fort débile et soumise,
M'a répondu : Cher ami éprouvé,
Le plus grand mal qu'en mes maux j'ai trouvé,
C'est un désir, qui sans fin m'importune,
D'écrire au roi ma fâcheuse infortune.
. . . .
Ami très cher, ce lui réponds-je alors,
De quoi te plains ? jette ce soin dehors ;
Car sans ta peine aviendra ton désir,
Si oncques muse à l'autre fit plaisir.
Certes la tienne est du roi écoutée ;
Mais de lui n'est la nôtre rebutée.
. . . .
Ces mots finis, plus de cent et cent fois
Me mercia. Lors de là je m'en vois
Au mont Parnasse écrire cette lettre,
Pour témoignage à ta bonté transmettre,
Que Papillon tenait en main la plume,

ÉPITRE

Et de tes faits faisait un beau volume,
Quand maladie extrême lui a fait
Son œuvre empris demeurer imparfait.
. . . .
Si Théséus (ainsi comme on l'a dit)
Pour Pyritée aux enfers descendit,
Pourquoi ne puis-je au Parnasse monter
Pour d'un ami le malheur te conter?
Et si Pluton, contre l'inimitié
Qu'il leur portait, loua leur amitié ;
Dois-je penser que ton cœur tant humain
Trouve mauvais si je prête la main
A un ami, vu même que nous sommes,
Et lui et moi, du nombre de tes hommes?
Je crois plutôt qu'à l'un gré tu sauras,
Et que pitié de l'autre tu auras.

Pope, dans les épîtres qui composent son *Essai sur l'homme*, a fait voir combien la poésie pouvait s'élever sur les ailes de la philosophie. C'est dommage que ce poète n'ait pas autant de méthode que de profondeur, Mais il avait pris un système; il fallait le soutenir. Ce système lui offrait des difficultés épouvantables ; il fallait ou les vaincre, ou les éviter : le dernier parti était le plus sûr et le plus commode; aussi, pour répondre aux plaintes de l'homme sur les malheurs de son état, lui donne-t-il le plus souvent des images pour des preuves, et des injures pour des raisons.

MARMONTEL, *Éléments de Littérature.*

ÉPITRE DÉDICATOIRE. Il faut croire que l'estime et l'amitié ont inventé l'épître dédicatoire ; mais la bassesse et l'intérêt en ont bien avili l'usage. Les exemples de cet indigne abus sont trop honteux à la littérature pour en rappeler aucun; mais nous croyons devoir donner aux auteurs un avis qui peut leur être utile, c'est que tous les petits détours de la flaterie sont connus. Les marques de bonté qu'on se flatte d'avoir reçues, et que le Mécène ne se souvient pas d'avoir données ; l'accueil favorable qu'il a fait sans s'en apercevoir; la reconnaissance dont on est si pénétré, et dont il devrait être si surpris; la part qu'on veut qu'il ait à un ouvrage dont la lecture l'a endormi ; ses aïeux dont on lui fait l'histoire souvent chimérique ; ses belles actions et ses sublimes vertus qu'on passe sous silence pour de bonnes raisons ; sa générosité qu'on loue d'avance, etc.; toutes ces formules sont usées ; et l'orgueil, qui est si peu délicat en est lui-même dégoûté. « Monseigneur, écrit M. de « Voltaire à l'électeur Palatin, le style des dédica- « ces, les vertus du protecteur, et le mauvais livre « du protégé ont souvent ennuyé le public. »

Il ne reste plus qu'une façon honnête de dédier un livre : c'est de fonder sur des faits la reconnaissance, l'estime ou le respect qui doivent justifier aux yeux du public l'hommage qu'on rend au mérite.

MARMONTEL, *Éléments de Littérature*.

ÉPOPÉE. C'est l'imitation, en récit, d'une action intéressante et mémorable. Ainsi l'épopée diffère de

ÉPOPÉE.

l'histoire, qui raconte sans imiter; du poème dramatique, qui peint en action; du poème didactique, qui est un tissu de préceptes; et des fastes en vers, qui ne sont qu'une suite d'évènements sans unité.

Je ne traite point ici de l'origine et des progrès de ce genre de poésie : la partie historique en a été développée par l'auteur de *la Henriade*, dans un essai qui n'est susceptible ni d'extrait ni de critique. Je ne réveille point la fameuse dispute sur Homère : les ouvrages que cette dispute a produits sont dans les mains de tout le monde, et j'en ai dit assez dans l'article ANCIENS.

Ici, sans disputer à Homère le titre de génie par excellence, de père de la poésie et des dieux; sans examiner s'il ne doit ses idées qu'à lui-même, ou s'il a pu les puiser dans les poètes nombreux qui l'ont précédé, comme Virgile a pris de Pisandre et d'Appollonius l'aventure de Sinon, le sac de Troie et les amours de Didon et d'Énée; enfin sans m'attacher à des personnalités inutiles, même à l'égard des vivants, et à plus forte raison à l'égard des morts, j'attribuerai, si l'on veut, tous les défauts d'Homère à son siècle et toutes ses beautés à lui seul. Mais après cette distinction, je crois pouvoir partir de ce principe, qu'il n'est pas plus raisonnable de donner pour modèle en poésie le plus ancien poème connu, qu'il le serait de donner pour modèle en horlogerie la première machine à rouage et à ressort, quelque mérite qu'on doive attribuer aux inventeurs de l'un et de l'autre. C'est donc dans la nature même de l'épopée que je vais observer ce que les règles qu'on lui a prescrites ont d'essentiel ou d'arbitraire. Les unes regardent le choix du sujet, les autres la composition.

Du choix du sujet. — Le P. le Bossu veut que le sujet du poëme épique soit une vérité morale, présentée sous le voile de l'allégorie; en sorte qu'on n'invente la fable qu'après avoir choisi la moralité, et qu'on ne choisisse les personnages qu'après avoir inventé la fable. Cette idée creuse, présentée comme une règle générale, ne mérite pas d'être combattue.

L'abbé Terrasson veut que, sans avoir égard à la moralité, on prenne pour sujet de l'épopée l'exécution d'un grand dessein, et en conséquence il condamne le sujet de l'*Iliade*, qu'il appelle une *inaction*. Mais la colère d'Achille ne produit-elle pas son effet, et l'effet le plus terrible par l'inaction même de ce héros? Ce n'est pas la première fois qu'on a confondu, en poésie, l'action avec le mouvement. *Voyez* ACTION.

Il n'y a point de règle exclusive sur le choix du sujet. Un voyage, une conquête, une guerre civile, un devoir, un projet, une passion, rien de tout cela ne se ressemble, et tous ces sujets ont produit de beaux poëmes : pourquoi? parce qu'ils donnent lieu à un problème intéressant, et qu'ils réunissent les deux grands points qu'exige Horace, l'agrément et l'utilité.

L'action d'un poëme est *une* lorsque, du commencement à la fin, de l'entreprise à l'évènement, c'est toujours la même cause qui tend au même effet. La colère d'Achille fatale aux Grecs; Ithaque délivrée

ÉPOPÉE. 395

par le retour d'Ulysse; l'établissement des Troyens dans l'Ausonie; la liberté romaine défendue par Pompée et succombant avec lui : toutes ces actions ont le caractère d'unité qui convient à l'épopée, et si les poètes l'ont altéré dans la composition, c'est le vice de l'art, non du sujet.

Ces exemples ont fait regarder l'unité d'action comme une règle invariable, et je la crois telle en effet, mais moins rigoureusement dans l'épopée que dans la tragédie. Ceci a besoin d'être expliqué. Dans l'une et l'autre, le but et la tendance de l'action doit être unique. C'est Ulysse qui veut retourner à Ithaque; c'est Oreste qui veut enlever de la Tauride la statue de Diane. Mais dans la tragédie, les obstacles ou les efforts qui s'opposent à l'évènement sont ramassés comme en un point et dans un petit nombre d'incidents liés ensemble ou naissants l'un de l'autre. Dans l'épopée, ces obstacles, ces incidents sont moins étroitement unis; et tout ce qu'on peut exiger du poète, c'est qu'il leur donne une cause commune : par exemple, la colère d'un dieu qui poursuit le héros comme Neptune dans l'*Odyssée*, Junon dans l'*Énéide*, etc.: voilà, selon moi, toute la différence de l'une et de l'autre action. *V.* ACTION.

On a pris quelquefois pour sujet d'un poème épique tout le cours de la vie d'un homme, comme dans l'*Achilléide*, l'*Héracléide*, la *Théséide*, etc. La Motte prétend même que l'unité de personnage suffit à l'épopée, par la raison, dit-il, qu'elle suffit à l'intérêt. J'ose penser différemment.

Quoi qu'il en soit, l'unité de l'action n'en détermine ni la durée ni l'étendue. Ceux qui ont voulu lui prescrire un temps n'ont pas fait attention qu'on peut franchir des années en un seul vers, et que les évènements de quelques jours peuvent remplir un long poème. Quant au nombre des incidents, on peut les multiplier sans crainte ; ils formeront un tout régulier, pourvu qu'ils naissent les uns des autres, ou que du moins ils tendent tous ou à produire l'évènement final, ou à y mettre obstacle. Ainsi, quoique Homère, pour éviter la confusion, n'ait pris pour sujet de l'*Iliade* que l'incident de la colère d'Achille, l'enlèvement d'Hélène, vengé par la ruine de Troie, n'en serait pas moins une action unique, et telle que l'admet l'épopée dans sa plus grande simplicité.

Une action vaste a l'avantage de la fécondité, d'où résulte celui du choix ; elle laisse à l'homme de goût et de génie la liberté de reculer dans l'enfoncement du tableau ce qui n'a rien d'intéressant, et de présenter sur les premiers plans les objets capables d'émouvoir l'âme. Si Homère avait embrassé dans l'*Iliade* l'enlèvement d'Hélène vengé par la ruine de Troie, il n'aurait eu ni le loisir ni la pensée de décrire des tapis, des casques, des boucliers, etc. Achille dans la cour de Déidamie, Philoctète à Lemnos, et tant d'autres incidents pleins de noblesse et d'intérêt, parties essentielles de son action, l'auraient suffisamment remplie ; peut-être même n'aurait-il pas trouvé place pour les querelles de ses dieux, et il y aurait perdu peu de chose [*].

[*] Il y aurait bien à dire sur ce dédain de Marmontel pour le merveilleux

ÉPOPÉE.

Le poëme épique n'est pas borné, comme la tragédie, aux unités de lieu et de temps : il a sur elle le même avantage que la poésie sur la peinture. La tragédie n'est qu'un tableau ; l'épopée est une suite de tableaux qui peuvent se multiplier sans se confondre. Aristote veut avec raison que la mémoire les embrasse : ce n'est pas mettre le génie à l'étroit, que de lui permettre de s'étendre aussi loin que la mémoire.

L'action de l'épopée doit être mémorable et intéressante, c'est-à-dire digne d'être présentée aux hommes comme un objet d'admiration, de terreur ou de pitié. Ceci demande quelque détail.

Un poète qui choisit pour sujet une action dont l'importance n'est fondée que sur des opinions particulières à certains peuples, se condamne, par son choix, à n'intéresser que ces peuples, et à voir tomber avec leurs opinions toute la grandeur de son sujet. Celui de l'*Énéide*, tel que Virgile pouvait le présenter, était beau pour tous les hommes, mais dans le point de vue sous lequel le poète l'a envisagé, il n'a plus, ce me semble, cette beauté universelle : aussi le sujet de l'*Odyssée*, comme l'a conçu Homère (abstraction faite des détails), est-il bien supérieur à celui de l'*Énéide*. Les devoirs de roi, de père et d'époux, appellent Ulysse à Ithaque, la superstition

---

d'Homère et les détails descriptifs de ses récits. On est moins sévère aujourd'hui et l'on ne retrancherait pas si facilement ces longueurs, qui ont bien leur intérêt, et contre lesquelles réclame assez légèrement Marmontel. Voyez, article ANCIENS, t. 1, p. 393 de notre *Répertoire*, ce qu'il dit encore à ce sujet.   H. P.

seule appelle Énée en Italie. Qu'un héros, échappé à la ruine de sa patrie avec un petit nombre de ses concitoyens, surmonte tous les obstacles, pour aller donner une patrie nouvelle à ses malheureux compagnons; rien de plus intéressant ni de plus héroïque. Mais que, par un caprice du destin, il lui soit ordonné d'aller s'établir dans tel coin de la terre plutôt que dans tel autre; de trahir une reine qui s'est livrée à lui, et qui l'a comblé de bienfaits, pour aller enlever à un jeune prince une femme qui lui est promise; voilà ce qui a pu intéresser les dévots de la cour d'Auguste, et flatter un peuple enivré de sa fabuleuse origine; mais ce qui ne peut nous paraître, à la réflexion, que chimérique ou révoltant. Pour justifier Énée, on ne cesse de dire qu'il était pieux; et c'est en quoi nous le trouvons pusillanime: la piété envers des dieux injustes ne peut être reçue que comme une fiction puérile, ou comme une vérité méprisable; et c'est toujours un mauvais exemple. Ainsi, ce que l'action de l'*Énéide* a de grand est pris dans la nature, ce qu'elle a de petit est pris dans le préjugé.

L'action de l'épopée doit avoir une grandeur et une importance universelles, c'est-à-dire indépendantes de tout intérêt, de tout système, de tout préjugé national, et fondées sur les sentiments et les lumières invariables de la nature.

Des passions des rois les peuples sont punis.

Cette leçon, intéressante pour tous les peuples et pour tous les princes, est l'abrégé de l'*Iliade*, et

ÉPOPÉE.

c'est le seul objet moral qu'ait pu se proposer Homère; car prétendre que l'*Iliade* soit l'éloge d'Achille, c'est vouloir que *le Paradis perdu* soit l'éloge de Satan. Un panégyrique peint les hommes comme ils devraient être; Homère les peint comme ils étaient. Achille et la plupart de ses héros sont un mélange de vices et de vertus; et l'*Iliade* est plutôt la satire que l'apologie de la Grèce.

Lucain est sur-tout recommandable par la hardiesse avec laquelle il a choisi et traité son sujet, aux yeux des Romains devenus esclaves, et dans la cour de leur tyran :

> Proxima quid soboles, aut quid meruere nepotes
> In regnum nasci? Pavidè num gessimus arma?
> Teximus an jugulos? Alieni pœna timoris
> In nostrâ cervice sedet *.

Ce génie audacieux avait senti qu'il était naturel à tous les hommes d'aimer la liberté, de détester qui l'opprime, d'admirer qui la défend : il a écrit pour tous les siècles, et sans l'éloge de Néron qu'il fit dans le temps que le tigre était encore docile et doux, et qui est la tache de son poème, on le croirait d'un ami de Caton.

La grandeur et l'importance de l'action de l'épopée dépendent de l'importance et de la grandeur de

---

* « O Romains, par où vos enfants, par où vos neveux ont-ils mérité de naître pour la servitude? est ce nous qui avons combattu lâchement à Pharsale? est-ce nous qui avons reculé devant les glaives de César? Hélas! ce joug, qui fut la peine de la frayeur de nos aïeux, s'est appesanti sur nos têtes. »

l'exemple qu'elle contient*: exemple d'une passion pernicieuse à l'humanité; sujet de l'*Iliade* : exemple d'une vertu constante dans ses projets, ferme dans les revers, et fidèle à elle-même; sujet de l'*Odyssée*, etc. Dans les exemples vertueux, les principes, les moyens, la fin, tout doit être noble et digne : la vertu n'admet rien de bas. Dans les exemples vicieux, un mélange de force et de faiblesse, loin de dégrader le tableau, ne fait que le rendre plus naturel et plus frappant. Que d'un intérêt puissant naissent des divisions cruelles, on a dû s'y attendre, et l'exemple est infructueux. Mais que l'infidélité d'une femme et l'imprudence d'un jeune insensé dépeuplent la Grèce et embrasent la Phrygie; cet incendie, allumé par une étincelle, inspire une crainte salutaire : l'exemple instruit en étonnant.

Quoique la vertu heureuse soit un exemple encourageant pour les hommes, il ne s'en suit pas que la vertu infortunée soit un exemple dangereux : qu'on la présente telle qu'elle est dans le malheur, sa situation ne découragera point ceux qui l'aiment.

---

* C'était un principe de critique assez généralement adopté dans le XVIIIe siècle, et dont Marmontel me semble avoir abusé, que d'apprécier les beaux arts et en particulier la poésie d'après un but moral, qu'ils n'ont pas toujours et qu'ils n'ont pas nécessairement. Les beaux-arts sont moraux en ce sens que la vue de leurs productions nous donne le sentiment du beau qui élève, agrandit, épure notre âme. Quant à la moralité particulière qui résulte d'un ouvrage, c'est un accident dont on doit sans doute s'applaudir, mais qui n'est pas une condition de l'art. Il est bien difficile que de l'action d'une épopée, d'une tragédie, d'une comédie, d'une églogue même il ne sorte pas quelque enseignement; mais cela n'est pas de l'essence de ces genres, comme l'a trop souvent et trop dogmatiquement prétendu Marmontel. H. PATIN.

Caton n'était pas heureux après la défaite de Pompée ; et qui n'envierait le sort de Caton tel que nous le peint Sénèque, seul debout au milieu des ruines de sa patrie* ?

L'action de l'épopée semble quelquefois tirer son importance de la qualité des personnages : il est certain que la querelle d'Agamemnon avec Achille n'aurait rien de grand si elle se passait entre deux soldats ; pourquoi ? parce que les suites n'en seraient pas les mêmes.

Mais qu'un plébéien comme Marius, qu'un homme privé comme Cromwel, Fernand-Cortès, etc., entreprenne, exécute de grandes choses, soit pour le bonheur, soit pour le malheur de l'humanité, son action aura toute l'importance qu'exige la dignité de l'épopée. On a dit : « Il n'est pas besoin que l'ac-
« tion de l'épopée soit grande en elle-même, pourvu
« que les personnages soient d'un rang élevé, » il fallait dire : « Il n'est pas besoin que les person-
« nages soient d'un rang élevé, pourvu que l'action
« soit grande en elle-même. »

Il semble que l'intérêt de l'épopée doive être un intérêt public ; et en effet, l'action en a plus de grandeur, d'importance et d'utilité. Cependant je ne pense pas que l'on puisse en faire une règle. Un fils dont le père gémirait dans les fers, et qui tenterait, pour le délivrer, tout ce que la nature et la vertu, la valeur et la piété peuvent entreprendre de courageux et de pénible ; ce fils, de quelque con-

---

* Ceci confirme ce que nous avons dit, t. II, p. 186, de la prétendue nécessité de la justice théâtrale dans la tragédie.   H. P.

dition qu'on le suppose, serait un héros digne de l'épopée, et son action mériterait un Voltaire ou un Fénelon. On éprouve même qu'un intérêt particulier est plus sensible qu'un intérêt public; et la raison en est prise dans la nature (*Voyez* INTÉRÊT). Néanmoins comme le poème épique est surtout l'école des maîtres du monde, ce sont les intérêts qu'ils ont en main qu'il doit leur apprendre à respecter. Or ces intérêts ne sont pas ceux de tel ou tel homme, mais ceux de l'humanité en général, le plus grand et le plus digne objet du plus noble de tous les poèmes.

Nous n'avons considéré jusqu'ici le sujet de l'épopée qu'en lui-même; mais quelle qu'en soit la beauté naturelle, ce n'est encore qu'un marbre informe que le ciseau doit animer.

De la Composition. — La composition de l'épopée embrasse trois points principaux, le plan, les caractères, et le style. On distingue dans le plan l'exposition, le nœud, et le dénouement : dans les caractères, les passions et la morale : dans le style, les qualités analogues à ce genre de poésie, et que nous réduirons à un très petit nombre.

Du plan. — L'exposition a trois parties, le début, l'invocation, et l'avant-scène.

Le début n'est que le titre du poème plus développé; il doit être noble et simple.

L'invocation n'est une partie essentielle de l'épopée qu'en supposant que le poète ait à révéler des secrets inconnus aux hommes. Lucain, qui ne devait être que trop instruit des malheurs de sa patrie, au

ÉPOPÉE.

lieu d'invoquer un dieu pour l'inspirer, se transporte tout-à-coup au temps où s'alluma la guerre civile: il frémit, il s'écrie:

« Citoyens, arrêtez. Quelle est votre fureur !
« L'habitant solitaire est errant dans vos villes ;
« La main du laboureur manque à vos champs stériles.

Ce mouvement est plein de chaleur; une invocation eût été froide à sa place.

L'avant-scène est le développement de la situation des personnages au moment où commence le poème, et le tableau des intérêts opposés, dont la complication va former le nœud de l'intrigue.

Dans l'avant-scène, ou le poète suit l'ordre des évènements, et la fable se nomme *simple;* ou il laisse derrière lui une partie de l'action pour se replier sur le passé, et la fable se nomme *implexe*. Celle-ci a un grand avantage; non seulement elle anime la narration, en introduisant un personnage plus intéressé et plus intéressant que le poète, comme Henri IV, Ulysse, Énée, etc.; mais encore, en prenant le sujet par le centre, elle fait refluer sur l'avant-scène l'intérêt de la situation présente des acteurs, par l'impatience où l'on est d'apprendre ce qui les y a conduits.

Toutefois de grands événements, des tableaux variés, des situations pathétiques ne laissent pas de former le tissu d'un beau poème, quoique présentés dans leur ordre naturel. Boileau traite de *maigres historiens* les poètes *qui suivent l'ordre des temps;* mais, n'en déplaise à Boileau, que la forme du poème soit simple ou implexe, et cela est très indifférent à la beauté de la poésie*, c'est la chaleur de la narration, la force des peintures, l'intérêt de l'intrigue, le contraste des caractères, le combat des passions, la vérité et la noblesse des mœurs, qui sont l'âme de l'épopée, et qui feront du morceau d'histoire le plus directement suivi un poème épique admirable.

L'intrigue a été jusqu'ici la partie la plus négligée du poème épique, tandis que dans la tragédie elle s'est perfectionnée de plus en plus. On a osé se détacher de Sophocle et d'Euripide; mais on a craint d'abandonner les traces d'Homère : Virgile l'a imité, et l'on a imité Virgile.

Aristote a touché au principe le plus lumineux de l'épopée, lorsqu'il a dit que ce poème devait être *une tragédie en récit.* Suivons ce principe dans ses conséquences.

Dans la tragédie, tout concourt au nœud ou au dénouement; tout devrait donc y concourir dans l'épopée. Dans la tragédie, un incident naît d'un incident, une situation en produit une autre; dans le poème épique, les incidents et les situations devraient donc s'enchaîner de même. Dans la tragédie, l'intérêt croît d'acte en acte, et le péril devient plus pressant; le péril et l'intérêt devraient donc avoir les mêmes progrès dans l'épopée. Enfin le pathétique est l'âme de la tragédie; il devrait donc être l'âme de l'épopée, et prendre sa source dans

* Le reproche que fait ici Marmontel à Boileau est très injuste et très gratuit. Boileau ne blâme, et avec beaucoup de raison, qu'une exactitude minutieuse et servile à suivre l'ordre chronologique. H. P.

ÉPOPÉE. 405

les divers caractères et les intérêts opposés. Qu'on examine après cela quel est le plan des poèmes anciens. L'*Iliade* a deux espèces de nœud : la division des dieux, qui est froide et choquante, et celle des chefs, qui ne fait qu'une situation. La colère d'Achille prolonge ce tissu de périls et de combats qui forment l'action de l'*Iliade*; mais cette colère, toute fatale qu'elle est, ne se manifeste que par l'absence d'Achille ; et les passions n'agissent sur nous que par leurs développements. L'amour et la douleur d'Andromaque ne produisent qu'un intérêt momentané ; presque tout le reste du poème se passe en assauts et en batailles ; tableaux qui ne frappent guère que l'imagination, et dont l'intérêt ne va presque jamais jusqu'à l'âme.

Le plan de l'*Odyssée* et celui de l'*Énéide* sont plus variés : mais comment les situations y sont-elles amenées ? un coup de vent fait un épisode ; et les aventures d'Ulysse et d'Énée ressemblent aussi peu à l'intrigue d'une tragédie, que le voyage d'Anson [*].

[*] Cette critique des chefs-d'œuvre d'Homère et de Virgile me paraît pleine de légèreté. Marmontel, qui se moque plus bas du respect superstitieux de Dacier pour les anciens, adopte lui-même, comme de confiance, un principe d'Aristote, principe vrai en général, mais dont il tire des conséquences, qui deviennent fausses, à force d'être rigoureuses. Aristote remarque bien l'analogie entre l'épopée et la tragédie, mais il ne dit pas que ces deux genres soient identiques, la forme du dialogue et du récit exceptée. Or c'est de cette prétendue identité que Marmontel tire la plupart de ses critiques contre Homère. Qui ne voit que l'intérêt de l'épopée ne saurait être si vif et si pressant que celui de la tragédie ; que les accidents y peuvent être plus nombreux et plus dépendants du hasard ; qu'on doit s'y adresser souvent à la curiosité, à l'imagination ? et puis, je ne conçois pas bien en quoi *la division des Dieux*, dans *l'Iliade*, est froide et cho-

S'il restait encore des Dacier, ils ne manqueraient pas de dire qu'on risque tout à s'écarter de la route qu'Homère a tracée et que Virgile a suivie; qu'il en est de la poésie comme de la médecine; et nous citeraient Hippocrate pour prouver qu'il est dangereux d'innover dans l'épopée. Mais pourquoi ne ferait-on pas, à l'égard d'Homère et de Virgile, ce qu'on a fait à l'égard de Sophocle et d'Euripide? On a distingué leurs beautés de leurs défauts; on a pris l'art où ils l'ont laissé; on a essayé de faire toujours comme ils avaient fait quelquefois; et c'est sur-tout dans la partie de l'intrigue que Corneille et Racine se sont élevés au-dessus d'eux. Supposons que tout le poème de l'*Énéide* fût tissu comme le quatrième livre; que les incidents, naissant les uns des autres, pussent produire et entretenir jusqu'à la fin cette variété de sentiments et d'images, ce mélange d'épique et de dramatique, cette alternative pressante d'inquiétude et de surprise, de terreur et de pitié, l'*Énéide* ne serait-elle pas supérieure à ce qu'elle est?

L'épopée, pour remplir l'idée d'Aristote, devrait donc être une tragédie composée d'un nombre de scènes indéterminé, dont les intervalles seraient occupés par le poète: tel est ce principe dans la spéculation; c'est au génie seul à juger s'il est praticable.

quante; et en quoi Homère a manqué aux lois de son art lorsqu'il a *manifesté* la *colère* d'Achille sur-tout par son *absence*, etc.: ce sont ces critiques inconsidérées qui nuisent auprès de quelques esprits à la réputation du livre de Marmontel, si plein d'ailleurs de vues fines et délicates, de préceptes judicieux; et qui offre souvent l'heureux développement des principes de goût proclamés par les grands maîtres de l'antiquité. H. Patin.

La tragédie, dès son origine, a eu trois parties, la scène, le récit et le chœur, et de là trois sortes de rôles, les acteurs, les confidents *, et les témoins. Dans l'épopée, le premier de ces rôles est celui des héros, le poète est chargé des deux autres. *Pleurez*, dit Horace, *si vous voulez que je pleure*. Qu'un poète raconte sans s'émouvoir des choses terribles ou touchantes, on l'écoute sans être ému, on voit qu'il récite des fables; mais qu'il tremble, qu'il gémisse, qu'il verse des larmes, ce n'est plus un poète, c'est un spectateur attendri, dont la situation nous pénètre. Le chœur fait partie des mœurs de la tragédie ancienne; les réflexions et les sentiments du poète font partie des mœurs de l'épopée :

> Ille bonis faveatque, et consilietur amicis,
> Et regat iratos, et amet peccare timentes.
> (Horat. *De Art. Poet.*)

---

* Je n'aime pas que Marmontel donne aux *confidents* une si haute et si respectable origine. C'est une invention toute moderne et une bien malheureuse invention. Les Grecs, dont parle ici Marmontel, ne connaissaient pas ces sortes de machines dramatiques, qui font ou écoutent des récits, et qui n'ont guères d'autres fonctions que de donner des répliques; à côté des acteurs principaux, ils introduisaient des personnages secondaires et subalternes, comme il s'en mêle à tous les événements; c'étaient des *soldats*, des *pédagogues*, des *nourrices*, des *esclaves*, etc., qui prenaient part à l'action, qui y apportaient leurs passions personnelles, qui avaient une existence à eux et donnaient au drame par le mélange de peintures plus familières, plus de vérité et de naturel. La tragédie aspire à se débarrasser des *confidents*. Alfieri les a tout-à-fait exilés de ses drames, mais il n'a pas su les remplacer par des personnages plus vrais; il a mis tout simplement ses acteurs au régime du monologue, ce qui ne vaut guère mieux. On semble aujourd'hui vouloir revenir à la pratique des Grecs qui est la seule bonne.

H. Patin.

Tel est l'emploi qu'Horace attribue au chœur, et tel est le rôle que fait Lucain dans tout le cours de son poème. Qu'on ne dédaigne pas l'exemple de ce poète Ceux qui n'ont lu que Boileau méprisent Lucain; mais ceux qui lisent Lucain sont bien tentés de croire que Boileau ne l'avait pas lu. On reproche avec raison à Lucain d'avoir donné dans la déclamation; mais combien il est éloquent lorsqu'il n'est pas déclamateur! combien les mouvements qu'excite en lui-même ce qu'il raconte communiquent à ses récits de chaleur et de véhémence!

César, après s'être emparé de Rome sans aucun obstacle, veut piller les trésors du temple de Saturne, et un citoyen s'y oppose. « L'avarice, dit le « poète, est donc le seul sentiment qui brave le fer « et la mort? »

Les lois n'ont plus d'appui contre leur oppresseur;
Et le plus vil des biens, l'or, trouve un défenseur!

Les deux armées sont en présence; les soldats de César et de Pompée se reconnaissent : ils franchissent le fossé qui les sépare; ils se mêlent, ils s'attendrissent, ils s'embrassent. Le poète saisit ce moment, pour reprocher à ceux de César leur coupable obéissance :

Lâches, pourquoi gémir? pourquoi verser des larmes?
Qui vous force à porter ces parricides armes?
Vous craignez un tyran dont vous êtes l'appui!
Soyez sourds au signal qui vous rappelle à lui.
Seul avec ses drapeaux, César n'est plus qu'un homme :
Vous l'allez voir l'ami de Pompée et de Rome.

ÉPOPÉE.   409

César, au milieu d'une nuit orageuse, frappe à la porte d'un pêcheur. Celui-ci demande: « Quel « est ce malheureux échappé du naufrage? » Le poète ajoute :

Il est sans crainte; il sait qu'une cabane vile
Ne peut être un appât pour la guerre civile.
César frappe à la porte; il n'en est point troublé.
Quel rempart ou quel temple à ce bruit n'eût tremblé?
Tranquille pauvreté ! etc.

Pompée offre aux dieux un sacrifice; le poète s'adresse à César :

Toi, quels dieux des forfaits et quelles Euménides
Implores-tu, César, pour tant de parricides?

Sur le point de décrire la bataille de Pharsale, saisi d'horreur il s'écrie :

O Rome! où sont tes dieux? Les siècles enchaînés
Par l'aveugle hasard sont sans doute entraînés.
S'il est un Jupiter, s'il porte le tonnerre,
Peut-il voir les forfaits qui vont souiller la terre?
A foudroyer les monts sa main va s'occuper,
Et laisse à Cassius cette tête à frapper.
Il refusa le jour au festin de Thyeste,
Et répand sur Pharsale une clarté funeste;
Pharsale, où les Romains, ardents à s'égorger,
Frères, pères, enfants, dans leur sang vont nager!

Ces mouvements sont rares dans l'*Énéide*. Mais avec quel plaisir ne lit-on pas, à la mort d'Euryale et de Nisus, cette réflexion du poète :

Fortunati ambo, si quid mea carmina possunt!
(*Æneid.* IX, 446.)

C'en est assez pour indiquer le mélange de dramatique et d'épique que le poète peut employer, même dans sa narration directe, pourvu que ce soit sobrement et à propos, c'est-à-dire dans les moments où la réflexion, les mouvements de l'âme sont assez naturels pour paraître indélibérés.

Mais, dira-t-on, si le rôle du chœur rempli par le poète était une beauté dans l'épopée, pourquoi Lucain serait-il le seul des poètes anciens qui l'aurait fait? Pourquoi? parce qu'il est le seul que le sujet de son poème ait intéressé vivement. Il était Romain, il voyait encore les traces sanglantes de la guerre civile: ce n'est ni l'art, ni la réflexion qui lui a fait prendre le ton dramatique, c'est son âme, c'est la nature même; et le seul moyen de l'imiter dans cette partie, c'est de s'affecter comme lui.

La scène est la même dans la tragédie et dans l'épopée, pour le style, le dialogue et les mœurs: ainsi, pour savoir si la dispute d'Achille avec Agamemnon, l'entretien d'Ajax avec Idoménée, etc., sont tels qu'ils doivent être, au moins à notre égard, on n'a qu'à les supposer au théâtre. *Voyez* TRAGÉDIE.

Cependant, comme l'action de l'épopée est moins serrée et moins rapide que celle de la tragédie, la scène y peut avoir plus d'étendue et moins de véhémence. C'est là que seraient merveilleusement placées ces belles conférences politiques, dont les tragédies de Corneille abondent. Mais dans sa tranquillité même, la scène épique doit être intéressante : rien d'oisif, rien de superflu. Encore est-ce peu que chaque scène ait son intérêt particulier : il faut qu'elle concoure à l'intérêt général de l'action, que ce qui la suit en dépende, et qu'elle dépende de ce qui la précède. A ces conditions, on ne peut trop multiplier les morceaux dramatiques dans l'épopée ; ils y répandent la chaleur et la vie. Qu'on se rappelle les adieux d'Hector et d'Andromaque, l'ambassade d'Ulysse, d'Ajax et de Phénix, Priam aux pieds d'Achille dans l'*Iliade* ; les amours de Didon, Euryale et Nisus, les regrets d'Évandre, dans l'*Énéide* ; Armide et Clorinde dans Le Tasse ; le conseil infernal, Adam et Ève, dans Milton, etc.

Qu'est-ce qui manque à la *Henriade* pour être le plus beau de tous les poèmes connus ? Quelle importance dans l'action ! quel intérêt dans le héros ! quelle sagesse dans le dessein ! quelle décence dans le style ! quelle couleur ! quelle harmonie ! quel poème enfin que la *Henriade*, si le poète eût connu toutes ses forces lorsqu'il en a formé le plan ; s'il y eût déployé la partie dominante de son talent et de son génie, le pathétique de Mérope et d'Alzire, l'art de l'intrigue et des situations ! En général, si la plupart des poèmes manquent d'intérêt, c'est parce qu'il y a trop d'incidents et trop peu de situations, trop de récits et trop peu de scènes.

Les poèmes où, par la disposition de la fable, les personnages se succèdent comme les incidents, et disparaissent pour ne plus revenir, ces poèmes, qu'on peut appeler *épisodiques*, ne sont pas susceptibles d'intrigue. Je ne prétends pas en condamner l'ordonnance ; je dis seulement que ce ne sont pas des tragédies en récit. Cette définition ne convient qu'aux poèmes dans lesquels des personnages permanents, annoncés dès l'exposition, peuvent occuper alternativement la scène, et, par des combats de passions et d'intérêts, nouer et soutenir l'action. Telle était la forme de l'*Iliade* et de la *Pharsale*, si les poètes avaient eu l'art ou l'intention de profiter de cet avantage.

L'*Iliade* a été plus que suffisamment analysée par les critiques de ces derniers temps : mais prenons la *Pharsale* pour exemple de la négligence du poète dans la contexture de l'intrigue. D'où vient qu'avec le plus beau sujet et le plus beau génie, Lucain n'a pas fait un beau poème ? Est-ce pour avoir observé l'ordre des temps et l'exactitude des faits ? J'ai prévenu cette critique. Est-ce pour n'avoir pas employé le merveilleux ? Nous verrons dans la suite combien l'entremise des dieux est peu essentielle à l'épopée. Est-ce pour avoir manqué de peindre en poète ou les personnages ou les tableaux que lui présentait son action ? Les caractères de Pompée et de César, de Brutus et de Caton, de Marcie et de Cornélie, d'Affranius, de Vultéius et de Scéva, sont dessinés avec une vigueur qui n'aurait eu besoin que d'être modérée. Le deuil de Rome à l'approche de César (*erravit sine voce dolor*), les proscriptions de Sylla, la forêt de Marseille et le combat sur mer, l'inondation du camp de César, la réunion des deux armées, le camp de Pompée consumé par la soif, la mort de Vultéius

ÉPOPÉE. 413

et des siens, la tempête que César essuie, l'assaut soutenu par Scéva, les approches et l'action de la journée de Pharsale; tous ces tableaux, et une infinité d'autres répandus dans ce poème, ne sont peints qu'avec trop de force, de hardiesse, et de chaleur. Les discours répondent à la beauté des peintures; et si, dans l'un et l'autre genre, Lucain se laisse emporter au-delà des bornes du grand et du vrai, ce n'est qu'après y avoir atteint, et pour vouloir renchérir sur lui-même : le plus souvent le dernier vers est ampoulé, et le précédent est sublime. Qu'on retranche de la Pharsale les hyperboles et les longueurs, défauts d'une imagination vive et féconde, correction qui n'exige qu'un trait de plume, il restera des beautés dignes des plus grands maîtres, et que l'auteur des Horaces, de Cinna, de la mort de Pompée, ne trouvait pas au-dessous de lui. Cependant, avec tant de beautés, la *Pharsale* n'est que l'ébauche d'un beau poème, non-seulement par le style qui en est inculte et raboteux, non-seulement par le défaut de variété dans les tons et dans les couleurs, vice du sujet plutôt que du poète; mais sur-tout par le manque d'ordonnance et d'ensemble dans la partie dramatique. L'entretien de Caton avec Brutus, le mariage de Caton et de Marcie, les adieux de Cornélie et de Pompée, la capitulation d'Affranius avec César, l'entrevue de Pompée et de Cornélie après la bataille; toutes ces scènes, à quelques longueurs près, sont si intéressantes et si nobles! pourquoi ne les avoir pas multipliées? pourquoi Caton, cet homme divin, si dignement annoncé, ne reparaît-il qu'au neuvième livre? pourquoi ne voit-on pas Brutus en scène avec César? pourquoi Cornélie est-elle oubliée à Lesbos? pourquoi Marcie ne va-t-elle pas l'y joindre, et Caton l'y retrouver en même temps que Pompée? Quelle entrevue! quels sentiments! quels adieux! Le beau contraste de caractères vertueux, si le poète les eût rapprochés! Ce n'est point à moi à tracer un tel plan, et j'en sens les difficultés : mais je m'en rapporte aux hommes de génie.

Des caractères. — Je ne m'étendrai point ici sur les caractères, dans le dessein de traiter en son lieu cette partie du poème dramatique (*Voyez* TRAGÉDIE); mais je proposerai quelques observations plus spécialement relatives à l'épopée.

Rien n'est plus inutile, à mon avis, que le mélange des êtres surnaturels avec les hommes : tout ce que le poète peut se permettre, c'est de faire de grands hommes de ses dieux, *en les habillant de nos pièces,* suivant l'expression de Montaigne. Et ne vaut-il pas mieux employer les efforts de la poésie à rapprocher les hommes des dieux, qu'à rapprocher les dieux des hommes? *Humana ad deos transtulerunt,* dit Cicéron en parlant des philosophes mythologues, *divina mallem ad nos.*

« Ce que j'y vois de plus certain, dit Pope au
« sujet des dieux d'Homère, c'est qu'ayant à parler
« de la Divinité sans la connaître, il en a pris une
« image dans l'homme : il contempla dans une onde
« inconstante et fangeuse l'astre qu'il y voyait ré-
« fléchi. »

ÉPOPÉE.

On peut m'opposer que l'imagination ne raisonne point; que le merveilleux l'enivre; qu'il emporte l'âme hors d'elle-même, sans lui donner le temps de se replier sur les idées qui détruiraient l'illusion : tout cela est vrai, et c'est ce qui m'empêche de bannir le merveilleux de l'épopée, et même du poème dramatique. Mais dans l'un et l'autre de ces poèmes il est encore moins raisonnable de l'exiger que de l'interdire. *Voyez* MERVEILLEUX.

Cependant comment suppléer aux personnages surnaturels dans l'épopée ? Par les vertus et les passions, non pas allégoriquement personnifiées (l'allégorie anime le physique et réfroidit le moral), mais rendues sensibles par leurs effets, comme elles le sont dans la nature, et comme la tragédie les présente. L'épopée n'exige donc pour personnages que des hommes, et les mêmes hommes que la tragédie; avec cette différence, que celle-ci demande plus d'unité dans les caractères, comme étant resserrée dans un moindre espace de temps.

Il n'est point de caractère simple. « L'homme, dit « Charron, est un sujet merveilleusement divers et « ondoyant. » Mais comme la tragédie n'est qu'un moment de la vie d'un homme, que dans ce moment même il est violemment agité d'un intérêt principal et d'une passion dominante, il doit, dans un si court espace, suivre une même impulsion, ou du moins n'essuyer que le flux et reflux de la passion qui le domine; au lieu que l'action du poème épique étant d'une longue durée, la passion

peut avoir ses relâches, et l'intérêt ses diversions :
« c'est un champ libre et vaste pour l'inconstance
« et l'instabilité, qui est le plus commun et appa-
« rent vice de la nature humaine (Charron). » La
sagesse et la vertu seules sont au-dessus des révolutions; et c'est un genre de merveilleux qu'il est bon
de réserver pour elles.

Ainsi, quoique chacun des personnages employés
dans l'épopée doive avoir un fond de caractère et
d'intérêt déterminé, les orages qui s'y élèvent ne
laissent pas d'en troubler la surface, au moins pour
quelques moments. Mais il faut observer aussi qu'on
ne change jamais, sans cause, d'inclination, de
sentiment ou de dessein; ces changements ne s'o-
pèrent, s'il est permis de le dire, qu'au moyen des
contre-poids : alors tout l'art consiste à savoir charger la balance; et ce genre de mécanisme exige
une connaissance profonde de la nature. Voyez dans
Britannicus avec quel art les contre-poids sont mé-
nagés dans les scènes de Burrhus avec Néron, de
Néron avec Narcisse; et au contraire prenons le
dernier livre de l'*Iliade*. Achille a porté la vengeance de la mort de Patrocle jusqu'à la barbarie :
Priam vient se jeter à ses pieds pour lui demander
le corps de son fils : Achille s'émeut, se laisse fléchir; et jusque-là cette scène est sublime. Achille
invite Priam à prendre du repos. « Fils de Jupiter
« (lui répond le divin Priam), ne me forcez point
« à m'asseoir, pendant que mon cher Hector est
« étendu sur la terre, sans sépulture. » Quoi de
plus pathétique et de moins offensant que cette ré-

ponse? Qui croirait que c'est à ces mots qu'Achille redevient furieux? Il s'apaise de nouveau; il fait laisser sur le chariot de Priam une tunique et deux voiles pour envelopper le corps, avant de le rendre à ce père affligé : il le prend entre ses bras, le met sur un lit, et place ce lit sur le chariot. Alors il se met à jeter de grands cris; et s'adressant à Patrocle : « Mon cher Patrocle, s'écrie-t-il, ne sois pas « irrité contre moi. » Ce retour est encore admirable; mais achevons. « Mon cher Patrocle, ne sois « pas irrité contre moi, si on te porte jusque dans « les enfers la nouvelle que j'ai rendu le corps d'Hec- « tor à son père; car (on s'attend qu'il va dire : *je* « *n'ai pu résister aux larmes de ce père infortuné;* « mais non) car il m'a apporté une rançon digne « de moi. » Ces disparates prouvent que, dans les temps appelés héroïques, on n'avait pas encore une idée bien distincte et bien pure de l'héroïsme.

Du style. — En attendant que je traite ailleurs des qualités du style en général, appliquons en peu de mots au style de l'épopée celles de ces qualités qui lui conviennent spécialement. La première est la majesté : c'est une manière d'exprimer dignement des idées nobles et grandes, et des sentiments élevés. Mais ce haut style a sa souplesse et ses inflexions, sans lesquelles il est tendu et monotone, et c'est dans la première disposition du plan que le poète doit établir cette variété, comme le peintre, dans son dessein ou dans son esquisse, établit ses masses de lumière et d'ombre, et distribue ses couleurs. La majesté du style, comme celle de la personne, a sa grace, son naturel, et même sa simplicité. Dans le dramatique, c'est la diversité des mœurs qui donne lieu à ce mélange harmonieux des divers tons du style noble. Dans l'épique, c'est la diversité des peintures et des récits. Si le poème n'est qu'une suite de tableaux et de scènes d'un caractère grave et sombre, il sera impossible d'en varier les tons. C'est le plus grand défaut de *la Pharsale*. Si le poète, dans le choix et dans l'ordonnance de son sujet, s'est ménagé des épisodes, des incidents, des sites, et des scènes d'un caractère doux, d'un naturel aimable, le style, pour les exprimer, se détendra et s'abaissera de lui-même. Il sera toujours noble, mais avec moins de faste, de hauteur et de gravité. C'est là le charme du style de Virgile; et c'est par là que l'Arioste a été préféré au Tasse. Mais l'exemple de l'Arioste n'est pas celui qu'on doit se proposer. Il est facile de varier les tons et les couleurs du style dans un poème héroï-comique, où l'imagination du poète se livre à ses caprices, et ne cherche qu'à s'égayer; mais ce n'est point là l'épopée. Celle-ci a pour première règle la décence et la dignité : tout y doit être sérieux; et c'est au sérieux qu'il est difficile de donner des graces. Or, quoique le Tasse n'ait pas ce mérite au même degré que Virgile, il ne laisse pas de l'avoir à un plus haut degré que tous les poètes héroïques modernes, sur-tout dans les peintures; car dans la scène son expression manque souvent de naturel : son imagination l'a servi plus fidèlement que son âme.

ÉPOPÉE. 419

Une autre qualité essentielle au style de l'épopée est une chaleur continue. C'est l'intérêt qui en est la source ; et le moyen de l'entretenir, c'est de n'admettre dans les récits rien de froid ni de languissant. L'action du poème n'est pas toujours rapide, mais elle ne doit jamais être indolente; son style n'est pas toujours brûlant, mais il doit toujours être animé. *Voyez* ÉLOQUENCE POÉTIQUE ET MOUVEMENTS DU STYLE.

L'harmonie et le coloris distinguent sur-tout le style de l'épopée. Il y a deux sortes d'harmonie dans le style, l'harmonie contrainte et l'harmonie libre : l'harmonie contrainte, qui est celle des vers, résulte d'une division symétrique et d'une mesure prescrite dans le nombre des temps, ou dans le nombre des syllabes : dans le nombre des temps pour la poésie ancienne, où la mesure était prosodique; et dans le nombre des syllabes pour la poésie moderne, où l'on ne fait que les compter.

Les anciens avaient consacré à l'épopée le plus régulier, le plus harmonieux, le plus varié, le plus beau de leurs vers, l'hexamètre.

Nous y avons affecté le vers alexandrin, le plus nombreux, le plus majestueux, et le plus imposant de nos vers.

Mais l'hexamètre, dans sa variété, gardait une mesure égale; et quel qu'en fût le mouvement, le nombre des syllabes, et la combinaison des deux pieds qui le composaient, ils ne formaient jamais ensemble que vingt-quatre temps, divisés en six pieds chroniquement égaux; en sorte que deux vers, l'un de treize syllabes, et l'autre de dix-sept, ne laissaient pas d'avoir une même somme de temps.

Prona petit maria, et pelago decurrit aperto.
Consurgunt nautæ, et magno clamore morantur.

Tout au contraire, notre vers héroïque, toujours composé du même nombre de syllabes, n'est jamais d'égale mesure, ni dans les nombres qui le composent, ni dans la somme de ses temps.

Rien n'est donc plus rare dans nos vers qu'une harmonie qui nous rappelle l'harmonie des vers latins. Ils en ont une cependant qui leur est propre, et qui, du moins pour notre oreille, est très sensible dans nos bons poètes, mais dont les avantages ne me semblent pas tels qu'il ne fût possible à une belle prose de nous en faire oublier le charme.

L'harmonie libre ou celle de la prose n'a point de mesure prescrite. Elle se forme, non de tel nombre de syllabes divisées par des repos, mais d'un mélange varié de syllabes faciles, coulantes et sonores, tour à tour lentes et rapides, au gré de l'oreille, qui prend soin de les assortir. Là, tous les nombres se succèdent avec une variété qui n'a pour règle que l'analogie de l'expression avec la pensée; et s'il nous est possible d'approcher quelquefois de cette harmonie imitative, ou plutôt de cette harmonie analogue qui nous enchante dans la poésie des anciens, ce sera, je crois, dans la prose plus aisément que dans les vers. *Voyez* HARMONIE, NOMBRE, RIME, VERS, etc.

Cependant, s'il faut céder à l'habitude où nous

ÉPOPÉE. 421

sommes de voir nos poèmes écrits en vers rimés, n'y aurait-il pas un moyen d'en rompre la monotonie, et d'en rendre jusqu'à un certain point l'harmonie analogue et imitative? Ce serait d'y employer des vers de différente mesure, non pas mêlés au hasard, comme dans nos poésies libres, mais appliqués aux différents genres auxquels leur cadence est le plus convenable : par exemple, le vers de dix syllabes, comme le plus simple, aux morceaux pathétiques; le vers de douze aux morceaux tranquilles et majestueux; les vers de huit aux harangues véhémentes, etc.

Toute réflexion faite sur cette innovation, je sens que notre oreille s'y prêterait malaisément, mais je ne puis dissimuler que, ni dans l'épopée, ni dans la tragédie, des vers de douze et de huit syllabes, aussi heureusement entrelacés qu'ils le sont ici, ne me sembleraient déplacés.

Cérès dans l'opéra de Proserpine.

Ces superbes géants, armés contre les dieux,
    Ne nous donnent plus d'épouvante.
Ils sont ensevelis sous la masse pesante
Des monts qu'ils entassaient pour attaquer les cieux.
Nous avons vu tomber leur chef audacieux
    Sous une montagne brûlante.
Jupiter le contraint de vomir à nos yeux
Les restes enflammés de sa rage mourante.
    Jupiter est victorieux;
Et tout cède à l'effort de sa main foudroyante.

De même ces vers de Médée :

Mon frère et mes deux fils ont été les victimes

De mon implacable fureur ;
J'ai rempli l'univers d'horreur :
Mais le cruel amour a fait seul tous mes crimes.

Et je ne vois aucun genre de poésie dont la noblesse, la majesté, l'élévation, la gravité même se refusât à ce mélange harmonieux.

Le coloris du style est une suite du coloris de l'imagination ; et comme il en est inséparable, j'ai cru devoir les réunir sous un même point de vue. *Voyez* IMAGE.

Le style de la tragédie est commun à toute la partie dramatique de l'épopée. (*Voyez* TRAGÉDIE.) Mais la partie épique permet, exige même des peintures plus fréquentes et plus vides. Ou ces peintures présentent l'objet sous ses propres traits, et on les appelle *descriptions ;* ou elles le présentent revêtu de couleurs étrangères, et on les appelle *images*.

Les descriptions exigent non-seulement une imagination vive, forte, étendue, pour saisir à la fois l'ensemble et les détails d'un tableau vaste, mais encore un goût délicat et sûr pour choisir les tableaux, et dans chaque tableau des circonstances et des détails dignes du poème héroïque. La chaleur des descriptions est la partie brillante et peut-être inimitable d'Homère : c'est par là qu'on a comparé son génie *à l'essieu d'un char qui s'embrase par sa rapidité*. « Ce feu, dit-on, n'a qu'à paraître dans les « endroits où manque tout le reste ; et fût-il envi- « ronné d'absurdités, on ne les verra plus. » (*Préface de l'Homère anglais de Pope.*) C'est par là qu'Homère a fait tant de fanatiques parmi les sa-

ÉPOPÉE. 423

vants, et tant d'enthousiastes parmi les hommes de génie : c'est par là qu'on l'a regardé comme une source intarissable où s'abreuvaient les poètes :

> A quo, ceu fonte perenni,
> Vatum pieriis ora rigantur aquis.
> (Ovid.)

Et en effet, non-seulement la poésie, mais tous les arts, sont pleins d'Homère, comme d'un dieu qui les anime.

Mais ce n'est point assez de bien peindre, il faut bien choisir tout ce qu'on peint : toute peinture vraie a sa beauté; mais chaque beauté a sa place. Tout ce qui est bas, commun, incapable d'exciter la surprise et l'admiration, d'attendrir ou d'élever l'âme, est déplacé dans l'épopée.

Il faut, dit-on, des peintures simples et familières, pour préparer l'imagination à se prêter au merveilleux. Oui, sans doute : mais le simple et le familier ont leur intérêt et leur noblesse. Le repas de Henri IV chez le solitaire de Jersey n'est pas moins naturel que le repas d'Énée sur la côte d'Afrique : cependant l'un est intéressant, et l'autre ne l'est pas. Pourquoi? parce que l'un renferme les idées accessoires d'une vie tranquille et pure, et l'autre ne présente que l'idée toute nue d'un repas de voyageurs*.

---

* Marmontel accorde ici à Voltaire sur Virgile une préférence bien injuste. Autant le tableau du premier est froid et sec, autant celui du poète latin est touchant. Quoi ! il n'y a point d'intérêt dans la peinture de ces malheureux, échappés au naufrage, qui, sur un rivage étranger, réparent

Les poètes doivent supposer tous les détails qui n'ont rien d'intéressant, et auxquels la réflexion du lecteur peut suppléer sans peine : ils seraient d'autant moins excusables de puiser dans ces sources stériles, que la philosophie leur en a ouvert de très fécondes. Pope compare le génie d'Homère à *un astre qui attire en son tourbillon tout ce qu'il trouve à la portée de ses mouvements;* et il est vrai qu'Homère est de tous les poètes celui qui a le plus enrichi la poésie des connaissances de son siècle. Mais s'il revenait aujourd'hui avec ce feu divin, quelles couleurs, quelles images ne tirerait-il pas des grands effets de l'industrie humaine, que l'expérience et l'intérêt ont portée si loin depuis trois mille ans ? La vitation des corps, l'instinct des animaux, les développements du feu, les métamorphoses de l'air, les phénomènes de l'électricité, les mécaniques, l'astronomie, la navigation, etc.; voilà des mines à peine ouvertes, où le génie peut s'enrichir. C'est de là qu'il peut tirer des peintures dignes de remplir les intervalles d'une action héroïque : encore doit-il être avare de l'espace qu'elles occupent, et ne perdre jamais de vue un spectateur impatient,

---

dans un repas leurs forces épuisées, et leurs courages abattus ; qui s'entretiennent si douloureusement de leurs compagnons qu'ils ont perdus et qu'ils ne croient pas revoir, tandis que leur chef essaie de les ramener à des pensées moins tristes, et fait effort pour montrer dans ses paroles un sentiment de confiance et d'espoir qui n'est point dans son cœur! C'est ainsi qu'Horace nous peint Teucer, chassé de Salamine par le vieux Télamon, invitant à la joie d'un festin ses compagnons attristés, et cherchant à leur faire oublier pour un instant du moins cet exil douloureux auquel le sort les condamne.

H. Patin.

qui veut être délassé sans être refroidi, et dont la curiosité se rebute par une longue attente, sur-tout lorsqu'il s'aperçoit qu'on le distrait hors de propos. C'est ce qui ne manquerait pas d'arriver, si, par exemple, dans l'un des intervalles de l'action, l'on employait mille vers à ne décrire que des jeux. (*Énéide*, *V.*) Le grand art de ménager les descriptions est donc de les présenter dans le cours de l'action principale, ou comme circonstances de l'action même, ou comme incidents et passages d'une situation à l'autre, ou comme décoration qui forme le fond du tableau.

Je n'ai pu donner ici que le sommaire d'un long traité : les exemples sur-tout, qui appuient et développent si bien les principes, n'ont pu trouver place dans les bornes de cet article ; mais en parcourant les poètes, un lecteur intelligent peut aisément y suppléer. D'ailleurs, comme on l'a dit souvent, l'auteur qui, pour composer un poème, a besoin d'une longue étude des préceptes, peut s'en épargner le travail*.

MARMONTEL, *Éléments de Littérature.*

ÉRASME (DIDIER), fils naturel d'un bourgeois de Gouda, nommé Gérard, et de la fille d'un médecin, naquit à Rotterdam, le 28 octobre 1467. Son père, persécuté par sa famille à cause de cet attache-

---

* On peut consulter, sur l'épopée, Le Bossu, Voltaire, Batteux, Blair, M. Lemercier, et deux excellents articles de feu Charles Loyson, p. 305 et 354 du troisième vol. du *Lycée français.* F.

ment, fut contraint de renoncer à l'espoir de s'unir avec celle qu'il aimait, et voua tous ses soins à donner une bonne éducation à ses enfants. Le jeune Gérard prit depuis le nom d'*Érasme*, parce que ce mot a en grec le même sens à peu-près que *Gérard* dans sa langue. Il perdit à quatorze ans son père et sa mère. Dabord enfant de chœur à la cathédrale d'Utrecht, il entra ensuite dans l'école de Déventer où ses progrès rapides firent présager l'éclat qu'obtiendrait un jour son mérite. A dix-sept ans, se trouvant presque sans ressources par l'inconduite de ses tuteurs, qui avaient dissipé son patrimoine, il prit l'habit de chanoine régulier de saint Augustin, dans le couvent de Stein, près de Gouda. Mais l'uniformité de la vie monastique était peu faite pour un esprit aussi avide de connaissances : aussi Érasme profita-t-il de la première circonstance favorable pour secouer le joug de sa captivité. Il voyagea pour perfectionner ses talents, en France, en Angleterre et en Italie. A Bologne, où il s'arrêta près d'un an, il prit le bonnet de docteur en théologie. Ce fut dans cette ville qu'ayant été pris pour un chirurgien des pestiférés à cause du scapulaire bleu qu'il portait, il fut assailli à coups de pierres par la populace qui faillit le massacrer. Cet évènement l'engagea à solliciter la dispense de ses vœux : il écrivit à Lambert Bruni, secrétaire du pape Jules II, dont il l'obtint.

De Bologne il se rendit à Venise où il vit le célèbre Alde Manuce qui imprimait alors ses ouvrages, et entre autres ses *Adages*. De là il passa à Padoue, ensuite à Rome où sa réputation l'avait devancé. Il reçut l'accueil le plus flatteur du pape et des cardinaux, et en particulier de Jean de Médicis (depuis Léon X). Ils firent tous leurs efforts pour le fixer dans cette ville ; mais il résista aux propositions les plus brillantes, et à l'espoir du rang élevé dont on lui donnait presque l'assurance. Henri VII venait de monter sur le trône d'Angleterre : Érasme, qui l'avait beaucoup connu, lorsque le monarque n'était que prince de Galles, et qui se trouvait presque engagé par les promesses qu'il avait faites à ses amis d'Angleterre, partit pour Londres en 1509. Thomas Morus, qui fut depuis grand chancelier, et avec qui il s'était lié lors de son premier voyage, le reçut dans sa maison où il lui fit accepter un appartement. « Érasme, disent Vernini et Garasse, s'étant présenté à lui sans se nommer, Morus fut tellement charmé de sa conversation, qu'il s'écria : *Ou vous êtes un démon, ou vous êtes Érasme.* » Ce fut dans cette ville qu'il composa, en huit jours, son *Éloge de la Folie*, badinage qui eut un grand succès, mais qui suscita depuis des disgraces à l'auteur. On en donna en France sept éditions en quelques mois. Érasme y passe en revue tous les états de la vie, depuis le simple moine jusqu'au souverain pontife : Cette satire ingénieuse offre une foule d'allusions aux passages les plus piquants des auteurs anciens.

Érasme fit un voyage à Paris, en 1510 ; mais il y resta peu de temps, et retourna en Angleterre, où il accepta une chaire de professeur de langue grecque, à l'université d'Oxfort. Les ressources qu'il trouvait dans cette position ne répondant pas aux espérances qu'on lui avait fait concevoir, il quitta encore une fois l'Angleterre où il fit pourtant depuis plusieurs voyages; et après avoir pendant plusieurs années mené une vie un peu errante, qui ne l'empêcha pas de donner au public un grand nombre d'ouvrages, il finit par aller se fixer à Bâle, en 1521, afin de surveiller l'impression de ses œuvres que publiait son ami Froben. Léon X venait d'être placé sur le saint siège, lorsque Erasme lui demanda la permission de lui dédier sa première édition grecque et latine du *Nouveau-Testament*, qu'il était sur le point de faire paraître. Il en reçut la réponse la plus flatteuse. Les successeurs de Léon X ne lui témoignèrent pas moins de bienveillance, et, en maintes occasions, lui firent des offres avantageuses pour l'attirer à Rome et se l'attacher. Plusieurs souverains, entre autres François Ier, (*voyez* BUDÉE) Ferdinand, roi de Hongrie, Sigismond, roi de Pologne, voulurent aussi le fixer à leur cour; mais Erasme plus ami de sa liberté que du sort brillant qu'ils lui offraient, n'accepta que la charge de conseiller d'état que lui donna Charles d'Autriche, depuis Charles-Quint. Sans lui causer le plus léger asservissement, cette place lui procura du crédit, et une existence aisée.

Lorsque la réforme commença, il ne fut pas éloigné de partager quelques-unes des idées de Luther; mais celui-ci ne put pardonner à Erasme ce qu'il appelait sa tiédeur : Erasme de son côté blâma avec virulence les emportements des réformateurs, et ne put tolérer la vérité s'annonçant sousles traits de la discorde. « On a beau vouloir, disait-il, à l'occasion « du mariage d'Acolampade, que le luthéranisme « soit une chose tragique : pour moi, je suis per- « suadé que rien n'est plus comique; car le dénoue- « ment de la pièce est toujours quelque mariage. » Ces plaisanteries et l'approbation qu'il donna au livre de Henri VIII contre Luther, exaspérèrent les réformateurs, et sa modération lui fit aussi beaucoup d'adversaires dans le parti opposé, sort ordinaire qu'éprouvent les gens pacifiques dans les temps de troubles. Au milieu de ces agitations, il publia ses *Colloques* (1522) qui furent vivement critiqués de part et d'autre; la Sorbonne excitée par ses ennemis censura une partie de ses ouvrages, et accompagna son anathème de réflexions insultantes. Les partisans de Luther devenant de plus en plus puissants et nombreux à Bâle, Erasme quitta cette ville en 1529, et se retira à Fribourg où il reçut un accueil bien propre à le dédommager de toutes les persécutions dont on l'avait accablé; mais il n'y resta que six ans : sa santé devenant plus faible, il se persuada que la résidence de Bâle lui serait plus favorable. Il y revint, et c'est dans cette ville qu'il mourut dans la nuit du 11 au 12 juillet 1536, épuisé par une maladie longue et cruelle. On lui rendit des honneurs funèbres dignes de sa renommée; et sa mémoire est aussi chère à Bâle, qu'il avait illustré en y fixant sa demeure, qu'à Rotterdam qui eut la gloire de lui avoir donné le jour. « Erasme, dit Feller, fut le plus « bel esprit et le savant le plus universel de son

« siècle. C'est à lui principalement qu'on doit la re-
« naissance des belles-lettres et les premières édi-
« tions de plusieurs pères de l'Église. Il ranima les
« illustres morts de l'antiquité, et inspira le goût de
« leurs écrits à son siècle. Il avait formé son style
« sur eux. Le sien est pur, élégant, aisé, et, quoi-
« que un peu bizarre, il ne le cède en rien à celui
« des meilleurs écrivains de son siècle *. »

Les *OEuvres complètes d'Érasme* ont été imprimées chez les héritiers de Froben, 9 vol. in-fol. L'édition de Leyde, 1703, 10 tom. in-fol., est encore plus complète. Les deux premiers et le quatrième ne contiennent que des ouvrages de grammaire, de rhétorique et de philosophie. On y trouve ses *Colloques*, ouvrage extrêmement piquant pour le temps, et qu'on lira toujours autant pour la latinité que pour le fond des choses et la manière de les rendre. On y trouve aussi les *Adages* et l'*Éloge de la Folie* : le troisième renferme toutes ses *Lettres*, dont la lecture offre encore beaucoup d'intérêt aujourd'hui; le cin-

* On ne peut lui refuser la gloire d'avoir été le plus bel-esprit et le savant le plus universel de son siècle. C'est lui qui tira l'Allemagne de la barbarie; c'est à lui principalement que le nord de l'Europe dut la renaissance des lettres, les premières éditions de plusieurs pères de l'Église, les règles d'une saine critique et le goût de l'antiquité. Pénétré de la lecture des anciens sur lesquels il s'était formé, son style, quoi qu'en aient dit ses détracteurs, est pur, aisé, ingénieux; et quoique la facilité de son expression ne soit pas toujours accompagnée de la plus parfaite élégance, il a une manière qui lui est propre et qui ne le cède en rien aux écrivains de son siècle, même à ceux qui avaient la pédanterie de n'employer aucun terme qui ne fût de Cicéron. Il est un des premiers qui aient traité les matières de théologie d'une manière noble et dégagée des arguties et des termes barbares de l'école. Ses ouvrages de piété ont une élégance qu'on ne trouve point dans les autres mystiques. M. Noël. *Biographie universelle*

quième, des *Livres de piété* ; le sixième, la version du *Nouveau-Testament*, avec les notes; le septième, la *Paraphrase du nouveau Testament* ; le huitième des traductions des Pères grecs, et des discours; le neuvième et le dixième, les *Apologies* et d'autres ouvrages polémiques. L'*Éloge de la Folie* a été traduit en français, en 1520. La traduction de Guedeville, 1751, in-4°, est recherchée à cause des figures. Il a aussi traduit les *Colloques*, Leyde, 1721, 6 vol. in-12. La plupart des ouvrages d'Érasme ont été imprimés séparément.

Ph. T.

ERSKINE (Thomas, Lord) naquit en 1748, dans le sein d'une famille respectable d'Écosse. Très jeune encore, il entra dans la marine, où il servit d'une manière distinguée; mais ses services ne lui obtinrent point l'avancement qu'il méritait, et il quitta cette carrière pour celle de l'armée de terre. Après avoir passé trois ans en garnison à Minorque, il revint en Angleterre, où son esprit délicat et pénétrant, ses saillies pleines de sel, et la variété de ses connaissances, lui firent une grande réputation. Aussi ses amis ne tardèrent point à s'apercevoir qu'il pouvait courir les chances d'une profession plus analogue à ses goûts : ils l'engagèrent fortement à se livrer à l'étude des lois, ne doutant pas que de brillants succès ne l'attendissent au barreau. Erskine avait vingt-neuf ans, lorsqu'il commença à étudier le droit. Quoiqu'il parût consacrer tout son temps à la jurisprudence, il trouvait des instants pour cultiver les lettres. Son imagination, naturellement exaltée, lui faisait chérir la poésie ; l'on sait qu'il est l'auteur d'une jolie imitation du *Barde* de Gray, et d'un petit poème *sur le Géranium*, qui fut d'abord attribué à Shéridan.

Ce fut en 1778 qu'Erskine développa, pour la première fois, en public, toutes les ressources de son admirable éloquence. Le capitaine Baillie, lieutenant-gouverneur de l'hôpital de Greenwich, ayant perdu cette place par l'influence de lord Sandwich, premier lord de l'amirauté, fut accusé d'avoir publié contre lui un libelle diffamatoire, et traduit devant la cour du banc du roi. Le capitaine confia sa cause à Erskine, qui n'était pas encore connu au barreau, et il eut lieu de s'applaudir de son choix, qui servit à révéler à son pays l'existence d'un grand orateur de plus.

Après le triomphe éclatant qu'il remporta dans la défense du capitaine Baillie, Erskine dut s'attendre à voir beaucoup augmenter sa clientelle. En effet les causes les plus importantes lui furent confiées. Bientôt il eut occasion, dans le célèbre procès de lord Gordon, accusé du crime de haute trahison, de faire connaître que les doctrines politiques les plus profondes ne lui étaient pas étrangères. Chaque pas d'Erskine dans cette carrière était marqué par un succès. On ne pouvait se lasser de l'entendre, et toujours il étonnait par la puissance de son talent. Il faudrait citer tous ses plaidoyers pour mettre le lecteur à même de connaître

ERSKINE. 433

les immenses travaux sur lesquels sa réputation est fondée. Les plus importants de ses plaidoyers ont été réunis en 5 vol in-8° (Londres, 1810—1812); madame de Staël les recommande avec raison aux lecteurs français.

En 1783, les électeurs de Porstmouth nommèrent Erskine leur représentant à la chambre des communes, où il s'assit sur les bancs de l'opposition Il prit part à toutes les grandes discussions qui eurent lieu à cette époque entre Pitt et Fox. Ses opinions ne pouvaient être douteuses ; souvent, dans ses plaidoyers, il avait été à portée de les manifester, et toujours il fit ses efforts pour seconder Fox dans ses propositions généreuses. Lorsqu'en 1806, après la mort de Pitt, Fox fut rappelé au ministère, Erskine reçut le titre de lord-chancelier. Il fut aussi nommé baron et membre du conseil privé. Il continua de soutenir les principes de l'opposition dans la chambre haute, et jamais il n'abandonna le parti qu'il avait embrassé dès sa jeunesse; souvent il plaida la cause des catholiques d'Irlande; il appuya constamment les propositions qui tendaient à la réformation des lois pénales; enfin, il éleva la voix en faveur des Grecs pour engager le cabinet britannique à provoquer une alliance contre les mahométans et à embrasser la défense des chrétiens opprimés.

Lord Erskine est mort, à l'âge de soixante ans, d'une maladie de poitrine, dans le courant de novembre 1823, auprès d'Édimbourg, où il était allé passer quelque temps. Il était doué d'une âme élevée, et toujours il sut faire respecter la dignité de sa profession. Comme il insistait, dans la cause du doyen de Saint-Asaph, pour que le juge consentît à ce que les jurés eussent à prononcer, non-seulement sur le fait matériel de la publication de l'ouvrage incriminé, mais encore sur le fond de cet ouvrage, et sur l'intention de l'auteur, M. le juge Buller s'opposa énergiquement à cette proposition, et ordonna vivement à Erskine de s'asseoir. « Milord, « s'écria celui-ci, je ne m'assiérai pas ; votre seigneu« rie peut faire son devoir, et moi je ferai le mien. » Le juge garda le silence, et Erskine termina cette partie de sa harangue par ces mots prononcés d'un ton de voix solennel : « Le premier comman« dement et le premier conseil que l'on m'a donné « dans ma jeunesse ont été de suivre toujours ce « que ma conscience me dirait être mon devoir, « et d'en abandonner la conséquence à Dieu. Jus« qu'à présent j'ai agi de cette manière, et je n'ai « pas lieu de me plaindre que mon obéissance m'ait « jamais causé un sacrifice passager. Au contraire, « j'ai trouvé la route de la prospérité et de la for« tune, et je l'enseignerai de même à mes enfants. »

Indépendamment des plaidoyers dont il a été question, on doit citer encore comme des modèles, ceux qu'Erskine a prononcés dans les causes de James Hatfield, de Thomas Paine, de James Perry, de Hardy, de Horne Tooke, du comte de Thanet, etc. Comme orateur du barreau, il est incontestablement le premier qu'ait eu l'Angleterre. Au parlement, ses succès furent peut-être moins éclatants, parce qu'il y a trouvé des rivaux plus redoutables. Mais on peut le comparer à ses contemporains les plus illustres, aux Pitt, aux Fox, aux Burke, aux Shéridan, aux Samuel Romilly, et à tous ces grands hommes qui ont fait la gloire de la tribune anglaise.

Lord Erskine est aussi l'auteur de différents ouvrages qui n'ont rien ajouté à sa réputation. Cependant on remarque, dans le nombre, des *Considérations sur les causes et les conséquences de la guerre actuelle avec la France*, publiées en 1797. Il a fait encore imprimer un volume intitulé : *Réflexions sur l'évidence intrinsèque de la vérité du christianisme*, qui a obtenu plusieurs éditions en Angleterre, où ces sortes d'ouvrages sont ordinairement très recherchés. Ce livre a été traduit dernièrement en français par mademoiselle Sobry, avec une préface de madame la duchesse de Broglie. Enfin lord Erskine est l'auteur d'une *Lettre au comte de Liverpool, au sujet des Grecs*. Cette lettre a été aussi traduite en français.

A. T.

ESCHINE d'Athènes, fils d'Atromatus, et surnommé *le Rhéteur* pour le distinguer du philosophe du même nom, fut le plus illustre des orateurs grecs après Démosthène. Né dans une condition obscure, il aida, jeune encore, son père dans l'exercice de sa place de maître d'école, se loua ensuite comme acteur tragique, et fut greffier d'un juge de village, emploi ressemblant à celui de nos huissiers, et regardé comme peu honorable. Quelques auteurs veulent en faire un disciple d'Isocrate et de Platon; d'autres, avec plus de vraisemblance, pensent qu'il n'a eu de maître que la nature : ils ajoutent que le barreau et les planches du théâtre ont été les seules écoles où il s'instruisit ; que dans l'emploi de greffier il acquit quelque connaissance des lois et la pratique des affaires, et qu'en jouant la tragédie, il forma sa voix et prit la hardiesse nécessaire pour parler en public. Ce qui est sûr, c'est qu'Eschine fut très long-temps à se faire connaître, et qu'il était assez avancé en âge, lorsqu'il commença à se mêler des affaires de la république. L'éminence de son talent lui procura alors promptement une grande influence. Il fut envoyé comme ambasssadeur dans le Péloponèse, auprès de Philippe de Macédoine et au conseil des Amphictyons. Ce fut à la cour de Philippe qu'il se brouilla avec Démosthène, son collègue, dont il fut dès ce moment l'antagoniste irréconciliable. Il ne put pas se laver du soupçon d'avoir été gagné par l'or de ce prince.

Ayant succombé dans son procès contre Ctésiphon, dont nous avons parlé à l'article Démosthène, et ne pouvant payer l'amende que la loi imposait à ceux qui, dans des actions de ce genre, ne réunissaient pas la cinquième partie au moins des suffrages, il fut obligé de s'expatrier. Son projet était de se rendre en Asie auprès d'Alexandre; mais ayant appris en route la mort de ce prince, il s'arrêta à Rhodes, où il ouvrit une école de rhétorique : il la transféra ensuite à Samos, où il mourut à l'âge de soixante-quinze ans.

ESCHINE. 437

« L'éloquence d'Eschine se distingue par l'heu-
« reux choix des mots, par l'abondance et la clarté
« des idées, par une grande facilité qu'il devait
« moins à l'art qu'à la nature. Il ne manque pas de
« clarté, quoiqu'il n'en ait pas autant que Démos-
« thène. » (BARTHELEMY, *Voyage d'Anacharsis*.).

Nous ne possédons que trois harangues d'Eschine, et il paraît que très anciennement déjà il n'en existait pas d'avantage; car Photius dit qu'on avait coutume de désigner ces discours sous la dénomination des *Graces* d'Eschine. La plus célèbre de ces harangues est le *Plaidoyer contre Ctésiphon*, proprement dirigé contre Démosthène, auquel cet orateur voulait faire décerner une couronne d'or. Nous aurons une autre occasion de parler de ce procès. La postérité a confirmé le jugement des Athéniens et des anciens rhéteurs qui donnèrent la préférence au discours que Démosthène opposa à celui d'Eschine; néanmoins celui-ci doit être regardé aussi comme un ouvrage accompli. Il y règne un ordre, une netteté et une précision admirable, sans aucune sécheresse; aussi Cicéron avait-il choisi ce morceau pour le traduire en latin.

Un autre discours d'Eschine, *Contre Timarque*, est dirigé contre un citoyen d'Athènes qui s'était réuni à Démosthène dans l'accusation que celui-ci porta contre Eschine au sujet de son ambassade; mais Eschine le prévint, en le traduisant lui-même en justice pour avoir consumé son patrimoine en folles dépenses; une conduite si légère excluait de la tribune ceux qui s'en étaient rendus coupables;

car qui n'avait pas su remplir les devoirs d'un bon père de famille, était regardé comme incapable de donner des avis salutaires à ses concitoyens. Timarque perdit ce procès, et se pendit.

Démosthène ne fut pas intimidé par ce revers; il accusa Eschine de prévarication. Celui-ci lui opposa le troisième de ses discours qui nous restent : il est intitulé : *Du Reproche de s'être mal acquitté de sa mission* auprès de Philippe de Macédoine. Si ce discours ne prouve pas sans réplique l'innocence d'Eschine, au moins était-il fort propre à faire illusion à la multitude qui se paie aisément de paroles; d'ailleurs il faut convenir que les preuves fournies par Démosthène n'étaient pas absolument juridiques. On ne connaît pas précisément l'issue de ce procès; Eschine ne fut pas condamné, voilà qui est sûr : il paraît qu'il trouva moyen d'étouffer cette affaire sans qu'il fût prononcé un jugement. Photius dit qu'il fut acquitté par une majorité de trente voix. (*Voyez* DÉMOSTHÈNE.)

SCHOELL., *Hist. de la Litt. grecque profane.*

ESCHYLE, père de la tragédie grecque, naquit à Éleusis, la dernière année de la LXIIIe olympiade (525 ans avant J.-C.), suivant les marbres d'Arundel. Il termina sa carrière en Sicile à l'âge de soixante neuf ans, écrasé, dit-on, par la chute d'une tortue qu'un aigle laissa tomber sur sa tête.

Eschyle, dont Brumoy avait donné quelques extraits dans son *Théâtre des Grecs*, a été entièrement

ESCHYLE. 439

traduit en français, 1º par Lefranc de Pompignan (1770), qui a peu conservé dans sa prose élégante, mais faible et commune, le caractère original de son auteur; 2º par Delaporte Dutheil (1770 — 95), qui a rendu son original avec une fidélité énergique et par fois bizarre. Sa traduction imprimée à part avec le texte grec fait aussi partie des dernières éditions du livre de Brumoy.

En 1817, M. H. Terrasson a publié un ouvrage intitulé : *Génie du théâtre grec primitif, ou Essais d'imitation d'Eschyle en vers français.*

Les meilleures éditions d'Eschyle sont celles de Stanley, Londres, 1663, in-fol.; de Porson, Glasgow, 1795, in-fol.; et de Schutz, 1782—1821, 5 vol. in-8º. Nous ne parlons pas des éditions particulières, qui ont été données en fort grand nombre, de diverses pièces du poète grec. Voyez là-dessus et sur tout ce qui concerne Eschyle, l'histoire de la littérature grecque par Schœll, t. II. p. 19 et suiv.

JUGEMENTS.

I.

Eschyle reçut la tragédie enveloppée d'un vêtement grossier, le visage couvert de fausses couleurs ou d'un masque sans caractère *, n'ayant ni graces ni dignité dans ses mouvements, inspirant le désir de l'intérêt qu'elle remuait à peine, éprise encore des farces et des facéties qui avaient amusé ses premières années **, s'exprimant quelquefois

* Suid. in Θεσπ.
** Aristot. ibid.

avec élégance et dignité, souvent dans un style faible, rampant, et souillé d'obscénités grossières.

Le père de la tragédie, car c'est le nom qu'on peut donner à ce grand homme*, avait reçu de la nature une âme forte et ardente. Son silence et sa gravité annonçaient l'austérité de son caractère**. Dans les batailles de Marathon, de Salamine et de Platée, où tant d'Athéniens se distinguèrent par leur valeur, il fit remarquer la sienne ***. Il s'était nourri, dès sa plus tendre jeunesse, de ces poëtes qui, voisins des temps héroïques, concevaient d'aussi grandes idées qu'on faisait alors de grandes choses ****. L'histoire des siècles reculés offrait à son imagination vive des succès et des revers éclatants, des trônes ensanglantés, des passions impétueuses et dévorantes, des vertus sublimes, des crimes et des vengeances atroces, partout l'empreinte de la grandeur, et souvent celle de la férocité.

Pour mieux assurer l'effet de ces tableaux, il fallait les détacher de l'ensemble où les anciens poëtes les avaient enfermés; et c'est ce qu'avaient déjà fait les auteurs des dithyrambes et des premières tragédies : mais ils avaient négligé de les rapprocher de nous. Comme on est infiniment plus frappé des malheurs dont on est témoin que de ceux dont on entend le récit *****, Eschyle employa toutes les ressouces de la représentation théâtrale

* Philostr. *Vit. Apoll.* VI, 11.
** Schol. Aristoph. in *Ran.* v. 855
*** *Vit. Æschyl.*
**** Aristoph. *ibid.* v. 1062
***** Aristot., *de Rhet.*, II, 8.

pour ramener sous nos yeux le temps et le lieu de la scène. L'illusion devint alors une réalité.

Il introduisit un second acteur dans ses premières tragédies*; et dans la suite, à l'exemple de Sophocle, qui venait d'entrer dans la carrière du théâtre, il en établit un troisième **, et quelquefois même un quatrième ***. Par cette multiplicité de personnages, un des acteurs devenait le héros de la pièce; il attirait à lui le principal intérêt; et comme le chœur ne remplissait plus qu'une fonction subalterne, Eschyle eut la précaution d'abréger son rôle, et peut-être ne la poussa-t-il pas assez loin ****.

On lui reproche d'avoir admis des personnages muets. Achille après la mort de son ami, et Niobé après celle de ses enfans, se traînent sur le théâtre, et pendant plusieurs scènes y restent immobiles, la tête voilée, sans proférer une parole *****; mais s'il avait mis des larmes dans leurs yeux et des plaintes dans leur bouche, aurait-il produit un aussi terrible effet que par ce voile, ce silence et cet abandon à la douleur?

Dans quelques-unes de ses pièces, l'exposition du sujet a trop d'étendue ******, dans d'autres elle n'a pas assez de clarté ******* : quoiqu'il pèche souvent

---

* Aristot. *de Poet.* cap. IV; Diog. Laert. III, 56.

** Æschyl. in *Choeph.* v. 665, etc. v. 900, etc. in *Eumenid.* Dacier, rem. sur la Poét. d'Aristote, p. 50.

*** Poll. IV, 15, v. 110.

**** Aristoph. in *Ran.* v. 945. Arist. *de Poet.* IV.

***** Id. ibid. v. 942. Schol. ibid. Spanh. 311.

****** Æschyl. in *Agam.*

******* Aristoph. ibid. v. 1163.

contre les règles qu'on a depuis établies, il les a presque toutes entrevues.

On peut dire d'Eschyle ce qu'il dit lui-même du héros Hippomédon : « L'épouvante marche devant « lui, la tête élevée jusqu'aux cieux *. » Il inspire partout une terreur profonde et salutaire ; car il n'accable notre âme par des secousses violentes que pour la relever aussitôt par l'idée qu'il lui donne de sa force. Ses héros aiment mieux être écrasés par la foudre que de faire une bassesse, et leur courage est plus inflexible que la loi fatale de la nécessité. Cependant il savait mettre des bornes aux émotions qu'il était si jaloux d'exciter : il évita toujours d'ensanglanter la scène **, parce que ses tableaux devaient être effrayants sans être horribles.

Ce n'est que rarement qu'il fait couler des larmes *** et qu'il excite la pitié, soit que la nature lui eût refusé cette douce sensibilité qui a besoin de se communiquer aux autres, soit plutôt qu'il craignît de les amollir. Jamais il n'eût exposé sur la scène des Phèdres et des Sténobées ; jamais il n'a peint les douceurs et les fureurs de l'amour **** ; il ne voyait dans les différens accès de cette passion que des faiblesses ou des crimes d'un dangereux exemple pour les mœurs, et il voulait qu'on fût forcé d'estimer ceux qu'on est forcé de plaindre.

Continuons à suivre les pas immenses qu'il a faits

---

* *Sep. cont. Theb.* v. 506
** Aristoph. in *Ran.* v. 1064. Philost. *Vit. Apoll.* VI, 11.
*** *Vit. Æschyl.*
**** Aristoph. *ibid.* v. 1075.

dans la carrière. Examinons la manière dont il a traité les différentes parties de la tragédie : c'est-à-dire la fable, les mœurs, les pensées, les paroles, le spectacle et le chant [*].

Ses plans sont d'une extrême simplicité. Il négligeait ou ne connaissait pas assez l'art de sauver les invraisemblances [**], de nouer et dénouer une action, d'en lier étroitement les différentes parties, de la presser ou de la suspendre par des reconnaissances et par d'autres accidents imprévus [***] : il n'intéresse quelquefois que par le récit des faits, et par la vivacité du dialogue [****]; d'autres fois, que par la force du style, ou par la terreur du spectacle [*****]. Il paraît qu'il regardait l'unité d'action et de temps comme essentielle, celle de lieu comme moins nécessaire [******].

Le chœur, chez lui, ne se borne plus à chanter des cantiques; il fait partie du tout; il est l'appui des malheureux, le conseil des rois, l'effroi des tyrans, le confident de tous : quelquefois il participe à l'action pendant tout le temps qu'elle dure [*******]. C'est ce que les successeurs d'Eschyle auraient dû pratiquer plus souvent, et ce qu'il n'a pas toujours pratiqué lui-même.

Le caractère et les mœurs de ses personnages

---

[*] Arist. *de Poet.* VI, 2.
[**] Dion. Chrysost, *Orat.* LII. Æschyl. in *Agam.*
[***] *Vit. Æschyl.*
[****] Æschyl. *in Sept. cont. Theb.*
[*****] Id. *in. Suppl. et Eumen.*
[******] Æschyl. *in Eumen.*
[*******] Id. *in Suppl. et Eumen.* Trad. de M. de Pompignan.

sont convenables et se démentent rarement. Il choisit pour l'ordinaire ses modèles dans les temps héroïques, et les soutient à l'élévation où Homère avait placé les siens *. Il se plaît à peindre des âmes franches, vigoureuses, supérieures à la crainte, dévouées à la patrie, insatiables de gloire et de combats, plus grandes qu'elles ne sont aujourd'hui, telles qu'il en voulait former pour la défense de la Grèce **; car il écrivait dans le temps de la guerre des Perses.

Comme il tend plus à la terreur qu'à la pitié, loin d'adoucir les traits de certains caractères, il ne cherche qu'à les rendre plus féroces, sans nuire néanmoins à l'intérêt théâtral. Clytemnestre, après avoir égorgé son époux, raconte son forfait avec une dérision amère, avec l'intrépidité d'un scélérat. Ce forfait serait horrible, s'il n'était pas juste à ses yeux, s'il n'était pas nécessaire, si, suivant les principes reçus dans les temps héroïques, le sang injustement versé ne devait pas être lavé par le sang ***. Clytemnestre laisse entrevoir sa jalousie contre Cassandre, son amour pour Égisthe ****; mais de si faibles ressorts n'ont pas conduit sa main. La nature et les dieux ***** l'ont forcée à se venger. « J'annonce avec courage ce que j'ai fait sans
» effroi, dit-elle au peuple ******; il m'est égal que

---

* Dion. Chrysost. *Orat.* LII.
** Æschyl. in *Prom.* v. 178. Aristoph. in *Ran.* v. 1046 et 1073.
*** Æschyl. in *Agam.* v. 1571.
**** Id. *ib.* v. 1445.
***** Id. *ib.* v 1494.
****** Id. *ibid.* v. 1411

« vous l'approuviez ou que vous le blâmiez. Voilà
« mon époux sans vie ; c'est moi qui l'ai tué : son
« sang a rejailli sur moi ; je l'ai reçu avec la même
« avidité qu'une terre brûlée par le soleil reçoit la
« rosée du ciel *. Il avait immolé ma fille, et je l'ai
« poignardé ; ou plutôt ce n'est pas Clytemnestre **,
« c'est le démon d'Atrée, le démon ordonnateur du
« sanglant festin de ce roi, c'est lui, dis-je, qui a
« pris mes traits, pour venger avec plus d'éclat les
« enfants de Thyeste. »

Cette idée deviendra plus sensible par la réflexion suivante. Au milieu des désordres et des mystères de la nature, rien ne frappait plus Eschyle que l'étrange destinée du genre humain : dans l'homme, des crimes dont il est l'auteur, des malheurs dont il est la victime ; au-dessus de lui, la vengeance céleste et l'aveugle fatalité ***, dont l'une le poursuit quand il est coupable, l'autre quand il est heureux. Telle est la doctrine qu'il avait puisée dans le commerce des sages ****, qu'il a semée dans presque toutes ses pièces, et qui, tenant nos âmes dans une terreur continuelle, les avertit sans cesse de ne pas s'attirer le courroux des dieux, de se soumettre aux coups du destin *****. De là ce mépris souverain qu'il témoigne pour les faux biens qui nous éblouissent, et cette force d'éloquence avec laquelle il in-

---

* Id. *ibid.* v. 1398.
** Id. *ibid.* v. 1506. Trad. de M. de Pompignan.
*** Æschyl. in *Prom.* v. 105 et 513.
**** Eurip. in *Alc.* v. 962.
***** Æschyl. in *Pers.* v. 293.

sulte aux misères de la fortune. « O grandeurs hu-
« maines, s'écrie Cassandre avec indignation, bril-
« lantes et vaines images qu'une ombre peut obs-
« curcir, une goutte d'eau effacer! la prospérité de
« l'homme me fait plus de pitié que ses malheurs*. »

De son temps on ne connaissait pour le genre héroïque que le ton de l'épopée et celui du dithyrambe. Comme ils s'assortissaient à la hauteur de ses idées et de ses sentiments, Eschyle les transporta, sans les affaiblir, dans la tragédie. Entraîné par un enthousiasme qu'il ne peut plus gouverner, il prodigue les épithètes, les métaphores, toutes les expressions figurées des mouvements de l'âme; tout ce qui donne du poids, de la force, de la magnificence au langage **; tout ce qui peut l'animer et le passionner. Sous son pinceau vigoureux, les récits, les pensées, les maximes, se changent en images frappantes par leur beauté ou par leur singularité. Dans cette tragédie ***, qu'on pourrait appeler à juste titre l'enfantement de Mars **** : « Roi
« des Thébains, dit un courrier qu'Étéocle avait
« envoyé au-devant de l'armée des Argiens, l'ennemi
« approche, je l'ai vu, croyez-en mon récit.

« Sur un bouclier noir, sept chefs impitoyables
« Epouvantent les dieux de serments effroyables :
« Près d'un taureau mourant qu'ils viennent d'égorger,

---

* *Æschyl. in Agam.* v. 1335.

** *Vit. Æschyl.* Dionys. Halic. *de prisc. scrip.* II, 5. Phrynic ap. Phot. Horat. *de Art. poet.* v. 280

*** *Sept. cont. Theb.*

**** Aristoph. in *Ran.* v. 1053. Plut. *Sympos.* VII, 10.

« Tous, la main dans le sang, jurent de se venger ;
« Ils en jurent la Peur, le dieu Mars et Bellone *. »

Il dit d'un homme dont la prudence était consommée ** : « Il moissonne ces sages et généreuses ré-
« solutions qui germent dans les profonds sillons
« de son âme *** ; » et ailleurs : « L'intelligence qui
« m'anime est descendue du ciel sur la terre, et me
« crie sans cesse : N'accorde qu'une faible estime à
« ce qui est mortel ****. » Pour avertir les peuples libres de veiller de bonne heure sur les démarches d'un citoyen dangereux par ses talents et ses richesses : « Gardez-vous, leur dit-il, d'élever un
« jeune lion, de le ménager quand il craint encore,
« de lui résister quand il ne craint plus rien *****. »

A travers ces brillantes étincelles, il règne dans quelques-uns de ses ouvrages une obscurité qui provient non-seulement de son extrême précision et de la hardiesse de ses figures, mais encore des termes nouveaux ****** dont il affecte d'enrichir ou de hérisser son style. Eschyle ne voulait pas que ses héros s'exprimassent comme le commun des hommes; leur élocution devait être au-dessus du langage vulgaire ******* ; elle est souvent au-dessus du langage

---

* Æschyl. *Sept. contr. Theb.* v. 39. Long. *de Subl.* XV. Trad. de Boileau, ibid.

** Æchyl. *ibid.* v 599.

*** Le Scholiaste observe que Platon emploie la même expression dans un endroit de sa République.

**** Æschyl. in *Niob.* ap. Æschyl. *fragm.*

***** Aristoph. in *Ran.* v. 1478.

****** Dionys Halic. *de prisc. scrip.* II, 6.

******* Aristoph. in *Ran.* v. 1092.

connu. Pour fortifier sa diction, des mots volumineux et durement construits des débris de quelques autres, s'élèvent du milieu de la phrase, comme ces tours superbes qui dominent sur les remparts d'une ville. Je rapporte la comparaison d'Aristophane*.

L'éloquence d'Eschyle était trop forte pour l'assujettir aux recherches de l'élégance, de l'harmonie et de la correction **; son essor, trop audacieux pour ne pas l'exposer à des écarts et à des chutes. C'est un style en général noble et sublime; en certains endroits, grand avec excès et pompeux jusqu'à l'enflure ***; quelquefois méconnaissable et révoltant par des comparaisons ignobles ****, des jeux de mots puérils *****, et d'autres vices qui sont communs à cet auteur avec ceux qui ont plus de génie que de goût. Malgré ses défauts, il mérite un rang très distingué parmi les plus célèbres poètes de la Grèce.

Ce n'était pas assez que le ton imposant de ses tragédies laissât dans les âmes une forte impression de grandeur; il fallait, pour entraîner la multitude, que toutes les parties du spectacle concourussent à produire le même effet. On était alors persuadé que la nature, en donnant aux anciens héros une taille avantageuse ******, avait gravé sur leur front une

---

* Id. *ibid*, v. 1036.
** *Vit. Æschyl.* Dionys. Halic. *de comp verb.* XXII, 5. Long. *de Subl.* XV. Schol. Aristoph. in *Ran.* v. 1295.
*** Quintil. X, 1.
**** Æschyl. in *Agam.* v. 330 et 875.
***** Id. *ibid.* v 698.
****** Philost. *Vit. Appol.* II, 21; IV, 16. Aul. Gell. III, 10.

majesté qui attirait autant le respect des peuples que l'appareil dont ils étaient entourés. Eschyle releva ses acteurs par une chaussure très haute*; il couvrit leurs traits, souvent difformes, d'un masque qui en cachait l'irrégularité **, et les revêtit de robes traînantes et magnifiques, dont la forme était si décente, que les prêtres de Cérès n'ont pas rougi de l'adopter ***. Les personnages subalternes eurent des masques et des vêtements assortis à leurs rôles.

Au lieu de ces vils tréteaux qu'on dressait autrefois à la hâte, il obtint un théâtre **** pourvu de machines et embelli de décorations *****. Il y fit retentir le son de la trompette; on y vit l'encens brûler sur les autels, les ombres sortir du tombeau, et les Furies s'élancer du fond du Tartare. Dans une de ses pièces, ces divinités infernales parurent, pour la première fois, avec des masques où la pâleur était empreinte, des torches à la main et des serpents entrelacés dans les cheveux******, suivies d'un nombreux cortége de spectres horribles. On dit qu'à leur aspect et à leurs rugissements, l'effroi s'empara de toute l'assemblée; que les femmes se délivrèrent de leur fruit avant terme; que des enfants mou-

---

* Philos. *Vit. Appol.* VI, 11; id. *Vit. Soph.* I. Lucian. *de Salt.* XXVII, *Vit. Æschyl. Ap. Robort.*

** Horat. *de Art. poet.* v. 278.

*** Athen. I, 18.

**** Horat. *ibid.* v. 279.

***** Vitruv. in *præf.* VII. *Vit. Æschyl. ap. Robort. Vit. Æschyl. ap. Stanl.*

****** Aristoph. in *Plut.* v. 423. Schol. *ibid.* Pausan. I, 28.

rurent*; et que les magistrats, pour prévenir de pareils accidents, ordonnèrent que le chœur ne serait plus composé que de quinze acteurs au lieu de cinquante**.

Les spectateurs, étonnés de l'illusion que tant d'objets nouveaux faisaient sur leur esprit, ne le furent pas moins de l'intelligence qui brillait dans le jeu des acteurs. Eschyle les exerçait presque toujours lui-même : il réglait leurs pas, et leur apprenait à rendre l'action plus sensible par des gestes nouveaux et expressifs. Son exemple les instruisait encore mieux; il jouait avec eux dans ses pièces***. Quelquefois il s'associait, pour les dresser, un habile maître de chœur, nommé Télestès. Celui-ci avait perfectionné l'art du geste. Dans la représentation des Sept-Chefs devant Thèbes, il mit tant de vérité dans son jeu, que l'action aurait pu tenir lieu des paroles****.

Nous avons dit qu'Eschyle avait transporté dans la tragédie le style de l'épopée et du dithyrambe; il y fit passer aussi les modulations élevées et le rhythme impétueux de certains airs, ou *nomes*, destinés à exciter le courage*****; mais il n'adopta point les innovations qui commençaient à défigurer l'ancienne musique. Son chant est plein de noblesse et de décence, toujours dans le genre diato-

---

* *Vit. Æschyl.*
** Poll. IV, 15.
*** Athen. I, 18.
**** Aristocl. ap. *Athen.* I, 18.
***** Timarch. ap. sch. Aristoph. in *Ran.* v. 1315. Æschyl. in *Agam.* v. 1162. *Mém. de l'acad. des bell. lettr.*

nique *, le plus simple et le plus naturel de tous.

Faussement accusé d'avoir révélé, dans une de ses pièces, les mystères d'Éleusis, il n'échappa qu'avec peine à la fureur d'un peuple fanatique **. Cependant il pardonna cette injustice aux Athéniens, parce qu'il n'avait couru risque que de la vie; mais quand il les vit couronner les pièces de ses rivaux préférablement aux siennes : « C'est au temps, dit-il, à « remettre les miennes à leur place ***; » et, ayant abandonné sa patrie, il se rendit en Sicile ****, où le roi Hiéron le combla de bienfaits et de distinctions. Il y mourut peu de temps après, âgé d'environ soixante-dix ans *****. On grava sur son tombeau cette épitaphe, qu'il avait composée lui-même ****** : « Ci-gît « Eschyle, fils d'Euphorion, né dans l'Attique; il « mourut dans la fertile contrée de Géla; les Perses « et le bois de Marathon attesteront à jamais sa va-« leur. » Sans doute que dans ce moment, dégoûté de la gloire littéraire, il n'en connut pas de plus brillante que celle des armes. Les Athéniens décernèrent des honneurs à sa mémoire; et l'on a vu plus d'une fois les auteurs qui se destinent au théâtre aller faire des libations sur son tombeau, et déclamer leurs ouvrages autour de ce monument funèbre *******.

* Plut. *de Mus.*
** Aristot. *de Mor.* III, 2. Ælian. *Var. hist.* V, 19. Clem. Alex. *Strom.* II, 14.
*** Athen. VIII, 8.
**** Plut. in *Cim.*
***** L'an 456 avant J.-C. (Marm. Oxon. epoch. 60. Corsin. *Fast. attic.*)
****** Schol. *Vit. Æschyl.* Plut. *de Exil.* Pausan. I, 14, Athen. XIV.
******* *Vit. Æschyl.* ap. Stanl.

Je me suis étendu sur le mérite de ce poète, parce que ses innovations ont presque toutes été des découvertes, et qu'il était plus difficile, avec les modèles qu'il avait sous les yeux, d'élever la tragédie au point de grandeur où il l'a laissée, que de la conduire après lui à la perfection*.

BARTHELEMY, *Voyage d'Anacharsis*.

II.

Eschyle est le véritable fondateur du théâtre grec, car les trétaux ambulants de Thespis ne méritaient pas ce nom. Eschyle était né dans l'Attique, d'une famille ancienne et illustre. Il se partagea de bonne heure entre la philosophie, la guerre et le théâtre. Il étudia les dogmes de Pythagore, se trouva à la journée de Salamine, fut blessé à celle de Marathon, et mit sur la scène, dans sa tragédie des *Perses*, ces triomphes de la Grèce, dont il avait été le témoin. Son génie militaire éclatait dans ses ouvrages, et l'on appelait sa pièce des *Sept Chefs devant Thèbes*, *l'Accouchement de Mars*. Sa dernière campagne fut celle de Platée, non moins glorieuse aux Grecs que les précédentes. Il se livra dès-lors tout entier au théâtre, et donna, sous l'archonte Ménon, quatre tragédies** qui furent couronnées, *Phinée*, *Glaucus*,

---

* Schol. *Vit. Æschyl. ap. Robort.*

** Il serait plus juste de dire quatre pièces. Dans ce premier âge de l'art dramatique, on présentait au concours ce qu'on appelait un *tétralogie* c'est-à-dire trois tragédies, qui pouvaient former une suite, mais qui le plus souvent étaient composées sur des sujets tout-à-fait divers, et enfin d'un drame satyrique qui était comme la petite pièce de ce spectacle. Parmi les ouvrages que nomme La Harpe, on croit assez généralement que *Glaucus* devait être un drame satyrique. H. PATIN.

les Perses, et *Prométhée* ; nous avons les deux dernières. Les traditions historiques varient sur le nombre de ses pièces. La nomenclature de Fabricius en compte près de cent. Euripide et Sophocle en composèrent encore davantage; ce qui prouve que l'art du théâtre et celui de la poésie étaient beaucoup moins difficiles pour les Grecs que pour nous. Nos auteurs les plus féconds sont bien loin aujourd'hui de ce calcul arithmétique, qui n'est encore rien, il est vrai, si l'on remonte jusqu'à notre Hardy, qui avait fait six cents pièces. Mais Hardy est aussi loin d'égaler Eschyle, qu'Eschyle lui-même est loin de Corneille.

Aristote et Quintilien l'ont regardé comme le véritable inventeur de la tragédie. Chérile et Phrynicus, cités par Suidas, n'étaient que des chansonniers vagabonds, imitateurs de Thespis. C'est Eschyle, dit Aristote, qui a le premier introduit *deux acteurs sur la scène, où l'on n'en voyait qu'un seul auparavant.* Qu'était-ce que des drames où il n'y avait qu'un personnage? Quintilien s'explique plus nettement : *Eschyle est le premier*, dit-il, *qui ait fait des tragédies.* Denis d'Halycarnasse parle de même. Aucun de ces auteurs n'attribue l'invention du poème tragique à Thespis. Horace est le seul qui ait voulu remonter jusqu'à lui, peut-être par une suite de cette disposition naturelle à chercher la plus petite origine à ce qu'il y a de plus grand [*].

[*] Eschyle est nommé à juste titre l'inventeur de la tragédie, parce que le premier il a produit dans ce genre des ouvrages durables. Mais il n'en est pas moins vrai qu'il a hérité des découvertes de ses prédécesseurs. Ce que

Eschyle joignait au génie poétique un esprit inventeur dans tout ce qui regarde la mécanique et la décoration théâtrales. Il forma le célèbre Aga-

nous appelons son œuvre est l'œuvre du temps, d'une longue et patiente recherche, d'essais successifs et multipliés. Chérile et Phrynicus n'étaient pas, comme le veut La Harpe, des *chansonniers vagabonds;* le théâtre athénien avait déjà un domicile fixe lorsqu'ils se produisirent. Le second de ces deux poètes donna, cinq ans avant les *Perses* d'Eschyle, une tragédie intitulée les *Phéniciennes,* où il avait également célébré les victoires toutes récentes des Grecs sur les Barbares. Thémistocle en qualité de chorège faisait les frais de cette représentation. Assez long-temps auparavant il avait retracé la prise de Milet par Darius, dans une tragédie dont les Athéniens interdirent la représentation, et pour laquelle ils condamnèrent le poète à une amende de mille drachmes, irrités qu'il leur eût rappelé un malheur domestique. Chérilus et Pratinas dont ne parle pas La Harpe, et sur lequel Eschyle remporta le prix de la tragédie, étaient sans doute inférieurs à Phrynicus qui a laissé un nom plus célèbre, mais il est à croire que leurs essais assez rapprochés par le temps des compositions d'Eschyle, ne s'en éloignaient pas autant pour l'art et le talent qu'on le pense communément. Il ne faut pas même adopter trop légèrement ce qu'a dit Horace, sur la foi de quelques scholiastes, du *tombereau* de Thespis, de ses acteurs *mal ornés* et *barbouillés de lie*, de cette *heureuse folie* qu'il *promenait par les bourgs* et qu'on a représentée comme si grossière et si barbare. On devait être plus avancé du temps de ce Solon, aussi bon poète que grand législateur, de ce Pisistrate qui avait recueilli et rassemblé en un corps régulier les poèmes d'Homère, et depuis que la langue poétique, créée par ce grand génie, avait été savamment maniée et pliée à tous les usages par Archiloque, par Sapho, par Anacréon, par Alcée et tant d'autres. La chronique de Paros parle d'une *Alceste* composée par Thespis : or le choix seul d'un pareil sujet, reproduit depuis avec tant d'éclat sur la scène grecque, indiquerait seul qu'il avait déjà quelque idée de la véritable tragédie. Il est très probable qu'on lui doit l'invention de l'action dramatique, découverte qui rendit son nom fameux dans toute l'antiquité. D'autres avaient avant lui, par un hazard dont l'histoire est partout, rencontré le dialogue. Ces deux éléments du drame une fois trouvés, l'art se forma comme de lui-même par des perfectionnements successifs, jusqu'au moment où parut un homme, qui, s'emparant avec puissance de tous les matériaux que des mains laborieuses avaient rassemblés et dégrossis, eleva seul le monument, et mérita d'être appelé le créateur de l'art. Cet homme ce fut Eschyle. H. PATIN.

tharque, qui écrivit un Traité sur l'architecture scénique. Il imagina pour ses acteurs ces robes traînantes et majestueuses que les ministres des autels empruntèrent pour les cérémonies de la religion. Par ses soins, le théâtre, orné de riches peintures, représenta tous les objets, conformément aux règles de l'optique et aux effets de la perspective. On y vit des temples, des sépulcres, des armées, des débarquements, des chars volants, des apparitions, des spectres. Il enseigna au chœur des danses figurées, et fut le créateur de la pantomime dramatique. Tous ces services rendus aux beaux-arts ne le garantirent pas de la persécution. Les prêtres lui firent un crime d'avoir mis sur la scène les mystères de la religion dans plusieurs de ses tragédies, et notamment dans ses *Euménides*, que nous avons encore, où Oreste est accusé par les Furies, et défendu par Apollon et Minerve. La populace ameutée voulut le lapider. Il se réfugia près de l'autel de Bacchus. L'Aréopage le sauva de la fureur de ses ennemis en se déclarant son juge, et le renvoya absous en considération des blessures qu'il avait reçues à Marathon. Ainsi ses talents lui auraient coûté la vie, s'il n'en avait eu d'autres que ceux d'un poète. Ce ne fut pourtant pas le chagrin le plus sensible qu'il essuya. Le danger qu'il avait couru n'avait pu le dégoûter de la poésie. Il eut l'imprudence si commune de ne pas sentir que le génie a aussi sa vieillesse, et qu'il ne faut pas l'exposer au mépris. Les ossements de Thésée ayant été portés à Athènes par Cimon, ce fut pour la ville un sujet de fêtes et de jeux. Il y eut un concours ouvert pour les poètes tragiques. Eschyle ne voulut pas manquer une occasion si solennelle. Malheureusement il avait pour concurrent un de ces hommes rares dont les premiers pas sont des triomphes : c'était Sophocle à vingt-quatre ans. L'archonte s'aperçut qu'il y avait parmi le peuple des mouvements et des brigues qui faisaient craindre que l'esprit de parti n'influât sur le jugement public. Dans ce moment Cimon et les autres généraux d'Athènes arrivèrent sur le théâtre pour y faire des libations. L'archonte les pria de faire la fonction de juges. Sophocle l'emporta. Le vieux Eschyle en fut inconsolable. Il quitta sa patrie; et se retira auprès d'Hiéron, roi de Sicile, ami et protecteur des lettres, et qui avait à sa cour Épicharme, Simonide, Pindare. C'est en ce pays qu'il finit sa vie, écrasé, dit-on par une tortue qu'un aigle laissa tomber sur sa tête chauve. Après sa mort, son fils Euphorion fit encore jouer à Athènes plusieurs pièces que son père avait laissées. Elles furent couronnées; mais l'auteur n'était plus.

Il ne nous en reste que sept de toutes celles qu'il avait écrites : *Prométhée, les Sept Chefs devant Thèbes, les Perses, Agamemnon, les Coëphores, les Euménides,* et *les Suppliantes.* Toutes se ressentent de l'enfance de l'art, et les beautés sont plus de l'épopée que de la tragédie. On y reconnaît un génie mâle et brut, nourri de la poésie d'Homère, dont il s'avouait l'imitateur. *Mes pièces,* disait-il, *ne sont que des reliefs des festins d'Homère.* Mais dans les *Coëphores* il y a des beautés vraiment dramatiques, et dans les *Sept Chefs* des morceaux d'une très belle poésie *. Je m'arrêterai principalement sur ces deux dernières, après avoir dit un mot de chacune des autres.

Le sujet de *Prométhée* est monstrueux. Vulcain, accompagné de la Force et de la Violence, ministres de Jupiter, fait attacher sur le mont Caucase, avec des chaînes de diamant, le dieu Prométhée, que le maître des dieux veut punir, on ne sait pourquoi, d'avoir dérobé le feu du ciel, et d'avoir enseigné aux hommes tous les arts. Les nymphes de l'Océan, l'Océan lui-même, et la malheureuse Io, poursuivie aussi par Jupiter, viennent tour à tour entendre les plaintes de Prométhée, que son malheur n'a point abattu, qui se vante même de savoir le seul moyen que Jupiter puisse employer pour n'être pas renversé un jour du trône des cieux, et jure que rien ne l'obligera de le révéler, à moins qu'on ne le délivre de ses chaînes. Mercure vient le sommer de dire ce secret, et lui déclare que, s'il s'obstine au silence, Jupiter va le foudroyer et le laisser

---

* Il ne faudrait pas croire que c'est seulement dans les *Coëphores* qu'on rencontre des beautés dramatiques, et dans les *Sept Chefs* des morceaux d'une belle poésie. L'analyse que fait La Harpe des autres ouvrages d'Eschyle pourrait en effet donner cette idée; mais cette analyse est très peu fidèle et a souvent le ton de la parodie, plutôt que celui de la critique. Pour juger le poète grec, il convient de recourir à ses productions elles-mêmes, ou a des interprètes moins prévenus et plus attentifs. Nous ne relèverons pas en détail toutes les erreurs et tous les sarcasmes de La Harpe, cela nous entraînerait dans des notes beaucoup trop nombreuses et beaucoup trop longues ; mais à la suite de cet article nous essaierons d'indiquer, aussi brièvement qu'il nous sera possible, ce qui nous paraît devoir être repris en général dans la critique de La Harpe.   H. Patin.

en proie à un vautour qui lui déchirera les entrailles. L'inébranlable Prométhée garde le silence, et brave les menaces de celui qu'il nomme le tyran des dieux. L'arrêt s'exécute : la foudre tombe, disperse le rocher où Prométhée est enchaîné, et la pièce finit. Cela ne peut pas même s'appeler une tragédie *.

Les Perses, dont le sujet est plus rapproché de la nature, n'offrent rien de plus régulier : mais on sent combien cet ouvrage devait plaire aux Athéniens. C'est la défaite des Perses à Salamine, qui occupe cinq actes, en récits, en descriptions, en présages, en songes, en lamentations ; nulle trace encore d'action ni d'intrigue. La scène est à Suze. Des vieillards, qui forment le chœur, attendent avec inquiétudes des nouvelles de l'expédition de Xercès. Atossa, mère de ce prince, vient leur raconter un songe qui l'épouvante. Arrive un soldat échappé de l'armée, qui raconte le désastre des Perses. Atossa évoque l'ombre de Darius, et, contre l'ordinaire des ombres, qui ne reviennent que pour révéler aux vivans quelque grand secret, celle-ci ne paraît que pour entendre de la bouche d'Atossa ce qu'elle-même vient d'apprendre de la défaite de Xercès.

* Eschyle avait composé sur le sujet de Prométhée trois tragédies qui se suivaient, une trilogie : 1° Prométhée, apportant le feu du ciel; 2° Prométhée enchaîné, c'est celle qui nous reste; 3° Prométhée délivré de ses liens. Nous possédons un fragment précieux de cette dernière pièce dans la traduction latine qu'en a faite, soit le poète Accius, soit Cicéron lui-même qui l'a inséré dans le deuxième livre des *Tusculanes*. Nous en avons donné, t. I, p. 42 de notre *Répertoire* une excellente traduction par feu M. Anceau

H. P.

Au cinquième acte, Xercès lui-même paraît seul avec un carquois vide, qui est, dit-il, tout ce qui lui reste de cette prodigieuse armée qu'il avait amenée contre les Grecs. Il s'est sauvé avec bien de la peine. Il pleure, il gémit, et ne fait autre chose que de recommander à sa mère et aux vieillards de pleurer et de gémir. Toute la pièce d'ailleurs est remplie, comme on peut se l'imaginer, des louanges du peuple d'Athènes : il est invincible, il est favorisé du Ciel, il est le soutien de la Grèce. Tout cela était vrai alors ; mais le poète met ces louanges dans la bouche même des ennemis vaincus, et l'on sent combien elles en deviennent plus flatteuses. Il leur montre, pendant cinq actes, les Perses dans la terreur, dans l'humiliation, dans les larmes, dans l'admiration pour leurs vainqueurs. Avec un tel sujet, traité devant des républicains enivrés de leur gloire, et qui n'avaient pas encore appris à être difficiles, on pouvait être couronné sans avoir fait une scène tragique, et c'est ce qui arriva. Mais après la défaite entière des Athéniens en Sicile, la destruction de toutes leurs forces et la perte de cet ascendant qu'ils avaient dans la Grèce, si quelque poète eût fait une tragédie pour leur prouver qu'ils étaient le premier peuple du monde, je doute qu'ils l'eussent couronné, car les Athéniens se connaissaient en louanges.

Agamemnon est une pièce froidement atroce. On est un peu étonné qu'un homme de lettres qui connaissait les anciens, Lefranc de Pompignan, à qui nous devons une traduction élégante d'Eschyle, porte l'enthousiasme de traducteur jusqu'à dire que ce poète a *perfectionné l'art qu'il avait inventé*, et se récrie, entr'autres choses, sur la beauté du caractère de Clytemnestre. « *Agamemnon*, dit-il, a le » défaut de plusieurs de nos pièces modernes. Ses » premiers actes ne sont qu'une longue exposition : » l'action ne commence qu'au quatrième. » C'est un peu tard, et je ne connais point de pièce sur notre théâtre à qui l'on ait pardonné une pareille faute. Il ajoute : « Le cinquième acte est du plus » grand intérêt. Les personnages de Clytemnestre » et de Cassandre n'y laissent rien à désirer. » Il est vrai que les prophéties de Cassandre sont belles; mais des prophéties sont un beau détail, et ne sont point un caractère. Quant à celui de Clytemnestre, il me semble qu'on n'y peut rien tolérer : elle est d'une atrocité qui révolte. Un grand crime n'est théâtral qu'avec une grande passion ou de grands remords. Si Clytemnestre était forcenée de jalousie comme Hermione, ou d'ambition comme Cléopâtre, je pourrais concevoir son crime ; mais elle n'est ni amoureuse, ni jalouse, ni ambitieuse. Seulement elle veut tuer son mari, et le tue. Voilà la pièce. Elle se contente de dire qu'Agamemnon a mérité la mort en faisant immoler sa fille : elle le répète trois ou quatre fois. Du reste, il ne sort pas de cette âme, que l'idée d'un semblable forfait devait au moins troubler, un seul mot de passion, un cri de fureur, un accent de violence. Il n'y a point d'exemple d'une scélératesse si tranquille, et par conséquent si froide : elle attend son époux pour l'égorger, sans être combattue un moment, et quand elle l'a assassiné, elle sort de son palais pour s'en vanter devant tout le peuple avec une insolence aussi calme qu'inconcevable. Il faut l'entendre elle-même pour juger où en était encore cet art que Pompignan veut qu'Eschyle ait *perfectionné*.

« Quand il faut se venger d'un ennemi qui doit
» nous être cher, ne faut-il pas lui tendre un piége
» qu'il ne puisse éviter? Je méditais depuis long-
» temps cette vengeance légitime : l'occasion s'est
» présentée; je l'ai saisie avec ardeur. Agamemnon
» ne vit plus : je l'avouerai sans crainte. Tout était
» si bien disposé, qu'il ne pouvait ni fuir ni se dé-
» fendre. Il s'est trouvé pris dans un superbe voile
» comme dans des liens indissolubles. Je l'ai frappé
» deux fois, et deux fois il a gémi sous mes coups. Il
» tombe à mes pieds; je le frappe encore, et ce
» dernier coup l'envoie chez Pluton. Il expire : son
» sang rejaillit sur moi; rosée qui m'a paru plus
» douce que les eaux du ciel ne le sont pour les
» productions de la terre. J'annonce sans effroi ce
» que j'ai fait : il m'est égal que vous m'approuviez
» ou que vous me blâmiez. Voilà le corps d'Aga-
» memnon, le corps de mon époux. Je n'ai rien
» commis que de juste. Je l'ai poignardé : c'est tout
» ce que j'avais à vous dire. » (*Traduction de Lefranc de Pompignan*).

Je ne doute pas qu'en cet endroit Brumoy ne répondît comme il fait si souvent : *Les Athéniens étaient un peuple éclairé: comment croire qu'ils aient applaudi une sottise ?* Et il conclut qu'il y a quelque raison que nous ne savons pas, et qui justifie ce qui nous paraît sans excuse. Avec cette méthode il n'y a rien qu'on ne fît trouver bon. Mais sans aller plus loin, les Anglais sont assurément un peuple très éclairé, et tous les jours ils applaudissent ce que nous ne supporterions pas. On en trouverait fort bien les raisons; mais la logique de Brumoy dispense d'en chercher; ce qui est beaucoup plus court. Ici, par exemple, ne peut-on pas dire que, si cette pièce fut honorée d'un prix, c'est que le théâtre était encore à moitié barbare et bien loin de la perfection où Sophocle le porta dans la suite? Et qui ne sait qu'à cette époque, ce qui n'est qu'atroce et noir paraît énergique et grand? Malheureusement, lorsque la corruption et la décadence succèdent aux modèles et naissent de la satiété, l'on retombe, à l'autre bout du cercle, dans le même abus par où l'on avait commencé, et de nos jours ce commentaire trouverait aisément son application.

Au cinquième acte des *Coëphores*, qui ne sont autre chose que le sujet connu parmi nous sous les noms d'Électre et d'Oreste, ce dernier tue sa mère aussi froidement qu'elle a tué son époux.

Les Euménides sont la troisième pièce que la famille des Atrides ait fournie à Eschyle. Il en a suivi exactement l'histoire dans ses trois tragédies; celle d'*Agamemnon*, où ce prince est assassiné par sa femme; celle des *Coëphores*, où il est vengé par son fils; celle des *Euménides*, où Oreste est en proie aux Furies. Cette dernière est au moins aussi étrangère à nos mœurs que *Prométhée*. L'ouverture du théâtre représente les Euménides endormies à côté d'Oreste dans le temple de Delphes : c'est Apollon, protecteur de ce malheureux prince, qui est venu à bout de les assoupir, et qui lui conseille de profiter de l'occasion et de s'échapper, comme si les Furies devaient être bien embarrassées à leur réveil pour le retrouver; et puis expliquez la mythologie ! Quoi qu'il en soit, Oreste trouve le conseil fort bon, et il prend la fuite. Survient l'ombre de Clytemnestre, qui trouve fort mauvais que les Furies sommeillent. En effet, l'on serait tenté de croire que ces filles de la Nuit ne devraient jamais sommeiller tant qu'il y a des coupables à tourmenter. Mais aussi c'est un dieu qui les a endormies, et leur sommeil est bien dur, car il se passe beaucoup de temps avant que Clytemnestre parvienne à les réveiller. Cette scène est curieuse : en voici une petite partie fidèlement traduite par Pompignan, mais pour cette fois condamnée par lui-même.

« Écoutez mes plaintes, ô divinités infernales !
« écoutez Clytemnestre qui se montre à vous pen-
« dant votre sommeil. » (*Ici les Euménides ronflent.*)

CLYTEMNESTRE.

« Vous me répondez par un vain bruit, et votre
« proie s'éloigne. Vous pouvez dormir en effet; les
« suppliants ne vous importunent guère. » (*Les Euménides ronflent.*)

« Quel profond sommeil ! Mes douleurs ne vous
« touchent pas. Cependant le meurtrier de sa mère,
« Oreste, s'enfuit ! » (*Les Euménides ronflent.*)

« Vous dormez encore! Rien ne peut vous éveil-
« ler! Ah! noires Furies! vous ne savez faire que du
« mal. » (*Les Euménides ronflent.*)

« La Fatigue et le Sommeil se sont mis ensemble
« pour assoupir ces monstres cruels. » (*Les Euménides ronflent, et une d'elles s'écrie en rêvant:* Arrête! arrête! arrête!)

Un moment après elles s'éveillent enfin, et se reprochent leur négligence. Apollon veut les chasser de son temple : elles le querellent sur la protection qu'il accorde à un parricide. « Jeune dieu, « lui disent-elles, tu as trompé de vieilles déesses. » Cependant Oreste s'est enfui de Delphes à Athènes, et le poète y transporte la scène au troisième acte. Ce n'est pas là, comme on voit, la règle des unités. Dispute d'Oreste avec les Furies dans le temple de Minerve ; mais ce n'est pas l'Oreste que nous connaissons, car il leur parle de sang-froid et avec beaucoup de bon sens. Il ne paraît pas que ces Furies lui fassent grand mal, ni même grand'peur. Il implore la protection de Minerve, qui descend au bruit, et veut savoir de quoi il s'agit. Les Euménides accusent; Oreste se défend. Minerve s'abstient de juger une cause *qui est*, dit-elle *au-dessus des mortels;* mais elle déclare qu'elle va remettre ce jugement à un tribunal composé des hommes les plus justes et les plus éclairés d'Athènes. Il y a un magnifique éloge de ce tribunal, qui n'est autre chose que l'Aréopage, dont le poète attribue l'établissement à Minerve, et relève la majesté jusqu'à le faire juge des dieux et des hommes, puisque

Apollon plaide devant lui pour Oreste contre les Euménides. C'est pourtant pour cette pièce que l'on voulut lapider Eschyle : il paraît que ce peuple d'Athènes était fort difficile à manier. Conclusion : Apollon déclare que « l'enfant est l'ouvrage du père, « et non pas de la mère, qui n'en est que la dépo- « sitaire; que Minerve elle-même est née de Jupiter « seul, ce qui prouve qu'on peut se passer de mère, » et autres raisons de la même force, qui persuadent pourtant la moitié de l'Aréopage; car, lorsqu'on va aux voix, les suffrages pour et contre se trouvent égaux, et dans ce cas la loi absout. Voilà Oreste hors d'affaire, et le poète aussi; mais il faut convenir que voilà une étrange pièce.

Le sujet des *Suppliantes* est aussi simple que celui des *Euménides* est extraordinaire; mais il n'y a pas plus d'action dans l'une de ces deux pièces que dans l'autre. Ces suppliantes sont les quarante * filles de Danaüs, qui ont quitté l'Égypte pour ne pas épouser les fils d'Égyptus : elles viennent avec leur père supplier Pélasgus, roi d'Argos, de leur donner l'hospitalité. Trois actes se passent à savoir s'il les recevra ou non. Au quatrième, il y consent; au cinquième, un envoyé d'Égyptus vient les réclamer. Le roi d'Argos les refuse, et elles demeurent chez lui. Se douterait-on qu'il y eût là une tragédie ** ?

Le sujet des *Sept Chefs* en pouvait fournir plus d'une : c'est celui de *la Thébaïde*, qu'on a tourné

---

* Lisez *cinquante*. H. P.
** Il est vraisemblable, dit Schlegel (t. I, p. 176.), que cette pièce faisait partie d'une trilogie dont elle occupait le milieu; on peut retrouver dans

de tant de manières, sans en faire jamais rien de bon. « A proprement parler, dit Pompignan, il n'y « a point d'acteurs dans cette tragédie. Éthéocle ne « se montre que pour écouter des récits, gronder « des femmes et expliquer des devises. Ismène et « Antigone n'arrivent sur la scène qu'après le com- « bat et la mort des deux frères; mais il y a dans « ce poème deux personnages invisibles qui le rem- « plissent depuis le commencement jusqu'à la fin, « la Terreur et la Pitié. » *Très invisibles* en effet ; car j'avoue qu'il m'est impossible de les y voir. Mais cette pièce offre du moins de grandes beautés de détail. Les chœurs, une des parties les plus brillantes d'Eschyle, y sont d'une poésie admirable. Quant au siége de Thèbes, ce pouvait être un grand évènement pour les Grecs; mais, pour nous, un siége ne peut nous intéresser qu'autant que les assiégeants et les assiégés sont respectivement dans des situations critiques et attachantes. Quand il ne s'agit d'autre chose que de savoir si la ville sera prise ou non, et qui régnera d'Éthéocle ou de Polynice,

le catalogue des pièces d'Eschyle, les noms de deux tragédies auxquelles elle se liait, *les Égyptiens*, et *les Danaïdes;* la première peint la fuite des Danaïdes, lorsqu'elles abandonnent l'Égypte pour éviter un mariage odieux et sacrilége avec leurs cousins. La seconde les présente implorant et obtenant un asyle à Argos, la troisième a pour sujet le meurtre des époux qu'elles avaient acceptés malgré elles. »

Si l'on admettait cette opinion, extrêmement plausible, on concevrait plus aisément le peu d'évènements et d'action qu'offre une pièce qui n'était guère qu'un des actes d'une pièce plus étendue.

Parmi les pièces d'Eschyle qui nous restent, nous possédons une trilogie complète, *Agamemnon*, *les Coëphores*, *les Euménides;* et deux incomplètes, celles dont sont détachés *Prométhée* et *les Suppliantes*.   H P.

dont l'un ne paraît même pas, et dont l'autre ferait aussi bien de ne pas paraître, il n'y a ni terreur ni pitié. Parmi ces longs récits, ces longues descriptions, quelques morceaux choisis peuvent donner une idée du style de l'auteur, et en même temps d'un genre de beautés qui n'entrerait pas aisément dans une de nos tragédies. Souffririons-nous que l'énumération des sept chefs qui assiégent Thèbes, et la description de leur armure, occupât un acte entier? C'est pourtant ce que fait Eschyle, et cet acte est le troisième de la pièce ; ce qui pour nous est encore bien plus extraordinaire. Voici la marche de cet acte. Un officier thébain rend compte à Éthéocle des dispositions de l'armée des assiégeants. Il y a une attaque préparée à chaque porte, et à chacune commande un des chefs alliés de Polynice. Quand l'officier a fait la description d'un de ces chefs, le chœur implore le secours des dieux ; Éthéocle nomme le Thébain qui sera chargé de repousser l'attaque, et ce détail, qui recommence sept fois, remplit un acte : nous souffririons à peine qu'il remplît une scène.

Le terrible Tydée, au bord de l'Isménus,
Menace en frémissant la porte de Prétus.
Le fleuve vainement s'oppose à son passage ;
Vainement le devin, que trouble un noir présage,
Veut arrêter ses pas en attestant les dieux :
Le guerrier, tel qu'on voit un serpent furieux
Dont les feux du midi, sur un brûlant rivage,
Embrasent les poisons et réveillent la rage,
Le guerrier du devin accuse la frayeur ;

Il méprise un augure, il insulte à la peur.
Il agite, en parlant, trois aigrettes flottantes,
De son casque d'airain parures menaçantes;
Frappe, et fait retentir son vaste bouclier,
Industrieux ouvrage, où brille sur l'acier
Cet astre, œil de la nuit, qui décrit sa carrière
Dans des cieux étoilés que remplit sa lumière.
Ainsi marche au combat ce guerrier orgueilleux :
Une lance à la main et le feu dans les yeux,
Il appelle à grands cris la guerre et le carnage;
Semblable au fier coursier qui, bouillant de courage,
Entend bruir de Mars les affreux instruments,
Et répond à ce bruit par des hennissements, etc.

On croit lire *l'Iliade;* et l'épopée n'a pas un autre ton. Éthéocle oppose à Tydée, Mélanippe, fils d'Astacus. L'officier continue son récit :

A la porte d'Électre, aux assauts destinée,
S'élève comme un roc l'énorme Capanée;
Et que puissent les cieux, prompts à vous exaucer,
Détourner les malheurs qu'il vous ose annoncer !
Nul mortel ne saurait égaler sa stature.
Audacieux géant, qu'agrandit son armure,
Il jure que nos tours tomberont sous son bras,
Que les dieux conjurés ne nous sauveraient pas.
D'une voix sacrilège, il défie, il blasphème
L'Olympe, le Destin, et Jupiter lui-même.
Il ose se vanter qu'en vain ce dieu jaloux
Armerait contre lui son foudroyant courroux.
Pour lui, tout ce fracas qui fait trembler la terre,
N'est rien que du midi la vapeur passagère.
Pour jeter plus d'effroi, son bouclier d'airain
Présente un homme nu, la torche dans la main,

ESCHYLE.

Et ces sinistres mots : *J'embraserai la ville.*
Contre un tel ennemi vous sera-t-il facile
De trouver un guerrier prêt à se mesurer?
Qui l'osera combattre?

On voit que l'usage des devises guerrières a précédé de beaucoup la chevalerie moderne. Éthéocle se propose d'envoyer Poliphonte à la rencontre de Capanée, et le Thébain reprend son discours :

Aux remparts de Minerve Hippomédon s'avance,
Portant, d'un bras nerveux, un bouclier immense.
Je l'ai vu ; j'ai frémi : la main de l'artisan
A gravé sur le fer un monstrueux Titan.
Typhée, en rugissant, de sa bouche enflammée
Vomit de longs torrents d'une noire fumée.
Des serpents à l'entour, formant un cercle affreux,
De leurs corps repliés entrelacent les nœuds.
Le cri de ce guerrier inspire l'épouvante ;
Il a la voix, la marche et l'œil d'une bacchante, etc.

Mais plus loin, vers le nord, au tombeau d'Amphion,
Respirant le ravage et la destruction,
Le jeune Parthénope, impatient, s'élance ;
Non moins présomptueux, il jure sur sa lance,
Seule divinité qu'atteste sa fureur,
Que malgré tous les dieux son bras sera vainqueur.
Brillant fils d'une nymphe, et né sur les montagnes,
Il quitta l'Arcadie et ses belles campagnes,
Lorsqu'un premier duvet, fleur de la puberté,
Ornait à peine encor sa naissante beauté.
Mais né d'un sang divin, il n'est pas moins farouche ;
L'orgueil est dans ses yeux, l'insulte est dans sa bouche,
Et son armure même, outrageant nos remparts,

Nous retrace le monstre, horreur de nos regards,
Le Sphinx, de nos malheurs cette impure origine, etc.

   C'est bien là le style de l'épopée. Voici celui de l'ode. Le chœur est formé d'une troupe de jeunes filles thébaines : épouvantées des horreurs de la guerre et du sort qui les menace, si Thèbes tombe au pouvoir du vainqueur, elles adressent leur prière aux dieux :

Du plus mortel effroi nos sens sont pénétrés.
De combien d'ennemis ces murs sont entourés !
Telle du haut des airs la colombe timide
Voit d'un vol effrayant fondre l'autour rapide :
L'infortunée, hélas ! tremble pour ses petits,
Et d'une aile impuissante elle couvre leurs nids.

Qu'allons-nous devenir? Les héros des batailles
Ont fait voler les traits autour de nos murailles.
Dieux ! protégez les murs que Cadmus a bâtis !
S'il faut qu'à l'étranger ils soient assujettis,
Si vous abandonnez cette ville si chère,
Des sources de Dircé l'eau pure et salutaire,
Dircé, fleuve sacré, pour vous si plein d'appas!
Le plus beau que Neptune épanche en ces climats,
Pourrez-vous habiter dans un plus doux asyle?
O dieux ! qui d'Agénor gardez l'auguste ville,
A nos fiers ennemis renvoyez la terreur;
Brisez entre leurs mains les traits de leur fureur,
Et, sauveur des Thébains, garant de notre gloire,
Recevez dans nos murs l'encens de la victoire.

Pourriez-vous voir, ô dieux ! ces remparts renommés,
Par les flambeaux de Mars en cendre consumés,
Et les filles de Thèbes à servir destinées,

Aux pieds de leurs vainqueurs par les cheveux traînées ;
Nos citoyens captifs, amenés dans Argos,
Marchant, le front baissé, comme de vils troupeaux !
Quel désordre ! quel bruit ! ô ville malheureuse !
Tu pleures tes enfants, ta solitude affreuse.

Hélas ! qu'il est cruel pour de jeunes beautés,
A qui l'Hymen gardait de chastes voluptés,
De quitter le séjour de leur paisible enfance,
D'assouvir des soldats la brutale insolence !
La mort est préférable à cet amas d'horreurs,
Qu'à des murs pris d'assaut réservent les vainqueurs.

La victoire inhumaine est le signal du crime.
L'un emporte sa proie ou traîne sa victime ;
Une torche à la main l'autre embrase les toits ;
L'impitoyable Mars ne connaît plus de lois.
Il marche, ivre de sang, à la lueur des flammes,
Au bruit des fers, aux cris des enfants et des femmes :
Sa fureur y répond par des rugissements ;
Il foule sous ses pieds les plus saints monuments.

Près de lui, la Rapine, au milieu du carnage,
Dispute des débris, combat pour le partage.
Les présents de Cérès, ravis et dispersés,
Sont aux pieds des soldats au hasard entassés,
Et, debout devant eux, des captives tremblantes
Font ruisseler le vin dans les coupes sanglantes.
Le sort leur donne un maître : il faut, quel changement !
Devenir de son lit le servile ornement ;
Il faut même oublier que jadis une mère
Ne les éleva pas pour ce vil ministère, etc.

Au quatrième acte, on apporte sur le théâtre les corps sanglants d'Éthéocle et de Polynice, tués l'un par l'autre; et il y a ici une scène dont l'exécution est belle et pathétique, mais qui, pour nous, conviendrait mieux à l'opéra qu'à la tragédie. Un chœur de Thébains, et ensuite les sœurs des deux princes, Ismène et Antigone, déplorent tour à tour les crimes, les fureurs et la mort des deux frères, dont les cadavres sont sous leurs yeux. C'est une espèce d'ode en dialogue, un duo de plaintes et de regrets en très beaux vers, et d'une forme très favorable à la musique, dont les développements seraient ici fort bien placés; mais tout ce qui arrête et suspend l'action est dans une tragédie un défaut réel, et c'est l'inconvénient de cette scène, qui est trop prolongée, et où la même idée est répétée trop souvent, quoique sous des formes toujours poétiques. Au reste, l'auteur n'avait nulle raison pour l'abréger; car la pièce est à peu près finie. Le cinquième acte ne contenait rien autre chose que la défense de donner la sépulture à Polynice, qui est mort en combattant contre sa patrie. Il ne me reste donc, pour terminer l'extrait de cette pièce qu'à donner une traduction de la scène dont je viens de parler.

PREMIER CHOEUR.

O frères insensés! ô princes déplorables!
  Sourds aux conseils de l'amitié,
Vous avez assouvi vos haines implacables;
Et vous voilà tous deux un objet de pitié.

SECOND CHOEUR.

Ils ont de leur famille achevé la ruine;
Ils n'ont point démenti leur fatale origine.

ESCHYLE.

PREMIER CHOEUR.

Malheureux! le fer seul a pu vous accorder;
Le fer, de vos débats, seul a pu décider.
L'Euménide attachée à toute votre race
Était auprès d'OEdipe; elle entendait ses cris
      Quand il a maudit ses deux fils;
Elle vient d'accomplir sa sanglante menace.

SECOND CHOEUR.

Le fer est descendu jusqu'au fond de leur cœur :
    Voyez leurs profondes blessures.

PREMIER CHOEUR.

    Le sang inondait leurs armures,
Et leur bouche mourante exhalait leur fureur.

SECOND CHOEUR.

    Tous deux, en immolant un frère,
    Ils poussaient des cris forcenés.

PREMIER CHOEUR.

Tous deux, en combattant, semblaient environnés
    Des malédictions d'un père.

SECOND CHOEUR.

Le deuil noircit nos tours, et nos murs ont gémi.
Ils sont tombés, nos rois, hélas! et Thèbes pleure;
Le trône armait le bras de ce couple ennemi;
La terre ouvre à tous deux leur dernière demeure.

PREMIER CHOEUR.

D'autres hériteront de ce trône odieux
    Qu'a long-temps disputé leur rage,
Le fer, de leur querelle arbitre impérieux,
    Leur a fait un égal partage.

SECOND CHOEUR.

Tous deux n'auront de leur pays
Que la place où leurs corps seront ensevelis.

PREMIER CHOEUR.

Ah ! malheureuse entre les mères ,
La mère, épouse de son fils,
Qui mit au jour, hélas ! ces deux fils sanguinaires ,
Pour être à jamais ennemis !

SECOND CHOEUR.

Fiers rivaux que n'a pu réunir la nature ,
Ce sang qui fut puisé dans une source impure ,
Ce sang répandu par vos coups ,
Se mêle en s'écoulant, se confond malgré vous.

PREMIER CHOEUR.

De la terre exécrable ouvrage ,
Ce métal exterminateur ,
Le fer, présent fait à la rage ,
Mars , impitoyable vengeur ,
Ont ainsi partagé le funeste héritage
Qu'OEdipe à ses enfants laissa dans sa fureur.

SECOND CHOEUR.

De la grandeur ils ont senti l'ivresse ,
Ils ont brigué le pouvoir, les trésors.
Dans le sein de la terre, ils trouvent leur richesse ,
Et leur royaume est chez les morts.

PREMIER CHOEUR.

L'Euménide, au sein des ténèbres ,
Au moment où le glaive a terminé leurs jours ,
Poussa des cris aigus au sommet de nos tours ,
Et lamenta des chants funèbres.

ESCHYLE.

SECOND CHOEUR.

Aux portes de la ville, au pied de nos remparts,
Até, menaçante, inflexible,
Vint asseoir son trophée horrible,
Et sur les combattants attacha ses regards.
Elle vit leur trépas comme elle vit leurs crimes,
Et resta satisfaite auprès de ses victimes.

ISMÈNE.
Polynice !

ANTIGONE.
Éthéocle !

ISMÈNE.
O vœux toujours trompés !

ANTIGONE.
Tous deux frappent et sont frappés.

ISMÈNE.
Le sang contre le sang !

ANTIGONE.
Le frère contre un frère !

ISMÈNE.
Ah ! je succombe à ma misère.

ANTIGONE.
D'intarissables pleurs mes yeux seront trempés.

ISMÈNE.
Le malheur nous unit autant que la nature.

ANTIGONE.
Ciel ! où sera leur sépulture ?

ISMÈNE.
Où donc recevrez-vous, rivaux infortunés,
Les suprêmes honneurs qui vous sont destinés ?

ANTIGONE.

En quel endroit de cette terre ?

ISMÈNE.

Au tombeau de nos rois.

ANTIGONE.

A côté de leur père, etc *.

Nous voici enfin arrivés au seul ouvrage d'Eschyle, du moins de ceux qui nous restent, où l'on trouve des beautés vraiment tragiques, vraiment théâtrales : c'est la pièce intitulée *les Coéphores*, mot qui signifie *porteurs de libations*, parce que le chœur est composé de femmes esclaves qui portent des vases et des présents funéraires. Ce n'est pas la seule fois que le chœur a donné son nom aux tragédies des Grecs. *Les Phéniciennes* d'Euripide, dont le sujet est précisément *la Thébaïde*, sont appelées ainsi, parce que le chœur est composé de femmes de Phénicie : et *les Trachiniennes* de Sophocle, dont le sujet est la mort d'Hercule, tirent aussi leur nom de femmes de Trachine, ville de Thessalie, où se passe la scène. Celle des *Coéphores* est dans Argos. Le sujet est la vengeance qu'Électre et Oreste veulent tirer du meurtre d'Agamemnon assassiné par leur mère Clytemnestre. Ce sujet, traité tant de fois parmi les modernes, n'a pas excité moins d'émulation chez les anciens. Il a été

---

* L'un des meilleurs poètes de notre temps, M. Casimir Delavigne, a traduit fort heureusement la fin de cette scène. On ne sera sans doute pas fâché de comparer son imitation à celle de La Harpe. *Voyez* ci-après, pag. 502.

F.

un objet de concurrence entre Eschyle, Euripide et Sophocle. On n'avait pas alors cette ridicule et révoltante injustice de croire que ce fût un crime de s'exercer sur un sujet déjà manié par un autre auteur. Cette noble rivalité ne passait pas pour une basse jalousie; et les Grecs, occupés de leurs plaisirs, ne calomniaient pas si maladroitement ceux qui leur en préparaient de nouveaux. Le vaste champ des arts est ouvert à tout le monde : nulle partie n'en appartient exclusivement à celui qui le premier y a porté la main; et les traces mêmes du génie, toutes respectables qu'elles sont, ne rendent point sacrilège celui qui s'avance sur la même route.

Les Coëphores sont encore une pièce très-imparfaite; mais le sujet est dramatique : on commence à voir quelque idée d'une action théâtrale. Eschyle est même le premier qui ait imaginé d'introduire Oreste apportant la fausse nouvelle de sa propre mort : invention heureuse, et qui a été suivie. Mais d'ailleurs il y a peu d'art dans la pièce. La reconnaissance du frère et de la sœur n'est nullement ménagée : au moment ou Électre voit des cheveux sur le tombeau d'Agamemnon, elle songe à son frère, et fait des vœux pour son retour; Oreste, qui est caché dans le voisinage, se montre aussitôt, et dit : *Je suis celui que vous désirez ; je suis Oreste.* Égisthe et Clytemnestre ne paraissent qu'un moment, et pour être égorgés. Nul développement dans les caractères, nulle suspension dans les évènements. Électre et Oreste ne sont jamais en danger, et leur danger devrait être la plus grande source d'intérêt. Mais enfin le style et le dialogue sont du ton de la tragédie, et la scène qui ouvre le second acte est d'un ordre supérieur. C'était pour la première fois que Melpomène prenait un ton si élevé. On aime à voir ces premiers efforts d'un art naissant, et ce doit être une chose digne d'attention qu'une scène d'Eschyle que le grand Racine admirait comme un des plus beaux monuments de la tragédie antique. Elle est d'abord d'un appareil très imposant, et ce n'est pas la seule fois qu'Eschyle a pu servir de modèle dans cette partie de l'art, qui consiste à donner à la représentation une pompe qui fait partie du sujet et ajoute à la situation. Électre s'avance portant des libations et des offrandes, et suivie d'un chœur de femmes esclaves, qui portent aussi des vases et des présents : c'est Clytemnestre qui a chargé Électre de ces dons funèbres, destinés à honorer le tombeau d'Agamemnon, et à fléchir, s'il se peut, son ombre irritée. Pour entrer dans l'esprit de cette scène, il faut bien se souvenir du pouvoir que les anciens attachaient aux imprécations religieuses et à la vengeance des mânes. Si Électre balance, comme on va le voir, à implorer l'ombre d'Agamemnon et à maudire ses assassins, c'est qu'elle est bien sûre que sa prière ne sera pas vaine, qu'elle sera entendue des dieux infernaux, et qu'ils se chargeront de l'exaucer. Demander la mort des coupables, c'est demander la mort de sa mère. Elle tremble, elle hésite, et le chœur la rassure et l'encourage. Parmi nous elle balancerait moins à prononcer des malédictions dont l'effet ne nous paraîtrait pas devoir être si prompt et si infaillible, et qui d'ailleurs semblent être le cri naturel des opprimés et la consolation de l'impuissance. C'est par une suite de cette même croyance, qui n'est pas la nôtre, que Clytemnestre elle-même s'efforce d'appaiser, autant que possible, l'ombre de son époux massacré, et n'ose se présenter devant sa tombe qu'elle profanerait par sa présence. Elle envoie sa fille, qui est innocente, et qui doit être chère à son père; et sa fille saisit ce même instant pour faire d'un sacrifice expiatoire une invocation de vengeance et de haine adressée aux divinités infernales, et dont l'effet doit tomber sur Clytemnestre. Cette idée est grande et sublime, et le moment où Électre se résout à lancer enfin ces fatales imprécations devait faire frémir les spectateurs.

ÉLECTRE, *aux femmes qui la suivent.*

Vous, qu'en mon infortune il m'est permis de voir,
Esclaves qui m'aidez dans ce triste devoir,
Quels vœux puis-je former sur le tombeau d'un père?
En épanchant les eaux du vase funéraire,
Dirai-je : « Agamemnon, c'est ton épouse en pleurs,
« Qui t'offre, par mes mains, les dons de ses douleurs.
« Aux mânes d'un époux elle offre cet hommage! »
Non, je ne l'ose pas; hélas! et quel langage,
Quelle prière encore et quels souhaits pieux
Conviennent à sa fille en ces funèbres lieux?
Parlez, qu'en ce moment vos avis m'encouragent.
Ah! sur les meurtriers dont les présents l'outragent,
Si ma voix, appelant sa vengeance et ses coups,
De ses mânes trahis attestait le courroux!

Si mon cœur en croyait ce transport qui l'anime...
Enfin, puisque je viens pour expier un crime,
Dois-je jeter au loin ces vases odieux,
Et fuir avec horreur en détournant les yeux?
J'implore vos conseils; je m'y soumets sans peine.
Vous partagez ici mes malheurs et ma chaîne.
Ne craignez rien : songez que, sous les lois du sort,
L'esclave et le tyran sont égaux dans la mort.
Ne dissimulez point, et bannissez la crainte.

LE CHOEUR.

Nous sommes sans effroi, nous parlerons sans feinte.

ÉLECTRE.

J'en jure le tombeau du plus grand des mortels,
Plus auguste pour moi, plus saint que les autels.
Ah! si vous révérez la cendre de mon père,
Vous pouvez tout sur moi; sa fille vous est chère.
Parlez.

LE CHOEUR.

En arrosant ce marbre inanimé,
Invoquez ce héros pour ceux qui l'ont aimé.

ÉLECTRE.

Et qui dois-je nommer?

LE CHOEUR.

Les ennemis d'Égisthe.

ÉLECTRE.

Moi!

LE CHOEUR.

Vous.

ÉLECTRE.

Moi seul, hélas!

LE CHOEUR.

Cet abandon si triste

Vous fait-il oublier qu'il est encor!... Mais non :
C'est à vous seule, Électre, à prononcer ce nom.

ÉLECTRE.

Quel est donc votre espoir? et que voulez-vous dire?

LE CHOEUR.

Oreste est loin de vous, mais Oreste respire.

ÉLECTRE.

Quel jour luit dans mon cœur!

LE CHOEUR.

Ce cœur infortuné
Ne doit rien voir ici qu'un père assassiné.
Contre ses assassins...

ÉLECTRE.

Faut-il que je vous croie?

LE CHOEUR.

Demandez à grands cris que le Ciel vous envoie...

ÉLECTRE.

Des juges? des vengeurs?

LE CHOEUR.

Un dieu pour vous armé,
Ou bien quelque mortel par les dieux animé,
Qui...(gardez d'écouter des sentiments timides)
Qui verse sans pitié le sang des parricides.

ÉLECTRE.

Est-ce à moi, juste Ciel! à moi qu'il est permis
De souhaiter la mort à de tels ennemis?

LE CHOEUR.

Tout est permis sans doute à qui poursuit le crime;
A qui s'en voit encor l'esclave et la victime.

ÉLECTRE.

Eh bien! donc, ô Mercure, ô dieu des sombres bords,
Dont le sceptre tranquille est redouté des morts,
Va présenter mes vœux à ces dieux inflexibles
Dont mon père aujourd'hui subit les lois terribles;
A la terre, par qui tout naît et se détruit,
Qui rappelle en son sein tout ce qu'elle a produit.
O mon père! reçois cette liqueur sacrée.
    (Elle répand des libations.)
Je t'appelle, ô grande ombre en mon cœur adorée,
Jette un œil de pitié sur tes tristes enfants;
Fais que dans ton palais ils rentrent triomphants!
Maintenant poursuivis, trahis par une mère,
Ils ne peuvent trouver d'asyle sur la terre.
On a souillé ton lit; et ton épouse, ô Ciel!
Y reçoit dans ses bras ton assassin cruel.
Oreste est fugitif, et moi, je suis esclave;
Et ce lâche oppresseur, Égisthe, qui nous brave,
Qui s'assied sur ton trône et rit de nos soupirs,
Livrant au voluptés ses coupables loisirs,
Riche de tes trésors, tranquille sur sa proie,
Dévore insolemment les dépouilles de Troie.
Mon père, entends ma voix : fais qu'Électre à jamais
Éloigne de son cœur l'exemple des forfaits,
Des destins ennemis supporte les injures,
Et conserve des mains innocentes et pures.
Tels sont mes vœux pour moi, pour ton malheureux fils.
Exauce d'autres vœux contre tes ennemis.
Parais, élève-toi de ta tombe insultée;
Parais, qu'à ton aspect leur âme épouvantée
Ressente cet effroi, précurseur du trépas;
Lance sur eux ces traits que l'on n'évite pas,
Que prépare et conduit Némésis indignée;

Viens, donne-leur la mort comme ils te l'ont donnée.
(*Aux suivantes.*)
Et vous, faites entendre autour de ce cercueil
Les chants de la tristesse et les hymnes du deuil.

LE CHOEUR.

Pleurons, pleurons sur notre maître,
Sur notre maître malheureux.
Pleurons sur ses enfants : ah! ses enfants, peut-être
Ont un sort encor plus affreux.
La source de nos pleurs ne peut être tarie :
Que son ombre en soit attendrie.
Mêlons, mêlons nos pleurs à ces libations
Qu'Électre vient répandre
Sur cette auguste cendre,
Près de qui le destin veut que nous gémissions.
O grand Agamemnon! du séjour des ténèbres
Entends nos cris funèbres!
Le malheur trop long-temps s'est reposé sur nous;
Que sur nos ennemis désormais il s'arrête.

ÉLECTRE.

Je dévoue aux enfers, à la mort, à tes coups
Leur criminelle tête.

LE CHOEUR.

Qui sera ton vengeur? qui nous sauvera tous?
O Mars! de sang insatiable,
O Mars! c'est à toi de frapper.
Descends, prends dans tes mains ce glaive inévitable,
Qui vient moissonner le coupable
Au moment qu'il croit échapper.

On peut résumer qu'Eschyle a inventé la scène, le dialogue et l'appareil théâtral; qu'il a le premier traité une action ; qu'il a été grand poète dans ses chœurs ; qu'il s'est élevé dans quelques scènes au ton de la vraie tragédie ; qu'enfin il a eu la gloire d'ouvrir la route où Sophocle et Euripide ont été bien plus loin que lui.

La Harpe, *Cours de Littérature.*

III.

On doit regretter que La Harpe, qui analyse fort bien une des plus belles scènes de la tragédie des *Coéphores* ait traité si légèrement, pour ne rien dire de plus, les autres ouvrages d'Eschyle. La Harpe ne reconnaissait de véritable tragédie, que la nôtre, celle de Corneille, de Racine, et sur-tout de Voltaire ; celle où l'intérêt qui résulte du développement de l'intrigue, est placé au premier rang parmi les qualités que recherche le poète, et qu'exigent de lui les spectateurs. Chez les Grecs, cet intérêt était beaucoup moindre ; le développement des sentiments, des passions, et des caractères, était leur objet principal ; l'action n'était que l'occasion, le prétexte de ce développement, et, pour ainsi dire, l'occasion du drame. De cette différence principale entre les deux théâtres, et qui en entraîne tant d'autres dans le détail, naissent la plupart des critiques que La Harpe a faites du théâtre grec. L'action lui semble trop lente dans Sophocle, trop lâche dans Euripide ; il la trouve, et avec raison, à peu près nulle dans Eschyle ; et il en conclut qu'il n'y a point là de tragédie : c'est comme un refrain qu'il répète à chaque ouvrage qu'il examine. La conclusion n'est pas juste, et les Grecs ne l'auraient pas avouée.

Ils reconnaissaient une espèce de tragédie qui, comme la nôtre, reposait sur un fait *entier*, *d'une certaine étendue*, sur un fait *unique*, qui s'accomplissait dans *un même* lieu, et dans un espace de temps limité, qu'ils étaient convenus d'appeler *un*; mais cette tragédie, si conforme à la tragédie française, par les qualités du *fait*, de la *fable*, de *l'action*, tous ces mots sont synonimes, s'en écartait beaucoup quant au développement de cette action, c'est-à-dire quant à *l'intrigue*. Elle s'achevait, selon la doctrine d'Aristote, *sans reconnaissance ni péripétie*, en d'autres termes sans changement de situation; on l'appelait *simple* par opposition à la tragédie *implexe* qui lui succéda, et qui amena, pour la première fois sur la scène, ces révolutions théâtrales dans la volonté et le sort des personnages, dont les modernes ont poussé si loin l'artifice. Aristote qui, dans le Xe chapitre de sa poétique, donne la définition du genre *simple*, qui y revient dans son chapitre XIII, recommande au poète, chapitre XVII, de s'y exercer aussi bien que dans le genre *implexe*. Cette espèce de tragédie avait donc, chez les Grecs, une existence légale et légitime, qu'il ne nous appartient pas trop, ce semble, de contester et de méconnaître.

Cela n'a pas arrêté La Harpe, qui, dans l'analyse de la poétique d'Aristote, a solennellement déclaré qu'il lui était *impossible d'admettre* la *distinction* sur laquelle se fonde la tragédie *simple* (*Voyez* tom. II, p. 183 de notre *Répertoire*, le passage de La Harpe, et la note qui y est jointe). Il ne pouvait, sans inconséquence, approuver les ouvrages d'Eschyle, qui sont tous plus ou moins dans ce genre qu'il avait proscrit, et s'il devait faire une exception pour quelqu'un d'entre eux, ce devait être pour celui qui offrait un commencement de *péripétie*, c'est-à-dire pour *les Coëphores*. Il eût pu y joindre les *Euménides*, où l'on voit pareillement poindre, en quelque sorte, la tragédie *implexe*. Le reste du théâtre d'Eschyle, *Prométhée*, *les Suppliantes*, *les Perses*, *les Sept Chefs*, *Agamemnon*, appartiennent à la tragédie *simple*. On comprend facilement combien La Harpe a dû mettre de prévention et d'injustice dans l'examen de productions qu'il condamnait *à priori,* pour ainsi dire. Il serait trop long de le suivre pas à pas dans son analyse; mais on peut indiquer les principaux points sur lesquels portent ses critiques. Il s'applique d'abord, et cela n'est pas difficile, à faire ressortir ce qu'il appelle le défaut de ces ouvrages, et ce qui en est la condition, le caractère, c'est-à-dire le vide de l'action; il rend ce reproche plus saillant, en faisant remarquer, jusqu'à satiété, que telle peinture, qui la plupart du temps est le sujet de la pièce, y occupe un, deux, trois actes, quelquefois davantage, ne faisant pas attention que cette division par actes est toute moderne; qu'elle est peu applicable à des ouvrages aussi simples que ceux des Grecs et sur-tout d'Eschyle, qu'on ne peut l'y transporter sans en dénaturer l'esprit, sans y faire voir des défauts qui n'y sont pas, sans en faire quelque chose d'aussi bizarre à peu près, que pourrait l'être, ainsi divisée, une églogue de Virgile ou une fable de La Fontaine. (Nous avons déjà eu plus d'une occasion de nous expliquer sur cette erreur de La Harpe et d'autres critiques modernes, qui est plus importante qu'elle ne le paraît au premier abord. *Voyez* dans notre *Répertoire*, t. I. p. 51., t. II. p. 101, 109, 119.) Enfin il cherche dans Eschyle autre chose que ce qu'il a voulu faire; il le juge d'après une poétique qui n'est pas la sienne ; ses plus beaux morceaux ne sont que des longueurs, ou tout au moins d'heureux détails; il lui refuse complètement le mérite de l'ensemble, de la composition, mérite qu'on ne peut se défendre de lui reconnaître, si on regarde ses productions dans leur véritable point de vue. Elles se distinguent en effet par une admirable gradation, qui y remplace la progression de cette action dramatique qu'on ne connaissait pas encore. Une seule idée y est exprimée, mais sous des formes de plus en plus vives, et qui s'emparent par degrés de l'imagination. Les scènes y sont bien liées et bien conduites; les caractères s'y dessinent par quelques traits vigoureux et hardis ; le dialogue même y est d'un ton de vérité admirable que l'on n'a pas surpassé. Je me borne à indiquer les seules qualités que l'on ait contestées à Eschyle, celles qui appartiennent spécialement au poète dramatique. Brumoy et Rochefort qui le commentent, et Lefranc de Pompignan qui le traduit, les lui refusent à peu près ; elles ne lui sont accordées que par ceux qui reconnaissent, d'après Aristote, le genre où il s'est exercé, par Barthelemy, par Schlegel, par Lemercier, etc. Voici comme s'exprime ce dernier : (*Cours analytique de Littérature*, t. I., p. 160).

« Ce qu'on aperçoit d'abord en lisant Eschyle, c'est l'extrême nudité du sujet de ses drames, non moins que la simplicité des traits et des contours de ses personnages. Leur dialogue, suspendu par des chœurs, ou s'entrecoupant avec leur coryphée, dirige une action que rien ne gradue en sa marche ; ils s'y montrent sous de fières et immobiles attitudes, tels que des statues parlantes : ils ne savent pas encore s'opposer les uns aux autres, ni se grouper ensemble, ni agir par leur concert ou par leurs contrastes : ce sont de hautes lignes sans courbures et presque parallèles : mais *l'ordre qui pourtant règne entre elles est loin de l'enfance de l'art....* »

Ces derniers mots expriment fort bien ce que nous avons cherché à développer dans cet article, et offrent un démenti complet à toute la critique de La Harpe.

M. Lemercier, qui a si heureusement imité Eschyle dans son *Agamemnon*, en a souvent parlé dans son *Cours de Littérature;* mais ces divers passages sont épars çà et là. Nous croyons rendre service à ceux de nos lecteurs, qui voudraient s'occuper spécialement de cette étude, en leur indiquant les endroits précis où ils les trouveront, et en leur épargnant ainsi le temps que nous avons nous-même consacrés à cette recherche. Qu'ils consultent donc, dans le tome I, les pages 152, 155, 157, 158, 160, 161, 164, 165, 166, 167, 180, 290, 292, 300, 417.

Barthelemy et Schlegel, dont nous donnons ici des extraits, ont tous deux, et le dernier sur-tout, admirablement apprécié ce beau génie.

Nous recommandons à ceux qui voudraient pénétrer dans le secret de son talent et de sa composition, la lecture de deux dissertations fort intéressantes sur le *Prométhée*. La première, accompagnée de traductions en vers français, est de Legouvé; elle se trouve dans le *Mercure* du samedi 3 octobre 1807, et dans le *Moniteur* du lundi 12 du même mois, n° 285. La seconde a été insérée, en 1820, dans le 6e vol., p. 442, de la *Revue encyclopédique;* elle est de M. Andrieux, qui a également fourni au même recueil d'excellents mémoires sur le théâtre grec.

H. PATIN.

IV.

On doit considérer Eschyle comme le créateur de la tragédie ; elle sortit armée de toutes pièces de son cerveau, comme Pallas de celui de Jupiter. Il lui donna de nobles alentours, la plaça sur un théâtre digne d'elle, et conçut l'idée du pompeux appareil qui lui convient. Non-seulement il instruisit le chœur dans la musique et dans la danse, mais il ne dédaigna pas de monter lui-même sur la scène. Il donna plus de développement au dialogue, et assigna des bornes à la partie lyrique, qui cependant occupe encore une trop grande place dans ses tragédies. Les caractères y sont dessinés par un petit nombre de traits hardis et vigoureux, les plans en sont d'une simplicité remarquable. Il n'entendait pas l'art de diviser une action par une distribution riche et variée, ni de soumettre une intrigue et son dénouement à une marche régulière ; de là vient qu'il y a dans ses pièces des moments stationnaires que les chants excessivement prolongés du chœur rendent peut-être encore plus sensibles ; mais en revanche toutes les fictions d'Eschyle annoncent l'élévation et la profondeur de son âme ; ce ne sont pas les émotions douces ; c'est la terreur qui domine chez lui ; il découvre la tête de Méduse aux spectateurs saisis d'effroi. La manière dont il présente le Destin est véritablement terrible ; on voit cette Divinité inflexible planer au-dessus des mortels avec une sombre majesté. La tragédie d'Eschyle semble marcher sur un cothurne d'airain. Des formes gigantesques apparaissent de partout aux regards. Il a l'air de se contraindre lorsqu'il ne peint que des hommes, il se plaît à nous montrer des dieux, et sur-tout des Titans, ces divinités plus anciennes, qui désignent les forces ténébreuses de la nature encore en désordre, et qui, dès long-temps plongées dans le Tartare, sont retenues enchaînées au-dessous d'un monde lumineux et bien ordonné. Le langage qu'il prête à ces êtres fantastiques est grand et surnaturel comme eux ; de là résultent de brusques transitions, un entassement d'épithètes, souvent dans la partie lyrique des figures entremêlées, et par conséquent une grande obscurité. Il paraît se rapprocher du Dante et de Schakspeare par l'originalité bizarre de l'ensemble de ses images, et l'on retrouve chez ces deux poètes ces beautés sévères et ces graces un peu sauvages, que les anciens admiraient dans Eschyle.

Il florissait à l'époque même où la liberté récemment sauvée, déployait sa plus grande énergie, et il paraît pénétré de la fierté qu'elle inspire. Il fut témoin oculaire des évènements si grands et si glorieux pour sa patrie, où la puissance prodigieuse des Perses avait été abaissée et presque anéantie sous les règnes de Darius et de Xercès. Il combattit lui-même, avec beaucoup de valeur, à Marathon et à Salamine; et il célèbre dans sa tragédie des *Perses*, à travers un voile léger, le triomphe auquel il avait contribué, lorsqu'il dépeint l'affront que reçut la majesté des Perses par le retour honteux et précipité du malheureux Xercès dans son royaume. Il décrit avec les couleurs les plus vives le combat de Salamine; un enthousiasme guerrier anime cette pièce et celle des *Sept Chefs devant Thèbes*. L'inclination personnelle du poète pour la vie des héros s'y montre partout. Le sophiste Gorgias a dit avec vérité, qu'en donnant ce grand spectacle, Eschyle avait été inspiré par Mars et non par Bacchus. Il faut se souvenir que ce n'était point Apollon, mais Bacchus, que les poètes tragiques regardaient comme leur divinité tutélaire, et qu'on ne voyait pas uniquement en lui le dieu du vin et de la joie, mais celui de l'inspiration la plus élevée.

En général, les pièces du théâtre d'Eschyle nous prouvent, ainsi que plusieurs autres exemples, que dans les arts comme dans la nature, les productions gigantesques ont toujours précédé celles qui offrent des proportions plus régulières, et qu'on voit peu à peu les œuvres des hommes descendre par toutes les gradations possibles, en passant d'abord par l'élégance et ensuite par la recherche maniérée, pour finir par tomber dans l'insipidité. Ces tragédies nous montrent encore que c'est à sa première apparition que la poésie se rapproche davantage de la nature d'un culte religieux, tel du moins que les hommes en conçoivent l'idée à cette époque de la civilisation.

Un mot d'Eschyle, qui nous a été conservé, prouve qu'il cherchait à maintenir la poésie à ce degré, où elle s'allie aux choses du Ciel, et qu'il évitait à dessein de la rabaisser au niveau des arts laborieusement perfectionnés par les hommes. Ses frères l'exhortaient à composer un nouveau Pœan. « L'hymne antique de Tynnichus, leur répondit-il, « est excellente, et je craindrais bien qu'il n'en fût « de la mienne comme des nouvelles statues com- « parées aux anciennes; car celles-ci, avec toute « leur simplicité, sont tenues pour divines, tandis » que les nouvelles, travaillées avec tant de soin, « sont admirées, il est vrai; mais il y en a bien peu « qui produisent l'impression d'une divinité. » L'audace naturelle au génie d'Eschyle le faisait toucher aux bornes de toutes choses, et elle l'entraîna aussi trop avant dans ses rapports avec le culte des dieux. Il fut accusé d'avoir trahi, dans une de ses pièces, les mystères d'Éleusis, et son frère Amynias, en découvrant les blessures qu'Eschyle avait reçues à Salamine, put seul obtenir qu'il fût renvoyé absous.

Peut-être ce grand génie pensait-il que l'enthousiasme poétique initie aux mystères sacrés, et qu'il ne peut les révéler qu'aux mortels dignes de les connaître.

Le style tragique de ce poète est sans contredit encore imparfait, et s'élève trop souvent au genre épique ou lyrique. Inégal, morcelé, rude quelquefois, les couleurs n'en sont pas fondues, et l'ensemble manque de continuité. On pouvait bien voir paraître, après Eschyle, des tragédies plus artistement composées ; mais dans sa grandeur plus qu'humaine, il devait toujours rester sans rival, puisque Sophocle, son émule, plus jeune et plus heureux, n'a pu lui-même l'égaler.

SCHLEGEL, *Cours de Littérature dramatique.*

MORCEAUX CHOISIS.

I. Cassandre, à Argos, dans le palais d'Agamemnon, annonce le sort de ce prince et le sien.

O Apollon conducteur! ô Apollon, dieu trop bien nommé pour moi? où m'as-tu conduite? dans quels lieux? dans un palais abhorré des Dieux, complice de forfaits parricides, des apprêts de la mort, et du massacre d'un époux, réceptacle de sang.

Ah! Dieux, que prépare-t-on? quel crime nouveau, quel forfait horrible on médite en ce palais! Attentat odieux à des sujets fidèles, irréparable..... Le secours est éloigné. Ah! malheureuse, tu l'oses!.... Après avoir servi ton époux dans le bain..... Acheverai-je? L'instant approche..... les coups se redoublent et se pressent.

Ciel! ô ciel! que vois-je....... est-ce le filet de l'enfer?... quel piège!... L'assassin, c'est l'épouse elle-même........ Furies insatiables du sang de Pélops, réjouissez-vous sur ce sanglant sacrifice.

Voyez, voyez!..... elle le surprend enveloppé dans un vêtement artificieux; elle le frappe; il tombe dans son bain......, dans le vase de la ruse et de la mort.

Infortunée (car je puis mêler ici mes propres malheurs)! quel est ton destin déplorable! Dieux! où menez-vous la triste Cassandre? où?..... si ce n'est à la mort.

Trop heureux le destin de Philomèle! les dieux lui ont donné des ailes; ses jours sont doux et sans douleur; une hache aiguisée tranchera les miens. O noces de Pâris! noces fatales à tous les siens! O Scamandre, qui abreuvais ma patrie! tes rives ont vu croître et s'élever mon enfance : bientôt je rendrai mes oracles sur les bords du Cocyte et de l'Achéron.

O travaux infructueux d'un empire renversé! nombreux sacrifices de taureaux engraissés, que mon père offrait aux dieux sous nos murs, de quoi nous avez-vous servi? Ilion n'est plus; et moi je verserai bientôt ici tout mon sang....... Ce palais retentit sans cesse d'un concert dissonant et funeste. Ivre de sang humain, une troupe enhardie de furies domestiques y reste : on ne peut les en chasser. Fixées dans cette demeure, elles y ont entonné l'hymne des enfers, signal de la mort; et, dans un odieux refrain, elles ont répété le nom exécrable de celui qui souilla la couche de son frère.

Ah, ciel! ô douleur!...... un nouveau transport prophétique m'agite : de nouveaux présages me troublent. Voyez-vous dans ce palais ces enfants pareils aux spectres de la nuit? Massacrés par ceux qui devaient les chérir, ils portent dans leurs mains leurs propres chairs, leurs entrailles, leur cœur, mets épouvantable! le père en a goûté!..... Pour les venger, un lion, mais un lion sans courage, nourri dans cette demeure, après avoir souillé le lit conjugal, n'attend que le retour de mon maître (esclave, il faut bien m'accoutumer à ce nom). Le chef de mille vaisseaux, le destructeur d'Ilion, ne sait pas quels maux lui prépare cette furie domestique, ce chien détestable, qui le flattait de la langue, lui souriait, pour le trahir. Une femme l'oser!...., poignarder un homme! De quel monstre odieux lui donner le nom! Est-ce un serpent à deux têtes? Est-ce une Scylla, habitante des rochers, fléau des nautonniers, ou une mère de l'enfer, furieuse, soufflant une haine inextinguible dans sa famille? L'impie! elle pousse des cris de joie comme après une victoire. On dirait qu'elle revient triomphante. Dussé-je n'être pas crue (car tel est mon sort), tout va s'accomplir!

Dieux! quel feu me dévore! O ciel!..... O Apollon, dieu destructeur des loups! Triste Cassandre! Cette lionne qui, dans l'absence du lion généreux, s'est unie avec un loup, va t'immoler, malheureuse, à ton tour : elle cherche une excuse; tu serviras de prétexte à sa fureur. C'est pour le punir de m'avoir amenée, dit-elle en aiguisant son poignard, qu'elle égorge son époux. Pourquoi gardé-je encore ce sceptre, ces couronnes, qui n'ont fait de moi qu'un objet de risée? Vains ornements, soyez brisés avant ma mort, c'est tout ce que je vous dois; allez parer quelque autre infortunée! Viens, Apollon! viens reprendre cette robe prophétique; sous cet appareil, tu m'as vue en butte aux railleries, certes trop injustes, et de mes amis, et de mes ennemis. Traitée comme les femmes à prestiges, de misérable, de mendiante, de famélique, j'ai dû tout endurer. Aujourd'hui, Dieu prophète, à quelle mort mènes-tu ta prophétesse! Au lieu de l'autel où mon père fut immolé, c'est sur le plus infâme trône que je vais être égorgée. Toutefois les Dieux ne laisseront point ma mort impunie. Bientôt celui qui doit punir reviendra. Rejeton matricide, vengeur de son père, maintenant exilé, errant loin de cette terre, il reviendra pour combler les maux de sa famille; l'imprécation d'un père mourant le ramenera. Mais quoi! étrangère, ai-je donc à déplorer les maux de cette maison! j'ai vu le destin d'Ilion; celui de ses vainqueurs est une justice des Dieux.....

Allons....., il le faut...., supportons mon trépas, puisque les Dieux l'ont irrévocablement juré...... Portes des enfers, je vous invoque! ouvrez-vous; que la mort au moins me frappe d'un seul coup; que mon sang s'écoule à grands flots, et que mes yeux se ferment sans effort!...... O mon père, ô mes généreux frères! hélas! hélas! ce palais respire la mort; le sang y dégoutte; la vapeur qui y règne est celle des tombeaux.

J'ai assez vécu, ô mes hôtes! je n'hésite point comme l'oiseau qui pressent le piége. Vous, rendez-en témoignage, quand la mort d'une femme expiera ma mort, et le sang d'un homme, le sang d'un époux malheureux : c'est le présent d'hospitalité que je demande en mourant.

Soleil, qui me luis pour la dernière fois! et vous, mes futurs vengeurs! faites payer cher à mes barbares assassins la mort trop facile d'une esclave sans défense! Destin des humains! heureux, une ombre les renverse; malheureux, ils sont oubliés comme un trait effacé par l'éponge humide. Toutefois leur bonheur fait plus de pitié que leur malheur.

Agamemnon, trad. de La Porte Dutheil.

II.

MERCURE, *à Prométhée.*

Toi qui contre les Dieux trop prompt à t'animer,
Suis un ressentiment que rien ne peut calmer;
Toi qui pour les mortels, d'une main sacrilège,
Osas ravir du feu le divin privilège,
Digne fils des Titans écrasés avec toi,
Tu veux donc dans les fers troubler encor ton roi!
Quel est l'hymen futur qu'annonce ta vengeance,
Et qui de Jupiter doit finir la puissance?
Parle : le souverain de la terre et des cieux
Veut savoir à l'instant ce secret odieux.
Crois-moi, point de détours : leur stérile artifice
Ne pourrait désarmer la céleste justice.

PROMÉTHÉE.

Esclave, laisse-là tes discours menaçants.

Ton Jupiter et toi, vainqueurs encor récents,
Vous croyez qu'assurant un empire paisible,
L'Olympe aux coups du sort s'élève inaccessible ;
Mais deux rois sont tombés de ce trône oppresseur,
J'en veux voir à son tour tomber leur successeur.
Oui, ce revers l'attend, sa chute sera prompte.
Comme sur ce rocher je rirai de sa honte !
Mais quant à ces secrets qu'il prétend me ravir,
Il ne les saura pas ; retourne le servir.

MERCURE.

Cet orgueil inflexible a causé ta misère.

PROMÉTHÉE.

Vil flatteur, oui, je dois tous mes maux à ton père ;
Mais je ne voudrais pas, dégradant mon honneur,
Les changer un instant pour ton lâche bonheur.
J'aime mieux dévorer le sort le plus sinistre
Que d'être d'un tyran l'esclave et le ministre.

MERCURE.

Tu prends plaisir sans doute à tes cruels liens.

PROMÉTHÉE.

Puissent de tels plaisirs, barbare, être les tiens.

MERCURE.

Peux-tu donc me haïr ? ai-je causé ta peine ?

PROMÉTHÉE.

Oui, je hais tous les dieux.

MERCURE.

        Ah ! l'excès de ta haine
A troublé ta raison !

PROMÉTHÉE.

        Je craindrais d'en guérir,
Si, perdant ma raison, je dois mieux les haïr.

MERCURE.

Dans la prospérité tu serais intraitable.

PROMÉTHÉE.

(*Ne pouvant plus résister à ses douleurs.*)

Hélas!

MERCURE.

Mais quel cri part de ta voix lamentable?
Il dément cet orgueil que tes maux ont nourri.
Jupiter dans les cieux ne connaît pas ce cri.

PROMÉTHÉE.

Il est vrai, mais le temps qui de tout est le maître,
Le temps qui s'ouvre à moi, le lui fera connaître.

MERCURE.

Le temps rend sage enfin, eh! te l'a-t-il rendu?

PROMÉTHÉE.

Non; car si je l'étais, t'aurais-je répondu?

MERCURE.

Réponds donc, obéis aux ordres de mon père,
Veux-tu par ton silence irriter sa colère?

PROMÉTHÉE.

De ce tort, en effet, je dois être confus,
Je lui dois tant!

MERCURE.

Tu joins l'ironie au refus,
D'un dieu, comme un enfant, traites-tu l'interprète?

PROMÉTHÉE.

Eh! comment, vil flatteur, veux-tu que je te traite,
Toi qui, voyant mes maux, viens encor m'accabler,
Toi qui par tes discours crois me faire trembler?
Mais à fléchir mon cœur ta haine en vain s'efforce,
N'attends rien de la ruse, encor moins de la force.

Écoute : que d'abord de mes affreux tourments
Jupiter à jamais brise les instruments,
Qu'il me rende à mes droits, au genre humain que j'aime,
Maître alors de mon sort et digne de moi-même,
Je pourrai t'expliquer tout ce que j'ai prédit :
Voilà mes derniers mots, tu peux partir, j'ai dit.

MERCURE.

Prévois-tu les effets de ta rage obstinée?

PROMÉTHÉE.

J'ai tout prévu, sors.

MERCURE.

Crains une autre destinée,
Tremble enfin de souffrir plus de maux qu'aujourd'hui?

PROMÉTHÉE.

Regarde ce rocher, je suis sourd comme lui.

MERCURE.

Insensé!

PROMÉTHÉE.

Crois-tu donc, qu'abaissant ma grande âme,
Servile comme toi, craintif comme une femme,
J'aille, pour m'affranchir de ces fers inhumains?
Tendre à mon ennemi de suppliantes mains?
Qui? moi! moi conjurer le vainqueur que j'abhorre,
Non; que plutôt cent fois sa foudre me dévore.

MERCURE.

Tu résistes toujours et je te parle en vain;
Tel qu'un jeune coursier ta bouche mord le frein;
Mais l'orgueil insensé n'est rien qu'une faiblesse.
Cède enfin, malheureux, à ma voix qui te presse.
Sais-tu ce qui t'attend? apprends avec effroi
La tempête de maux qui doit fondre sur toi,
Jupiter, pour punir ton silence coupable,
Lancera sur ce roc sa foudre inévitable;

Et tes membres long-temps avec lui suspendus,
Sous ses éclats fumants tomberont étendus.
Vingt siècles, tour à tour, passeront sur la terre,
Jusqu'au jour où ton front brûlé par le tonnerre,
Soulevera le poids dont tu seras chargé.
Mais de ce lourd fardeau vainement dégagé,
A peine revenant à ta vigueur première,
Tu croiras respirer la paix et la lumière;
Un aigle insatiable, au long bec recourbé,
S'attachant à ton corps dans ses serres tombé,
Dévorera ton foie et ta chair palpitante,
Qui renaîtront toujours sous sa faim renaissante.
Il ne s'arrêtera que lorsqu'un dieu pour toi
Ira prier des morts l'inexorable roi.
Voilà tous les tourments dont l'horreur te menace;
Ne fléchiront-ils point ton imprudente audace?
De ton sort vainement t'aurais-je prévenu?

PROMÉTHÉE.

Tu ne m'as rien appris qui ne me fût connu.
Qu'on frappe ce qu'on hait, c'est le droit de la haine;
Je connais Jupiter, j'attends tout de la sienne.
Ainsi, que sur ma tête il lance ses carreaux,
Ou des torrents fougueux fasse rouler les flots,
Qu'il appelle les vents pour me faire la guerre,
Que dans ses fondements il ébranle la terre,
Qu'il tourmente l'Olympe, ou soulève les mers,
Qu'il m'engloutisse enfin jusqu'au fond des enfers,
Ses efforts seront vains, son espérance vaine,
Je garderai la vie, et plus encor ma haine.

MERCURE.

Je ne te dis plus rien, et je quitte ce lieu.
Malheureux, tu verras si je m'abuse: adieu.

Prométhée, sc. IX, *trad. de* LEGOUVÉ.

III.

ANTIGONE.

Éclatez, mes sanglots !

ISMÈNE.

Coulez, coulez, mes pleurs !

ANTIGONE.

Tu frappes et péris.

ISMÈNE.

En immolant tu meurs.

ANTIGONE.

Son glaive te renverse.

ISMÈNE.

Et sous ton glaive il tombe.

ANTIGONE.

Même âge.

ISMÈNE.

Même sang.

ANTIGONE.

Et bientôt même tombe.

O frères malheureux !

ISMÈNE.

Plus misérables sœurs !

ANTIGONE.

Éclatez, mes sanglots !

ISMÈNE.

Coulez, coulez, mes pleurs !

ANTIGONE.

Mes yeux se couvrent de ténèbres ;
Mon cœur succombe à ses tourments.

ISMÈNE.

Ma voix, lasse de cris funèbres,
S'éteint en sourds gémissements.

ANTIGONE.

Quoi! périr d'une main si chère!

ISMÈNE.

Quoi! percer le cœur de son frère!

ANTIGONE.

Tous deux vainqueurs.

ISMÈNE.

Vaincus tous deux!

ANTIGONE.

O récit qui me désespère!

ISMÈNE.

O spectacle encor plus affreux!

ANTIGONE.

Où les ensevelir?

ISMÈNE.

A côté de leur père :
Il fut infortuné comme eux.

ANTIGONE.

O mon cher Polynice!

ISMÈNE.

Éthéocle! ô mon frère!

ENSEMBLE.

Et nous plus misérables sœurs!

ANTIGONE.

Éclatez, mes sanglots!

ISMÈNE.

Coulez, coulez, mes pleurs!

Casimir DELAVIGNE, *Poésies diverses.*

FIN DU DOUZIÈME VOLUME.

Contraste insuffisant

NF Z 43-120-14

www.ingramcontent.com/pod-product-compliance
Lightning Source LLC
Chambersburg PA
CBHW071717230426
43670CB00008B/1033